中央党校大讲堂

蔡长水讲稿

ZHONGYANGDANGXIAODAJIANGTANG

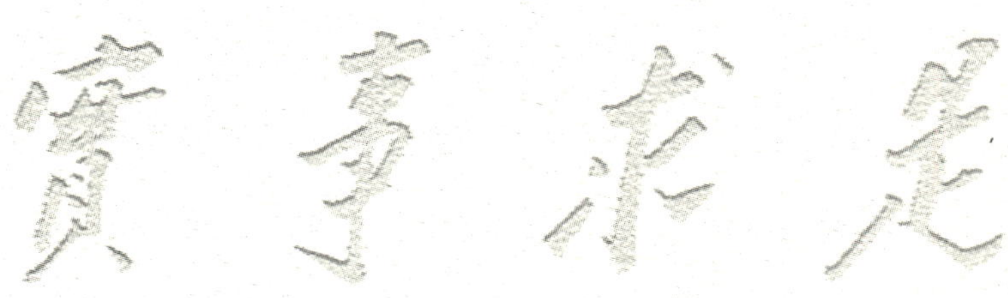

中共中央党校出版社
The Central Party School Publishing House

图书在版编目（CIP）数据

蔡长水讲稿/蔡长水著. —北京：中共中央党校出版社，2013. 12
（中央党校大讲堂系列）
ISBN 978-7-5035-5189-5

Ⅰ. 蔡…　Ⅱ. 蔡…　Ⅲ. 社会科学-文集　Ⅳ. C53

中国版本图书馆 CIP 数据核字（2013）第 298834 号

蔡长水讲稿

责任编辑　曲　炜　王　琪
版式设计　尉红民
责任校对　王明明
责任印制　王洪霞

出版发行　中共中央党校出版社
（北京市海淀区大有庄 100 号）
邮　　编　100091
网　　址　www. dxcbs. net
电　　话　（010）62805800（办公室）（010）62805824（发行部）
经　　销　新华书店
印　　刷　北京四季青印刷厂
字　　数　341 千字
版　　次　2013 年 12 月第 1 版　　2013 年 12 月第 1 次印刷
开　　本　700 毫米×1000 毫米　1/16
印　　张　21. 25
定　　价　65. 00 元

编者说明

历经80年的风雨，中央党校作为培训轮训党员领导干部，培养党的理论队伍，学习、研究、宣传马列主义、毛泽东思想和中国特色社会主义理论体系的重要阵地和干部加强党性锻炼的熔炉，在党的干部教育方面一直发挥着重要作用。中央党校的教师们以他们独特的学术视角、深厚的理论功底和紧跟时代发展的观念意识，在讲堂上传播智慧，启迪思想，其中一些教师还为中央政治局集体学习做过讲解，他们多年的研究成果和授课经验是十分难得的珍贵教学研究资料。

因此，我们选取了在中央党校有代表性的教授，将他们的讲稿进行精选和编辑整理，形成《中央党校大讲堂》丛书。丛书中收录了各位中央党校著名教师为中央党校各班次学员、地方党校学员以及政府机关和企事业单位培训授课的讲稿。这些讲稿在一定程度上展示了中央党校的教学风貌，反映了中央党校教学的高度，也体现了中央党校在中高级党政领导干部教育方面所作的努力和贡献。

丛书第一辑共收录了10位名师的讲稿，讲稿的每一位作者均为学界一流的专家，内容涉及马克思主义理论、中国特色社会主义理论体系、哲学、经济、党史、党建、文化等各个领域。

希望通过这些讲稿的公开出版，可以使更多的读者受益，在感受各位大家学理智慧的同时，承续厚重的历史，提升知识和文化涵养。

2013年7月

前　言

我从1977年11月调入中央党校工作到2003年底退休，一直从事党的建设的教学和研究工作。

中共中央党校出版社要为我出版一本讲稿汇编，我自然是很感谢的。但要将我的讲稿搜集、整理、选编成一本书确实难度不小。因为有的稿子已经遗失了；大多是打印稿且没有电子版，需要扫描；有的还是手写稿，需要重新打印。现在从搜集到的材料中选择了25篇。这其中有的是完整的讲稿，有的是讲稿的某一部分在报刊上发表过的内容。篇幅有长有短。

这本书时间跨度大，从首篇到末篇时间相隔近30年。这30年是我国经济社会发展最快的一个阶段。国际国内形势发生了很大的变化；党根据新的形势和任务在理论上、路线方针政策上不断创新、不断丰富和完善；在马克思主义理论研究上取得了新进展、新成效。这本书，从总体上说力求反映每个阶段经济社会发展情况，理论创新和党的路线、政策的完善情况。同时，就具体的篇章来说是有局限的，比如，从社会主义现代化建设的内涵说，1980年提出物质文明和精神文明建设协调发展，经过不断的实践和探索，到今天已经形成了经济建设、政治建设、文化建设、社会建设、生态文明建设五位一体的总体布局；再如，从党的建设的内涵说，改革开放之初讲思想建设、组织建设、作风建设，到今天也已经形成了思想建设、组织建设、作风建设、反腐倡廉建设、制度建设五位一体的总布局，等等。早期的讲课不可能把后来的理论、政策成果反映进去，并且当时的看法在今天看来不一定都妥当。因此，讲稿以时间为序编排，尊重历史、尊重当时的看法不做改动。从这个角度说，这本书应该是一本记录历史的资料书。

书中的讲稿都是独立成篇的，没有像编一本书一样对理论体系、理论观点作通盘考虑、布局。而且在设计讲稿时要考虑到突出某一方面的重点，这些重点往往此稿和彼稿会重叠。因此，原来的稿子重复的内容比较多。我做了两方面工作：一是有的引文重复过多的尽可能删去一些。二是有的内容大块重复的做了删除处理。尽管如此，还难免有重复，请读者谅解。

这本书在选编过程中得到中央党校马克思主义理论教研部宋福范教授、西城区区委党校周续红教授的大力帮助，他们对资料搜集、资料整理等做了大量的工作，在此表示衷心的感谢！

目录

目　录　CONTENTS

加强和改进党的思想政治工作

（1986 年 12 月）

一、思想政治工作在现代化建设中的地位和作用

（一）思想政治工作的概念和特点

思想政治工作是党的工作的重要组成部分，它是在社会主义、共产主义思想指导下启发群众革命自觉性、调动群众革命积极性的工作。思想政治工作的对象是人，是解决人的思想、观点和政治立场问题，用正确的方针和方法把人们的思想行为引向无产阶级思想的轨道。这是一项塑造人们革命灵魂的崇高而光荣的工作。它的根本目的是调动群众的革命和建设的积极性，为实现党的当前和长远的革命目标服务。

思想政治工作的对象和目的决定了它同其他工作有着不同的特点。明确思想政治工作的特点，对于掌握思想政治工作的规律，提高思想政治工作的效益，有着重要的意义。

思想政治工作有以下几个特点：

1. 鲜明的党性

思想政治工作是工人阶级实现自己的历史使命的有力武器之一。它以马克思主义的理论、党的正确路线和革命精神教育群众，启发和提高

他们的革命觉悟，从而为实现党的任务服务，为贯彻执行党的路线、方针、政策服务。在今天，就是要为实现“四化”，建设高度文明、高度民主的社会主义国家服务。

思想政治工作的党性原则，要求在思想战线上必须坚持四项基本原则，要坚持唯物主义、反对唯心主义，坚持辩证法、反对形而上学，发扬正气、抵制歪风邪气，不断提高人们抵御剥削阶级腐朽思想的能力。

2. 强烈的实践性

思想政治工作的实践性，一是指思想政治工作本身是在革命实践的基础上产生的。因为无产阶级革命需要团结、教育和组织群众，向群众宣传革命的理论和党的主张，这就要求向群众做思想政治工作。同时，党的关于思想政治工作的理论、方针、原则和方法，也是在不断总结思想政治工作的实践经验的基础上形成和发展的，而不是凭空产生的。没有革命实践，不同实际生活密切联系，就没有思想政治工作本身。二是它反过来为实践服务，为实践提供正确的理论指导，提供做好这一工作的正确的方针、原则和方法。思想政治工作只有紧密结合社会主义建设的实践去做，并贯穿和渗透到各项工作的实践中去，才能具有强大的生命力，才能发挥它应有的作用。

3. 广泛的群众性

思想政治工作的对象和任务，首先，决定了它的范围的广泛性。任何部门、任何单位都有人，人都有思想活动，都有提高觉悟、调动积极性的问题，因此，任何部门和单位都要做思想工作。任何工作都是人做的，人在劳动和工作中都会产生这样那样的思想，因此，办任何一件事都要做思想政治工作。可见，思想政治工作涉及到社会生活的一切领域和一切方面，它贯穿于一切工作之中，也贯穿于所有工作的全过程。其次，思想政治工作要动员各方面的力量去做。各级思想政治工作机构和思想政治工作专业队伍，对做好思想政治工作固然负有重要的责任，但要广泛深入地做好这项工作，还必须要求各行各业、各单位、各部门的干部、群众都来做思想政治工作，特别是各级领导干部和所有共产党员都应把做好这项工作放在经常的和重要的位置。

4. 运用多学科知识的综合性

人们的思想、情感不仅受环境、条件、形势等种种因素的影响，处在经常不断的变化之中，而且各种类型和各行各业的人们，既有共性的问题，又有各自的特点。因此，思想政治工作要根据不同的对象和人们思想发展变化的状况有针对性地进行。既要有科学的方法，又要有丰富的知识运用于思想政治工作之中。做思想政治工作的同志，除了有较高的马克思主义理论修养和党性修养外，还要熟悉本部门的业务工作，了解一些经济、历史、法律、文艺、教育学、心理学、伦理学等方面的知识。这样，才能针对不同人的不同问题，有的放矢地做好工作，避免脱离实际和空洞的说教。

（二）思想政治工作是经济工作和其他一切工作的生命线

思想政治工作是经济工作和其他一切工作的生命线的科学论断，形象地概括了思想政治工作在经济工作和其他一切工作中的地位和作用。坚持做好思想政治工作是我们党的一个优良传统和真正优势。早在第一次国共合作时期，在我党的倡导下，当时的黄埔军校和国民革命军中就有政治工作和政治工作制度。第二次国内革命战争时期，我们党的政治工作得到了进一步的发展和完善。毛泽东亲自起草的《古田会议决议》，奠定了我党我军政治工作的理论基础。1934 年 2 月，红军第一次全军政工会议上明确提出了“政治工作是红军的生命线”。1938 年，周恩来在《抗战军队的政治工作》一文中又指出：“以革命主义为基础的革命政治工作是一切革命军队的生命线与灵魂！”① 建国以后，在社会主义建设和社会主义改造时期，毛泽东进一步指出：“政治工作是一切经济工作的生命线。在社会经济制度发生根本变革的时期，尤其是这样。”② 在新的历史时期，党的十一届六中全会通过的《关于建国以来党的若干历史问题的决议》再次肯定了“思想政治工作是一切经济工作的生命线”的科学论断。

思想政治工作的所谓“生命线”的作用，就是指的思想政治工作的保证作用。“生命线”是就思想政治工作的地位讲的，“保证作用”是从思想政治工作所发挥的重要作用来说的。这二者是一致的。

为什么说思想政治工作是经济工作和其他一切工作的生命线呢？首

① 《周恩来选集》上卷，人民出版社 1980 年版，第 93 页。

② 《毛泽东选集》第 5 卷，人民出版社 1977 年版，第 243 页。

先，它能保证经济工作和其他一切工作的正确方向。所谓方向，是指人们为实现一定目的所从事的实践活动的指向。只有方向正确，目的才能实现。我们一切工作的根本方向，就是坚持社会主义道路，保证党的路线、方针、政策的贯彻执行，坚持全心全意为人民服务。没有思想政治工作，这个方向就掌握不稳。其次，它能给经济工作和其他一切工作提供强大的推动力。就是说，思想政治工作能够提高人们认识世界和改造世界的能力，帮助人们树立起崇高的理想和坚定的信念、正确的立场和观点、高尚的道德和情操、坚强的毅力和饱满的工作热情，等等。人们积极性的充分发挥，就能极大地推动和保证各项工作任务的完成。

正确认识思想政治工作的地位和作用，必须反对两种错误倾向：一种是片面夸大精神的作用，否定马克思主义物质利益原则和按劳分配原则，鼓吹“政治决定论”、“精神万能论”；另一种是片面强调和夸大物质鼓励的作用，忽视或否定思想政治工作，散布思想政治工作“无用论”、“取消论”。这两种错误倾向都是违反马克思主义关于物质和精神、政治和经济辩证统一的原理的。

（三）在新的历史时期仍然要坚定不移地做好思想政治工作

在新的历史时期，思想政治工作仍然是经济工作和其他一切工作的生命线。1985 年 9 月党的全国代表会议上，中央领导同志针对我们面临的新形势、新任务和党内思想状况，针对目前我们党的思想政治工作中存在某些薄弱环节，又一次突出强调“思想政治工作和思想政治工作队伍都必须大大加强，决不能削弱”，要求“各级党组织都应把思想政治工作认真抓好，都要积极维护思想政治工作部门的权威”。具体说来，新时期做好思想政治工作的重要性主要表现在：

1. 思想政治工作保证经济工作和其他一切工作的社会主义方向

党的十二大规定，建设具有现代化的工业、农业、国防和科学技术的社会主义强国，是我们党在今后相当长时间的重大政治任务。我们党所领导的现代化，是社会主义现代化，它同资本主义的现代化，在经济基础、政治目的、方法道路等方面有着本质的区别。因此，要保证经济建设的社会主义性质和各项工作任务的完成，就必须坚持党的领导，加强党的思想政治工作，保证党的路线、方针、政策的贯彻执行，使经济工作和其他一切工作都能符合无产阶级和人民群众的根本利益，符合社会主义的方向，抵制和纠正一切不符合社会主义原则的思想和行为。如果没有强有力的思想政治工作，并通过思想工作对广大干部、党员和群众进行社会主义、共产主义思想和党的正确路线的教育，那就既不可能最大限度地激发广大群众的社会主义积极性，又不能保证经济建设沿着社会主义轨道顺利进行。

2. 思想政治工作保证经济体制改革和其他管理体制改革的顺利进行

改革是一场广泛、深刻的革命，它必然要对同千百万人们的生活联系着的种种旧体制、旧思想、旧习惯、旧传统进行变革。在这场变革中，人们的觉悟有先有后，认识有深有浅，对各种问题有这样或那样的不同看法，甚至在某些方面和某些部门会偏离改革的方向，这都是难以避免的。因此，宣传改革，支持改革，扫清改革中的思想障碍，保证改革的顺利进行，是思想政治工作的一项重要战略任务。要通过有说服力的思想政治工作，提高人们对改革的认识，妥善解决人们在改革过程中必然产生的思想矛盾，把党关于改革的方针、政策变为群众的自觉行动。对于坚决执行党的路线，锐意改革，敢于创新，并在改革中作出显著成绩的同志，对他们的先进思想、先进事迹，要满腔热忱地宣传和支持。对于某些干部和群众在改革的问题上一时认识跟不上、想不通，或者对某些做法有这样那样的意见，要采取民主讨论的方法、说服教育的方法去解决，不能采取压服的方法去解决，更不能在干部和群众中随意划分什么“改革派”和“保守派”，要相信广大干部和群众通过耐心细致的思想工作，通过社会的实践，是会跟上历史前进的步伐的。总之，在改革中加强思想政治工作的根本目的，是要把广大的干部和群众都团结起来，共同投入到改革的伟大实践中去，为实现党的总任务、总目标而奋斗。

3. 思想政治工作保证对外开放、对内搞活经济的战略方针的贯彻执行

对外开放、对内搞活经济是我们党的十一届三中全会以来的重大决策，并在实践中已经取得了显著的成效。全国人大六届二次会议的《政府工作报告》中指出，今后在经济工作中，要着重抓好体制改革和对外开放这两件大事。但是，实践证明，要坚持和贯彻党的这一正确方针，必须加强党的领导和进行深入细致的思想政治工作。一方面，在某些同志中由于受“左”的和旧的习惯势力的影响，对这一正确方针，在思想

上会产生这样那样的疑虑和担心，或者对某些具体措施、做法有不同的意见，这就要依靠思想政治工作对他们进行宣传和说服教育，提高他们对党的这一方针的正确性的认识。另一方面，随着国内经济的搞活和对外交往的增多，一些消极因素和腐败现象也有所滋长，有的人利用改革和搞活之名，违背党的政策，进行违法乱纪活动；有的人迷恋资产阶级生活方式，甚至不惜丧失国格、人格谋取私利。邓小平指出："我们坚定不移地实行对外开放政策，在平等互利的基础上积极扩大对外交流。同时，我们保持清醒的头脑，坚决抵制外来腐朽思想的侵蚀，决不允许资产阶级生活方式在我国泛滥。"上述这些腐败现象除少数已构成犯罪，需要按照国家的法律予以追究外，大量的是人民内部的问题，需要通过强有力的思想政治工作来解决。

4. 思想政治工作保证社会主义精神文明建设的健康发展

思想政治工作的内容是精神文明建设的重要组成部分。社会主义精神文明的建设大体可以分为文化建设和思想建设两个方面。这两方面是互相渗透和互相促进的。而思想建设决定着精神文明的社会主义性质。它的主要内容是：马克思主义的世界观和科学理论，共产主义的理想、信念和道德，同社会主义公有制相适应的主人翁思想和集体主义精神，同社会主义政治制度相适应的权利义务观念和组织纪律观念，为人民服务的献身精神和共产主义劳动态度，以及社会主义的爱国主义，等等。概括起来说，最重要的就是革命的理想、道德和纪律。可见，精神文明关于思想建设方面的内容和思想政治工作的内容是一致的，实现思想政治工作的任务，也就保证了社会主义精神文明的建设。因此，思想政治工作者在建设社会主义精神文明中担负着特别重要的责任。我们应当在广大人民群众中，首先是干部和青年中，加强马克思列宁主义、毛泽东思想的教育，加强祖国历史特别是近代史的教育，加强党的纲领、党的历史和党的革命传统的教育，加强宪法和公民权利、公民义务、公民道德的教育，在各行各业加强职业责任、职业道德、职业纪律的教育等等，用革命的思想和革新的精神振奋起广大群众建设社会主义的巨大热情。

（四）思想政治工作要为实现党的总任务、总目标服务

党的思想政治工作，从来就是为实现党在一定历史时期的总路线、

总任务服务的。毛泽东在他主持写成的1944年留守兵团政治工作报告(即《关于军队政治工作问题》)中指出：政治工作的任务，只能根据我军的基本任务与当前具体任务去规定，不能在我军基本任务与当前具体任务以外再有所谓政治工作的独立任务。在战争年代，党的思想政治工作要为武装斗争、夺取政权这个中心任务服务，要紧紧围绕打仗、建立革命根据地、土改等具体任务去进行革命的政治工作。今天，党的工作重点已经转移到社会主义现代化建设上来，经济建设成为全党、全国人民的中心任务。因此，党的思想政治工作无疑应当紧紧围绕经济建设这个中心任务来进行，要服从和服务于这个中心任务，与经济工作紧密结合，这样才能有力地保证党在新时期总任务的实现。《中共中央关于经济体制改革的决定》指出："在新的时期，党的思想工作和组织工作必须坚定地贯彻执行为实现党的总任务、总目标服务，密切结合经济建设和经济体制改革的实际来进行的指导方针。"这就为新时期做好思想政治工作指明了方向。如果离开了这个指导方针，思想政治工作就会脱离实际，失去它的目的性和针对性，也就不会有战斗力和生命力，甚至会干扰和冲击党的中心任务。

强调思想政治工作服从和服务于"四化"建设，服务于改革，会不会降低思想政治工作的地位和作用，会不会削弱思想政治工作呢?

按照马克思主义的观点，思想、政治是属于上层建筑的东西。一定的经济基础产生一定的上层建筑，而一定的上层建筑又为一定的经济基础服务。政治和经济的关系也是一样，政治来源于经济，又反作用于经济，既指导经济，又为经济服务。恩格斯曾经说过："经济运动会替自己开辟道路，但是它也必定要经受它自己所造成的并具有相对独立性的政治运动的反作用，即国家权力的以及和它同时产生的反对派的运动的反作用。"他认为，这种政治对经济的反作用可能有三种情况：它可以沿着同一方向起作用，对经济的发展起推动作用；它可以沿着相反方向起作用，对经济发展起阻碍作用；"或者是它可以阻碍经济发展沿着某些方向走，而推动它沿着另一种方向走，这第三种情况归根到底还是归结为前两种情况中的一种。但是很明显，在第二和第三种情况下，政治权力能给经济发展造成巨大的损害，并能引起大量的人力和物力的浪费"①。

① 《马克思恩格斯选集》第4卷，人民出版社1972年版，第482、483页。

恩格斯在这里所说的政治，主要是指国家权力，它论述了上层建筑和经济基础的相互关系。先进阶级及其政党的上层建筑为生产力的发展开辟道路；没落阶级的上层建筑势必成为生产力发展的桎梏。这个原理运用于正确认识和处理政治和经济、思想政治工作和经济工作的关系是同样适合的。因此，在新的历史时期，强调思想政治工作要为实现党的总任务、总目标服务，为经济建设和改革服务，是符合马克思主义关于上层建筑和经济基础、政治和经济的相互关系的原理的，它正确地、充分地肯定了思想政治工作在现代化建设中应有的重要地位和作用，是思想政治工作指导思想的拨乱反正。

我们党的全部工作和全部活动都是为人民服务，领导就是服务。通过思想政治工作，保证现代化建设的社会主义方向，保证党的路线、方针、政策的贯彻执行，教育和培养有理想、有道德、有文化、有纪律的社会主义新人，极大地提高人民群众建设社会主义的积极性，从而促进生产力的发展和经济效益的提高，使国家进一步地繁荣昌盛起来，使人民的物质文化生活不断得到改善和提高，这正是充分发挥上层建筑对经济基础的反作用，也具体生动地体现了全心全意为人民服务的宗旨。

二、思想政治工作的方针和原则

（一）思想政治工作的方针

思想政治工作的方针就是疏导的方针。疏导，就是对人民群众中的思想问题采取说服教育、疏通引导的意思，而不是用堵塞言路和压服的办法。思想政治工作实行疏导的方针，就是按照人们思想的发展规律和思想政治工作自身的客观规律办事。

1. 疏导方针是建立在充分相信真理、相信群众的基础上的

一切剥削阶级政党，是代表地主资产阶级的利益的，他们同无产阶级和广大人民群众的利益是根本对立的，他们手里没有真理，只能靠欺骗和强迫的手段对付群众，以维持其本阶级的统治地位。无产阶级政党是代表人民群众的利益的。党的理论和政策，是社会历史和革命发展客观规律的反映，是人民群众的利益和意志的体现。党完全可以通过摆事实、讲道理，运用说服教育的方法使群众接受革命的真理和党的主张，并自觉地纠正他们自己的错误思想。因此，疏导方针是建立在充分相信

真理能教育人、说服人的根本立场上的。

相信群众，依靠群众，尊重群众，是历史唯物主义的基本观点，也是马克思主义对待群众的根本态度。思想政治工作的疏导方针，正是体现了历史唯物主义的基本观点和马克思主义对待群众的正确态度。从这种观点和态度出发，才能做到平等待人，遇事和群众商量，尊重群众的民主权利和被教育者的自尊心，而不是高人一等，以教育者自居，用强制和压服的手段对待群众。

2. 疏导方针是符合人们思想发展规律的

人的行为是受大脑支配的，而支配人的行为的思想是由客观世界作用于人的大脑产生的。人们通过自己的思维活动，对外部世界会产生各种各样的思想反映，因而会有各种各样的行为表现。这就要求对人们的思想和行为产生的社会条件、心理活动、个人特点和知识素养等作深入的调查和科学的考察分析，找出其主客观的原因和周围环境的影响，这样才能抓住问题的实质，对症下药，积极疏通引导，把人们的思想和行为引导到正确的轨道上来。同时，人民群众中各种各样的思想、观点是客观存在的，它总是要通过各种渠道和形式表现出来，要它不表现、不反映是不可能的。因此，解决人民内部思想问题的唯一的办法是发扬民主，广开言路，让各种各样的意见都讲出来，然后因势利导，说服教育，肯定正确的东西，纠正错误的东西，有针对性地解决问题。

3. 疏导的方针是对党的思想政治工作经验教训的科学总结

用说服教育、以理服人的方法解决党内和人民内部矛盾是我们党的一个优良传统。在延安整风期间，毛泽东针对陈独秀的家长制和王明的惩办主义，提出了“知无不言，言无不尽，言者无罪，闻者足戒”的原则，对犯错误的同志采取“惩前毖后，治病救人”的方针。新中国成立以后，他进一步提出了正确处理两类矛盾的学说，把“团结—批评—团结”的公式推广运用于解决人民内部的矛盾，强调要在党和国家政治生活中造成一个又有集中又有民主、又有纪律又有自由、又有统一意志又有个人心情舒畅、生动活泼那样一种政治局面。但是，在十年动乱期间，党的这个好传统遭到林彪、“四人帮”的肆意践踏，他们对党内和群众中的不同意见，任意上纲上线，实行残酷的批判斗争和人身迫害。这样，就造成了假话、空话、大话成风，造成了万马齐喑的局面，极大地挫伤了群众的积极性和破坏了思想政治工作的声誉。十一届三中全会以后，党彻底批判和废弃了林彪、江青一伙实行的“残酷斗争，无情打击”的错误方针，平反了冤假错案，并在总结党以往思想政治工作经验的基础上，确立了疏导的方针，这表明我们党对思想政治工作客观规律的认识更加深刻了，有利于进一步提高思想政治工作的水平。

疏导方针，是疏通和引导的辩证统一。要在疏通中引导，在引导中疏通，两者不可偏废。因此，要正确贯彻疏导方针：一是要发扬民主，让人敢于讲话。二是要平等待人，以理服人。三是要坚持原则，又疏又导。对党内和群众中反映出来的思想问题，要敢于分清是非，弄清思想，通过说服教育、批评与自我批评的方法，引导到正确的方向上去。闭塞言路、压制不同意见不对，对错误思想听之任之、放任不管，同样是错误的。

（二）思想政治工作的原则

1. 理论联系实际的原则

理论和实际相结合，是马克思主义的一个最基本的原则，也是我们党的一个优良传统和作风。实事求是、理论联系实际是解决问题的关键。1978 年，邓小平在《在全军政治工作会议上的讲话》中指出：“我们开会，作报告，作决议，以及做任何工作，都为的是解决问题。我们说的做的究竟能不能解决问题，问题解决得是不是正确，关键在于我们是否能够理论联系实际，是否善于总结经验，针对客观现实，采取实事求是的态度，一切从实际出发。”①

思想政治工作坚持理论联系实际的原则，首先，在进行马克思主义理论和党的方针、政策宣传教育的时候，必须有针对性，必须同本地区、本部门的工作实际和群众的思想实际联系起来，避免脱离实际的空谈，避免按上级的文件和报刊文章照抄照搬。其次，思想政治教育要根据不同人的不同情况和不同的接受能力，从实际出发，因人制宜，循序渐进。由于人们的文化程度、理论修养、社会阅历和心理特点的不同，对于马克思主义的理论、党的路线和政策，以及我们的教育方式所能接受的程度都各不相同，因而在教育的内容、形式和方法上都应当从实际出发，按照不同的对象，有层次地进行。再次，要针对问题的不同性

---

① 《邓小平文选》第 2 卷，人民出版社 1994 年版，第 113—114 页。

质、不同程度，具体问题具体分析，用一把钥匙开一把锁的办法去解决不同人的不同性质和不同程度的问题，切忌简单化和“一刀切”。

2. 民主原则

建设高度的社会主义民主，是我国社会主义建设的根本目标和根本任务之一，同时它又是教育群众和正确处理人民内部矛盾的重要原则。思想政治工作的性质和任务决定了它必须坚持民主的原则。只有实行民主原则，才能使教育者和被教育者建立起互相信任、同志式的平等关系，才能增强人民群众的主人翁责任感，充分发挥他们的积极性、主动性，也才能使思想政治工作取得显著的成效。从一定意义上说，发扬民生本身就是一种思想政治工作。

思想政治工作实行民主的原则，首先，要使教育者和被教育者处于平等的地位，尊重群众的民主权利。我们党和国家的性质决定了一切党的干部和国家工作人员都是人民的公仆，他们只有为人民服务的义务，丝毫没有凌驾于群众之上的特权。思想政治工作干部是教育者，他们应当有良好的民主作风和平易近人的态度，应当处处关心人、尊重人，做群众的贴心人，决不能以教育者自居，动不动就训人、整人，使人望而生畏，见而生厌。其次，要坚持说服教育、以理服人的原则。对于人民内部的思想问题，只有用说服教育、民主讨论的方法去解决，才能使受教育者心情舒畅，心悦诚服；如果对方对自己的意见暂时不能接受，则应当耐心等待。决不可以采取简单、粗暴、我打你通的方法。这样不但没有效力，反而是有害的，往往会使本来可以解决的问题更加复杂化，以致产生对立情绪和使矛盾激化。再次，要组织群众自己教育自己。思想政治工作是一项系统工程，它的对象的广泛性和内容的多样性，是任何一项工作所不及的。这不是由少数人可以做好的，必须组织宏大的思想政治工作队伍和依靠群众自我教育的方法，才能真正做好。这是人民群众当家作主的体现，是党的群众路线在思想政治工作中的运用。党的十二大政治报告中指出：“民主应当成为人民群众自我教育的方法。”这种群众自我教育的方法，大体有三种形式：一是自我教育或自我修养。二是群众互相教育。三是社会教育。

3. 思想政治工作与经济工作一道去做的原则

思想政治工作结合经济工作一道去做的原则，是思想政治工作必须遵循的基本原则之一。毛泽东曾经指出：“政治和经济的统一，政治和技术的统一，这是毫无疑义的，年年如此，永远如此。”思想政治工作“是要结合着经济工作一道去做的，不能孤立地去做”①。这个原则是根据马克思主义关于政治与经济相互关系的原理提出的。经济决定政治，政治为经济服务，思想政治工作要保证经济工作和各项工作任务的完成，并落实在业务上。实际生活表明，群众中的许多思想问题往往是在各项生产活动、业务活动和改革实践的过程中产生的。因此，必须把思想政治工作渗透到各项经济活动和业务活动中去，结合经济工作一道去做。也只有实现这种结合，思想政治工作才有成效，才能克服“两张皮”的现象。

要实现思想政治工作和经济工作的紧密结合，首先，要树立思想政治工作服务于经济工作、业务工作的观点。思想政治工作从本质上说是一项保证和服务的工作，它为党在各个历史时期的政治任务、政治路线服务，保证各项工作任务的完成。只有这样，思想政治工作才有针对性和说服力。其次，要把思想政治工作结合经济工作和业务工作一道去做，同系统的思想政治教育结合起来。思想政治工作应当分层次地进行，一种是系统的思想政治教育，一种是要解决反映在生产过程和业务工作中的思想问题。我们说思想政治工作要结合经济工作、业务工作一道去做，决不能简单地理解为只做生产和业务过程中的具体思想工作，不注意去抓系统的思想政治教育，而应当把两者很好地结合起来。只有这样，才既能从根本上提高群众的觉悟，激发他们建设社会主义的积极性和创造性，又能解决群众在日常的生产和业务工作中产生的实际思想问题，从而保证各项工作任务的完成。再次，思想政治工作干部和行政管理干部必须密切配合，通力合作，共同做好思想政治工作。就一个企业来说，做好思想政治工作不仅是党委书记和思想政治工作干部的事，而且也是厂长和所有行政管理干部的事。行政管理干部应把关心和学会做思想政治工作，作为自己的一项重要职责，并且善于从思想工作入手抓好经济工作。思想政治工作干部要努力学习经济和管理知识，深入生产和各项业务活动第一线，了解和掌握经济活动和业务活动中人们的思想问题，有针对性地做好思想政治工作，保证经济工作的健康发展。

---

① 《毛泽东选集》第 5 卷，人民出版社 1977 年版，第 244 页。

4. 思想政治工作与物质利益相结合的原则

思想政治工作加物质利益，坚持精神动力和物质动力一起抓，是调动广大群众的积极性、主动性的重要原则。中共中央批转的《国营企业职工思想政治工作纲要（试行）》中指出："在整个社会主义历史阶段，共产主义思想体系的教育必须同实行马克思主义物质利益原则结合。"就是说，既要坚持共产主义的思想教育，提倡自我牺牲精神，又要坚持物质利益原则，关心群众的生活。

社会主义物质利益原则，是马克思主义的一个基本观点。物质需要，是人类生存和发展的物质条件，是人们一切社会活动的客观动因，也是革命赖以产生的基础。人们从事生产活动的目的是直接为了物质利益；而阶级斗争和革命活动，既源于物质利益，最终又是为着物质利益。党领导人民搞革命、建设社会主义，归根到底是为了广大群众过富裕、幸福、美好的生活。邓小平指出："革命是在物质利益的基础上产生的，如果只讲牺牲精神，不讲物质利益，那就是唯心论。"我们必须改变过去那种忽视物质利益的错误观念，在企业中，应当使职工的工资、奖金同个人贡献大小、企业经营好坏挂起钩来，使职工感到个人的利益与企业经济的发展和国家现代化建设的前途是息息相关的，这就有利于结合思想教育增强职工的主人翁责任感，增强职工献身"四化"建设的使命感。

要引导群众正确认识和处理自身的利益，必须坚持正确有效的思想政治工作。马克思说过："利益就其本性说是盲目的、无止境的、片面的，一句话，它具有不法的本能。"① 这当然是就资本主义社会而言的。在以公有制为基础的社会主义国家里，坚持正确的物质利益原则，根本的问题是协调好国家、集体和群众个人利益的三者关系。如果个人利益和国家、集体的利益发生矛盾的时候，应当个人利益服从集体利益，局部利益服从整体利益，暂时利益服从长远利益。决不能提倡抛开国家、集体和别人利益，专为个人的物质利益而奋斗。因此，一定要把思想教育和物质利益原则结合起来，坚持两个动力一起抓。在向群众进行思想教育的同时，不忘贯彻物质利益原则；在贯彻物质利益原则和解决群众的生活问题的时候，必须对群众进行正确处理三者利益关系的教育，进

① 《马克思恩格斯全集》第1卷，人民出版社1956年版，第179页。

行社会主义、共产主义劳动态度和主人翁思想的教育。只有这样，才能把群众的积极性调动起来，并持久地保持下去。

要坚持思想教育和物质利益相结合的原则，一是要把解决思想问题和解决实际问题结合起来。因为群众中存在的思想问题，有许多是同实际问题交织在一起的。我国经济、文化还比较落后，人民的物质文化需要，同国家在财力物力上所能承受的能力还有较大的矛盾；同时在改革当中也会涉及到广大群众的个人利益，如物价问题、工资问题、市场供应问题等等。所有这些问题，都会使群众产生各种各样的思想问题，这就要求我们尽可能地、切实地解决群众中的实际问题同做好深入细致的思想政治工作结合起来。二是要把精神鼓励和物质鼓励结合起来。对于在工作中作出优异成绩或有重要贡献的同志，给予表扬、嘉奖、立功等政治上的荣誉，宣传他们的先进思想和先进事迹；同时也要给予必要的物质奖励，如发给奖金、奖品和给予一定物质待遇，这实际上是贯彻了按劳分配、多劳多得的原则。这两种鼓励是相辅相成、互为补充的，对于调动人们的积极性都是必要的。

5. 言行一致、以身作则的原则

思想政治工作既要使群众懂得真理，更要使群众按照这种真理去做、去实践，把理论和实际结合起来，言论和行动统一起来。离开了这一点，思想政治工作就失去了全部意义。身教重于言教，教育者必须先受教育。要使受教育者理论联系实际、言行一致，首先要求各级领导干部和思想政治工作人员身体力行，作出表率。他们不仅应以自己的正确言论去影响教育群众，并且应以自己的模范行动去引导群众。凡是要求群众做到的，自己首先应当做到，要求群众不做的，自己首先不做。教育者这种言行一致、以身作则的作风，是我们党的思想政治工作具有强大生命力的表现。邓小平指出："群众对干部总是要听其言、观其行的。连长指导员不以身作则，就带不出好兵来；领导干部不做出好样子，就带不出部队的好风气，就出不了战斗力。"干部的模范行动本身就是无声的命令，就是一种有力的思想政治工作。如果领导干部和思想政治工作干部言行不一、表里不一，说的一套、做的一套，这不仅不能教育群众，反而会引起群众的反感，甚至会使群众对革命的理论和党的主张产生怀疑和不信任的情绪，败坏党的威信，损害思想政治工作的声誉，这同样是一种恶劣的不正之风。有些地区和单位，之所以思想政治工作威信不高，成效不大，一个重要的原因，就在于那里的领导干部和思想政治工作人员不能以身作则、为人师表。所以，加强和改进思想政治工作，最关键的一条是提高领导干部和政治工作干部的素质，端正党风。这样，思想政治工作才有说服力，才能提高效益，才能发挥它巨大的威力。否则即便有好的思想政治工作的方针、原则、方法，也都会落空。

三、思想政治工作的改进和创新

（一）思想政治工作的生命力在于创新

世界上的万事万物都是随着社会的进步和情况的变化而不断地发展、变化的。思想政治工作也必然要随着革命的任务和形势的变化而不断地丰富和发展。党的十一届三中全会以来，我国进入了一个新的历史发展时期，党和国家的根本任务是把我国建设成为现代化的、高度文明、高度民主的社会主义国家。在这个重大的历史转折时期，思想政治工作面临着许多新情况、新课题。比如，党的工作重心转移以后，思想政治工作如何从以阶级斗争为纲转变到为发展生产、建设两个文明服务的轨道上来？在改革、开放和搞活的新形势下，如何教育群众坚持四项基本原则，正确处理国家、集体和个人利益的关系，抵制剥削阶级腐朽思想的侵袭，反对金钱至上、个人至上和资产阶级自由化的思想？在发展社会主义商品经济的条件下，如何引导群众克服自然经济、产品经济下长期形成的习惯势力和传统观念，树立适应社会主义商品经济发展的新观念，同时，又要克服商品经济固有的盲目性、自发性等带来的消极因素，防止商品等价交换原则侵入党和国家的政治生活？如何根据当代青年的特点，有针对性地做好广大青年的思想政治工作，培养一代“四有”的社会主义新人？思想政治工作如何保证和推动社会主义精神文明建设，等等。因此，在新的历史时期，一方面，我们要继承和发扬我们党的思想政治工作的优良传统和作风，否定历史，否定我们过去好的、行之有效的优良传统，是错误的；另一方面，情况变化了，我们又不能停留在原来的水平上，而必须根据新的情况，从指导思想、工作内容、活动方式到组织形式和领导体制等实行一系列相应的变革，不断地加以改进和创新。只有坚持改进和创新，才能恢复和发扬过去的优良传统，摒弃过去违背思想政治工作自身规律的错误的东西；只有坚持改进和创新，才能正确地回答新时期提出的新情况、新问题，切实有效地解决人们思想上、观念上存在的问题，从而提高思想政治工作的效益，推动社会主义事业的发展；只有坚持改进和创新，才能使思想政治工作的理论、方针、原则和方法在新的实践中得到进一步的发展和完善。总之，坚持改进和创新，是新时期思想政治工作战斗力和生命力的源泉。

（二）新时期思想政治工作必须树立新的观念

观念形态的东西是客观世界在人们意识中的反映，同时，它又反过来影响和支配人们的行动。在新的历史时期，随着现代化建设和改革事业的发展，必然引起人们思想观念上的变化；而在党的思想政治工作中只有自觉地改变过去旧的观念和旧的习惯，树立新的观念和新的思想方法，才能适应现代化建设和改革的要求，使我们的工作更有成效。因此，思想政治工作的改进和创新，首先必须更新思想观念。

1. 思想政治工作要树立服务的观念

长期以来，思想政治工作是在“以阶级斗争为纲”的“左”的指导思想下进行的，把它放在“高于一切”、“冲击一切”的地位。这不仅干扰和冲击了经济工作和其他工作，而且降低了思想政治工作的声誉。今天，我们把思想政治工作放在“服务”的位置，既符合马克思主义关于物质和精神、经济和政治相互关系的原理，又总结过去的经验，在思想政治工作指导思想上拨乱反正。可是，我们有些同志则认为这是削弱了思想政治工作的地位，似乎矮了一截。因此，我们一定要把思想政治工作的地位从“高于一切”、“冲击一切”的观念转变到“服务”的观念上来，坚定不移地为党的总任务、总目标服务，为社会主义经济建设和完成各项工作任务服务。

2. 思想政治工作要树立效益的观念

搞经济建设要讲求效益，做思想政治工作同样也要讲求效益。这种效益观念主要表现在两个方面：一是出精神成果。通过思想政治工作，使人们的思想觉悟真正得到提高，推动精神文明建设。二是出物质成果。思想政治工作是否有成效，最终的结果要看生产力是否提高了，经济效益是否提高了，社会财富是否增加了。灿烂的精神文明之花必然结出丰硕的物质文明之果。思想政治工作要讲求实效，必须采取各种形式做扎实、细致的工作，反对假、大、空和形式主义，避免表面上轰轰烈烈，实际上空空洞洞的表面文章。

3. 思想政治工作要树立信息的观念

思想政治工作的对象是人，人的思想是不断变化的；同时，在改革、开放和搞活的情况下，人们的思想会更加活跃，会产生大量的思想信息。要使思想政治工作有针对性，做到实处，必须掌握情况，重视信息。及时地准确地收集、分析和处理信息，是有的放矢地做好思想政治工作的前提。就是说，我们要善于掌握和熟悉工作对象的家庭情况、经济收入、工作表现、文化水平、健康状况、性格特点、业余生活、社会交往以及改革当中出现的新问题等多方面的情况和信息，全面深入地进行质和量的分析、综合。如果没有强烈的信息观念，不能及时而又准确地掌握思想信息，就会感觉迟钝，落后于形势，在工作中就会陷于盲目性，处于被动应付的局面。

4. 思想政治工作要树立系统的观念

从思想政治工作的对象、范围和内容来看，它是一项社会系统工程，不是靠某个单位、某个部门，或采取封闭式的方法可以做好的。这就要着眼于系统的整体性和层次性，发挥系统的整体效益。对群众的思想状况和思想工作，既要纵观全局，进行多层次的综合分析研究，掌握各类人员的共性和个性，又要根据不同的特点分层次地做工作，避免千篇一律。同时，思想政治工作又是一项群众性的工作，它不仅仅是职能部门和政工干部的事，而是要各个部门、各个方面通力合作，依靠各级干部、广大党员和积极分子共同来做，要形成一个上下左右、纵横交错的思想政治工作网络。在教育的内容上，不仅要针对不同的人在生产、工作中或某些具体问题上出现的思想问题进行教育，而且要进行系统的马克思主义理论和党的基本知识的教育，从根本上提高他们的觉悟。

5. 思想政治工作要树立人才的观念

现代化建设需要大批各方面人才，而思想政治工作又是做人的工作的，因此它必须把培养和发现人才作为自己的一项重要任务。首先，在思想政治工作中，要大力宣传尊重知识、爱惜人才的观点，同一切轻视科学技术、轻视智力开发、轻视知识分子的思想和行为作斗争，为人才的成长创造良好的社会环境。其次，通过思想政治工作，大力教励和支持工人、农民、知识分子学文化、学科学，提高科学文化素质，并培养他们成为具有良好的思想和道德品质的社会主义新人。第三，通过思想政治工作，协助党委和主管部门发现和考察人才，做到人尽其才，量才使用。

新时期思想政治工作的改进和创新，除了要树立新的观念外，还必须处理好几个方面的关系，这就是：一是要处理好贯彻社会主义物质利益原则和共产主义理想教育的关系。二是要处理好发展社会主义商品经济与保持共产主义思想纯洁性的关系。三是要处理好采取各种形式搞活经济和坚持社会主义原则的关系。四是要处理好实行对外开放与抵制资本主义腐朽思想的关系。处理好这些关系，就是解决了我们面临的新问题、新矛盾。只有树立新的观念，处理好各方面的关系，才会创造出适应这些新观念、处理这种新矛盾的新方法、新形式和新经验，大大提高思想政治工作的水平。

建设一支适应社会主义现代化事业需要的干部队伍

（1987 年 1 月）

一、党的干部是实现党的领导的决定力量

（一）政治路线确定后，干部就是决定的因素

党的干部是群众的领导者和组织者，马克思主义者高度重视人民群众在创造历史的活动中，在无产阶级革命和社会主义建设中的重要作用；同时，也承认党的干部在贯彻执行党的路线、方针和政策中，在领导群众进行革命和建设中的重要作用。毛泽东曾经说过，领导者的责任，归结起来，主要是出主意、用干部两件事。出主意就是确定党的路线、方针、政策和决议、决定、指示等等。要使这一切主意变为群众的行动，就要选拔和使用干部，依靠他们去付诸实施。党章指出："党的干部是党的事业的骨干。"这一规定，科学地概括了党的干部在无产阶级革命事业中的地位和作用。

党的干部是制定和执行党的路线、方针和政策的决定因素。无产阶级政党要完成自己的历史使命，必须有正确的路线、方针和政策的指

引。党的领导，主要是路线、方针和政策的领导。正确的路线、方针和政策的制定，一方面，要以马列主义、毛泽东思想的基本理论作指导；另一方面，要从实际出发，科学地总结历史和现实的经验，并对实际情况进行大量的调查研究工作，从而把群众的经验和智慧集中起来，变为领导者指导工作的方针。所有这些，都要有党的干部进行创造性的活动。如果没有干部对马克思主义的深刻理解和对实际情况的全面了解，就不可能制定正确的路线、方针和政策，也谈不上党的领导。马克思主义认为，任何政策的实行都不能不表现在人才的任命和调动上。当党的正确的路线、方针和政策确定以后，还必须由懂得党的路线、方针、政策的干部去贯彻落实。如果没有忠于党、忠于人民的干部去教育、组织和发动群众，为实现党的政策而奋斗，再好的路线和政策也会落空。正是在这个意义上，毛泽东说："政治路线确定后，干部就是决定的因素。"

党的干部是完成党的任务的重要保证。人类的社会生产劳动和革命实践活动证明，任何一项任务，如果没有人去组织和领导，协调一致地行动，都是无法完成的。无产阶级革命是人类历史上最伟大、最艰巨的事业，要完成这个任务，需要有无产阶级政党的领导，需要有大批的前后相继的能干的干部为之奋斗，否则，就会寸步难行。夺取政权要有大批善于组织和发动群众、英勇善战的优秀干部，去率领群众进行艰苦卓绝的斗争。巩固政权和建设社会主义，同样需要有大批懂政治、懂业务、会管理，善于治党治国治军的领导骨干和专门人才。我们党一贯重视干部的作用，把干部视为党的宝贵财富，并在长期的革命斗争中培养和造就了千百万干部。我们党正因为有这样一批干部，才战胜了各种困难，经受住了各种严峻考验，赢得了各个历史阶段的革命和建设事业的胜利。

党的干部是党联系群众的纽带。无产阶级革命事业是党领导下的千百万群众的事业。党对群众的领导，是通过党的各级干部来实现的。党依靠广大干部向群众宣传马克思列宁主义、毛泽东思想，宣传和解释党的路线、方针和政策；党依靠他们组织和发动群众，并和群众一起为实现党的路线而奋斗；党依靠干部和党员的先锋模范作用去教育和影响群众，并且关心群众的疾苦，帮助群众克服困难，把党的温暖送到群众心坎里。如果没有党的干部去教育、组织和团结群众，党和群众的联系就会脱节，党就无法实现对群众的领导，也不能完成自己的任务。

（二）党的干部是人民的公仆

党章指出，党的干部是“人民的公仆”。这个规定，体现了党对党员干部的严格要求，指明党的干部同一切剥削阶级的官吏的本质区别。所有党和国家的工作人员，不管他担任什么职务，他所做的一切工作都是为人民服务，都是履行人民公仆的职责。

党的干部是人民的公仆，这是由党的性质和宗旨决定的。马克思、恩格斯在总结巴黎公社的经验时就提出了党的干部是人民的公仆的光辉思想。马克思指出：工人阶级国家的一切公职人员应成为“社会的负责的公仆”，“应当为组织在公社里的人民服务”。他们由选举产生，对选民负责，并随时可以撤换，不得享有任何特权。工人阶级国家政权必须采取一切必要的措施，“防止国家和国家机关由社会公仆变为社会主人”，“防止人们去追求升官发财”。列宁进一步发挥了这个思想，他说，工人阶级在夺取政权后，首要的任务是把旧的官僚机构打碎，用工人阶级的公职人员组成新的机构来代替它。同时，他强调“为了防止这些人变成官僚”，无产阶级国家必须“采取办法根除官僚制，并且能够把这些办法实行到底，直到官僚制完全消灭，供人民享受的民主完全实现”。

我们党根据马克思列宁主义的这个基本原则，一贯强调党的干部是人民的勤务员，并作了“为人民服务”这样一个新概括。毛泽东指出：“我们一切工作干部，不论职位高低，都是人民的勤务员，我们所做的一切，都是为人民服务。”党要求所有干部都要一切从人民的利益出发，把人民的利益看得高于一切。当个人利益同党和人民的利益发生矛盾时，要无条件地服从党和人民的利益，决不允许利用职务之便谋求私利和特权，决不允许以不平等的态度对待群众。党的干部永远保持人民公仆的政治本色，是马克思主义党的学说的一个重要思想。在执政党的条件下，党的地位发生了根本的变化，许多党员手中掌握着一定的权力。在这种新情况下，党的干部如何继续保持人民公仆的本色，防止由人民公仆变为人民的主人，这是执政党建设的一个新课题，也是对每个干部的严峻考验。

应当肯定，无产阶级革命同过去由一个剥削集团代替另一个剥削集团的革命根本不同。我们共产党人是以解放全人类为己任的，我们有统一的思想和共同的目标，有严密的组织和铁的纪律，有党组织和群众的监督，有批评和自我批评的锐利武器。因此，可以防止旧时代革命者走过的蜕化变质的历史老路，这是毫无疑义的。但是，我们也不能不看到，由于社会上的阶级斗争还在一定范围内存在，各种剥削阶级的思想影响还存在，在干部队伍中，确有少数人经不起胜利的考验。他们忘记了全心全意为人民服务的宗旨，忘记了自己手中的权力是人民给的，忘记了自己是人民的公仆，利用职权谋求个人的私利和特权，甚至骑在人民头上做官当老爷。根据我们党执政30多年的经验教训，党的干部要保持人民公仆的本色，必须正确对待和处理好两个问题：一是要正确对待人民给予的权力。一个党员干部能否正确使用手中的权力，是能否当好人民公仆的一个根本问题。党的各级领导干部必须倾听群众的意见，执行人民的意志，接受群众的监督，正确运用自己的职权，遵守和维护党和国家的制度，同任何滥用职权，谋求私利的行为作斗争。二是要摆正主人与公仆的关系。在我们社会主义国家，人民是国家的主人，党的各级干部是人民的公仆。每一个干部不仅在口头上而且在行动上必须确认这种正确关系，在任何时候都不容许颠倒。他们在自己的工作中应当不为名不为利，永远置于群众之中，一心一意地组织和支持人民当家作主，以“俯首甘为孺子牛”的精神把人民的事情办好。鞠躬尽瘁，死而后已。

二、按照德才兼备的原则选拔和任用干部

（一）德才兼备的干部标准和任人唯贤的干部路线

我们明确了干部在党的事业中的作用和我们党的干部的本质之后，还要进一步说明党需要什么样的干部，怎样造就这样一支干部队伍的问题。毛泽东指出：在使用干部队伍的问题上，“我们民族历史中从来就有两个对立的路线一个是任人唯贤的路线，一个是任人唯亲的路线。前者是正派的路线，后者是不正派的路线”。不同的干部路线，选拔和任用干部的标准也就不同。

无产阶级政党需要建立一支适应革命任务需要的能够胜任其所承担的工作的干部队伍。恩格斯曾经指出：“在我们党内，每个人都应该从当兵做起；要在党内担任负责的职务，仅仅有写作才能或理论知识”是不够的，“还需要熟悉党的斗争条件，掌握这种斗争的方式，具备久经

考验的耿耿忠心和坚强性格，最后还必须自愿地把自己列入战士的行列中”。在这里，恩格斯明确要求党的干部应当具备一定的理论修养、实践经验和对党的事业的忠诚。十月革命后，俄国面临的中心任务是发展生产，巩固苏维埃政权，开展社会主义经济建设，这就需要大批与之相适应的干部。但是，当时党内却混进一批投机钻营和惯于夸夸其谈不做实际工作的人。针对这种情况，列宁强调要把那些具有头脑清醒和有实际本领的、忠于社会主义和埋头苦干的、而又经过多次考验的人才提拔起来，并把那些追求地位的人驱逐出党。列宁既重视干部的政治素质，又重视干部的业务素质。斯大林在《论党的工作缺点和消灭托洛茨基两面派的办法》一文的结束语中，明确提出了选拔干部的政治标准和业务标准。他说：“挑选工作人员，第一，要根据政治的标志，就是说，他们是不是值得政治上的信任；第二，要根据业务的标志，就是说，他们是不是适合做某一项具体工作。既不要只注意工作人员的业务能力，而不注意他们的政治面貌，又不要只注意工作人员的政治面貌，而不注意他们的业务能力。”① 毛泽东根据马克思主义关于干部问题的理论，明确规定了德才兼备的干部标准。他指出，中国共产党如果“没有多数德才兼备的领导干部，是不能完成其历史任务的”。② 这里所讲的“德”，就是指干部的政治态度、道德品质和思想作风，所谓“才”，就是指干部的业务能力、工作经验和领导水平。干部的德和才，在不同的历史时期有不同的具体含义。民主革命时期，在反对帝国主义、封建主义和官僚资本主义的斗争中，立场坚定，斗争坚决，英勇顽强，不屈不挠就是德好；会带兵打仗，会做群众工作，会搞土改，会支前就是有才。在新的历史时期，党中央根据党的总任务的要求和我国干部队伍的实际情况，对现阶段干部德和才提出了新的要求。概括起来说，就是：（1）坚持四项基本原则，坚决执行党的十一届三中全会以来的路线、方针、政策，坚决执行党的改革开放方针，在政治上同党中央保持一致。（2）有一定的专业知识和组织领导能力。（3）年富力强，能够胜任繁重的工作任务。（4）勇于进取，锐意革新，有开拓新局面的魄力。

按照德才兼备的干部标准选拔、任用和调配干部，就是任人唯贤的

---

① 《斯大林文选》（上），人民出版社 1977 年版，第 139 页。

② 《毛泽东选集》第 2 卷，人民出版社 1991 年版，第 526 页。

干部路线。正如毛泽东所说的："共产党的干部政策，应是以能否坚决地执行党的路线，服从党的纪律，和群众有密切的联系，有独立的工作能力，积极肯干，不谋私利为标准，这就是'任人唯贤'的路线。"①离开了这个标准去选拔和任用干部，就是任人唯亲、任人唯派的路线，不正派的路线。

（二）正确地识别和使用干部

我们党不仅规定了德才兼备的干部标准，而且还规定了识别和使用干部的原则和方法。

考察和识别干部是整个干部工作的基础。只有具体深入地考察了解干部，才能对干部有个正确的认识；只有对干部有了全面正确的认识，才能做到知人善任，把每一个干部安排到适当的岗位上，充分发挥他们的聪明才智和专业特长。

考察和识别干部，首先，要用辩证唯物主义的观点。即要用全面的、历史的、发展的观点去考察干部，如实地反映干部的本来面貌，不加任何主观的成分，切忌主观片面、孤立静止地看待干部。毛泽东说："不但要看干部的一时一事，而且要看干部的全部历史和全部工作，这是识别干部的主要方法。"② 其次，要充分走群众路线。党的干部是置身于群众之中的，群众对干部的思想品质、业务水平和领导才能最了解。因此，选拔任用各级领导干部，要先在本人所在单位的干部和群众中进行民意测验或民主推荐，要广泛地听取群众意见，把群众推荐同组织考察结合起来，这是了解和识别干部的基础。实践证明，干部的提拔和任用必须经过实践的考验，以及党和人民的公认，绝不能由少数人说了算。否则，就不仅不可能选拔德才兼备、群众拥护的干部，而且还会使一些思想意识不健康的干部，想方设法讨好某些领导人，甚至还可能产生人身依附、脱离群众等不良后果。

考察和识别干部，目的是更好地使用干部。领导者能不能出以公心、恰当地使用干部，是我们的事业成败的关键。我们党在使用干部的问题上一贯坚持公道、正派、知人善任的原则，反对任人唯亲、以派划

---

① 《毛泽东选集》第2卷，人民出版社1991年版，第527页。

② 《毛泽东选集》第2卷，人民出版社1991年版，第527页。

线、搞私人关系的作风。我们坚持干部的调配和任用要兼顾国家的需要和个人的专业特长。就是说，每一个干部首先必须从党和人民的需要出发，服从组织的安排和调配，不允许强调个人的特殊情况不服从组织的分配；同时，组织人事部门应按照干部的德才情况、专业特长和干部存在的实际问题，尽可能把他们安排在最适当的岗位上，使他们能够最大限度地发挥自己的才能，更好地完成党交给的任务。要避免和纠正干部安排上出现的学非所用、用非所长，压制、浪费人才的现象。要在我们党内和整个社会中造成一种尊重知识、爱惜人才的优良风尚。

三、新时期干部队伍建设的方针

（一）建设一支革命化、年轻化、知识化、专业化干部队伍是现代化建设的需要

按照德才兼备的原则选拔干部，坚持任人唯贤，反对任人唯亲，努力实现干部队伍的革命化、年轻化、知识化、专业化，是新时期干部队伍建设的根本指导方针。党的十一届三中全会确立了马克思主义的思想路线和政治路线，我们的国家进入了一个社会主义现代化建设的新时期。但是，马克思主义和现实生活告诉我们，正确的政治路线是要靠强有力的干部去贯彻执行的。邓小平指出："组织路线是保证政治路线贯彻落实的。"而组织路线的核心则是干部问题，是解决党的思想路线和政治路线由什么人来贯彻执行的问题。是由赞成党的政治路线的人，还是由不赞成的人，或者是由持中间态度的人来执行，结果不一样。所以，在新的历史时期，能不能建设一支革命化、年轻化、知识化、专业化的干部队伍，是决定着社会主义现代化建设事业的成败，决定着党和国家命运的大问题。

实现干部队伍的"四化"，是我国社会主义现代化事业发展的客观进程提出来的一个重大课题。实现党在现阶段的总任务和到本世纪末全国工农业总产值翻两番的目标，我们有许多有利的条件，但也有不少困难。在各种各样的困难中，最突出的一个困难就是我们干部队伍的现状不适应"四化"建设的需要。主要表现是各级领导班子普遍"老化"，平均年龄比"文化大革命"前增加 15 至 20 岁，比 20 世纪 50 年代要大得多。经过机构改革和近几年来领导班子的调整，这种状况已有很大的

改变。但要切实解决好这个问题，并使新老交替制度化，仍需作巨大的努力。干部队伍的结构不合理，具有专业知识、业务能力的干部太少。还有一些干部在思想上、作风上、工作方法上同新形势、新任务的要求也不适应。这种状况，同社会主义现代化建设的要求形成了尖锐的矛盾。正如邓小平指出的，现在我们国家面临的一个严重问题，不是四个现代化的路线、方针对不对，而是缺少一大批实现这个路线、方针的人才。道理很简单，任何事情都是人干的，没有大批的人才，我们的事业就不能成功。如果我们看不到伟大历史转折的客观进程所提出的干部问题，不能及时而正确地解决这个问题，那么，党的政治路线就难以贯彻落实，四个现代化就没有希望。

领导班子的建设，在整个干部队伍建设中居于重要的地位。干部队伍的“四化”，首先要从领导班子“化”起。中共中央关于《第一期整党的基本情况和第二期整党的部署意见》的文件中提出：在整党中，“能否经过调整，真正形成风气很正、确能带领群众干四化的坚强有力的领导班子，是衡量一个单位整党工作搞得好不好的一个最重要的标志。”因为党的领导，主要是通过各级领导班子来实现的。一个地区、一个部门的工作好不好，能不能打开局面，关键取决于有没有一个好的领导班子。

什么是领导班子的革命化、年轻化、知识化、专业化呢？

革命化的实质，在于保证党和国家的各级领导权真正掌握在政治上可靠的同志手里，使党的马克思主义路线能够畅通无阻地得到贯彻执行，共产主义事业能够持续地发展下去。干部“四化”，首先是革命化。邓小平明确指出：“提出年轻化、知识化、专业化这三个条件，当然首先是要革命化，所以说要以坚持社会主义道路为前提。”因此，凡是进入各级领导班子的，都应有党章规定的领导干部必须具备的政治素质。要把那些热心“四化”，德才兼备，作风正派，有强烈的革命事业心，能够开创新局面的优秀中青年干部选拔到领导岗位上来。“三种人”以及反对党的十一届三中全会以来中央路线的人和有各种严重违法乱纪行为的人，决不能进领导班子，已经在领导班子里的要坚决清除出去。那些思想品质不好，惯于闹不团结，没有责任心和事业心的人，以及德才平庸、无所作为，不讲原则的老好人，也不能进领导班子。总之，选拔干部要严格把好政治标准这一关。只有把党和国家的领导权交给确实可靠的人，才能保证党和国家正确领导的连续性和稳定性，保证社会主义事业继续健康地向前发展。

强调干部队伍特别是领导班子的革命化，并不是说可以忽视干部必须具有真才实学，必须实现年轻化、知识化、专业化的要求。年轻化，主要是指领导干部应当年富力强，精力充沛，能胜任繁重的工作任务。知识化，主要是指领导干部必须具备一定的文化程度和知识水平，能够掌握现代自然科学、社会科学和科学管理的知识。专业化，主要是指领导干部的专业水平和业务能力，具有一定的专业知识和管理经验。如果没有一支在革命化的前提下，具有文化科学知识，懂业务、会管理和年富力强的干部队伍，党在现阶段的总任务同样不能完成。

干部队伍的革命化、年轻化、知识化、专业化，是一个不可分割的整体，是德和才、红和专的有机的统一，是德才兼备的干部标准在新的历史条件下的具体化。离开革命化，其他“三化”就会失去明确的方向，即使“化”了，也不可能很好地为社会主义事业服务；同样，忽视了年轻化、知识化、专业化，革命化也就没有基础，成了空头政治。所以，干部队伍建设的“四化”方针是一个统一的整体，任何一方面都是不可缺少的。

（二）培养和选拔革命事业的接班人，实现新老干部的合作和交替

实现共产主义的社会制度是一项伟大而艰巨的工程，需要许多代人持续不断地艰苦奋斗。但是，人的生命是有限的，从生到死这是不可抗拒的自然规律。因此，干部的更新和交替，就像生物肌体的细胞新陈代谢一样，是一个自然发展的过程。作为一个马克思主义的政党来说，在实现共产主义的伟大历史进程中，可以自觉地通过选拔接班人，实行新老干部的合作和交替，来保持自己生命的长盛不衰。

历史表明，培养和选拔接班人，实现新老干部交接班的问题，并不是一件容易的事。在苏联，斯大林没有解决这个问题。在我国，早在60年代中期，我们党就提出培养接班人的问题。但是，由于指导思想上的失误，特别是发生了“文化大革命”，也没有解决。这样，干部“老化”和青黄不接的现象变得更加突出了。在新的历史时期，培养和选拔接班人的问题，已经成为一件刻不容缓的大事。邓小平、陈云等老一辈无产阶级革命家，高瞻远瞩，深谋远虑，把这样一个具有重大战略

意义的、关系到党和国家命运的问题摆在全党面前，并为解决这个问题提出了一系列正确的方针和措施。

要解决好接班人的问题，关键在于解决好“退”和“进”的问题。“退”，就是要坚决按照中央关于建立老干部离休、退休制度的决定和国务院的有关规定，认真地妥善地安排一批年老体弱的同志退居二、三线。“进”，就是要坚决按照德才兼备的标准，把那些经过考验的、确属优秀的、能开拓新局面的中青年干部选拔到各级领导岗位上来。不只是提拔几十个、几百个，而是要成千上万地选拔。

要选拔成千上万的接班人，必须扫除各种思想障碍，树立新的用人观点。

1. 要正确对待干部的能力和资历，破除论资排辈的陈腐观念

干部的资历，是干部革命历史的记录，干部资历的深浅，一般可以反映他们工作经验的积累程度。资历长一些，经验就多一些。在选拔干部时适当考虑资历是必要的。但是，资历和德才不能画等号，不能把资历绝对化，不能在干部的选拔和使用上搞“论资排辈”。否则，就会影响德才兼备原则的贯彻执行，压制资历较浅而有德才的优秀干部。在历史上不拘一格使用人才的例子是不少的。三国时的东吴所以能强盛一时，是与孙权破格用人分不开的。当时曹操号称拥兵百万南侵时，孙权毅然起用年仅 33 岁并不太出名的周瑜为大都督，赤壁一战大获全胜，使东吴稳据江东。刘备礼贤下士“三顾茅庐”，请诸葛亮出山，使诸葛亮得以施展经天纬地之才。诸葛亮当时也是年轻人。我们共产党人比古人高明，我们在使用干部的问题上一定要破除“论资排辈”的旧观念。

2. 要树立尊重知识、爱惜人才的观念，克服鄙薄知识、轻视知识分子的偏见

《关于建国以来党的若干历史问题的决议》明确指出，知识分子同工人、农民一样，是社会主义事业的依靠力量。当前我们在经济建设中的根本任务是发展生产力，是要组织社会主义现代化的大生产，推进我国经济体制的全面改革。这就要求干部必须具备更多的科学知识。大量的事实说明，无论上级机关或基层组织的领导干部，如果没有较高的文化专业知识，不懂现代科学技术知识和管理知识，是难以履行领导职责的。因此，我们必须正确对待知识分子，继续肃清鄙薄知识、轻视知识分子的“左”的思想影响，充分认识知识分子在社会主义建设中的地位

和作用。要在政治上信任和依靠他们，在工作中放手使用他们，在生活上尽可能地为他们办几件实事，充分发挥他们的聪明才智。

3. 要看干部的本质和主流，克服求全责备的思想

金无足赤，人无完人。人们的知识、文化素养、社会经历和工作经验都是各不相同的，要求我们的干部完美无缺，是不符合唯物主义观点的。用人之道，要“用其所长，掩其所短”。我们选拔干部要看本质看主流，不能抓住小的缺点，以偏概全，求全责备。更不能把有独立见解、敢于坚持真理、敢于提不同意见和有开拓精神的同志，看作“骄傲自满、目无领导”，不予重用。也不能把坚持原则、秉公办事的同志看成是群众关系不好，不予提拔。

4. 选拔、任用干部要出以公心，决不能搞任人唯亲、以我划线

选拔、任用干部的目的是把党和人民的事业交给更适当的人去做，而不是为个人达到什么目的。《关于党内政治生活的若干准则》指出：“在干部工作中要坚持正派的公道的作风，坚持任人唯贤，反对任人唯亲。严禁以派性划线，严禁利用职权在党内拉私人关系，培植私人势力。”“绝对禁止搞宗派活动，搞小圈子；不允许拉拢一部分人，排斥一部分人；抬一部分人，压一部分人。”

要使新老干部的合作和交替经常化、制度化，使无产阶级革命事业后继有人，我们在干部队伍建设中必须建立和健全后备干部制度，使干部队伍保持梯队结构。这是干部工作中的一项重要的基本建设，它关系到党和国家的长治久安。后备干部的选择和确定，一定要走群众路线，把组织部门的考察和群众的推荐结合起来，绝不能靠某个领导人来圈定。同时，后备干部应当是从实际工作中涌现出来，并在一定的工作岗位上确实做出成绩的优秀人才。因此，后备干部应当是流动的，既要淘汰那些在实际工作中相形见绌的人，又要适时地把新涌现出来的优秀分子补充进来。

四、努力实现干部队伍的革命化、年轻化、知识化、专业化

（一）改革和完善党的干部制度

为了实现干部队伍的革命化、年轻化、知识化、专业化和进行正常

的新老干部的合作与交替，建设一支适应社会主义现代化建设和改革开放需要的干部队伍，必须坚决而稳妥地改革现行干部制度中不合时宜的部分和方面，进一步健全和完善一套有利于干部的培养、选拔和成长的干部制度。我国现行干部制度存在的主要问题是：在干部领导职务上的"铁饭碗"、"终身制"；在分配制度上的"大锅饭"、平均主义；在干部管理使用上的部门或单位"所有制"等。近几年来，在经济体制改革的带动下，我国干部制度改革已经取得了显著的成绩。目前各地都在试行聘用制、合同制、任期制、职务工资浮动制、后备干部代职制、奖惩责任制，等等。邓小平指出，干部制度的改革，关键是要健全干部的选举、招考、任免、考核、弹劾、轮换制度，对各级各类领导干部（包括选举产生、委任和聘用的）职务的任期，以及离休、退休，要按照不同情况，作出适当的、明确的规定。任何领导干部的任职都不能是无限期的。具体地说，有以下几个问题需要着重解决。

1. 要废除实际存在的领导干部职务终身制，健全干部的离休退休制度

党章规定："党的各级领导干部，无论是由民主选举产生的，或是由领导机关任命的，他们的职务都不是终身的，都可以变动或解除。""年龄和健康状况不适宜于继续担任工作的干部，应当按照国家的规定，或者离职休养，或者退休。"这项规定，是针对我们在干部制度方面存在的问题提出来的，是废除过去实际上存在的领导职务终身制的重要措施。党的干部是人民的公仆，应该根据党和人民的需要，做到能上能下，能"官"能民。但是，过去担任了领导职务以后，不管年龄、健康状况、工作成绩如何，只要不犯大的错误，就很难变动和解除他们的职务。实践证明，这种状况弊病很多：一是使干部队伍不断"老化"。二是不利于培养和选拔年轻干部。三是客观上造成干部只能上、不能下，只能进、不能出，只能当"官"、不能为民的局面。四是必然造成机构臃肿，人浮于事，官僚主义严重，办事效率很低的现象。因此，废除实际存在的领导职务终身制，实行干部离休退休制度，有利于干部队伍的新陈代谢，避免干部队伍继续老化；有利于实现干部队伍的"四化"，增强干部队伍的活力，有利于人才竞争和造成拔尖人才脱颖而出的环境。

2. 要建立和健全干部的岗位责任制，实行对干部的考核制度

我们的各级各类机关长期缺少严格的自上而下的行政法规和个人负

责制，缺少对于每个机关乃至每个干部职责权限的严格而明确的规定和必要的检查监督制度，以致造成许多事无人干，许多人无事干，干好干坏一个样，干多干少一个样的状况，遇到问题彼此推诿，互相扯皮，甚至无人负责、久拖不办。因此，为了提高工作效率，使每一个干部都能做到各司其职，各负其责，必须把岗位责任制建立起来，对每个单位和每个干部的职权、责任都作出明确的规定。在此基础上，建立和健全干部的考察、考核制度。干部的考核和使用，要贯彻群众路线，加强民主监督。对干部的评价和使用，一定要征求群众的意见，让群众有更多的发言权、克服某些领导人凭个人的好恶去评价和使用干部的现象。要逐步实现干部考核的民主化、科学化、制度化。考核的内容主要是考德、考能、考勤、考绩，其中要着重考核工作实绩。各级各类干部考核的具体内容应当有不同的要求。考核的方法，要采取组织考核和群众评议相结合，经常性考察和定期考核相结合，要做到是非功过分明，考核的结果应作为奖惩、职务升降的重要依据。

3. 要改革和完善干部管理制度

我国现行的干部管理制度，是新中国成立以后逐步建立和发展起来的。它对于我国干部队伍的建设，对于我国社会主义事业的发展，都起了重要的作用。但在新的形势下，随着经济体制改革和其他改革的深入发展，这种单一的、封闭式的干部管理制度已不能适应新的形势发展的需要。干部管理制度改革的总的原则是：本着管少、管活、管好的精神，在党的统一领导下，实行管业务与管干部相统一，管企业与管班子相统一，使用干部与管理干部相统一，由少数单位集中管变多数单位分散管，实行分层、分类、分级管理。

4. 要实行领导干部定期交流制度和建立领导干部回避制度

领导干部长期在一个地区、一个部门工作，固然有熟悉情况、便于开展工作等有利的一面，但也会带来不少的弊病：一是长期囿守一地，使人们视野受到限制，因循守旧，安于现状，对新事物反应迟钝，不思进取。二是久居一地，儿婚女嫁，攀亲结友，容易形成各种各样有形无形的“关系网”。三是久待一地，下面的干部长期在自己领导之下，有的甚至是自己亲手提拔起来的，容易形成“一言堂”，家长制的作风，而缺乏有效的监督。实行领导干部有领导、有计划的交流，可以开阔视野，增长见识，丰富领导经验，得到全面锻炼，提高领导水平。干部交流的对象和范围，主要是县级以上领导干部。中央各部、委和省级领导干部，在全国范围内交流；地、县级领导干部，一般在本省、市、自治区范围内交流。

针对目前亲友在一个单位工作和由本地人担任领导所带来的弊端，建立回避制度是必要的。譬如，凡是有夫妻、夫妻双方三代直系和旁系血亲及儿女姻亲关系的工作人员，不得在有直接领导或直接监督关系的单位工作；除民族自治地区外，经选举担任县长、县人民法院院长、县人民检察院检察长的本地人，任届期满后不得连任，需要继续任原职的，列入交流序列，易地任职等等。封建社会历来主张“易地做官”，以限制家族统治、贪官污吏的不法行为。我们现在实行干部回避制度，同封建社会的做法性质根本不同。我们是从党和人民的利益出发，也是从爱护干部的观点出发。

5. 要完善选举制和委任制，推行考任制和聘任制

至于采取何种形式任用干部，则要根据各级各类机关、单位、团体的具体情况确定。无论通过何种形式任职的干部，其职务都不是无限期的。

（二）加强干部培训，提高干部素质

要建立一支适应“四化”建设需要的干部队伍，不仅需要正确地选拔和合理地使用干部，更重要的是要大力培养干部，提高干部素质。这是干部工作的一项经常性的重要任务。干部的地位和作用，要求他们应当比群众有更高的革命觉悟，更多的科学文化知识，更强的组织领导能力。随着革命事业的不断发展，干部队伍的数量需要不断扩大，质量需要不断提高；这就要求党不断地提高原有干部的水平，及时地培养和补充新的干部。目前，我国已经有一支宏大的干部队伍，这是进行社会主义现代化建设的骨干力量。但是，应该看到，我们正处在一个伟大的历史转折时期，不少同志在政治素质、业务能力、经营管理和领导水平等方面，还不能适应新形势新任务的需要。因此，实现干部“四化”的中心一环，是全面提高干部素质。大力培训干部，提高他们的政治素质和业务素质，不仅是当前的一项紧迫任务，而且也是从根本上加强干部队伍的建设使之适应现代化建设需要的一项战略措施。要本着学用一致的原则，通过对各类干部进行多形式、多途径、多层次、有计划的培训，

使他们既掌握一定的马克思主义的基本理论，又有较高的文化专业知识，成为各行各业的内行和专门人才。今后，应当把学历、学习成绩同工作经历、工作成绩一样，作为使用和提拔干部的重要依据，使干部培训的工作逐步做到制度化、经常化。

在实践中培养和造就干部，是提高干部的重要途径，也是党培养干部的一个好传统。毛泽东一贯重视通过实际工作锻炼培养干部，强调党的干部的经验、知识和才能归根到底是从革命斗争和生产实践中来。在战争年代，由于客观条件的限制，大多数干部没有进学校的机会，主要是在革命的实践中学知识、长才干。毛泽东说："读书是学习，使用也是学习而且是更重要的学习。从战争学习战争——这是我们的主要方法。"① 任何脱离实际、脱离群众的方法，是培养不出德才兼备的优秀干部的。今天，我们已经有了比较好的条件。要通过各级各类学校对干部进行专业培养，提高他们的专业知识和业务能力。同时，还需要引导干部在工业、农业、科学、文化、教育等各条战线的社会主义建设实践中经受锻炼，提高独立工作能力。凡是没有经过一定的实际锻炼的干部，都要有领导有计划地在实践中培养提高他们，然后才能把他们选拔到一定的领导岗位上来。

---

① 《毛泽东选集》第1卷，人民出版社1991年版，第181页。

论加强和改善党的领导

（1988年6月）

中国共产党是中国社会主义事业的领导核心。新时期党的思想建设、组织建设、作风建设，都是为了把党建设成为一个善于领导社会主义现代化事业的坚强核心，以保证党的基本路线的贯彻执行，适应经济建设和改革开放的需要。在新的形势下，既坚持党的领导，又改善党的领导，是党的建设面临的重大课题。坚持和改善党的领导，涉及广泛的内容。

一、坚持党的领导，必须改善党的领导

坚持党的领导和改善党的领导，是辩证统一的过程。在社会主义国家，坚持共产党在国家和社会政治生活中的领导地位，是一条不可动摇的政治原则；而党要正确有效地发挥自己的领导作用，党本身必须随着历史的发展，形势和任务的变化，不断加强自身建设，不断改革和改进自己的领导体制、组织形式和领导方法，以适应新的情况的需要。邓小平指出：为了坚持党的领导，必须努力改善党的领导。只有“不断地改善领导，才能加强领导”。因此，坚持和改善党的领导，是党的发

展的客观规律，也是引导无产阶级革命事业胜利的客观要求。中国共产党在长期的革命斗争中，正是由于坚持并不断改善自己的领导，才使自己得到巩固、发展和成熟，才使中国的革命和建设事业取得历史性的胜利。

（一）共产党的领导是无产阶级革命事业发展的客观规律

共产主义运动是共产党领导的运动。无产阶级在整个革命进程中，无论是夺取政权、巩固政权，还是建设社会主义，都始终需要有自己的革命政党的领导。坚持共产党的领导是共产主义运动的题中应有之义。没有共产党，就不会有共产主义运动，不会有无产阶级专政和社会主义建设的胜利。

党的领导是同实现无产阶级的历史使命紧密地联系在一起的。马克思、恩格斯运用历史唯物主义的观点，分析了资本主义制度所固有的生产关系和生产力不可克服的矛盾，揭示了资本主义必然灭亡、社会主义必然胜利的客观规律，为无产阶级和劳动人民指明了解放的道路和奋斗的目标。同时，他们还把社会主义同无产阶级的革命斗争联系起来，阐明了无产者的地位、作用和历史使命，找到了实现这个规律和建设新社会的最先进的社会力量——无产阶级，从而使社会主义由空想变为科学。列宁把马克思、恩格斯关于无产阶级在现代社会是唯一革命的阶级和无产阶级历史使命的原理，称之为马克思主义理论的第一块主要的“基石”。而无产者要形成为一个阶级的力量，并争取革命的胜利，必须有一个以科学社会主义作指导的、由无产阶级先进分子所组成的、在斗争中形成的革命政党的领导。只有通过这个党的努力，才能把无产者组织起来，并提高他们的觉悟程度和组织程度，使他们意识到自己的历史地位和作用，由自发的阶级转变为自觉的阶级，使其作为一个阶级的整体来行动。也只有在这个党的领导下，才能为无产阶级革命的各个发展阶段制定正确的纲领、路线和战略、策略，把革命和建设事业一步步地引向胜利，最终实现共产主义。

党的领导是协调和处理工人阶级内部各组织间关系的需要。无产阶级在革命斗争中，除了党的组织之外，还有工会、青年组织、妇女组织，以及政权组织、经济组织等等。这些组织对于完成无产阶级革命任务是绝对必需的。但是，在革命的进程中，党组织和工人阶级非党组织并不是彼此平行、各自为政、互不相干的，必须有一个组织来统一大家的意志和协调各方的行动，以便按照共同的方向和统一的目标行动。这个组织就是无产阶级革命政党。1850 年，马克思、恩格斯在《中央委员会告共产主义者同盟书》中指出：无产阶级政党“应该使自己的每一个支部变成工人联合会的中心和核心，在这种工人联合会中，无产阶级的立场和利益问题应该能够进行独立讨论而不受资产阶级影响”①。第一次提出了党是工人阶级其他组织的领导核心的思想。后来，列宁进一步提出了党是“无产者的阶级联合的最高形式”②，它的政治领导应当普及到无产阶级的其他各种组织中去。斯大林把列宁的这个论断概括为“党是无产阶级阶级组织的最高形式”。他认为，党和工人阶级其他组织都是为无产者阶级服务的，都应当按照一个方向进行工作。这就需要有一个组织来决定一切组织在进行工作时所必须遵循的路线，并推动这一切组织去实现这条路线。这个组织就是无产阶级的党③。这样，无产阶级革命领袖就从理论上解决了党和非党组织的关系，即党是领导者，工人阶级其他组织应当自觉地接受党的领导。当然，这种领导如列宁所说的是总的、政治的领导，不能因为说“党是无产阶级阶级组织的最高形式”而把党看成可以凌驾于非党组织之上，甚至可以包办、代替非党组织的工作。

国际共产主义运动和中国革命的历史经验证明，无产阶级革命事业离不开共产党的领导。共产党是适应无产阶级革命需要而产生、发展的。自有国际共产主义运动以来，就证明了没有无产阶级的政党就不可能有共产主义运动。自从十月革命以来，更证明了没有共产党的领导就不可能有社会主义革命，不可能有无产阶级专政，不可能有社会主义建设。中国共产党对中国革命事业的领导地位，是中国近代历史发展的客观要求，是中国共产党人在长期的斗争中形成和确立起来的。近百年的历史证明，没有共产党，就没有新中国。同样，没有中国共产党的领导，就不可能建成现代化的社会主义中国。坚持共产党的领导是中国革命的特点和真正优势。

---

① 《马克思恩格斯选集》第 1 卷，人民出版社 1972 年版，第 386 页。

② 《列宁选集》第 4 卷，人民出版社 1972 年版，第 206 页。

③ 《斯大林全集》第 6 卷，人民出版社 1956 年版，第 155 页。

党的领导作用是由它的先进性决定的。要说明党的领导是革命发展的客观规律，除了说明客观上有这种需要外，还必须分析党自身的条件。共产党之所以能够肩负起领导无产阶级革命事业的重任，归根到底是由它特有的先进性所决定的。因此，要坚持和改善党的领导，关键在于保持和提高党自身的先进性。共产党的先进性主要表现于：(1) 它坚持以马克思主义作为自己的行动指南，并把马克思主义的普遍原理同本国的实际情况结合起来，制定出有科学根据的路线和政策，为人民指出方向。(2) 它是由无产阶级先进分子所组成的。他们坚定地执行党的路线和对共产主义事业的无限忠诚。党在任何时候都应当致力于提高党员素质，纯洁党的队伍，保持共产主义纯洁性。(3) 它是按照科学的组织原则，即民主集中制的原则建立起来的统一的整体，具有高度的组织性、纪律性的战斗部队。(4) 它始终坚持为无产阶级和广大群众谋利益，全心全意为人民服务。

(二) 改善党的领导是在改革开放中加强党的建设的紧迫任务

坚持党的领导，不是一句没有实际内容的口号。而是应当在改善中坚持。所谓领导，应当包括领导和被领导两个方面：一是领导者有这种能力领导。二是被领导者愿意跟着领导者指引的方向走，自觉地服从领导。这两者，前者又是起决定作用的。在执政党的条件下，坚持党的领导，一方面，要确立和坚持党在国家政治生活和社会主义事业中的领导地位，要求全体公民都必须自觉坚持这条基本原则，因为坚持四项基本原则，坚持共产党的领导是规定在我国的宪法之中的，这样，党在国家政治生活中的领导地位就具有法律的效力，每个公民都必须遵守；另一方面，坚持党的领导不仅仅、而且主要还不在于要人家来服从党的领导。坚持党的领导的主体是我们党本身，是靠我们党自身的先进性和领导的正确有效。这就要求全党在思想上政治上的一致，有严密的组织和严明的纪律，有健全的制度和优良的作风，以及各级干部和广大党员的先锋模范作用，这是实现党的领导的关键所在。所以，坚持党的领导首先是对我们党自己提出的一个严肃的要求。正是从这样一个道理出发，十一届三中全会以来，随着党的工作重心的转移，根据党面临的新的任务和党的队伍的状况，党中央在强调坚持党的领导的同时，着重提出了改善党的领导的问题。如果不改善党的领导，坚持不了党的领导，提高不了党的威信。

十一届三中全会以来，党为改善领导作了极大的努力，从各个方面采取了积极的措施，从总体上说，我们不仅坚持了党的领导，而且领导作用发挥得是比较好的。但是，按照党的基本路线的要求，按照四化建设和改革开放的要求，我们还有许多不适应的地方。这种不适应突出地表现在两个方面：其一，是党的组织状况不适应。我们党的队伍，总的说主流是好的，是有力量同腐败现象作斗争的。但是，由于我们党长期受到“左”的思想的影响，特别是经历了十年动乱的破坏，今天又处在改革开放的形势下，党内思想不纯、组织不纯和作风不纯的问题仍然存在。从思想上说，除了某些同志由于党的工作重心的转移带来的多方面的变化和对改革开放的决策缺乏思想准备，跟不上形势外，主要是某些干部和党员还存在着僵化的观点和自由化的观点，不能正确地理解坚持四项基本原则和坚持改革开放这两个基本点的关系，影响和干扰党的基本路线的贯彻执行。从作风上说，有些党员特别是某些领导干部，忘记了为人民服务的宗旨，利用执政的地位和职务之便以权谋私，以及存在着严重的官僚主义现象。有的甚至个人主义恶性膨胀，不择手段，伸手要官要权，争名夺利，进而走上了犯罪的道路。从组织上说，有相当一部分党员不符合或不完全符合共产党员的条件，还有些人经不起执政和改革开放的考验，堕落成为腐败分子。马克思主义认为，无产阶级政党的力量和作用，主要地不是取决于党员的数量，而是取决于党员的质量，取决于他们执行党的路线的坚定性和对共产主义事业的忠诚。党内存在的这三个不纯，严重地影响了党在群众中的威信，极大地削弱了党的战斗力，同社会主义现代化建设很不适应。其二，是党的领导状况不适应。四化建设和改革开放的繁重任务，对党提出了更高的要求，迫切地要求我们党提高自己的领导水平。但是，我们在领导制度、领导方法、科学文化知识和管理知识等方面，还不能适应这种要求。在领导体制上，长期存在着党政不分、以党代政和权力过分集中的现象，影响着党的领导作用的发挥和国家政权机关职能的行使。在干部队伍的素质上，相当普遍地存在着缺乏现代化建设需要的科学文化知识和经营管理知识，还有的干部由于文化水平不高，因而影响马克思主义理论的学习，从而也影响对党的路线、方针、政策的正确理解。另外，在改革开放和发展社会主义商品经济的条件下，应当树立什么样的新观念，采取什么样的新的组织形式和管理方法，以及打破了过去封闭的状态以后，党的宣传教育工作和思想政治工作，如何真正做到讲求实效，深入人心，避免形式主义和空洞的说教。这些新的问题都还缺乏经验和有一套形之有效的办法。总之，我们党的领导水平和干部的管理能力还不能适应新的情况的需要。

因此，改善党的领导，就是要改变我们党自身同四化建设和改革开放不相适应的状况，它既包括党的自身建设，又包括党的领导体制、领导方法和干部的政治业务素质，涉及到党的建设和党的领导方式的各个方面。如果不着力解决这些问题，就不可能加强党的领导，提高党的战斗力。

二、坚持党要管党和从严治党，加强党的自身建设

改善党的领导，首先要从严治党，努力搞好党的自身建设。从严治党，要在党内政治生活中制定一套严密科学的规章制度的基础上，发展党员要严，教育管理要严，监督要严，执行纪律要严，处理不合格的党员要严。根据我们党的现状和改革开放的新情况，从严治党着重要强调以下几点：

（一）加强对党员的教育管理，提高党员的素质，纯洁党的队伍

党员是党的细胞。党员队伍建设在党的自身建设中居于重要的地位。发挥党员的作用，从来是实现党的领导的重要因素。从严治党，首先要从提高党员、干部的素质入手。在执政和改革开放的条件下，每个共产党员要时刻记住自己是一个共产党员。党的十三大报告指出：“执政党的地位，容易在党内滋长脱离群众的倾向，而这种倾向对人民产生的危害也比执政以前大得多。改革开放的新形势，使党的作风建设的任务更加突出起来了。”要求共产党员经得起执政和改革开放这两种严峻的考验。在战争年代，参加革命、入党，意味着自觉地为革命吃苦，甚至流血牺牲。当时外有帝国主义、国民党反动派的强大压力，内有谋求翻身解放的强烈革命愿望和动力，党的队伍经过千锤百炼，比较纯洁，党员的素质也比较高，模范作用发挥得好。历史已经证明，我们经受住

了战争的考验。执政以后，在和平建设的环境里，情况就不同了，当党员不仅不再担当像过去那样的风险，而且为当干部和取得一定的地位提供条件。这样，一方面，容易使一些党员脱离群众，滋长贪图安逸，不求上进，不愿再过艰苦生活的情绪，也容易有更多的机会受剥削阶级思想的腐蚀，甚至腐化变质；另一方面，也会有更多的机会使一些动机不纯、不够党员条件的人涌入党内。列宁指出：执政党是很有引诱力的，因为“是加入之后就能掌权的党”①。那些追名逐利、巧于钻营的人会想方设法往执政党内钻，作为获取名利的阶梯，不免造成党内成分不纯的状况。因此，“全部问题在于，以坚强的先进阶级为靠山的执政党要善于纯洁自己的队伍”②。今天，我们党已经拥有4600多万党员的宏大队伍。但是有相当一部分党员不合格，不能在群众中起模范作用，有的甚至损害党的形象，败坏党的声誉。因此，提高党员质量，纯洁党的队伍，是加强党的建设、改善党的领导的一项重大任务。要提高党员质量，首先要加强党员教育，提高党员的党性觉悟。通过教育，要使党员懂得党的规矩。即，使他们懂得党的纲领和党的章程，懂得党规党法和党的纪律，懂得新时期党的基本路线和一系列的方针政策，懂得党的宗旨和正确处理党员个人利益与国家、集体利益的关系。更为重要的是，不仅要使他们懂得党的各种规矩，而且要使他们身体力行地按照这些规矩去做，去贯彻。其次，在组织上，要把那些败坏党和人民事业的腐败分子坚决清除出党，发现一个清除一个，绝不姑息迁就。因为这些人是同我们党的性质、宗旨不相容的。在改革开放的过程中，党内反对腐败的斗争是不可避免的。如果容忍腐败分子留在党内，那会导致整个党衰败的危险。能否冲破各种阻力和干扰对腐败分子进行严肃的处理，在今天是检验一个党组织有没有战斗力的标志之一。同时，对那些不符合共产党员条件的党员，要在调查研究、分清各种不同情况和明确政策界限的基础上，劝他们退党，或者从党内除名，以保持党的性质，纯洁党的队伍。党组织对于离开党的队伍的人应该妥善地对待，应当热情地团结他们，不得歧视打击，并尽可能发挥他们的长处。

---

① 《列宁全集》第30卷，人民出版社1957年版，第443页。

② 《列宁全集》第29卷，人民出版社1956年版，第393页。

（二）要求共产党员、特别是各级领导干部过好“用权关”

取得全国政权以后，我们党成为整个国家和社会生活的领导者，许多共产党员在各级各部门担负着领导工作，手中掌握着一定的权力。党领导人民夺取政权，这无疑是一个伟大的历史性的胜利，它给中国革命和建设事业创造了空前有利的条件，便于运用这个政权在更加广阔的领域开展对整个社会的改造和建设，推动我国社会生产力的发展。我国的国家政权是人民当家作主的社会主义国家政权，一切权力属于人民。但是，人民的权力是通过在各级各部门担任公职人员的人们来行使的。从这个意义上来说，权力这个东西，仍然具有两重性，既可用它来更好地为人民服务，又可以用之于为个人或少数人谋私利。这种权力掌握在真正革命者手里，用之于为人民谋利益，就体现了社会主义国家政权的性质；如果这种权力掌握在个人主义者手里，用之于为少数人谋私利，那实质上就背离了社会主义国家政权的根本性质。执政党建设的经验和改革开放的实践表明，在干部队伍中确有少数人由于剥削阶级思想的影响，由于缺乏一定的觉悟和道德，把人民赋予的权力视为个人的特权和获取名利的资本。党内出现的不正之风和某些腐败现象，党内外群众对我们提出的尖锐的批评意见，归咎起来，大都直接间接地同某些党员干部的以权谋私和滥用职权有关。共产党的本质和特征，它的全部理论和实践，可以用一句话来概括，就是始终如一地为人民谋利益。在执政党的条件下，共产党员和党员干部确认自己手中的权力是人民赋予的呢，还是误认为是个人固有的特权或上级某个领导人恩赐的？是运用手中的权力为人民谋利益呢，还是为个人或小团体谋私利？这是摆在我们党的建设面前的一个十分严肃的问题。从严治党，就要始终抓住党员干部如何运用手中的权力这个问题，切实过好“用权关”，经得起权力的考验。

（三）要求各级领导干部以身作则、作出表率

领导干部的地位和作用决定了他们必须以身作则。他们的作风好坏对于群众的影响极大。古人说：“政者正也，子帅以正，孰敢不正！其身正，不令而行。其身不正，虽令不从。”领导干部廉洁奉公、作风正派，群众就会信任我们党，对党的事业充满信心；反之，领导干部风气不正，就会极大地败坏党风，影响党和群众的关系。因此，党风问题，最根本的是个官风问题。而端正党风，不在于说得好，而在于做得好。

因为我们党已经有一套优良传统作风，而且也已经有不少的规章制度，对于公和私的问题，原则是非上的问题，什么该做，什么不该做，道理也是明明白白的。关键在于言行一致、表里一致，理论和实际相结合。这对领导干部来说特别重要。如果领导干部自身不过“硬”，自己说的只要求人家做，自己不去做，那就自己剥夺了自己的发言权，谈何治党治国。

（四）要健全党内生活的制约机制，严肃党的纪律

国有国法，党有党纪。无法无以治国，无规章制度无以治党。从严治党，就是要严肃党纪、政纪、法纪。不允许有不受党纪约束的特殊党员，不允许有不守政纪的特殊干部，不允许有不守法纪的特殊公民。共产党是工人阶级的先锋队，它不仅有统一的意志和共同的目标，而且有严密的组织和严明的纪律。列宁说过：“无产阶级所以能够成为而且必然会成为不可战胜的力量，就是因为它根据马克思主义原则形成的思想统一是用组织的物质统一来巩固的。”① 思想的威信要由组织的权威做保证。党的思想建设和思想教育固然是十分重要的，因为我们党是建立在科学社会主义理论作指导的自觉的基础上的。但是，教育又不是万能的。一般说来，任何时候在党内总有少数不自觉的人，不遵守党的决议，违反党的纪律。为了保证党的意志统一和行动一致，就要有制度的约束和严格地执行纪律。否则，党就会没有力量。特殊地说，今天在改革开放、搞活的条件下，加上党内相当普遍地存在着组织涣散、纪律废弛的现象，强调制度的约束和严格的纪律具有更加重要的意义。因此，要建设好我们的党，必须进一步建立和完善各项规章制度，使党内生活制度化、正常化，做到党内的一切重大活动都有章可循，并按一定的民主程序进行。

要建设好我们的党，有了好的制度以后，更重要的是要使这些制度能够得到切实的贯彻执行。为此，一方面，要求所有党员不管资格多老、职务多高，都要毫无例外地在党的制度和国家的法律范围内活动，严格接受党的纪律的约束，决不能自恃特殊，以权代法，把党纪国法置于脑后，这是检验一个党员党性强弱的重要标志；另一方面，要加强监

① 《列宁选集》第1卷，人民出版社1972年版，第510页。

督机制。对不遵守制度和纪律的人，一是要依靠党组织和群众的力量对他们进行切实有效的而不是形式上的监督。比如，健全组织生活，经常开展批评和自我批评，考核和评议干部，党内议事决策增强透明度，新闻报刊揭露违纪违法事件，加强舆论监督，以及群众有权建议撤换不称职的干部等。二是严格执行纪律。对违反纪律的人，该批评教育的要批评教育，该纪律处分的一定要处分，该开除党籍的一定要开除党籍。违反了政纪国法的要按照一定的程序给予行政处分和法律的追究。决不对违反纪律的人放纵、迁就。否则，就会失去党的纪律的严肃性，并使违法乱纪的人无所顾忌。

（五）要创造一个良好的治党管党的条件

多年来，我们一直强调党的自身建设，反对“党不管党”的现象，但是收效并不理想。一个重要原因是在领导体制上长期没有解决党政不分、以党代政的问题，由于党委包揽过多，直接去管理行政事务和指挥生产，顾不上抓党的自身建设，不能以主要精力去研究党的建设上的大政方针的问题。这样，就妨碍了行政组织、生产组织的积极性、主动性和独立负责的精神的发挥，又削弱了党的领导和党的自身建设。只有实行党政分开，党、政、企业按照各自的职能各负其责，党的组织才有可能摆脱繁杂的事务，把自身建设放在应有的位置，才能管好路线、政策，管好组织工作和纪律检查工作，管好党风建设和思想政治工作，才能从制度上保证党的自身建设和改善党的领导。否则，无论怎么强调党要管党、从严治党，党的建设还是摆不到党委的议事日程上来，仍然还会落空。总的说，坚持从严治党，搞好党的自身建设，是改善和加强党的领导的基础和前提。党风不好，党自身不坚强有力，坚持和改善党的领导都很难落到实处。

三、实行党政分开，理顺党政关系

改善党的领导，除了加强党的自身建设、坚持从严治党的原则外，还必须改革和完善党的领导制度，从制度上保证党的领导的正确有效。党政分开，是政治体制改革的首要问题，也是改善和加强党的领导的重要措施。

（一）理顺党政关系是改善党的领导的重要课题

党政关系问题，早在根据地政权建设时期就遇到了。当时党的主要精力是集中于对敌斗争，实行党的高度集中和一元化领导，是适应革命战争环境需要的。对于如何处理党和根据地政权的关系，在党的有关文件和一些领导同志的著作中也原则地论及过这个问题。在根据地创建之初，毛泽东在《井冈山的斗争》中就说过："党在群众中有极大的威权，政府的威权却差得多。这是由于许多事情为图省便，党在那里直接做了，把政权机关搁置一边。……以后党要执行领导政府的任务；党的主张办法，除宣传外，执行的时候必须通过政府的组织。国民党直接向政府下命令的错误办法，是要避免的。"① 1929 年 9 月，周恩来在给红四军前委的指示信中也指出："党管一切这口号，在原则上事实上都是不通，党只能通过党团作用作政治的领导……前委对日常行政事务不要去管理，应交由行政机关去办。"② 抗日战争时期，我们在抗日民主根据地实行"三三制"政权。1941 年 4 月 15 日，邓小平在《党与抗日民主政权》一文中指出："把党的领导解释为'党权高于一切'"，"一切要决定于共产党，于是要钱的是共产党，要粮的是共产党，政府一切法令都是共产党的法令，政府一切错误都是共产党的错误，政府没有威信，党也脱离群众，这实在是最大的蠢笨!"他明确提出反对"以党治国"的观念。他说："以党治国的国民党遗毒是麻痹党，腐化党，破坏党，使党脱离群众的最有效的办法。我们反对国民党以党治国的一党专政，我们尤要反对国民党的遗毒传播到我们党内来。"1942 年在中央的"九一"决定中，一方面，强调党的一元化领导；另一方面，也提出纠正党政不分的现象。决定指出："党对政权系统的领导，应该是原则的、政策的、大政方针的领导，而不是事事干涉，代替包办。"等等。当时尽管在理论上对这个问题已经有所探索和认识，但由于客观环境和条件的限制，在实践上确实难以完全做到，而且那时实行高度集中的领导也是必要的。建国以后，我们仍然沿用战争年代的一元化领导的方式，一方面，虽然也批评党政不分、包办代替的现象；另一方面，权力却越来越集中，以党代政、党委包揽一切事务的现象也更加严重。1953 年，

① 《毛泽东选集》第 1 卷，人民出版社 1991 年版，第 3 页。

② 《周恩来选集》上卷，人民出版社 1980 年版，第 41 页。

毛泽东提出了“大权独揽、小权分散；党委决定，各方去办”的领导原则。1958年，在大炼钢铁中，提出“书记挂帅”，要求第一书记亲自抓钢铁。此后，大事小事都要由书记挂帅。正如邓小平所指出的，权力过分集中的现象，就是在加强一元化领导的口号下，不适当地、不加分析地把一切权力集中于党委，党委的权力往往集中于几个书记，特别是集中于第一书记，什么事都要第一书记挂帅、拍板。党的一元化领导，往往因此而变成了个人领导。这种权力过分集中的、一元化的领导体制，是在阶级斗争和频繁的政治运动中强化的，是与高度集中的指令性计划经济模式相适应的。今天，现代化建设需要发挥各种组织和各个方面的积极性，需要把各种组织的正常秩序建立起来，经济体制改革和其他改革需要有好的政治体制相配套，以保证和促进这种改革。因此，战争时期的体制就不能适应和平建设时期的需要，群众运动的体制不能适应现代化建设的需要，高度集中的体制适应不了发展商品经济的需要。必须改革党和国家的领导体制。

党政分开是指把党的领导职能与国家政权机关治理国家的职能分开，转变党的领导方式，以理顺党和国家立法、司法、行政机关和群众团体、企事业单位的关系，做到各司其职，并使之制度化、规范化。

我国以党代政、党政不分的现象，具体表现在以下几个方面：(1) 各级党委直接行使各级政权机关的部分职能，代替它们的工作，或者不通过法律程序干预它们的工作。(2) 地方各级党委有相当一部分设立了与政府部门重叠的“对口部”(如工交部、农工部、财贸部等)，主管书记、主管常委，与同级国家机关的主管负责同志平行指挥政府各部门的工作，或者越过政府主管负责同志直接指挥。(3) 各级党委的组织部或“对口部”直接管理各级机关和企事业单位的干部任免，造成用人和治事分离，管人和管事脱节。由于党组织不同程度地代替了政权组织的职能和工作，直接处理政务、掌管经济，集决策、执行、监督权力于一身，一方面，就会造成党的组织的权力化、行政化，容易滋长官僚主义和脱离群众；另一方面，还会使国家的立法、司法、行政机关，以及经济、文化组织和群众团体的功能不能得到正常的发挥，不能行使按照宪法规定应当由它们行使的职权，难以独立负责、协调一致地工作。

实行党政分开，是根据党和国家政权机关的性质、职能和活动方式不同提出的，是针对长期存在的党政不分、以党代政的现象提出的，也是为了适应社会主义现代化建设和发展商品经济的需要提出来的。实行党政分开有很多好处，它能够消除党政不分、权力过分集中带来的弊端，使党组织和政权组织、群众团体、经济组织更好地行使各自的职权，使党的领导适应四化建设和改革开放的需要，从而从根本上改善党的领导。具体地说，有以下几点：

第一，实行党政分开有利于实现党的政治领导，提高党组织的政治领导水平。党的十三大报告指出："党政不分实际上降低了党的领导地位，削弱了党的领导作用，党政分开才能在实现党的领导作用下，提高党的领导水平。"因为党政不分、以党代政使党组织陷于日常的繁杂的行政事务之中，难于以主要精力研究国家和社会生活中的大政方针的问题，容易使重大的决策产生失误。同时，党组织直接包揽政府事务、社会事务和经济事务，使自己从政治领导者的地位降低到行政执行者的地位，实际上放弃了党的政治领导的职能。实行党政分开，可以使党组织摆脱日常行政管理事务，用主要的精力进行调查研究，考虑和决定重大的政治原则和政治方向的问题，做好群众的思想政治工作，以提高决策的正确性和领导工作的有效性，避免官僚主义；可以改变党组织处于行政工作第一线和直接执行者的地位，避免党组织处于矛盾的一方，甚至处于各种矛盾的焦点上，使党能够驾驭矛盾，总揽全局，真正发挥协调各方和行使监督的职能；还可以改变由于党政不分造成的党的组织的权力化、行政化的状况，防止党员滥用权力，脱离群众，以致腐化变质的现象发生。

第二，实行党政分开有利于加强党的自身建设，切实做到"党要管党"。党政不分、以党代政，使党的建设不能摆到各级党组织的议事日程上来，无法坚持"党要管党"的原则。而且由于党政不分容易给党的组织带来不良倾向和某些腐败现象。比如，党政不分容易使一些负责干部习惯于把处理行政事务的首长负责制带到党内来，从而导致家长制、一言堂和个人说了算的现象滋生；再如，党政不分所形成的党组织的行政化、权力化倾向，加上缺乏有效的监督制度，容易使党员、干部滥用职权，使他们的思想作风蜕化，从而损害党的形象，降低党的威望。只有实行党政分开，才能为治党创造良好的条件，有利于发扬党内民主，克服党内某些消极腐败现象。

第三，实行党政分开，有利于国家政权机关、群众组织和经济文化组织行使它们的职权，充分发挥它们的积极性、主动性和负责精神。党政职责不清，遇事无章可循，势必产生非党组织不敢负责，大事小事都由党委决定的局面。这也是造成党政不分、权力过分集中的原因之一。通过党政职能分开，可以使政权机关和其他非党组织大胆地、充分地行使自己的职权，真正做到职责明确、各负其职，凡是在自己职权范围内的工作应当独立自主地去行使自己的职权。党组织要保证国家的立法、司法、行政机关，群众团体和经济文化组织行使它们各自的职权。

有的同志把党和国家政权对立起来，担心强化政权机关的职能会削弱党的领导，没有党的位置了。其实，这是一种误解。党政职能分开，不是党政分家。我们是执政党，国家政权是在党的领导下活动的。我们的人民民主专政国家政权是在中国共产党的领导下，经过几十年艰苦奋斗建立起来的。党和国家政权机关的宗旨、目标和任务都是一致的。各级政权机关的活动都毫无例外地体现党的意志、在党的领导下进行。而且各级政权机关的主要负责人是我们党推荐提名的，并且还有许多党员在各级各部门工作，可以保证党的路线、政策的贯彻执行。因此，政权机关从事的事业就是党的事业，两者是完全一致的。决不能把政权机关看成是“外人”，同党对立起来。政权机关和其他非党组织的工作加强了，做好了，正是体现了党的坚强有力，党的领导的正确有效。

（二）转变观念，分清职能

党政不分、以党代政，是历史形成的。我们过去从思想观念、组织制度、组织机构到领导方式和领导方法都习惯于一元化的领导体制，现在要实行党政分开，转变领导职能，既有理论问题、认识问题，更有许多的实际问题。我们说，党政分开有利于改善和加强党的领导，但不是说党政分开就等于加强了党的领导。党政分开只是为加强党的领导提供了前提条件，而不是加强党的领导本身。而要使这个条件变为加强党的领导的现实，还有各种各样的中间“转化”环节，还要做大量的工作去落实。根据十三大以后的情况来看，党政分开的工作要健康而顺利地推进，我认为，必须解决三个问题：一是提高认识，转变观念。二是分清职责，转变职能。三是建立和健全相应的配套制度。

关于各级党政机关职能的划分和建立相应的配套制度，有待于在实践中总结经验和作进一步的理论探索。下面仅就关于党的领导的几个认识问题，谈一些个人的看法：

第一，如何理解党的领导的科学涵义？实行党政分开，人们提出各种各样的问题：比如，党政分开会不会影响和削弱党的领导作用？会不会降低党的威信？党委还有没有权力，党委说话还灵不灵？等等。这些问题的提出，从理论上说，都同不能正确地认识党的领导的科学涵义有关。

长期以来，我们习惯于"党领导一切"的口号。这个口号，从党在国家政治生活中的地位和社会主义事业的领导核心的意义上理解，并没有错。因为我国的革命和建设事业都是在党的领导下进行的，任何组织、部门和单位，以及一切工作者都离不开党的领导。问题在于领导什么和怎么领导。对于这一点，过去我们在认识上、实践上误解为党领导一切，就是党管一切，党包办一切。把领导和管理这两个不同的概念混淆起来。在党管一切的领导方式下，在人们心目中，党组织似乎处于凌驾于一切组织之上的地位；形成了党是最高权力组织，党组织的领导人是权力的代表者的观念。由此造成党政不分、以党代政、党政机构重叠的现象，形式上是加强党的领导，实际上则把党的各级组织降低到行政管理机构和办事机构的地位。

按照马克思主义的观点，党作为工人阶级的先进部队，它对无产阶级解放斗争和社会主义事业起引导和指导作用。党以自己正确的理论和路线，恰当的组织形式和领导方式以及共产党员的模范行动去吸引、组织和带领群众前进。党的领导的本质内容，就是组织和支持人民当家作主，给人民群众指出正确的斗争方向，帮助人民认识到自己的利益，并且团结起来为实现自己的利益而斗争。党只有向人民群众进行说服教育和全心全意为人民服务的义务，没有包办代替和强迫群众接受党的这个那个主张的权力。正是基于这样的认识，党的十三大报告确定：党的领导是政治领导，即政治原则、政治方向、重大决策的领导和向国家政权机关推荐重要干部。这就划清了党的领导职能与国家机关治理国家的职能和企业中厂长进行生产指挥的职能的界限。我们是执政党，但党也不能代替政权机关直接管理国家和社会事务，也不应包办群众团体和其他非党组织的工作。党领导社会主义经济建设，但不是通过党组织去抓具体的经济管理工作和生产经营。党对国家政权组织和其他社会组织的政治领导主要表现在三个方面：提出建议，经过法定程序，将党的路线、方针、政策变为国家的法律、法令、条例和规章制度，由国家政权组织贯彻落实；向国家政权组织推荐重要干部，并监督他们的工作；通过国家政权组织内和其他社会组织内的党组织的活动，以及党员的先锋模范作用，保证党的路线、方针、政策的贯彻执行。由此可见，党的领导是政治领导，是指导和引导群众前进，而不是具体的管理。

第二，党的领导靠不靠权力领导？共产党是工人阶级的先锋队，是政治组织。它不是国家权力机关，不是政府，也不是生产组织。党是靠它正确的政治主张和有科学根据的路线、方针、政策，靠它丰富的经验和对群众进行有效的思想政治工作，靠党员在群众中的表率作用和模范作用实行领导。党不靠行政权力领导。党的威信是建立在它所提出的主张代表了绝大多数人民群众的利益和意愿，从而得到他们衷心的拥护爱戴的基础上，而不是建立在行政权力和包揽一切的基础上。由于党同国家政权组织和其他社会组织的性质不同，职能不同，活动规律不同，党同它们在政治上是领导和被领导的关系，但在组织上不存在上下级的隶属关系。这样说来，党的组织是不是“权力架空”了呢？不是的。在执政党的条件下，党是通过与政权机关和其他非党组织职责和权限的分工来实行其领导权力的。党有党的职能，政有政的职能，其他组织也都有其自己的职能，只是各居其位，各司其职罢了。党管路线、管大政方针，管重要干部的推荐，管保证监督，管群众的思想政治工作，管党的自身建设，这些职权是任何组织都不能代替的。因此，党政职能分开以后，党的权力绝不是“架空”了，更不是削弱了，而是对党的工作和党的干部提出了新的要求。

第三，企业党组织不再对本单位工作实行“一元化”领导，党对企业的领导如何体现？中国共产党是中国社会主义事业的领导核心，我国各行各业、各部门、各单位的工作都是在党的领导下进行的。各企业、事业单位的工作都毫无例外地必须坚持党的领导。但是，党对企业的领导同企业党委的领导不完全是一个等同的概念。党的十三大报告指出，党的领导是分层次的，中央、地方、基层的情况不同，实行党政分开的具体方式也应有所不同。党中央应就内政、外交、经济、国防等各个方面的重大问题提出决策，推荐人员出任最高国家政权机关领导职务，对各方面工作实行政治领导。省、市、县地方党委，应在执行中央路线和保证全国政令统一的前提下，对本地区的工作实行政治领导，主要是执行、保证、决策、推荐、协调等五个方面的职责。企业党组织发挥政治核心作用，企业的生产经营由行政领导人负责。党对企业的领导，是一个总体概念，是通过多种途径、多种形式实现的。主要是通过党的路线、方针、政策和国家的法律、法规；通过企业主管机关或干部管理部门委派的厂长，以及厂长执行党和国家的方针、政策、法律、法规；通过企业党组织发挥政治核心作用、对企业的重大问题作出决策，加强党的自身建设，做好群众的思想政治工作，发挥保证监督作用，以坚持企业的社会主义方向，推动和促进生产经营和各项任务的完成。因此，不能把党对企业的领导简单地等同于企业党委的领导，更不能把党的领导理解为企业党委直接管理生产经营和人、财、物。否则，就会产生实行厂长负责制就是不要党的领导的误解。

四、党必须在宪法和法律范围内活动

党必须在宪法和法律的范围内活动，是指一切党的组织、党员干部和共产党员的活动都不能同国家的宪法和法律相抵触，都要毫无例外地遵守和执行国家的宪法和法律。我国宪法规定："一切国家机关和武装力量、各政党和各社会团体、各企业事业组织，都必须遵守宪法和法律。"党的十三大政治报告也明确指出："党领导人民制定了宪法和法律，党应当在宪法和法律的范围内活动。"这是在执政党的条件下正确发挥党在国家生活中的领导作用的重要原则，也是改变党政不分、以党代政和权力过分集中的重大措施。

（一）宪法和法律是党的主张和人民意志的统一

法律体现了统治阶级的根本利益和意志，是经过国家权力机关制定或认可的、具有强制力的、并对社会全体成员都有普遍约束力的行为规范。历史上一切剥削阶级，当它们取得了国家政权以后，为了巩固和维护自己的阶级统治，都要把自己的意志变为国家的意志，运用法律的武器来实行自己的统治。马克思、恩格斯在揭露资产阶级法的本质时说过："你们的法不过是被奉为法律的你们这个阶级的意志。"[①] 无产阶级

① 《马克思恩格斯选集》第1卷，人民出版社1972年版，第268页。

在夺取政权以后，也必须用法律的形式把自己的意志变为国家的意志，运用法律作为治国安民的武器。党是人民群众利益的忠实代表，党的主张和人民的意志是一致的。党经过自己创造性的活动，集中人民的意志，领导国家权力机关制定宪法和法律，成为全体公民的行为规范，明确规定各社会组织、每一个公民在社会生活中应该做什么，不应该做什么，并由国家强制力加以保证。这既反映了工人阶级和广大人民的意志，又体现党的主张。因此，制定和执行宪法和法律是党对国家生活实行领导的一种重要形式。如果在社会生活中没有确定的法律和法令，或者有了法律而不去严格执行，而是以领导者个人的意志为意志，那就无法维持党和国家政治生活的正常秩序，党就不能实行对国家的正确领导。

（二）依法办事同党的领导是一致的

规定党必须在宪法和法律范围内活动，会不会束缚自己的手足，会不会贬低党的领导地位呢？这种担心也是没有必要的。党的领导主要是路线、方针、政策的领导。国家的宪法和法律同党的路线和政策二者并不矛盾，而是一致的。首先，它们的本质内容是一致的。党的路线和政策是工人阶级和广大人民的根本利益和意志的科学表现；而宪法和法律是在党的领导下制定的，无疑它体现党的主张和人民的意志。宪法和法律实际上是党的路线和政策通过法定程序变为国家的意志。其次，法律比党的政策更具有稳定性和权威性。法律是党的业已成熟的政策的具体化、条文化和定型化。它具有国家的意志和强制力的属性。它既是教育公民遵守纪律、执行党的政策的有效手段，又是使我们用以向犯罪分子作斗争的武器，使党和人民处于最有利、最主动的地位。因此，依法办事，不仅不会贬低党的领导，而且更有利于党的路线、政策的贯彻执行，更好地发挥党的领导作用。再次，法律更具有普遍的约束力。执政党的政策对于整个国家的活动都起指导作用，这是没有问题的。但是，党的政策对广大党员和党员干部来说，必须坚决的贯彻执行；而对于非党群众来说主要通过党的有效的思想政治工作，说服教育和组织工作，以及通过党员的模范作用，为群众自觉所接受。法律不仅具有强制力，而且具有普遍的约束力，每个公民都必须严格遵守。一切违反宪法和法律的行为，必须予以追究。因此，按照法律办事，不但不会束缚党的领导，而且本身就是有效地实现了党的领导。当然，由于政治、经济情况的变化，原来法律规定的某些条文已不适应目前的需要，党可以提出建议，通过立法机关，按照法定的程序，加以修改和变动。这同样体现了党的领导。

（三）共产党员和党员干部应当模范地遵守国家的宪法和法律

党必须在宪法和法律范围内活动的规定的实质，是针对长期以来在一些同志中法制观念淡薄，认为党可以超越宪法和法律的范围的情况提出的，要求各级党组织和全体共产党员都必须遵守宪法和法律，不容许自恃特殊。因为共产党员和党员干部是人民群众的一分子，国家的宪法和法律是党领导下制定的，是人民意志的体现，他们只有模范地遵守国家的法律的义务，绝没有任何理由不遵守宪法和法律，把自己的活动置于宪法和法律之外。而且党组织和共产党员带头遵守了国家的宪法和法律，可以带动、影响其他组织和全体公民共同遵守国家的宪法和法律。

进一步健全党的民主集中制

（1989 年 7 月）

无产阶级政党之所以有力量，除了有正确的指导思想和纲领、路线以外，还要有组织的保证。这就是按照民主集中制的原则把党组织建设成为组织严密、行动一致的整体。民主集中制，是把党的各个组织和党员有机结合起来的根本组织原则，是保证党在组织上思想上高度统一、行动一致的具体形式。没有民主集中制，党的思想建设、组织建设、制度建设就会流于空泛而无所依托，党就成为徒有其名的无定型的组织，就不能在革命和建设事业中发挥领导作用。因此，加强民主集中制的建设，始终是党的组织建设中的一个重要问题。在新的历史时期，健全民主集中制，是贯彻从严治党方针的一个重要方面。因此，党的十一届六中全会的决议强调“必须把我们党建设成为具有健全的民主集中制的党”，要求全党从党的建设的全局高度来认识加强民主集中制的建设问题。

一、民主集中制同党的政治路线密切联系

组织路线是为政治路线服务的。民主集中制作为党的组织原则和党内政治生活的基本准则，是同党的政治路线的制定和执行紧密联系着的。

第一，党的路线的制定和执行有赖于正确地贯彻民主集中制原则。正确的路线和政策，是全党和广大人民群众智慧的结晶。领导机关和领导者只有充分发扬民主，坚持群众路线的方法，才能集中正确的意见，变为指导工作的方针。毛泽东说过，我们的领导机关，就制定路线、方针、政策和办法这一方面来说，只是一个加工工厂，工厂没有原料就不可能进行加工。没有数量上充分的和质量上适当的原料，就不可能制造出好的成品来。如果没有民主，意见不是从群众中来，只由上级领导机关凭着片面的或者不真实的材料决定问题，那就是主观主义，不可能实现真正的集中，不可能制定出好的路线、方针、政策和办法来。同样，在广泛民主的基础上，如果不对各种意见和复杂的情况集中起来加以分析、综合、判断，按照少数服从多数的原则，把正确的意见集中起来，那就等于放弃了领导。我们党的历史经验证明，什么时候党内生活正常，正确地贯彻了民主集中制和集体领导原则，党的路线和政策就正确，就是出现了错误也易于纠正；什么时候违背民主集中制原则，“家长制”、“一言堂”盛行，或自由主义、无政府主义泛滥，党的路线和政策就会发生偏差，而且就是纠正起来难度也比较大。没有健全的民主集中制，我国的人民政权就不巩固，现代化建设和改革事业就不能成功。

第二，党的路线决定和影响着民主集中制原则的贯彻执行。政治路线是决定组织路线的。有什么样的政治路线，就要求有什么样的组织路线与之相适应，在我党历史上，凡是党的路线正确，评判大是大非的标准正确，党内政治生活就比较生动活泼，民主集中制的原则就执行得比较好。因为民主集中制是正常的党内生活所必需，是贯彻执行党的路线所必需，不允许违背民主集中制的现象存在。而当党的路线和工作指导方针发生错误的时候，党内生活就不正常，民主集中制和集体领导原则就会受到削弱以至破坏。因为错误的路线和方针，归根到底是违背党内外广大群众的意愿和利益的。它必然受到觉悟的人们所抵制和反对。谁要坚持和推行这些错误的东西，势必要压制不同意见，搞独断专行，或者以发扬民主为名，搞无政府主义和极端民主化。陈独秀、王明为了推行他们的错误路线，在党内实行家长式的统治和搞惩办主义，谁不同意他们的意见，就进行残酷斗争、无情打击。张国焘为了分裂党和红军，同样践踏党内生活和党的纪律，实行独裁统治。20世纪50年代后期，由于党的工作和指导方针的失误和个人崇拜现象的逐步发展，导致了个人专断和权力过分集中，党和国家的政治生活越来越不正常，终于发生了十年动乱。“文化大革命”中，林彪、江青反革命集团正是利用了我们这些失误，为了达到篡党夺权的目的，肆意践踏党的民主集中制原则，既搞法西斯专政，又煽动无政府主义和极左思潮，给党和国家带来了严重的灾难。

由此可见，民主集中制和党的政治路线是互相作用、互相影响的。正确路线的制定，要以健全的民主集中制为基础，而错误路线的形成，也是以民主集中制不健全为条件；反之，正确路线的执行，必须要求并且推动党内政治生活的更加正常化，而错误路线的强制推行，又必然破坏民主集中制。进入新的历史时期，在党的正确思想路线和政治路线指引下，就全党来说，我们党内生活逐步走向正常化，民主集中制和集体领导原则得到了有效的贯彻执行。但是，在某些地区、部门和单位的党组织中，家长制作风和个人说了算的现象，无组织无纪律和自由主义的现象，还是相当严重的，都妨碍了党的路线和政策的贯彻执行，影响了党的战斗力。这对社会主义现代化建设事业显然是不利的。因此，为了坚持一个中心、两个基本点，保证党的基本路线的贯彻执行，我们必须把民主集中制放在党的建设的重要地位。

二、共产党员特别是各级领导干部都要牢固树立民主集中制观念

尽管民主集中制作为党的根本组织原则规定在党章之中，但是要全面地理解它、切实地执行它，并不是一件容易的事。1966 年 2 月，毛泽东在中央印发他 1962 年 1 月召开的中央工作会议上的讲话时，作了这样的批示：“看来此问题很大，要真实现民主集中制，是要经过认真的教育、试点和推广，并经过长期反复进行才能实现的。否则在大多数同志当中，始终不过是一句空话。”在新的历史时期，各级领导班子正面临着新老交替，一大批年轻的同志走上了领导岗位，有相当一部分同志对民主集中制和集体领导原则不太熟悉，运用和执行民主集中制的经验更加缺乏。因此，要健全民主集中制，首先要加强民主集中制的教育，使我们的党员、干部牢固确立民主集中的正确观念，提高执行这一制度的自觉性。

要树立民主集中制的观念，必须深刻理解民主集中制的科学含义和民主与集中的辩证统一关系。我们的民主集中制，是在高度民主的基础上实行的高度集中。这既强调了民主的重要性，又指出了集中的重要性。把两者对立起来，离开民主讲集中，或离开集中讲民主，都是不对的。没有民主，就不可能有正确的集中和科学的领导决策；同样，没有集中，民主也就失去了意义，势必导致极端民主化和无政府主义。当然，讲民主和集中的辩证统一，并不否认在指导实际工作时，根据形势和任务的需要，以及党内生活的实际情况，有时更侧重于强调民主的方面，有时更侧重于强调集中的方面，以利于使党内生活正常化。但就是在这种情况下也不是脱离一方面只讲另一方面。我们党根据马克思主义的建党原理和60多年来的实践经验，对民主集中制的基本原则作了科学的概括，主要是：(1) 党员个人服从党的组织，少数服从多数，下级组织服从上级组织，全党各个组织和全体党员服从党的全国代表大会和中央委员会。(2) 党的各级领导机关，除它们派出的代表机关和在非党组织中的党组外，都由选举产生。(3) 党的最高领导机关，是党的全国代表大会和它所产生的中央委员会。党的地方各级领导机关，是党的地方各级代表大会和它们所产生的委员会。党的各级委员会向同级的代表大会负责报告工作。(4) 党的上级组织要经常听取下级组织和党员群众的意见，及时解决他们提出的问题。党的下级组织既要向上级组织请示和报告工作，又要独立负责地解决自己职责范围内的问题。上下级组织之间要互通情报、互相支持和互相监督。(5) 党的各级委员会实行集体领导和个人分工负责相结合的制度。凡属重大问题都要由党的委员会在民主讨论的基础上作出决定。(6) 党禁止任何形式的个人崇拜。要保证党的领导人的活动处于党和人民的监督之下，同时维护一切代表党和人民利益的领导人的威信。这六条基本原则，是高度民主的基础上实行高度的集中的总概括的具体化，是正确处理党内各方面关系的基本准则。坚决执行这些基本原则，就能进一步健全民主集中制，使党内生活走上民主化、科学化的轨道。

要树立民主集中制的观念，必须在理论上澄清一些模糊认识。比如，要不要实行集中指导下的民主？我们认为，“在民主基础上的集中和集中指导下的民主”，是民主集中制原则完整、科学的表述，它同“高度民主基础上的高度集中”的提法并不矛盾。不能因为有了现行党章的提法，就否定它的正确性。我们所讲的集中，是在民主基础上的集中，是反映大多数人意志的集中。我们所讲的民主，是有引导有秩序的民主，是尊重大多数人意志的民主。首先，党内的民主生活，都必须在统一的党章和统一的纪律范围内活动，都是在一定的领导机关指导下进行的。其次，党内的民主生活，都是有领导的、按一定的民主程序进行的。党的一切发扬民主的会议都是由领导机关召集和主持的；一切重大决议和法规的制定都要经过充分准备的供议定的预案；一切选举都是有组织有领导、经过充分酝酿和协商而提出候选人名单的。这都体现了正确的集中对民主的指导作用。如果民主没有必要的集中作指导，就不可能实现真正的民主，甚至会走向无政府主义和极端民主化。邓小平在《坚持四项基本原则》一文中指出：我们实行的民主集中制，是“在民主基础上的集中和集中指导下的民主相结合”。由此可见，把民主置于集中指导下，绝不是限制了民主，而是为了更好地、有序地发扬民主。

民主本身是否已包含了集中？这涉及到党的组织原则是民主集中制还是民主制的问题。马克思、恩格斯虽然没有提出“民主集中制”这个科学概念，但在他们参与起草制定的《共产主义者同盟章程》、《国际工人协会临时章程》中，对于党的组织机构、组织制度、活动方式和处理党内关系的各项规定中，既体现了民主制的思想，也体现了集中制的思想。比如，党的领导机关从基层到中央都由选举产生，并随时可以罢免；党内所有成员都一律平等；中央委员会对全党实行集中统一领导，全体成员必须服从党的决议，同时中央委员必须向代表大会作报告；实行严格的纪律，党内所有成员的生活方式和活动必须符合同盟的目的，对违反纪律的要给予处分，等等。可见，马克思、恩格斯并不是只讲民主制，而不讲集中、纪律和权威的。民主是个多义词，在不同的范围有不同的含义。从党的属性来说，我们是工人阶级的政党，我们党本身就是民主的，应当加强党的民主建设，大大发扬各方面的民主。这里要讨论的是党的组织原则。作为组织原则，民主和集中两个方面是互相依存、不可偏废的。它既有少数服从多数的问题，又有组织制度和组织结构的问题。党的组织和党员既按民主制的原则又按集中制的原则建立起相互关系，这样才能实现党的意志的统一、组织统一和行动一致，因此，民主制不能包含和代替集中制，不能以民主制来代替民主集中制的组织原则。

要不要维护和坚持“全党服从中央”的原则？有一种意见认为“全党服从中央”的提法不准确，全党只能服从全国代表大会，中央委员会及其政治局只是它的执行机构。中央委员会要执行代表大会的决议并向它报告工作，这是无疑的，同时，党章明确规定，全党各个组织和全体党员要服从党的全国代表大会和中央委员会。既要服从党的全国代表大会，又服从由它选举产生的中央委员会，两者是统一的，不能把服从代表大会决议和服从代表大会选举产生并赋予了必要权力的中央委员会对立起来。如果只讲服从全国代表大会，不讲服从党中央，那么在代表大会闭幕以后，由谁来主持和领导全党的工作呢？全党服从中央是民主集中制的“四个服从”的重要内容，是我们党的最大优势，是不能动摇的。只有全党严格服从中央，党才能领导全体党员和全国人民为实现现代化的伟大任务而战斗。这是党的最高利益所在，也是全国人民的最高利益所在。在今天，维护党中央的领导权威，是搞好整顿、治理经济，深化改革，保证现代化建设的顺利进行的重要保证。

三、健全党的民主集中制要有制度的保证

民主和集中都要有制度来体现和保障。过去我们在执行民主集中制方面出现这样那样的问题，一个重要的原因就是缺乏周密的可操作的制度。有的只规定了有弹性的一般原则，却没有相应的具体制度来保证实施；有的虽有了一定的制度，但不具体、不完善，缺乏有力的保障、检查、监督体系，违背了制度也难以追究。因此，加强制度建设，是正确贯彻执行民主集中制原则的一个重大课题。民主集中制的制度包括广泛的内容，主要是：

（一）要健全党的代表大会制度

党的代表大会制度，是党员充分行使自己的民主权利，决定党内大事的重要制度，是党内最基本的民主制度。要进一步健全代表大会制度，首先要确立代表大会在党内政治生活中的权威地位。邓小平说过，代表大会是党的“最高决策机关和最高监督机关”。它有权讨论和决定党内一切重大的政治问题和组织问题；党的各级委员会由代表大会选举产生，对同级代表大会负责和报告工作，并接受它对自己工作的检查、

监督；任何组织和个人都无权改变代表大会的决议和决定，而必须坚决地贯彻执行。其次，要制定完善代表大会的议事规则。对如何充分行使自己的职权，以及实施决策和监督的程序，都要作出明确的规定，使代表大会真正成为议事决策的机构，避免形式主义的倾向。再次，要严格按期召开代表大会，没有特殊情况，不得延期召开。

（二）要健全集体领导制度

集体领导是党的领导的最高原则之一，是民主集中制在党的领导活动中的运用。要完善这项制度，首先，要在党政分开的前提下，明确党委讨论决定问题的范围。凡是涉及党的路线、方针、政策的大事，重大工作任务的部署，党委管理的重要干部的推荐、任免、调动和处理，有关群众利益方面的重要问题，以及上级领导机关规定应当由党委集体决定的问题，必须由党委集体讨论决定。由于中央、地方、基层情况不同，各自的职责范围也不相同。其次，要建立和完善党委会的工作制度。譬如，要明确党委全委会和常委会的各自职能；全委会的人数要适当减少，相应增加全委会开会次数，充分发挥全委会的作用，不要以常委会代替全委会的作用；要把会议的议题和有关文件提前通知应到会人员，以便他们有充分的时间准备意见，避免无准备的会议。再次，要建立咨询和调查研究制度，重大决策要经过充分论证和后果预测；党委讨论决定问题实行一人一票表决制，要改变委员发言、书记做结论的状况，不允许个人说了算。最后，要实行明确的分工负责制。集体决定，分工负责，不互相推诿；凡按规定由某一方面负责人负责的工作，应当敢于独立负责地处理问题，不必事无巨细都到党委会上去讨论。

（三）要进一步完善党内选举制度

党的代表大会的代表和各级委员会由选举产生，这是党内民主的重要体现，是实行民主集中制的一条重要原则，列宁说过，俄国社会民主党是根据民主原则组织起来的，“党的所有负责人员、所有领导人员、所有机构都是选举出来的，是必须向党员作工作报告的，是可以撤换的”①。完善选举制度的核心问题是真正体现选举人的意志，改变某些

① 《列宁全集》第11卷，人民出版社1959年版，第418页。

由上级机关“指定”的现象。为此，根据目前我国的状况，可以从三个方面进一步加以完善：一是应当规定候选人的提名程序，包括采取多种渠道提名方式和介绍被提名人的情况等。二是确定并完善差额选举办法，并根据条件成熟的程度逐步扩大差额选举的范围。三是确定选举单位或代表大会通过一定的程序，有权撤换由他们选举的代表或领导人。

（四）要制定保障党员民主权利的制度

党员民主权利是党章规定的党员在党内应享有的权利和利益。它是党内民主的基础，是党员在党内主人翁地位的体现。其目的在于使每个党员都有较多机会，直接或间接地了解和参与党内事务，发挥积极性、主动性，能够正常履行党章赋予党员的民主权利，保证党的事业的发展。我们在相当长的一段时间里，党内存在着强调集中，忽视民主；强调党员履行义务，忽视保障党员民主权利的倾向。党章对党员享有的民主权利作了明确规定，并强调党的任何一级组织直至中央都无权剥夺党员的权利。但我们还缺少保障党员权利的条例或细则，党员的民主权利还不能得到有效的行使，侵犯了党员民主权利的现象也还得不到严肃的制止和处理。因此，必须制定具体制度，切实保障党员的选举权、被选举权和罢免权，保障党员的了解党内事务、参与决策权，保障党员的批评建议权和检举揭发权，保障党员的申诉、辩护和控告权。对于侵犯党员民主权利的行为的处理也要在制度上作出明确规定。

以马克思主义党的学说指导党的建设

（1990 年 5 月）

马克思主义党的学说是工人阶级政党建设的指导原则，是党的建设的实践经验的科学总结。马克思、恩格斯在建党实践中奠定了党的学说的理论基础；列宁捍卫和发展了马克思主义的建党理论，建立了一套完整的无产阶级建党学说；毛泽东和中国老一辈无产阶级革命家，把马列主义党的学说创造性地运用于中国党的建设，丰富和发展了这个理论，形成了具有中国特色的毛泽东建党思想。在新的历史时期，要把我们党建设成为在理论上更加成熟、思想上更加统一、政治上更加坚强、内部更加团结、同群众的关系更加亲密的工人阶级先锋队，真正成为领导各族人民建设有中国特色的社会主义的坚强核心，必须认真学习马克思列宁主义、毛泽东思想的建党学说，研究在执政和改革开放条件下党的建设面临的新情况、新问题，总结新经验，解决新问题。在新的实践的基础上，坚持、发展和丰富马克思主义党的学说。通过学习，要掌握马克思主义建党学说，增强党性，提高聚精会神加强党的建设的自觉性。

一、马克思主义党的学说研究的对象及其主要内容

要加强党的建设，保持党的性质和特点，发挥党在革命和建设事业中的领导作用，必须坚持以马克思主义党的学说为指导。什么是马克思主义党的学说呢？马克思主义党的学说是关于工人阶级政党产生、发展和自身建设的客观规律的科学，是党领导人民夺取政权、巩固政权、运用政权和建设社会主义客观规律的科学。它从理论上阐明了无产阶级革命为什么需要建立一个党，要建立一个什么样的党，以及怎样建设这个党，这个党如何实现对无产阶级革命事业的领导作用等根本问题。对这些问题的科学论述，构成了党的学说的完整的理论体系。研究党的产生和发展规律，就是要研究工人阶级政党产生、发展的历史必然性和客观条件，研究各个历史阶段党的建设的实践活动，以及党的建设的理论原理的提出和它的发展过程，从而科学地阐明党的产生和发展是社会历史发展的必然结果，是无产阶级革命斗争的客观需要。研究党的自身建设的发展规律，就是研究怎样从政治上、思想上、组织上、作风上全面地建设党，以保证党的先进性，把党建设成为领导无产阶级革命事业的坚强核心和战斗司令部。研究实现党的领导作用的规律，就是要研究党在无产阶级革命和建设事业中的领导地位和领导作用，研究实现党的领导的原则和条件，研究实行科学领导的制度、方式和方法。在执政党的条件下，特别要着重研究如何坚持和改善党的领导，党怎样实现对国家政权机关、经济组织、科学文化组织、群众团体，以及爱国统一战线的领导等等。

马克思主义党的学说的主要内容是：（1）关于建立无产阶级政党的历史必然性和客观基础。（2）关于党的性质和理论基础。（3）关于党的政治纲领和战略策略。（4）关于党的思想理论建设和思想政治工作。（5）关于党的组织原则和党的纪律。（6）关于党的领袖和党的干部、党员队伍建设。（7）关于党的群众路线和党的作风建设。（8）关于党的团结统一和党内斗争。（9）关于党的思想、组织和作风的整顿。（10）关于党对无产阶级革命和建设事业的领导地位和领导作用。党的学说的这些基本原理，是无产阶级政党建设的指南。在建党实践中，只有坚持这些基本原理，才能把党建设成为工人阶级的先锋队，担负起领导无产阶

级解放事业的重任；也只有用这些基本原理武装和教育党员，才能使广大党员成为工人阶级的先进分子，发挥先锋模范作用，积极主动地带领群众为实现党的任务而奋斗。

二、充分认识新的条件下加强党的建设的重要性紧迫性

在民主革命时期，党的建设是夺取革命胜利的一个重要法宝，在今天，党的建设仍然是一个重要法宝。我们党和国家正处在一个非常关键的时期。党肩负的历史重任和面临的国际国内形势，需要解决一系列艰巨复杂的问题，经受多方面的严峻考验。能不能把我们党建设好，关系到现代化建设和改革开放事业的成败，关系到党和国家的命运。

在新的历史时期，我们党和国家面临着历史的重大转折。这个转折集中地表现在：一是党的地位发生了变化，由不执政的地位转变到执政的地位。二是党的中心任务和工作重心转移了，由以阶级斗争为纲转变到以经济建设为中心的现代化建设上来。三是由以产品经济为主向有计划的社会主义商品经济的转变。四是实行改革开放的政策。此外，在国际上还面临着敌对势力“和平演变”的攻势和东欧一些国家政局的动荡、剧变。这些重大的变化，必然给党的思想建设、组织建设、作风建设，以及党的领导体制、活动方式和领导方式带来许多在战争年代和改革开放以前所没有遇到过的新问题，使党面临着新的严峻的考验，迫切需要把我们党建好。

（一）我们党处于执政的地位，面临着执政的考验

取得全国政权以后，我们党成为整个国家和社会生活的领导者，许多共产党员在各级各部门担任领导工作，手中掌握着一定的权力。毫无疑问，党领导人民夺取政权，这对无产阶级来说，是一个伟大的历史性的胜利，是无产阶级革命具有决定意义的一步，它给中国革命和建设事业创造了空前有利的条件，便于推动我国生产力的发展，使我们能够在更加广阔的领域里对整个社会进行改造和建设。同时，也给我们党的建设提出了一系列的严肃的问题，其核心是如何巩固政权和运用政权的问题。

我们党已经经受住了执政40年的考验。但这个考验还在继续着。实践证明，执政的考验表现在多方面，而其中最突出的、必须着力解决的有这样几个问题：

第一，党必须始终不渝地巩固执政地位、坚持对社会主义国家的领导权。这个问题，过去我们认识不足，或在理论上有所忽视。认为人民的政权是非常稳固的，共产党的领导地位也是不言而喻的。这种认识，当然有正确的一面。因为我们和东欧一些国家不同。我们的国家政权是党领导人民经过长期艰苦卓绝的斗争特别是武装斗争取得的，我们党是深深扎根于群众之中、在群众中有深厚基础的。从根本上说，我们党和人民政府是得到广大群众的拥护和支持的。但是，国内还在一定范围内存在阶级斗争，国际上还存在着敌对势力的情况下，这个问题不仅是个理论问题，而且是一个非常现实的问题，绝不可掉以轻心。共产党如果丧失了对国家政权的领导权，就没有党和人民的地位，人民群众奋斗了几十年的社会主义事业就要毁于一旦。因此，我们必须强化执政意识，从政治、经济、文化、意识形态、舆论宣传等各方面来巩固政权，坚持共产党的领导地位。

第二，党必须坚持全心全意为人民服务的宗旨，正确运用人民赋予的权力。巩固政权，是为了使它更好地服务于人民。对执政党来说，如何运用政权治国安民更加重要。我们的国家政权是人民当家作主的社会主义国家政权，一切权力属于人民。这是我国宪法明文规定的。但是，人民拥有的权力又不可能由全体人民亲自、直接地来行使，而是通过各级各部门担任公职人员的人们代表人民来行使的。因此，国家的公职人员能不能真正代表人民利益，把人民赋予的权力行使好，至关重要的是干部的素质和领导能力问题。这里必须解决好两个问题：一是干部手中的权力为谁服务的问题，是为广大人民谋利益呢，还是为少数人谋私利？这是一个宗旨和世界观的问题。从这个意义上说，权力这个东西仍然具有两重性。既可以用它来更加有效地为人民服务，又可以用之于为个人或少数人谋私利。这个权力掌握在忠于马克思主义的人手里，用之于为人民谋利益，就体现了党的宗旨和社会主义国家政权的根本性质。如果这种权力掌握在个人主义者手里，用之于为少数人谋私利，那就背离党的宗旨和社会主义国家政权的根本性质。因此，在执政党的条件下，要求每一个共产党员特别是各级领导干部必须解决好立党为公、掌权为民这个根本问题。二是干部代表人民要代表得好，把人民委托的事情办好。这是指的干部的能力和水平问题。在我们的干部队伍中以权谋私的人毕竟是极少数，绝大多数的同志都有把工作做好的良好愿望。而要把良好的愿望转化为实际的工作成绩、落实到为人民带来真正的实际利益，那就要提高我们的领导能力和领导水平。因此，要求每一个共产党员特别是各级领导干部必须对人民的事业富有高度的责任心和负责精神，努力提高自己的政治、业务素质和决策能力、领导水平。这样，才能从根本上巩固我们的政权，坚持党的领导地位。

第三，党必须永远保持同人民群众的血肉联系。人民群众是历史的创造者，是社会前进的动力，是党的力量的源泉和党赖以生存、发展的基础。党的性质、宗旨和指导思想决定了党必须把为人民服务作为自己全部活动的出发点和落脚点，决定了党必须保持同人民群众的血肉联系。

中国共产党是为人民服务的党。我们党是来自人民、扎根于群众之中的。在长期的革命和建设实践中党和人民风雨同舟、建立了血肉的联系。党离不开人民，人民离不开党。执政以后，党和群众的关系总的说是好的。但是，由于党的地位的变化，面临的形势和任务也和过去不同了，党和群众的关系也出现了新的情况。国际共产主义运动的经验告诉我们：执政党最大的危险是脱离群众。因此，高度重视并进一步保持同群众的密切联系，成为执政党建设的重大课题。

在战争年代，我们的任务是反对三大敌人，推翻国民党反动统治。人民群众清楚地懂得，我们党和我们的军队是代表人民的，是为人民的翻身解放而奋斗的；党和群众是站在一条战线上，向着反动派作斗争的。那时，即使我们的工作有了某些失误，群众也容易谅解。执政以后，党的中心任务发生了变化，外部敌人强大的压力基本上不存在了。党处于执政的地位，不少党员走上了各级领导岗位。虽然党的地位变化了，但党的宗旨和党相信群众、依靠群众、代表群众的立场并没有变。这一点必须向群众宣传解释清楚，并在实际行动中切实地加以贯彻。否则，群众容易把我们党和国家的工作人员是人民的公仆误认为是“官吏”。特别在处理国家的整体利益和群众的局部利益、长远利益和眼前利益方面容易产生矛盾。因此，在新的情况下，党群关系、干群关系、领导和被领导的关系同过去比较矛盾就突出了。毛泽东早在 1957 年

《关于正确处理人民内部矛盾的问题》一文中，曾对此作过深刻的分析。他说："人民内部矛盾不是现在才有的，但在各个革命时期和社会主义时期有着不同的内容。""我们的人民政府是真正代表人民利益的政府，是为人民服务的政府，但是它同人民群众之间也有一定的矛盾。这种矛盾包括国家利益和集体利益同个人利益之间的矛盾，民主同集中的矛盾，领导同被领导之间的矛盾，国家机关某些工作人员的官僚主义作风同群众之间的矛盾。"① 这说明，由于地位和情况的变化，客观上脱离群众的可能性增加了，要求我们党更加自觉地精心地处理好党和群众的关系。这是一方面。另一方面，从我们党自身来说，处于执政的地位，脱离群众的危险性也增大了。在战争环境和地下党的条件下，面对强大敌人的压力，客观上不容许我们脱离群众。那时如果脱离群众，失去了群众的支持，确如血肉分离，鱼儿离开了水。不要说党和革命事业的发展、前进，就是我们自己的生存也会遇到极大的困难。今天的情况同过去大不相同了。由战争环境转变为和平建设的环境，由无权的地位变为掌权的地位，许多干部掌握着管钱、管物、管人的权力。如果没有高度的思想觉悟和政治觉悟，没有牢固地树立起马克思主义的群众观点，不能正确地对待和运用手中的权力，就容易忘记全心全意为人民服务的宗旨，容易脱离群众。而一旦脱离群众，就会危及党和国家的前途和命运。

（二）党面临着改革开放的新形势，必须经得起改革开放的考验

改革是当代社会发展的潮流，是我们党的基本路线的主要内容之一。不管形势和情况有什么变化，坚持改革开放的决心决不能动摇。十年改革开放的成果决不能否定。但是，现实生活表明，改革是一项崭新而艰巨的任务，要使改革事业顺利地、有效地进行，必须解决好下面几个问题：

第一，必须坚持改革的社会主义方向。现在人们都在谈改革，包括西方资本主义国家的一些当权人物也欢迎、鼓励东欧的"改革"。但是，不同立场、观点的人对改革的内容和方向是截然不同的。也就是说，存

① 《马克思主义著作选编》甲种本（下），中共中央党校出版社 1994 年版，第 1177 页。

在着两种不同的改革观和改革的主张。一种是把改革作为社会主义制度的自我完善和发展的改革，是坚持四项基本原则、坚持社会主义道路前提下的改革。另一种是把改革同四项基本原则对立起来，要求全盘西化，引向资本主义轨道的改革。所以，改革往哪里改，怎么改，必须统一认识，明确方向。

第二，必须善于精心地领导改革。改革是一项错综复杂的社会系统工程。在改革的进程中，必然会出现许多新的问题和新的社会矛盾。要求我们党有足够的思想准备，有驾驭全局、控制复杂局面的本领，有正确区分和处理两类不同性质的矛盾，以及解决突发事件的应变能力。在改革中，由于新旧体制的交替，与发展商品经济相适应的法制不够健全，政策不够完善，措施不够配套，监督机制还有许多薄弱环节。出现某些漏洞和失误是难以避免的。这就要及时地总结经验教训，采取相应的对策。善于总结经验本身就是善于领导。

第三，必须加强党的自身建设，增强拒腐防变的能力。党内存在的腐败现象，不是改革开放和发展商品经济带来的。但这种新的情况也确实为不正之风和腐败现象滋生和蔓延提供了一定的条件。因此，我们必须有高度的自觉，把惩治腐败，加强廉政建设，作为一件大事来抓。

（三）我们党面对复杂的国际环境，必须经得起“和平演变”的考验

国际反动势力企图消灭社会主义制度的图谋从来没有放弃过。有时用武装干涉和颠覆的一手，有时用政治、经济、思想、文化渗透的“和平演变”的一手。或两手并用。而当武装侵略的手段接连失败以后，则更多地使用“和平演变”的一手。早在50年代初，杜勒斯就提出“和平演变”的战略，扬言要把希望寄托在社会主义国家的第三代、第四代人身上。美国前总统尼克松于1988年写了《不战而胜》一书，提出通过“和平演变”不战而胜的战略目标。他认为“进入21世纪，采用武力侵略的代价将会更加高昂，而经济力量和意识形态的号召力，将成为决定性的因素”。还认为，进入80年代，东西方关系缓和，社会主义国家遇到不少困难和正在进行改革的形势下，是美国推行“和平演变”战略的最好时机。因此，国际反动势力要竭力发动一场“无硝烟的世界大战”，以达到消灭世界上的社会主义制度和社会主义运动的目的。可见，

在西方资本主义统治集团不可能用武力取胜的情况下，“和平演变”和反和平演变，是国际上社会主义与资本主义两种制度、两种意识形态斗争的主要表现，也是国际阶级斗争的主要表现。

在错综复杂的严峻国际形势下，我们的责任重大。我们必须保持清醒的头脑，迎接这场新的挑战。我们能不能顶得住国际敌对势力对我们施加的压力，能不能经得起东欧政局动荡对我们的影响；在国内能不能继续保持社会的稳定，坚定不移地把社会主义现代化建设和改革开放的事业推向前进。能不能经得起执政、改革开放和“和平演变”的考验。所有这一切，关键是能不能把我们党建设好。只要把党建设好了，不管世界上有多大的风浪，我们就能任凭风浪起，稳坐钓鱼船，我们就能永远立于不败之地。

三、新时期党的建设的根本指导思想

为了加强党的建设，坚持和加强党的执政地位和领导作用，使党经得起执政、改革开放和“和平演变”的考验，必须明确党的建设的指导思想，明确把我们党建设成为一个什么样的党的问题。按照马克思主义建党学说和我们党面临的新的形势和任务，必须把我们党建设成为马克思列宁主义、毛泽东思想武装起来的工人阶级先锋队。这样的先锋队，必须理论上更加成熟，思想上更加统一，政治上更加坚强，内部更加团结，同群众的关系更加亲密，真正是领导全国各族人民建设有中国特色的社会主义的坚强核心。这是新时期党的建设必须遵循的根本指导思想和前进目标。

（一）坚持党的工人阶级先锋队的性质

党的性质问题，是马克思主义党的学说的精髓。它决定着党的建设的方向和目标，是实现党对无产阶级革命事业的领导的根据和保证。

无产阶级为了求得自身的解放，夺取革命和建设事业的胜利，必须建设一个工人阶级的先进政党。这是马克思主义经典作家早已明确论述过的。我们党从成立的那天起就一直坚持党的工人阶级先锋队性质并按照这个要求全面建设党。但是，一个时期以来，国际上有人提出或宣布把工人阶级先锋队的党改为“全民党”、“社会党”，或“民主社会主义”

的党。我们国内也有人借口我国阶级状况、阶级关系有了新的变化，从而否定工人阶级是先进生产力的代表和国家的领导阶级，否定党的阶级基础，以各种“理由”降低和模糊党的先进性。因此，共产党还是不是工人阶级政党，要不要坚持党的工人阶级先锋队性质，要不要坚持党的领导地位和领导作用？这样一些关系党的存亡的问题尖锐地摆在我们面前。

必须坚持党的工人阶级的阶级基础。共产党是工人阶级政党，它以工人阶级作为自己的阶级基础，代表工人阶级的利益，反映工人阶级的意志。工人阶级是现代社会最先进最革命的阶级。人类社会必然要从阶级社会走向没有阶级、没有剥削和压迫的社会，这是一个不以人的意志为转移的客观规律。而能够领导和推动这种社会变革的力量，实现这个历史进程的，只有工人阶级。它同现代化大生产相联系，有严格的组织性、纪律性，是先进生产力和生产关系的代表。在长期的革命和建设实践中，它表现出了坚定的政治立场、自我牺牲精神和艰苦创业精神。它是我国的领导阶级和社会主义事业的中坚力量。工人阶级的这种历史地位和作用，是任何别的阶级所无法代替的。新中国成立以后，我国工人阶级的社会地位和生活状况确实发生了根本的变化。它由在旧社会被剥削被压迫的地位，变为国家的领导阶级；由不占有生产资料的雇佣劳动者，变为社会的主人。随着社会主义建设事业的发展，工人阶级的队伍迅速扩大，文化水平普遍提高，新一代工人大批成长，工人队伍内部的构成和劳动方式、生活条件有了很大的变化，而且增加了知识分子队伍。所有这些变化，并没有改变工人阶级的阶级特性和历史使命。相反，在社会主义条件下，工人阶级的阶级特性将得到更充分的体现和升华，工人阶级在国家的政治、经济和社会生活中将起着越来越重要的主导作用。我们必须全心全意地依靠工人阶级。共产党如果失去或脱离本阶级的支持和基础，就失去了存在的条件。

全民党的观点，是违背马克思主义关于党的性质的原理的。政党是一定阶级的政治发展达到成熟的标志，是阶级的一部分和阶级斗争的产物。一切政党都是阶级的政党。它是代表一定阶级的利益并为其服务的政治组织。超阶级的政党是不存在的。资产阶级学者标榜资产阶级政党是全民意志的代表，是虚伪的。从历史发展的观点来看，只有当阶级消亡了，国家消亡了，作为国家形态的民主消亡了，才能谈得上“全民党”。而那个时候，也就不需要政党了。在国内还有阶级、阶级斗争和阶级差别存在，在国际上还有资本主义势力存在的条件下谈“全民党”，实际上就是否定了党的工人阶级的阶级基础，模糊了党的性质，等于取消党。

必须坚持党的先进性。确定党的性质的因素除了它的阶级性以外，更重要的还在于它的先进性。共产党不仅是工人阶级的阶级组织，而且是以马克思主义武装起来的工人阶级的先锋队。仅有工人成分组成的党，而不具备先进性的条件，还不能成为无产阶级先进政党。共产党并不排斥其他出身成分的人加入自己的队伍，最根本的是按先进性的条件和标准要求他们。党的先进性主要表现在：(1) 它以共产主义为自己的最终奋斗目标，以马克思主义作为自己的理论基础和行动指南，并善于把马克思主义普遍原理同本国的实际情况结合起来，制定出有科学根据的路线和政策，为人民指出斗争的方向。(2) 它由工人阶级先进分子所组成。这样的先进分子必须是对共产主义事业无限忠诚的、同人民群众有着密切联系的、始终站在革命斗争前列的先锋战士。(3) 它是按照科学的组织原则，即民主集中制的原则建立起来的统一整体，是有高度组织性纪律性的，积极开展批评与自我批评的战斗部队。(4) 它没有自己的私利，始终坚持为整个无产阶级和广大群众谋利益，全心全意为人民服务，保持同群众的血肉联系。只有按照这些要求去建设党，才能把党建设成为更加成熟、更加坚强、更加团结，更富有战斗力的、能够经得起任何严峻考验的工人阶级先锋队，才能卓有成效地领导工人阶级和广大群众为实现党的任务而奋斗。在无产阶级革命的征途中，形势和任务会不断变化，既会有顺利的时候，也会遇到困难和曲折。但无论在任何情况下，党的性质和基本特征是丝毫不能动摇和改变的。任何借口情况的变化，否定马克思主义的指导原则，否定党的民主集中制，降低党的先进性，否定党的领导作用的观点，都是错误的。

（二）把党建设成为领导人民建设中国特色社会主义的坚强核心

党的建设必须密切联系党的政治任务和政治路线，保证党的路线的贯彻执行，而不是脱离党的路线孤立地进行。这就把党的性质和党的任务联系起来，在执行党的路线中坚持和检验党的先进性，并为党的思想建设、组织建设、作风建设全面地建设党指明了方向。首先，党的政治路线为全党全国人民指明了党在一定历史阶段的奋斗目标，是全党在思想上政治上一致的共同基础。党的建设和党的全部工作，只有保证党的路线的贯彻执行，才能统一全党全国人民的意志和行动，把各方面的力量集中到一个共同的奋斗目标上来。其次，党的政治路线是建立在科学的基础上的，它是工人阶级和广大人民群众的意志和根本利益的体现。党的建设只有紧密联系党的政治路线进行，并组织全党全国人民为实现党的路线而奋斗，才能给广大群众带来切身的政治和经济利益，从而得到群众的信任、拥护和支持，而党赢得群众的信任和支持，正是党的建设成功的标志，也是党能够实现领导的重要条件。再次，党的政治路线决定党的组织路线和组织建设。无论是干部队伍和党员队伍的建设，或是组织形式的改变和组织机构的设置和调整，都要适应政治路线的需要，从有利于贯彻执行政治路线出发。所以，任何时候党的建设都不能脱离党的中心任务和政治路线，而必须把两者紧密地结合起来。在民主革命时期，党的中心任务是进行阶级斗争，武装夺取政权。因此，党的建设必须同统一战线和武装斗争紧密地联系起来，把党建设成为能够领导人民进行革命斗争、武装夺取政权的党。在新的历史时期，党的中心任务是进行社会主义建设。这就要求党的建设必须适应社会主义现代化建设的需要，把党建设成为领导人民建设有中国特色的社会主义坚强核心，建设一个善于领导四化建设和改革大业的党，保证党的基本路线的贯彻执行。把党的建设同党的基本路线密切联系起来，就是要按照党的基本路线的要求来进行党的自身建设的一切工作，决不能违背和偏离基本路线；就是要在贯彻执行党的基本路线中进行党的建设，决不能离开基本路线孤立地建设党；就是要用执行党的基本路线的实际效果来检验党的建设的好坏。

（三）坚持从严治党，把党的建设的指导思想落到实处

要坚持党的工人阶级先锋队的性质，保证党的领导的正确有效，必须坚持从严治党，从各方面加强党的建设。

马克思主义认为，无产阶级政党的地位和作用，主要的不是取决于党员的数量，而是取决于党员的质量，取决于他们执行党的路线的坚定性和对共产主义事业的忠诚。我们党的组织和党员队伍的主流是好的，是经得起考验的。那种把我们党说得“一团漆黑”，企图根本改变我们党的性质，否定我们党的领导作用的观点，是完全错误的。但是，我们也应当看到，我们党成为执政党以后，党内逐步产生了某些官僚主义、命令主义、以权谋私、腐化堕落等脱离群众的现象。这些年来，由于党

的建设和思想政治工作的削弱，更加重了党内思想、组织、作风、纪律等方面存在问题的严重性。比如，在思想上，由于党的工作重心的转移带来多方面的变化，以及改革开放和发展商品经济过程中出现的某些新的问题和消极因素，由于某些同志对国际资产阶级“和平演变”的战略和国内一定范围内存在的阶级斗争失去应有的警惕；由于资产阶级自由化的影响，加上我们思想教育的削弱和领导工作中的某些失误，从而在思想理论战线上出现了相当混乱的现象。在组织上，有相当一部分党员不符合或不完全符合共产党员的条件，极少数党员经不起执政和改革开放的考验，堕落成为腐败分子。在作风上，以权谋私，以权钱交易和权权交易为主要特征的腐败现象，相当严重地存在着。党内存在的上述严重问题，影响了党在群众中的威信，影响了党的先进性，削弱了党的领导作用。因此，要保持党的先进性和加强党的领导，必须坚持从严治党，把我们党自身建设好。

从严治党，保持党的先进性，应当贯彻在党的建设的各个方面。要加强对党员、干部的马克思主义和党的基本路线教育，牢固树立对社会主义、共产主义的坚定信念，保持全党自觉地同党的路线、方针和决议的一致。要提高党员素质，纯洁党的队伍，认真搞好思想整顿和组织清理工作。要搞好领导班子建设，要求各级领导机关和领导干部以身作则、作出表率。要加强廉政建设，惩治腐败现象，继承和发扬党的优良传统，始终保持同群众的密切联系。要健全党内制约机制，加强监督，严格执行纪律，决不能对违犯纪律的行为姑息迁就，软弱无力。只有坚定地全面地贯彻从严治党的方针，才能保持党的工人阶级先锋队性质，使我们党成为能够领导全国各族人民建设有中国特色的社会主义的坚强核心。

四、坚持社会主义国家共产党的执政地位

坚持中国共产党在国家政治生活和社会主义事业中的领导地位，是我国的一项基本政治原则，是四个坚持的核心，在任何时候都是不能动摇的。但是，经验证明，在社会主义历史阶段，要不要坚持共产党的领导的争论和斗争将是长期的。只要社会主义社会生产力的发展还没有赶上或超过资本主义国家的生产力发展水平，社会主义制度的优越性还没

有充分发挥出来的时候，只要国际上还有帝国主义“和平演变”的思潮和国内在一定范围内还存在着阶级斗争的时候，这种斗争就必然会有时明显有时隐蔽地反映出来。特别是当历史重大转折之时、党的工作出现失误和党内突出地存在某种错误倾向之时、外来思潮的影响和冲击之时，这种斗争和争论就会明显地表现出来。当前，影响和削弱党的领导的错误思想和因素，除了极少数人公然反对共产党、反对共产党的领导外，主要有三个问题必须从理论上搞清楚。

（一）在中国决不能搞西方资本主义的多党制

取消共产党的执政地位，主张政治多元化，实行资本主义的多党制，成了一些人的时髦口号。他们把共产党的领导视为“专制”、“独裁”的同义词；把资本主义国家的多党制看成是“民主政治”的范本。其实，在中国实行西方多党制的政治主张，并不是一个新问题。1979年在拨乱反正时，“西单墙”那些人，也是在做这个文章。今天则有人主张以西方的多党制、两党制来“制约”和“监督”执政的共产党。这种主张尽管提出的具体历史条件不同，表达的方式也不完全一样，但其实质都是从根本上动摇和否定共产党的执政地位。

马克思主义认为，一个国家采取何种政治制度，这是由它的国家性质及政治、经济发展的状况决定的。资产阶级政党制度是由资本主义制度的性质和它的历史发展决定的。这种制度，是资产阶级政党代表资产阶级掌握国家政权、控制国家政治生活、实行资产阶级专政的一种形式。资产阶级各党派之间的斗争，实质上是各资本家集团之间争夺经济利益的斗争在政治上的反映，是为取得谁在资产阶级议会和政府中居于统治地位的角逐。它们这种互相争斗、互相攻击的闹剧，丝毫也改变不了资产阶级统治的本质，只能起到麻痹劳动人民的意志、转移群众视线的作用，使人民群众忘记自己的根本利益，从而有利于维护资产阶级的统治。

我国是人民民主专政的国家。我们的国家政权是在共产党领导下经过长期浴血奋战取得的，是劳动人民当家作主的社会主义国家政权。这样的政权性质，决定了必须由共产党来领导。

我国各民主党派同共产党从民主革命时期到社会主义革命和建设时期，有着长期合作和共同战斗的历史。这就决定了我国政治制度的一个重要特点，就是实行共产党领导的多党合作和政治协商制度。这种制度，同资本主义国家的两党制、多党制，代表资产阶级不同集团的利益，互相倾轧、彼此攻击、轮流执政，是根本不同的。它有两个基本特点：一是确定共产党在国家政治生活和社会生活中的领导地位，而不是“轮流坐庄”。二是各民主党派在国家政权中同共产党处于合作共事、参政议政的地位，是参政党，而不是在野党、反对党。中国共产党始终不渝地坚持“长期共存，互相监督”，“肝胆相照，荣辱与共”的方针，在坚持四项基本原则的基础上与各民主党派通力合作，互相监督。各民主党派的许多领导人和成员，参加了中央和地方政府的工作，有的担任了重要职务；中国共产党在作出重大决策和重要人事安排时，听取民主党派和其他党外人士的意见和建议，诚恳接受他们的批评和监督。在我国，实行这一制度，是由我国的具体历史条件和现实条件决定的，是由中国共产党和各民主党派建设社会主义这一共同目标决定的。事实证明，实行这一制度，有利于人民群众对共产党实行民主监督，推进我国的社会主义民主政治建设；有利于团结各方面的力量、调动各方面的积极因素，为建设社会主义服务；有利于协调和处理社会矛盾，维护国家和社会的安定团结，巩固人民民主专政的国家政权；有利于充分发挥各民主党派和无党派人士在文化、教育、科技、卫生等方面的专长。它是我国政治制度的一个特点和优点。

对于党和政府的领导活动及其工作人员的行政行为，必须实行有效的监督。健全党和国家的监督机制，是党内民主建设和社会主义民主政治建设的重要内容。但是，这种监督的正确实施，完全可以在党的领导下，通过党组织的监督、党员自下而上的监督和人民群众包括各民主党派的监督来解决。因此，这决不能作为在中国实行资本主义多党制的理由。企图在中国实行资本主义多党制的主张，既不符合中国的国情和革命历史发展的情况，又违背广大人民群众的根本利益。如果硬要在中国搞起西方那样的两党制、多党制的话，势必会造成山头林立，党派纷争，四分五裂，以致国无宁日、民无宁日的局面，在中国又会引起一次社会动乱。“文化大革命”的教训记忆犹新，这是每一个对国家对人民负责的人所不愿意看到的。要是真的出现这种情景，什么四化建设，什么改革开放，什么国家的前途和人民的幸福，统统都会被葬送，党和人民经过长期艰苦奋斗取得的社会主义成果就会受到重大损失。中国人民绝不会吞食这个苦果。

（二）政治体制改革和改善党的领导是为了加强党的领导，而不是削弱和淡化党的领导

改革是社会主义制度的自我完善和发展。改善党的领导是为了更好地坚持和加强党的领导。因此，无论是党政职能分开也好，或是改革领导体制、改变权力过分集中的问题也好，都是为了进一步解决我们党如何执政和如何领导的问题，而绝不是为了削弱和淡化党的领导。近年来，围绕政治体制改革和改善党的领导，对于要不要坚持马克思列宁主义、毛泽东思想的建党原则，要不要坚持和加强党的领导，一直存在着不同的认识。马克思主义关于无产阶级政党的理论，要随着实践的发展而发展，但是，它的基本原则并没有过时。比如，关于无产阶级政党必须以马克思主义为指导思想的原则，必须以全心全意为人民服务为根本宗旨的原则，必须保持工人阶级先锋队性质、保持思想上的先进性和组织上的纯洁性的原则，必须坚持民主集中制的原则，必须坚持理论联系实际、密切联系群众和批评自我批评的领导作风的原则，必须坚持党在国家和社会生活中领导地位的原则，以及关于党必须建立健全基层组织、每个党员必须在一定组织中生活和活动的原则，关于党内不允许有派别存在、不允许组织派别活动的原则等等。如果离开这些基本原则去谈什么“改善”，就会改变党的性质，放弃党的领导。针对前些年在理论上和实际工作中削弱和淡化党的领导的状况，必须正确认识和认真解决好以下几个问题：

第一，必须坚持党的集中统一领导。民主集中制是党的根本组织原则，在民主基础上的集中和集中指导下的民主，两者是辩证统一的。但是，有人把民主和集中割裂开来、对立起来。只讲民主制，不讲集中制。这实际上是否定党的集中统一领导。在实际工作中民主不足和集中不力这两种倾向都存在。一方面，无政府主义、分散主义，有令不行、有禁不止，甚至搞“上有政策，下有对策”，中央的一些方针、政策、号召往往到下边走了样，甚至不能得到贯彻落实的现象存在。另一方面，独断专行、个人说了算，在重大决策上不能充分发扬民主，缺乏对领导干部监督的有效机制也存在。

第二，必须坚持党的基层组织的战斗堡垒作用。党的战斗力和力量的源泉来自基层。党的路线、方针、政策要靠基层党组织去贯彻落实，党联系群众和做群众工作同样要靠发挥基层党组织的战斗堡垒作用去实现。发挥基层党组织的作用，是我们党的建设和党的领导的一个优良传

统，早在井冈山斗争时期，毛泽东就说过："红军所以艰难奋战而不溃散，'支部建在连上'，是一个重要原因。"① 不管情况和形势有什么变化，党的基层组织的作用绝不能削弱。如果党的基层组织都成了所谓"业余党"、"地下党"，党的基层工作都实行"兼职化"、"业余化"，那么党的领导作用就会架空，党的路线和政策就不能在基层落实。企业实行厂长负责制，机关实行行政领导负责制，决不是意味着要削弱基层党组织的政治核心作用，放弃对思想政治工作的领导。

第三，必须坚持党的政治、思想、组织领导的统一的原则。共产党是政治组织。党的领导主要是政治领导，是路线、方针、政策的领导。这是符合马克思主义原理和我党的传统提法的。政治领导是和思想领导、组织领导分不开的。我们的一切行动是以马克思主义为指导的，党必须加强对广大党员和人民群众进行马克思主义的教育，必须以马克思主义去占领思想阵地。党的正确路线、政策的制定必须以正确的思想路线为指导；党的路线、政策的贯彻执行，同样必须向党内外群众作思想教育，把人们的思想和行动统一到党的路线和政策上来。所以，思想领导是政治领导和组织领导的基础，没有思想教育和思想领导，就不可能有正确的政治领导。党的组织领导是政治领导的保证。党的路线和政策，要靠各级党组织和党的干部去贯彻落实，靠党富有成效地组织工作和群众工作。否则，就会落空。作为执政党来说，党管干部的原则必须坚持；当然管理的体制和方法应当随着情况的变化，不断地加以改进。

第四，必须充分发挥共产党员的先锋模范作用。共产党员的模范作用和表率作用，从来都是实现党的领导的重要因素。这对于执政党来说，具有更加重要的意义。但长期以来，我们没有把发挥党员的作用强调出来、突出出来，放松了对党员的教育和管理。因此，必须把党员队伍的建设放在重要位置，各级党组织既要对党员提出严格要求，又要教育启发他们的自觉性，推动他们发挥共产党员的应有作用。

（三）党在领导工作中发生的失误或党自身存在的某些问题，决不能成为怀疑、否定党的领导的理由

社会主义事业是人类历史上崭新的事业，需要我们自己在实践中进

① 《毛泽东选集》第1卷，人民出版社1991年版，第65—66页。

行创造性地探索。在我们这样一个经济文化比较落后、人口众多的大国里，在极其复杂的国际国内环境中建设社会主义，必然面临许多的矛盾和困难，任务是极其繁重、艰巨的。由于各种主客观的原因，从总体上说，党在领导工作中发生这样那样的失误是难以完全避免的。从辩证唯物主义的观点来看，任何政党和个人在革命实践中要完全不犯错误是做不到的，问题在于对错误所抱的态度。一个党是否具有力量和生命力，不在于它犯不犯错误，而在于这些错误是什么性质，在于它能否正确对待错误和改正错误。列宁说得好："一个政党对自己的错误所抱的态度，就是衡量这个党是否郑重，是否真正履行它对本阶级和劳动群众所负义务的一个最重要最可靠的尺度。"① 我们党正是这样一个郑重的马克思主义政党。几十年来，我们党尽管犯过不少的错误，但党一旦发现和认识错误，就能充分正视、公开揭露自己的错误，并依靠党自身的力量努力加以纠正，尽量减少和弥补失误造成的损失。包括对毛泽东晚年所犯的错误，我们党也毫不掩饰地进行公开的严肃的批评，作出了实事求是的、经得起历史检验的结论。我们党在纠正错误中所表现出来的决心、勇气和自我批评精神，以及对国家、对民族、对人民高度负责的精神，正是区别于其他任何政党的显著标志之一。我们党不仅在实际工作中注意纠正自己的错误，而且善于从中总结和吸取历史的经验教训，从而在思想上得到提高，在理论上得到新的武装。历史的经验教训成为继续前进的宝贵财富。极少数坚持资产阶级自由化立场的人，不是同党和人民一起共同总结经验教训，纠正错误，而是站在党和人民的对立面，任意夸大党的失误，竭力否定党和人民集体奋斗的成果，否定党为纠正自己的失误作出的种种努力，其目的就是要否定、推翻中国共产党的领导。邓小平指出：在这场风波中，口号比较集中的是反腐败。当然，这个口号是他们的一个陪衬，其目的是用反腐败来蛊惑人心。一定要把党内外广大群众对清除腐败的正当要求，同极少数别有用心的人以"反腐败"为名反对党、反对社会主义的言行区别开来。近年来，我们党内确实存在着相当严重的消极腐败现象，特别是某些领导干部以权谋私、为政不廉的行为，已经引起群众的不满。因此，为了加强党的领导，提高党在群众中的威信，增强党的凝聚力和战斗力，就必须惩治腐败、加强廉政

① 《列宁选集》第4卷，人民出版社1972年版，第213页。

建设。这是党的建设中迫切需要解决的一个重大问题。我们党内尽管存在着某些腐败现象和在工作中出现某些失误，但从总体来说，党的主流和本质是好的，健康力量是占主导地位的。中国共产党是一个好党，有自己的特点和优势。我们这个党是用马克思列宁主义和毛泽东思想武装起来的；是经过长期战争锻炼和各种艰难困苦考验的，有一批坚强骨干的党；是牢牢掌握着一支忠于祖国、忠于人民、忠于社会主义、有强大战斗力的军队的党；是全心全意为人民服务，同群众保持密切联系的党；是在一个拥有11亿人口的大国中执政，40年来努力发展经济，特别是近10年来，以经济建设为中心，坚持四项基本原则，坚持改革开放，为国家的发展和人民生活的改善，做出了巨大成就的党；是在同帝国主义和各种机会主义斗争中取得丰富经验的党。十一届三中全会以来，我们党恢复和发扬了理论联系实际、密切联系群众、批评与自我批评的优良作风。党的路线和政策，代表了广大人民群众的最大利益，推动了社会生产力的发展。绝大多数党组织和共产党员能够忠诚积极地执行党的路线和政策，在各自的岗位上发挥先锋模范作用，影响和带领群众完成各项工作任务。特别是在保卫祖国、抢险救灾，以及人民生命财产遭受损失的关键时刻，广大党员挺身而出，无私奉献，显示出共产党员的政治本色。可以毫不夸张地说，中国社会的脊梁和民族的精英，绝大多数在我们党内。真正不合格的党员和腐败分子是极少数。

还应当看到，党内的腐败现象不是我们党固有的本质属性。我们党的性质和宗旨决定了党是反对腐败的，无论是在过去或现在我们党从来都是同党内的不正之风、腐败现象作不懈的斗争的。因此，把我们党说得一无是处，把我们的干部看成是无官不贪，是没有根据的、错误的。在新的历史条件下，对党内腐败现象产生的原因要作具体的分析，改革开放和发展商品经济的新情况，一切向钱看的思想容易滋长，坚持资产阶级自由化的人，不仅传播资产阶级的政治观点，而且宣扬资产阶级的腐朽思想和生活方式；历史上的封建特权思想在党内和社会生活中还有广泛的影响。从政策和制度上看，与发展商品经济相适应的法制不够健全，政策、制度还不完善、不配套，监督也还缺少有效的机制。因此，我们反对腐败现象既要有紧迫感，又要准备作长期不懈的斗争。

浅谈制度和法制建设在党和国家政权建设中的地位

（1990 年 5 月）

没有规矩，不成方圆。治理一个国家，一个党，必须按照马克思主义的国家学说和党的学说，从政治上、思想上、组织上确定和实施系统的、配套的路线、方针、政策和原则，而靠制度和法律规范党内政治生活和社会生活，使党和国家有序地开展活动，是不可缺少的重要方面。这是因为制度和法律规范人们行为的普遍性、平等性、严肃性和强制性，是其他治党治国的措施所无法取代的；还因为制度和法律是贯穿于并保证其他治党治国措施的。在执政的条件下，加强党内的制度建设和国家的法制建设，是邓小平建设有中国特色社会主义理论的重要组成部分，对于党的建设和国家政权建设具有重要的意义。

一、邓小平把制度和法制建设提到关系党和国家命运的高度

新中国成立以后，党处于执掌全国政权的地位，肩负着领导整个国家和社会生活的重任，党的中心任务由夺取政权转变为社会主义经济建

设，由通过革命战争摧毁旧政权、旧法统转变为社会主义民主政治建设和法制建设。执政党的地位和新的形势、任务，客观上把党内的制度建设和国家的法制建设的任务突出出来了，并势必把这种建设推到一个新的阶段。1956 年，邓小平在八大关于修改党章的报告中针对执政地位和状况指出："党必须经常注意进行反对主观主义、官僚主义和宗派主义的斗争，经常警戒脱离实际和脱离群众的危险。为此，党除了应该加强对于党员的思想教育之外，更重要的还在于从各方面加强党的领导作用，并且从国家制度和党的制度上作出适当的规定，以便对于党的组织和党员实行严格的监督。"① 1957 年 4 月，他在《共产党要接受监督》一文中，明确指出了党组织和共产党员要接受来自三个方面的监督，即：一是党的监督。二是群众的监督。三是民主党派和无党派民主人士的监督。而有效的监督是以有明确的制度和法规为依据和前提的。没有制度和法规，监督就没有根据和统一的标准。因此，邓小平说："毛主席最近特别强调要有一套章程，就是为了监督。"② 1963 年 2 月 6 日，他在七千人大会上的讲话中还强调我们党的一套健全的党的生活制度，是我们的一个优良传统。并明确指出：党内的生活制度，就是我们的党规党法。这些话，是邓小平在"文化大革命"前、五六十年代讲的，说明他根据执政党的特点和党面临的新问题，已经把制度建设放在党的建设的重要位置。

挫折和教训往往比成功的经验对事物认识的更加深刻。从 50 年代后期起，我们党在指导思想上发生了失误，一直导致长达十年的"文化大革命"，给党和国家带来重大损失。其中一个重要教训就是制度和法制遭到破坏。在党内民主集中制的制度受到削弱、以至破坏；在社会上竟然陷入"无法无天"的境地。"文化大革命"以后，邓小平深刻地总结了这一沉痛教训，突出地把党的制度建设放在带全局性、根本性的地位，把国家的民主政治建设和法制建设作为社会主义现代化建设的根本任务和目标之一，提到全党、全国人民面前。1978 年 12 月 13 日，他在十一届三中全会召开前的中央工作会议上的讲话中指出："为了保障人民民主，必须加强法制。必须使民主制度化、法律化，使这种制度和

① 《邓小平文选》第 1 卷，人民出版社 1994 年版，第 215 页。
② 《邓小平文选》第 1 卷，人民出版社 1994 年版，第 270 页。

法律不因领导人的改变而改变，不因领导人的看法和注意力的改变而改变。现在的问题是法律很不完备，很多法律还没有制定出来。往往把领导人说的话当成‘法’，不赞成领导人说的话就叫做‘违法’，领导人的话改变了，‘法’也就跟着改变。”所以，应该集中力量制定法律。加强检察机关和司法机关，“做到有法可依，有法必依，执法必严，违法必究”。国家和企业，企业和企业，企业和个人等之间的关系，也要用法律的形式来确定；它们之间的矛盾，也有不少要通过法律来解决①。他还说：“国要有国法，党要有党规党法。党章是最根本的党规党法。没有党规党法，国法就很难保障。”② 1980 年 8 月 18 日，邓小平在中央政治局扩大会议上发表了一篇《党和国家领导制度改革》的重要讲话。这是指导我国政治体制改革的一篇纲领性文献。这篇讲话把制度问题提到极端重要的地位。他说：“我们过去发生的各种错误，固然与某些领导人的思想、作风有关，但是组织制度、工作制度方面的问题更重要。这些方面的制度好可以使坏人无法任意横行，制度不好可以使好人无法充分做好事，甚至会走向反面……不是说个人没有责任，而是说领导制度、组织制度问题更带有根本性、全局性、稳定性和长期性。这种制度问题，关系到党和国家是否改变颜色，必须引起全党的高度重视。”③ 党的十三大，根据邓小平关于制度建设的思想，提出新时期党的建设应当走出一条不靠政治运动，而靠改革和制度建设的新路子。因此，在执政的条件下，加强制度和法制建设，是治党治国的一个不可缺少的基本条件，也是邓小平对党的建设和国家政权建设的一个新贡献。

二、制度和法律是治党治国最有力的武器

依靠制度和法律治党治国，就是反对人治，反对任意性，使党内政治生活和社会生活按照一定的规范有序地进行，这是现代文明的一个重要标志。

---

① 《邓小平文选》第 2 卷，人民出版社 1994 年版，第 146—147 页。

② 《邓小平文选》第 2 卷，人民出版社 1994 年版，第 147 页。

③ 《邓小平文选》第 2 卷，人民出版社 1994 年版，第 333 页。

（一）制度和法律是最便利最有效的治党治国措施

制度和法律是党的建设和国家政权建设成熟经验的总结和概括。它具有普遍的约束力和强制性的特点。它对党内每个成员、对社会每个公民都毫无例外地普遍适用，必须遵守；违背了制度和法律，都要受到批评教育、监督，以至于纪律和法律的追究。所以，用制度和法律来规范和控制人们的行为，包括社会行为和经济活动行为，这是最方便、最有效的党内管理、社会管理和经济管理的办法，从而从根本上改变领导人的意见就是“法”和主观随意性的状况，使我们的党和国家逐步走上以制度治党、以法治国的道路。当然，社会生活是多样的、复杂的，并不是某一个措施、哪怕是带有根本性的措施就能够解决纷繁复杂的社会生活中的一切问题，正如教育是重要的，但不是万能的一样，制度和法律是重要的，但也不是万能的。有了制度和法律，还要靠人去遵守、去执行，这就要提高人们的自觉性，就要有包括思想教育在内的其他措施相配套。

（二）制度和法律是党的思想建设、组织建设、作风建设和国家的民主政治建设及其他各方面建设的保证，并且贯穿于所有这些建设之中

一般说来，一种好的治党治国的思想、好的方案和原则，以及根本的经济制度、政治制度，只有把它化为具体的制度和法律，才便于操作，易于监督检查，能够真正落到实处。比如，思想建设，必须有一定的学习制度、教育制度、以批评与自我批评为主要内容的党内民主生活制度，以及党内监督制度等。没有这些制度作保证，思想建设就是一句口号，难以落实。在组织建设中，贯彻执行民主集中制要有一整套的制度和规范；干部队伍建设需要有干部的选拔、任用、培养、管理、考核、监督等一套机制和制度；党员队伍建设也要靠一套教育和管理的制度。在党风和廉政建设中更需要一套严格的制度和法规。比如，在党内已经和正在制定的领导干部收入申报制度、馈赠礼品的登记制度、离职前的审计制度，廉政准则、监督条例等，国家将制定惩治贪污、贿赂等方面的法规等，对干部的行政行为作出提倡性、限制性和惩处性的明确规定。在国家的民主政治建设中也必须有制度和法规做保障。民主，没有制度和法律的保障就会流于形式。可见，制度和法制建设，是党和国家政治生活及其他方面建设的保证，并贯穿于这些建设之中的。

（三）制度和法律体现了所有党员和公民的平等原则，它本身就是对人治和特权现象的否定

党章和宪法都规定在法律面前人人平等，在纪律面前人人平等的原则。并明确指出，共产党员不得谋求在法律和制度规定以外的任何特权，党应当在宪法和法律范围内活动，法律和制度对所有共产党员和全体公民都是一视同仁的、平等的。不论你职位的高低和职务的大小，或革命经历的长短，都要受到法律和制度的约束，违反了法律和制度都要无例外地受到追究。所以，严格地按照法律和制度办事，就可以避免和制止各种以权代法、以权弄法的特权现象，便于调整党内和群众中的各种关系和矛盾，理顺干群关系、党群关系，理顺群众情绪，保持安定团结的局面。至于领导干部由于工作的需要，在生活待遇上予以一定的照顾，比如住房、用车、配秘书等，这不能视为特权，但这也必须按制度执行，不能超出制度规定，更不能延伸到制度规定以外的人员。

（四）执政党加强制度和法制建设比执政以前具有更加特殊重要的意义

这种特殊的重要性，由以下这些因素决定：其一，从工作任务和工作所涉及的范围来说，执政以前，总的说工作任务比较单一；执政以后，任务和情况就复杂多了，它涉及到党、政、军、民、工、农、商、学；政治、经济、文化、内政、外交工作，以及群众的生活从生、老、病、死等等。所有这些繁重复杂的工作任务，如果没有各方面的制度和法律加以规范，那整个社会生活就很难协调一致的、有序地运作。其二，从党内和干部队伍的思想状况来说，由于执政后同执政前比较党的任务和所处的环境、条件不同了，人们的思想状况也会发生新的变化。在战争年代，个人的追求和革命的目标在内容上和形式是完全一致的，为了摆脱剥削和压迫，自觉地参加革命、参加党，那时参加革命、入党意味着自觉地吃苦甚至流血牺牲，领导干部也没有多少待遇。因此，党的主张、革命理论和党所实行的方针、政策人们就容易接受，教育的效果也显著。执政以后，尽管个人的追求和革命的目标也是一致的，但情况变化了，参加工作、当干部有劳动就业的成分，对少数人来说，入党的动机也包含着改变个人地位的成分；特别在和平建设时期，人们的利益追求多元化了，就业的门路更加广阔了，今天我不干这个，还可以干那个，这个地方不愿干了，还可以换个地方。这同在残酷的战争条件下，你不参加革命战争，就等于脱离革命的情况是完全不同了。在这种情况下，不以制度和法律去规范和控制人们的行为是根本不行的。这说明执政党加强制度和法制建设势在必行。其三，从保证正确行使权力方面来说，各级各类干部只能行使他职责范围内的权力，绝没有不受制约的无限的权力。制度和法律规范和控制人们的行为，实质是规范和控制人们的权力和权利。任何干部行使权力只能在与他的职务相应的制度和法律范围内活动，而不能超越这个范围。可见，制度和法律是领导干部行使自己职权的尺度和范围。正是在这个意义上说，我们必须实行法治，反对人治。

（五）当我们谈到制度和法制建设的时候，必须涉及到监督问题

因为有效的监督，是保证制度和法律实施的有力武器。它包括党内监督、群众监督、民主党派的监督、舆论监督、法律监督、执纪执法机关的专门监督等。既有自上而下的监督，更有自下而上的监督。监督的重点应当是领导机关和领导干部，核心是监督对权力的运用。要在党内生活和社会生活中努力造成这样一种风气：没有超越于党纪之外的特殊党员，没有超越于政纪之外的特殊干部，没有超越于法律之外的特殊公民。

加强监督，完善监督机制，是当今党和国家政权建设中的一个重大课题，需要专门进行研究。

邓小平的建党思想是新时期党的建设指针

（1990 年 10 月）

邓小平的建党思想是毛泽东建党理论体系的重要组成部分。邓小平历来高度重视党的建设，无论在民主革命时期，还是在社会主义革命和建设时期，他对党的建设问题都有许多精辟的论述，特别是十一届三中全会以来，针对林彪、“四人帮”反对、损害毛泽东建党思想，他强调必须完整地准确地理解毛泽东的建党学说，恢复毛泽东建党学说的本来面目，从而坚持和捍卫了毛泽东建党学说。同时，面对改革开放的新形势和党的现状，邓小平不仅为党的思想路线、政治路线和组织路线的确定作出了重大的贡献，而且明确提出了新的历史条件下党的建设的指导思想、目标和一系列方针、原则，极大地丰富和发展了毛泽东建党思想，为新时期党的建设指明了方向。

邓小平的建党思想的内容十分丰富，本文仅就其中的几个问题谈点学习心得。

一、建设一个什么样的党的问题是党的建设的首要问题

1980 年初，邓小平在谈到十二大党章修改草案时指出：“修改党章

是要进一步明确党在四个现代化建设中的地位和作用。执政党应该是一个什么样的党，执政党的党员应该怎样才合格，党怎样才叫善于领导?"[①] 这就抓住了新时期党的建设的根本问题。因为建设一个什么样的党的问题是马克思主义党的学说首先要解决的问题，它决定着党的路线、方针、政策和全部活动的基本出发点，决定着党的自身建设的方向和目标；也决定着党能否实现领导作用的问题。

邓小平根据马克思主义党的学说的基本原理和我们党面临的新任务，明确提出了新时期党的建设的任务和目标。

（一）坚持党的工人阶级先锋队的性质

党的性质问题是马克思主义党的学说的根本问题，是建设一个什么样的党需要回答的首要问题。

无产阶级革命导师在建党的活动中始终为建设一个马克思主义武装的工人阶级先锋队而斗争。马克思、恩格斯在为无产阶级政党制定的第一个周详的理论和实践的党纲——《共产党宣言》中指出：共产党没有任何同整个无产阶级利益不同的利益。它坚持整个无产阶级的不分民族的共同利益，并在各个革命发展阶段上始终代表整个运动的利益。它在实践上是各国工人政党中最坚决的、始终推动运动前进的部分；在理论上最了解无产阶级运动的条件、进程和一般结果[②]。这就是说，共产党必须是工人阶级的先锋队。列宁在建立俄国新型无产阶级政党的实践中，明确提出无产阶级政党应当是由马克思主义理论武装的，有严密组织的工人阶级的先进部队，并同俄国经济派和孟什维克的组织涣散、把党同一般工人群众混同起来，降低党的水平的建党主张进行了坚决的斗争。中国共产党从成立之时起始终按照工人阶级先锋队的要求全面地建设党。毛泽东明确提出要“建设一个全国范围的，广大群众性的、思想上政治上组织上完全巩固的布尔什维克化的中国共产党”[③] 的任务。这样的党，必须是按照马克思列宁主义的革命理论和革命风格建立起来的，并善于把马克思主义的普遍原理同中国革命实践相结合的党，是能

① 《邓小平论党的建设》，人民出版社1990年版，第124页。

② 《马克思恩格斯选集》第1卷，人民出版社1972年版，第264页。

③ 《毛泽东著作选读》上册，人民出版社1986年版，第305页。

够胜任地领导人民进行阶级斗争，武装夺取政权的党。

在社会主义现代化建设和改革开放条件下，邓小平始终把坚持党的工人阶级先锋队性质作为党的建设的根本问题。他在谈到党的领导的时候总是同党的性质联系起来。他指出："我们这个党是马列主义，毛泽东思想的党，是领导社会主义事业、领导无产阶级专政的核心力量，是无产阶级的，有社会主义和共产主义觉悟的，有革命纪律的先进队伍"①。又说："在中国这样的大国，要把几亿人口的思想和力量统一起来建设社会主义，没有一个由具有高度觉悟性、纪律性和自我牺牲精神的党员组成的能够真正代表和团结人民群众的党。没有这样一个党的统一领导，是不可能设想的，那就只会四分五裂，一事无成"②。不坚持工人阶级先锋队的性质，就无法实现党的领导作用。

为了坚持党的工人阶级先锋队性质，必须加强党的自身建设。邓小平立足于坚持和改善党的领导，保持党的先进性，对在改革开放条件下如何加强党的建设，有一套完整系统的论述。

加强党的思想建设是党的建设的基础。邓小平首先解决了党的思想路线问题，他说："不解决思想路线问题；不解放思想，正确的政治路线就制定不出来，制定了也贯彻不下去。"③ 思想路线是确定政治路线的基础，是思想建设的首要问题。同时，邓小平还针对国际国内面临着复杂的形势和改革开放中出现的大量的新情况、新问题，强调必须用马克思主义武装党员和干部。他号召全党特别是各级领导干部要学习马克思主义。只有掌握和熟悉马克思主义的基本理论，才能加强我们工作中的原则性、系统性、预见性和创造性。此外，邓小平多次指出，加强党的思想建设，还必须加强党的思想政治工作和精神文明建设，克服官僚主义、主观主义和以权谋私等错误倾向。

组织路线和组织建设是贯彻执行党的政治路线的保证。1979 年 7 月，邓小平指出，党的思想路线和政治路线已经确定了，现在需要解决的是组织路线问题，这就要从组织上建设党。在组织建设上，对于发扬党内民主、健全党的民主集中制和严格党的纪律，对于加强党员

---

① 《邓小平论党的建设》，人民出版社 1990 年版，第 112 页。

② 《邓小平论党的建设》，人民出版社 1990 年版，第 161 页。

③ 《邓小平文选（1975—1982 年）》，人民出版社 1983 年版，第 176 页。

队伍建设和干部队伍建设，对于加强领导班子建设和培养选拔接班人等，邓小平都有系统地论述。他指出："民主集中制是社会主义制度的一个不可分的组成部分。在社会主义制度下，个人利益要服从集体利益，局部利益要服从整体利益，暂时利益要服从长远利益，或者叫做小局服从大局，小道理服从大道理。"① 把个人利益和集体利益，局部利益和整体利益，暂时利益和长远利益统一起来。在党内生活中，既要发扬民主，反对个人专断；又要实行集中统一领导，加强党的纪律。应当把"民主和集中，民主和法制，民主和纪律、民主和党的领导结合起来"。② 他强调指出："各级组织、每个党员都要按照党章的规定，一切行动服从上级组织的决定，尤其是必须同党中央保持政治上的一致。这一点在现在特别重要。谁要违反这一点，谁就要受到党的纪律的处分。"③ 在组织建设上，邓小平根据党面临的任务和干部队伍的状况，把培养接班人的问题放在突出的位置，他说："解决组织路线问题，最大的问题，也是最难、最迫切的问题，是选好接班人。"④ 并提出了领导班子和干部队伍建设的方针和原则。同时，要加强党员队伍建设，解决一部分党员不合格的问题，还要改善党的领导制度和干部制度。

党风问题是党的面貌的反映，它表现在党内生活的各个方面。邓小平高度重视在新形势下党风建设问题，他完全赞成陈云提出的执政党的党风问题有关党的生死存亡问题的科学论断。他指出："如果不坚决搞好党风，进一步恢复党的实事求是、群众路线和艰苦奋斗的优良传统，就可能出现一些本来可以避免的大大小小的乱子，使我们的现代化建设在刚刚迈出第一步的时候就遇到严重的障碍。"⑤ 又说："风气如果坏下去，经济搞成功又有什么意义？会在另一方面变质，反过来影响整个经济变质，发展下去会形成贪污、盗窃、贿赂横行的世界。"⑥ 要是到了

---

① 《邓小平论党的建设》，人民出版社1990年版，第61—62页。

② 《邓小平论党的建设》，人民出版社1990年版，第61—62页。

③ 《邓小平文选（1975—1982年）》，人民出版社1983年版，第326页。

④ 《邓小平论党的建设》，人民出版社1990年版，第66页。

⑤ 《邓小平文选（1975—1982年）》，人民出版社1983年版，第148页。

⑥ 邓小平：《建设有中国特色的社会主义（增订本）》，人民出版社1987年版，第131页。

那个程度，还不亡党亡国？党是整个社会的表率，党的各级领导同志又是全党的表率。端正党风，是端正社会风气的关键。因此，要搞好党风，首先要求各级领导干部以身作则。为此，邓小平于1979年11月初在中央党、政、军机关副部长以上干部会上，专门作了题为《高级干部要带头发扬党的优良传统》的报告，要求各级干部特别是高级干部要以身作则，并明确指出："为了整顿党风，搞好民风，先要从我们高级干部整起。"只要高级干部带头，事情就好办了。此外，要搞好党风，还必须加强党风党纪的教育，要有群众的监督和制度的保证，对违反纪律的人要严格执行纪律、绝不能姑息迁就。

在思想上、组织上、作风上建设党的同时，把制度建设放在党的建设的重要位置，是邓小平建党思想的一个重要贡献。他指出："国要有国法，党要有党规党法。……没有党规党法，国法就很难保障。"[①]"我们过去发生的各种错误，固然与某些领导人的思想、作风有关，但是组织制度，工作制度方面的问题更重要。这些方面的制度好可以使坏人无法任意横行，制度不好可以使好人无法充分做好事，甚至会走向反面。"这"不是说个人没有责任，而是说领导制度、组织制度问题更带有根本性、全局性、稳定性和长期性。这种制度问题，关系到党和国家是否改变颜色，必须引起全党的高度重视"。[②]这是邓小平深刻总结党的建设的历史经验和依据新时期党的建设的需要提出来的，它对于我国的政治体制改革，对于改革和完善党的领导制度及党的自身建设的改革，具有重大的指导意义。党的建设是一项系统工程。由于过去我们对于制度建设重视不够，突出地把这个问题强调出来是非常正确的。当然也不能由此忽视和否定其他方面建设的地位和作用。制度可以规范人的行动，但执行制度还要靠人，靠人的思想作基础。有了制度，不能得到遵守和执行也是常有的事。

邓小平正是根据新的情况和我们党的现状，强调从思想上、组织上、作风上、制度上全面地建设党，并为党的各方面建设提出了一系列的方针、原则和政策。只要认真地落实邓小平的上述建党思想，就能保持我们党的工人阶级先锋队的性质。

---

① 《邓小平论党的建设》，人民出版社1990年版，第39页。

② 《邓小平论党的建设》，人民出版社1990年版，第150—151页。

（二）把党建设成为领导全国各族人民建设中国特色社会主义的坚强核心

这是从党的领导作用的角度回答建设一个什么样的党的问题。党的建设必须密切联系党的政治路线，保证党的政治路线的贯彻执行，而不能脱离党的路线孤立地进行。这是毛泽东建党思想的一个重要原则。十一届三中全会以来，邓小平反复强调全党全国人民必须集中一切精力搞现代化建设。“我们党在现阶段的政治路线，概括地说，就是一心一意地搞四个现代化。”① 党的建设为了适应现代化建设的需要，十二大、十三大都提出新时期党的建设的任务，就是把党建设成为领导社会主义现代化建设的坚强核心，建设成为一个善于领导四化建设和改革大业的党，保证党的基本路线的贯彻执行。邓小平指出：“要把经济建设当作中心。离开了经济建设这个中心，就有丧失物质基础的危险。其他一切任务都要服从这个中心，围绕这个中心，决不能干扰它，冲击它。”②党的建设也不例外。这样，就把党的性质和党所要实现的任务联系起来。就是说，要把党建设成为这样一个“坚强核心”，必须坚持党的性质，保持党的先进性，否则，就不能成为核心。而党的先进性也只有在贯彻执行党的政治路线中才得以坚持、体现和检验；如果党不能成为社会主义现代化建设的坚强核心，那就不能保持党的先进性。因此，加强党的建设，坚持党的性质，必须贯穿在执行党的政治路线之中。这是因为：首先，党的政治路线为全党全国人民指明了在一定历史阶段的奋斗目标，是全党在思想上政治上一致的共同基础。党的建设和党的全部工作，只有保证党的路线的贯彻执行，才能统一全党全国人民的意志和行动，把各方面的力量集中到一个共同的目标上来，推动社会的前进。其次，党的政治路线是建立在科学的基础上的，它是工人阶级和广大人民群众的意志和根本利益的体现。党的建设只有紧密联系党的政治路线进行，并组织、发动全党全国人民为实现党的路线而奋斗，才能实现一定历史阶段革命和建设的任务，给人民群众带来切身的政治和经济利益，从而得到群众的信任、拥护和支持；而党赢得群众的信任和支持，正是党的先进性和党的建设成功的体现，也是党能够实现领导的重要条件。

① 《邓小平论党的建设》，人民出版社 1990 年版，第 124 页。

② 《邓小平论党的建设》，人民出版社 1990 年版，第 93 页。

再次，党的政治路线决定党的组织路线和组织建设。无论是干部队伍和党员队伍的建设，或者领导体制的改革，组织形式的改变和组织机构的设置与调整，都要适应政治路线的需要，从有利于贯彻执行政治路线出发，从而保证党在组织上的巩固和行动上的一致，保证党的正确有效地领导。所以，在任何时候党的建设都不能脱离党的中心任务和政治路线，而必须把两者紧密结合起来。

在新的历史时期，党的建设必须同党的基本路线密切联系起来，就是要按照党的基本路线的要求来进行党的自身建设的一切工作，决不能违背和偏离基本路线，就是要在贯彻执行党的基本路线中进行党的建设，决不能离开基本路线孤立地建设党；就是要用执行党的基本路线的实际效果来检验党的建设的好坏。并在实现党的基本路线中坚持从思想上、组织纪律上、作风上、制度上从严治党。这样，才能保持党的工人阶级先锋队的性质，把党建设成为领导人民建设中国特色社会主义的坚强核心。

二、坚持和改善党的领导是建设中国特色社会主义的关键问题

坚持和改善党的领导问题，从十一届三中全会以来，是邓小平讲得最多的一个问题。为什么把这个问题放在极端重要的地位？有三个出发点：其一，党的领导关系到社会主义的命运。其二，党内外有一种动摇和否定党的领导的思潮，资产阶级自由化的实质就是反对党的领导。其三，党面临的新的形势和任务及党目前的领导状况和组织状况，要求改善党的领导。不改善党的领导，就不能坚持党的领导。

（一）党的领导是社会主义现代化建设的根本保证

邓小平指出：“我们要在中国实现四个现代化，必须在思想政治上坚持四项基本原则。这是实现四个现代化的根本前提。”① 而四个坚持的核心是党的领导。

社会主义事业是共产党领导的事业。社会主义和党的领导是分不开

① 《邓小平论党的建设》，人民出版社 1990 年版，第 48 页。

的。邓小平指出：社会主义道路和共产党的领导，这两点是相互联系的，是一个问题。没有共产党的领导，就没有社会主义道路。在新的历史时期，为了实现社会主义现代化建设的宏伟目标，正确地执行改革开放政策，把我国建设成为富强、民主、文明的社会主义现代化国家，坚持党的领导是最重要的政治保证。如果说，在民主革命阶段，没有共产党，就没有新中国；那么，在今天同样可以说，没有共产党，就没有社会主义的现代化事业。

现代化建设和改革开放，是一项崭新而艰巨、复杂的事业。既没有前人的经验可以借鉴，又没有现存的模式可以搬用。必须依靠党的创造性的活动，在改革和建设的实践中，不断总结经验，探索前进。因此，只有坚持党的领导，才能保证现代化建设和改革开放的社会主义方向；才能正确认识中国的国情和社会主义社会发展规律，建设有中国特色的社会主义；才能调动广大群众的积极性，组成浩浩荡荡的社会主义建设大军；才能巩固和发展安定团结的政治局面和社会环境。邓小平指出："中国由共产党领导，中国的社会主义现代化建设事业由共产党领导，这个原则是不能动摇的；动摇了中国就要倒退到分裂和混乱，就不可能实现现代化。"① "从根本上说，没有党的领导，就没有现代中国的一切。"②

要不要党的领导问题，是国际共产主义运动和党内外长期争论和斗争的一个问题。在今天的国际国内复杂的形势下，这种争论和斗争表现得尤为突出。我们和国内外敌对势力斗争的一个焦点，就是要不要坚持社会主义国家共产党的执政地位问题。共产党如果丧失了领导地位，丢掉了政权，那么，历史就要倒退，人民群众奋斗了几十年的社会主义事业就要毁于一旦。所以，能不能坚持党的领导，是关系到党和国家的前途和命运的问题。

（二）坚持党的领导，必须改善党的领导

坚持党的领导和改善党的领导，是辩证统一的过程。坚持共产党在国家和社会政治生活中的领导地位，是一条不可动摇的政治原则。这是

① 《邓小平论党的建设》，人民出版社 1990 年版，第 114—115 页。

② 《邓小平论党的建设》，人民出版社 1990 年版，第 113 页。

由无产阶级革命事业发展的客观需要和党自身的先进性决定的。而党要肩负起领导无产阶级实现自己的历史使命的重任，正确地发挥自己的领导作用，党本身必须随着历史的发展，形势和任务的变化，不断加强自身建设，不断改革、完善和改进自己的领导体制，组织形式和活动方式，以适应新的情况的需要。中国共产党在长期的革命斗争中，正是由于坚持并不断改善自己的领导，才使自己得到巩固、发展和成熟，才领导中国的革命和建设事业取得了历史性的胜利。在新的形势和任务面前，只有不断改善党的领导，才能坚持和加强党的领导。邓小平指出："为了坚持党的领导，必须努力改善党的领导。"① 只有"不断地改善领导：才能加强领导"②。邓小平深刻总结党的历史经验和立足于党的现状提出的一个富有远见的指导方针。改善党的领导，是我国政治体制改革的一项重要内容，又是完成各项建设和改革事业的重要保证。

改善党的领导，就是要改进我们党自身同社会主义现代化建设和改革开放不相适应的状况。邓小平指出："我们要改善党的领导，除了改善党的组织状况以外，还要改善党的领导状况，改善党的领导制度。"③这其中既包括党自身的建设和改革，又包括改善党的思想领导、政治领导、组织领导，包括领导方式、领导方法、领导制度的改进和完善，以及干部队伍政治业务素质的提高。它涉及党的建设和党的领导的各个方面。这里最主要的是：第一，要加强党的自身建设，保持党的先进性。坚持和加强党的领导，归根到底靠我们党自身的先进性和领导的正确有效。这就要求我们党坚持马克思主义的基本原理，并善于把它同本国的实际情况结合起来，保证党的决策的制定和执行的正确；要求全党在思想上、政治上、行动上的一致，有严密的组织和严明的纪律，有健全的制度和优良的作风，以及各级干部和广大党员的表率作用和先锋模范作用。第二，要健全党内民主，完善党的民主集中制。民主集中制是党的根本组织原则。只有坚持这一原则，才能实现和保持党在思想上的统一、政治上的决策正确，组织上的坚强巩固，党才有力量。党内生活的正常，党的决策的正确，党的领导集体智慧的发挥，全体党员积极性的调动，都有

---

① 《邓小平论党的建设》，人民出版社 1990 年版，第 115 页。

② 《邓小平论党的建设》，人民出版社 1990 年版，第 116 页。

③ 《邓小平论党的建设》，人民出版社 1990 年版，第 116—117 页。

赖于党内民主的发展，有赖于党的民主集中制的健全和严格执行。如果削弱以至取消民主集中制，结果必然为党内的各种派别活动开绿灯，造成思想、政治、组织上的严重混乱和涣散，以致在国内外敌对势力进攻面前丧失战斗力。第三，要正确处理党与国家政权和其他非党组织的关系。支持和领导人民当家作主，实行党政职能分开，改革党和国家的领导制度。第四，党必须在宪法和法律范围内活动。党组织和共产党员要带头遵守国家的宪法和法律，绝不允许超越于宪法和法律的范围。这是在执政党的条件下，改善党的领导，正确发挥党在国家生活中的领导作用的重要原则。

（三）改善党的领导是为了加强党的领导，而不是削弱党的领导

改革是社会主义制度的自我完善和发展；改善党的领导是为了更好地坚持和加强党的领导。因此，无论是党政职能分开也好，或是改革领导体制，改变权力过分集中的问题也好，都是为了进一步解决我们党如何执政和如何领导的问题，而绝不是为了削弱党的领导。邓小平明确指出："改革党和国家的领导制度，不是要削弱党的领导，涣散党的纪律，而正是为了坚持和加强党的领导，坚持和加强党的纪律。"[①] 他还说，我们的经济体制改革、权力下放，也是有领导、有秩序地进行的，不能搞无政府主义，不能搞资产阶级自由化。要强化执政意识，提高执政本领，巩固党的执政地位。

三、保证党和国家领导权掌握在忠于马克思主义的人手里是党的建设的核心问题

党的领导，主要是通过各级领导班子来实现的。革命和建设事业能不能取得胜利，除了有一条正确的政治路线以外，取决于有没有一个好的领导班子。因此，党的建设的核心问题就是要保证各级领导权掌握在忠于马克思主义的人手里。

（一）接班人的问题是决定党和国家命运的战略问题

革命的根本问题是政权问题。无产阶级还处在被压迫、被剥削的地

① 《邓小平论党的建设》，人民出版社1990年版，第161页。

位时，要通过革命斗争夺取政权。无产阶级取得政权以后，就要巩固政权，坚持把党和国家的领导权掌握在忠于马克思主义的人手里。实现共产主义的社会制度是一项伟大而艰巨的工程，需要许多代人持续不断地艰苦奋斗。这就需要培养和选拔革命事业的接班人，把无产阶级革命事业一代一代地传下去。毛泽东早在 1964 年就说过：为了保证我们的党和国家不改变颜色，我们不仅需要正确的路线和政策，而且需要培养和造就千百万无产阶级革命事业的接班人……这是关系我们党和国家命运的生死存亡的极其重大的问题。这是无产阶级革命事业的百年大计，千年大计，万年大计。但是，由于当时指导思想上的失误，特别是发生了“文化大革命”，没有能够解决这个问题。在新的历史时期，由于“文化大革命”贻误了 10 年，干部队伍年龄老化、青黄不接的状况更加突出；由于粉碎“四人帮”不久，干部队伍中的政治、思想、组织状况仍很复杂。因此，加强领导班子建设，特别是培养和选拔接班人的问题，已经成为一件刻不容缓的大事。邓小平高瞻远瞩，深谋远虑，把这个具有重大战略意义的、关系到党和国家命运的问题突出地提到了全党的面前，并为解决这个问题提出了一系列正确的方针和措施。他指出：“政治路线确立了，要由人来具体地贯彻执行。由什么样的人来执行，是由赞成党的政治路线的人，还是由不赞成的人，或者是由持中间态度的人来执行，结果不一样。这就提出了一个要什么人来接班的问题。”① 他又说，搞现代化建设有许多困难，有许多重要工作要做，但最重要的是选好接班人。“这是个战略问题，是决定我们命运的问题。现在，解决这个问题已经是十分迫切了，再过三五年，如果我们不解决这个问题，要来二次灾难。”②“十年后不晓得会出什么事。要忧国、忧民，忧党啊！要看到这是个带根本性的问题。”③“现在我们国家面临的一个严重问题，不是四个现代化的路线、方针对不对，而是缺少一大批实现这个路线、方针的人才。”④ 所以，从根本上说，接班人的问题，就是十一届三中全会以来的路线能不能畅通无阻地贯彻执行的问题，就是老一辈无产阶级

① 《邓小平论党的建设》，人民出版社 1990 年版，第 66 页。
② 《邓小平论党的建设》，人民出版社 1990 年版，第 183 页。
③ 《邓小平论党的建设》，人民出版社 1990 年版，第 79 页。
④ 《邓小平论党的建设》，人民出版社 1990 年版，第 77 页。

革命家所开创的革命事业是不是后继有人的问题，就是能不能巩固政权、坚持党的执政地位问题，就是能不能保持党的马克思主义路线连续性和国家的长治久安的问题，就是我们的子孙后代能不能沿着马克思主义的正确道路继续前进的问题。

（二）关键在于确保各级领导班子由忠于马克思主义的人组成

按照革命化、年轻化、知识化、专业化的要求选拔和任用干部，是邓小平在新的历史条件下对我党德才兼备的干部政策和任人唯贤的干部路线的具体化和发展。干部队伍建设的这四个方面是缺一不可的；但是，又不是平行的。革命化是前提。革命化的实质，在于保证党和国家的各级领导权真正掌握在政治上可靠的同志手里。革命化就是政治标准，就是德，干部四化，首先是革命化。邓小平指出："提出年轻化、知识化、专业化这三个条件，当然首先是要革命化。"① 他还说："选干部，标准有好多条，主要是两条，一条是拥护三中全会的政治路线和思想路线，一条是讲党性，不搞派性。"② "所谓德，最主要的，就是坚持社会主义道路和党的领导。在这个前提下，干部队伍要年轻化、知识化、专业化，并且要把对于这种干部的提拔使用制度化。"③ 干部的德或政治标准，可以包括诸多方面，但最核心的是根本政治立场和政治态度。在现阶段，就是坚决拥护和贯彻党的基本路线，坚持四项基本原则和改革开放这两个基本点，为发展生产力作出贡献。江泽民于1990年6月12日在全国党校校长会议上，根据新的情况对干部的政治素质作了五方面的具体概括：第一，具有履行职责所需要的马克思主义理论功底，懂得中国国情，注意理论联系实际，努力坚持马列主义、毛泽东思想。第二，坚定地站稳无产阶级立场；正确贯彻执行党的基本路线，自觉坚持四项基本原则和改革开放，反对资产阶级自由化，经得起执政、改革开放以及反"和平演变"的考验，在错综复杂的国际国内形势下不迷失方向。第三，坚定不移地沿着建设有中国特色的社会主义道路前进，有开创新局面的信心和决心，有为实现党中央提出的战略目标而百

---

① 《邓小平文选（1975—1982年）》，人民出版社1983年版，第320页。

② 《邓小平论党的建设》，人民出版社1990年版，第67页。

③ 《邓小平论党的建设》，人民出版社1990年版，第142页。

折不挠地奋斗的勇气和能力。第四，全心全意为人民服务，密切联系群众，走群众路线，发扬党的艰苦奋斗的优良传统。第五，贯彻民主集中制原则，胸襟开阔，有全局观念，善于团结同志，特别是能够团结有不同意见的同志一道工作，有领导和组织才能。只要我们按照这五条基本要求来选拔和培养各级领导干部，我们就可以确保党和国家的各级领导权牢牢掌握在立场坚定、党性强、作风好、忠于马克思主义的人手里。我们就能在任何情况下，始终坚持共产党的领导，坚持社会主义道路，保持政局的稳定和国民经济的持续发展，实现建设有中国特色的社会主义的宏伟目标。

干部队伍的四化是一个不可分割的整体，是德和才、红和专的有机统一。强调干部队伍特别是领导班子的革命化，并不是说可以忽视干部必须年富力强和具有真才实学。人的生命是有限的，从生到死这是不可抗拒的自然规律。因此，干部的更新和交替，就像生物肌体的细胞新陈代谢一样，是一个自然发展的过程。正如邓小平所说，老同志精力毕竟不行了，这是自然规律，没有办法。中青年干部年富力强，精力充沛，朝气蓬勃，要选拔年轻的同志到各级领导岗位上来。现代化建设必须有大批有知识、懂专业、会管理的人才才能成功。邓小平指出："只靠坚持社会主义道路，没有真才实学，还是不能实现现代化。无论在什么岗位上，都要有一定的专业知识和专业能力"①，"现在我们的干部是不是多，像我们这么大的国家，各行各业，一千八百万干部，就绝对数字来说，并不算多。问题是干部构成不合理，缺乏专业知识、专业能力的干部太多，具有专业知识，专业能力的干部太少。""今后的干部选择，特别要重视专业知识。我们长期都没有重视，现在再不特别重视，就不可能进行现代化建设。"② 因此，要提高干部队伍素质，造就千百万革命事业接班人，就必须在坚持革命化的同时，坚持干部的年轻化，知识化、专业化。这样，才能保证现代化建设和改革开放事业沿着健康的轨道顺利前进，保证党和国家的领导权掌握在忠于马克思主义的人手里。

---

① 《邓小平论党的建设》，人民出版社 1990 年版，第 107 页。

② 《邓小平论党的建设》，人民出版社 1990 年版，第 108—109 页。

谈谈党内监督问题

（1991 年 12 月）

党内监督问题是执政党建设的一个重要问题。特别是在改革开放和发展社会主义市场经济条件下，搞好党内监督对于端正党风、遏制腐败，保证党的路线、政策的顺利贯彻执行，具有更加重要的意义，并且引起党内党外的高度重视和关注，成为当前党的建设中的一个重点和热点问题。

共产党要接受监督，共产党员特别是党员领导干部要接受监督，从理论上说，并不是一个新问题。马克思、恩格斯在建党初期，就提出自上而下、自下而上的监督问题。列宁在十月革命以后高度重视党内监督，并对监督的体制和方式进行了积极的探索。邓小平早在 1957 年就专门论述了党内监督问题。在新的历史时期，他反复强调共产党员和党员干部要有群众监督的制度，尤其要有专门机构进行铁面无私的监督检查。问题在于在无产阶级政党掌权以后实行一党领导的条件下（这同资产阶级的两党制、多党制而实行的在野党和执政党之间的互相牵制不同，也与它们的三权分立的政治结构互相牵制不同）如何依靠自身的力量实现有效的监督。这个问题迄今为止在社会主义国家中却没有真正解决，也是我们党的建设中的一个难点问题。

改革开放以来，经过 10 多年来的实践和探索，在我们党内取得了一个重要的共识，就是党内监督最根本的任务就是制约权力的滥用和非法的扩张，以便使公共权力的运用在制度和法律的范围内运作。这就是说，第一，受监督的内容是很多的，但其核心的内容是对权力的制约。第二，监督的途径和手段是多种多样的，但最根本的是以权力制约权力，无权的监督是无效的监督。第三，受监督的对象是很广泛的，有自上而下、自下而上的监督，有党员和党员之间、领导者和领导者之间的相互监督，但监督的重点是领导机关和领导干部，强调自下而上的监督。第四，监督的形式是多方面的，但最根本的是要构建一个赋予监督主体以足够权力的体制和体系。可见，监督的核心是制约权力的滥用，监督的重点对象是手中握有权力的人。这就是所谓监督难、难监督的症结所在。

实践证明，就监督论监督，是很难有所进展和突破的。我认为，关键是要把它与发展民主和制度建设联系起来，把它与提高领导干部的素质联系起来。

一、发展党内民主是实现监督的基本条件

1945 年 7 月，毛泽东在回答黄炎培就中共能否跳出“人亡政息”的历史周期率的提问时指出：我们已经找到新路，我们能够跳出周期率。这条新路就是民主。只有让人民来监督政府，政府才不敢松懈。只有人人起来负责，才不会人亡政息。毛泽东这段精辟论述对于加强党内监督，乃至整个执政党建设和政权建设都有深远的指导意义。监督是同民主联系在一起的，在党内和社会政治生活中如果没有民主，而是高度集权、个人专断，那就失去了监督的前提，根本谈不上有真正的监督。所以，要搞好监督，就要发扬党内民主和人民民主，使党员和人民群众敢于并有积极性来监督领导机关和领导干部。

民主是无产阶级政党和社会主义国家政权的根本性质所决定的，它是专制和独裁的对立物。党内民主的本质就是由党员决定党内的重大问题和管理党内事务。列宁指出：“党内的一切事务由一律平等的全体党员直接或者通过代表来处理。”① 党员是党的主人，是党的决策的主体。

① 《列宁全集》第 11 卷，人民出版社 1959 年版，第 418 页。

所以，只有发扬党内民主，才能增强党的活力和发挥全党的积极性和主动性，才能保证党的决策的制定和执行的正确，才能为党内监督提供一个良好的民主环境，促进党内民主生活的正常化。也只有发扬党内民主，才能推进和促进社会主义民主政治建设。

民主的程度是同社会的经济文化发展和人们的道德状况相联系并受其制约的。根据我国的国情和党内状况，发展党内民主，为监督创造一个良好氛围，需要积极推进以下几方面的工作：首先，要增强党员的民主意识。中国是一个封建专制统治时间很长而又缺乏民主传统的国家。在社会上以至在党内民主意识、平等观念和民主生活的锻炼不足，而等级观念、特权思想和家长制作风等仍有广泛的市场。有的人不知道自己应享有的民主权利，也不知道怎样行使自己应有的权利，不懂得用法律武器维护自己的权利；而另外一些人肆意践踏别人的民主权利，则往往得不到应有的谴责和法纪的追究。因此，我们应当花大力气提高党员的平等意识、参与意识和监督意识，珍惜自己的民主权利意识和以法维护自己正当权利的意识。其次，要切实保障包括监督权利在内的党员民主权利。党员民主权利是以党章和党内其他法规形式确认党员在党内应享有的权利和利益。它是党内民主的基础，是党员在党内主人地位的体现。尊重和保障党员民主权利的目的在于使每个党员都能关心、参与党内事务，发挥党员的积极性、主动性，保证党的事业的发展。为此，一方面，要教育党员自觉地去争取和维护自己的民主权利；另一方面，党组织要尊重并采取有效措施保障党员的民主权利，比如，切实落实党员权利保障条例，疏通和拓宽党内民主渠道，对侵犯党员民主权利的组织和个人应给以严肃的制止和处理，等等。再次，要在决策和任用干部这两个关键问题上进一步推进党内民主。出主意、用干部是领导者的基本职能，也是党内民主建设的重点问题。说到底，所谓党员和人民当家作主，最核心的问题，一个是决策问题，另一个是干部使用问题。决策的过程，是民主和集中的过程，也是从群众中来到群众中去的过程。领导机关的决策坚持发扬民主，走群众路线，这既是我们党和国家的根本性质所决定，又是使决策正确或比较正确的可靠保证。决定问题由个人说了算的做法，是违背历史唯物主义的。所以，在决策中必须建立一套民主的程序和科学的方法。

人民是国家的主人，干部是人民的公仆。邓小平指出，选拔干部要注意社会公论，要是人民公认的。干部选拔、使用、评价都要发扬民主，走群众路线，党管干部的原则和群众选择干部是统一的，不矛盾的。党是代表人民、服务于人民的。党管干部原则体现执政党的特点，更是体现人民的意志。人民群众通过直接和间接的途径来选择为自己办事的干部并受到群众的监督，这是天经地义的。因此，党管干部原则的实质是党保证人民群众选择符合自己的意志和利益的干部为自己服务。所谓"党管干部的方式要改进"，往哪儿改进？根本的是往发扬民主、群众公认的方向去改进。

二、健全党内制度是实现监督的前提和基础

1980年8月，邓小平在《党和国家领导制度的改革》的重要文献中，在总结我党执政以后历史经验的基础上，特别强调党的制度建设的极端重要性。他说："我们过去发生的各种错误，固然与某些领导人的思想、作风有关，但是组织制度、工作制度方面的问题更重要。""领导制度、组织制度问题更带有根本性、全局性、稳定性和长期性。这种制度问题，关系到党和国家是否改变颜色，必须引起全党的高度重视。"① 而制度和法制则是民主监督的前提和依据，否则，监督既没有依据，又没有对监督者的保障措施。所以，毛泽东说："有一套章程，就是为了监督。"② 反过来说，监督是为了保证制度和法制的贯彻执行。这就是制度和监督二者互为条件的关系。

党内制度是党内生活的行为规范。它起到调节党内关系，指导党内生活，规范领导行为，制约职权范围的作用，使党内生活和活动有章可循，按一定的程序进行。党内制度是贯穿于党的领导和党的建设的各个方面，并是实现党的领导和党的建设在制度上和组织上的保证。也就是说，党的思想建设、组织建设、作风建设等都要有一定的制度作保证，党的领导也要有领导制度、组织制度、干部制度作保证。有了好的制度，党的建设和党的领导就具体化、规范化了，并易于落实。所以，在新的历史条件下，必须进一步健全和完善民主集中制和集体领导制度，

① 《邓小平文选》第2卷，人民出版社1994年版，第333页。

② 转引自《邓小平文选》第1卷，人民出版社1994年版，第270页。

党的代表大会制度，党内选举制度，保障党员民主权利制度，拓宽民主渠道制度，民主生活制度，以及党内监督制度等等。党内有一套完备的制度，才为监督提供了切实的根据，才真正解决了监督什么，凭什么监督，如何保障监督者的民主权利等问题。没有制度和法制作前提，讲监督只是空谈，是无法落实的。

三、提高领导干部素质是实现监督的内在要求

任何规章制度和法律都要有人去贯彻执行的。人的因素具有决定的意义。邓小平在谈到组织路线和政治路线的关系时曾指出："政治路线确立了，要由人来具体地贯彻执行。由什么样的人来执行，是由赞成党的政治路线的人，还是由不赞成的人，或者是由持中间态度的人来执行，结果不一样。"① 制度和法制最好最完备，如果人不去自觉地执行、自觉地接受监督，那就会落空，就会毫无意义。领导干部是监督的重点，能不能解决好监督问题，说到底，是能不能把领导干部监督住。所以，要搞好监督，必须提高领导干部素质，强调领导干部要自觉接受监督。为此，对领导干部来说，除了不断提高党和国家规定的思想上、政治上、组织上、业务上的素质外，还必须注意以下几点：第一，要毫无例外地照章办事，确立制度和法制的观念，把自己的活动和行为纳入到制度和法律的范围之内。依法治国方针的核心是要求领导干部依法行政、依法办事，防止和纠正以权代法，以言代法的人治现象。要使我国走上制度化、法制化的轨道，首先要求领导干部做到有法必依，照章办事。第二，要有民主的、平等的观念，防止和纠正高人一等的特权观念。领导干部只有放下架子，把自己作为人民群众的一员，民主地、平等地对待下属和群众，这样，别人才敢于监督，自己也才有接受别人监督的自觉性。相反，如果盛气凌人、官气十足自恃特殊，自己既没有接受别人监督的愿望，别人也不敢监督。第三，要有自以为非的观念，防止和纠正一贯正确、真理在自己手里的思想。有不足、有缺点、有错误才有监督，如果一切皆是、始终正确，那就无需监督。客观情况是，人的认识和客观实际不可能是完全一致的，更不要说人们在主观意识上还

① 《邓小平文选》第2卷，人民出版社1994年版，第191页。

存在这样那样的问题，因此，世界上没有一贯正确的人。领导干部手中握有权力，可以使人服从，但不一定领导干部手中总是握有真理，也难免有缺点、错误。因为权力不可能给人带来聪明才干。所以，作为领导干部来说，切莫自以为是、自以为比别人高明，而应当谦虚谨慎，常常以自以为非鞭策自己，应当诚心诚意地接受来自群众和下属的批评监督。

牢牢把握新时期党的建设的前进目标

（1996 年 10 月）

邓小平新时期的建党思想，是邓小平建设有中国特色社会主义理论的重要组成部分，它不仅坚持和继承了毛泽东建党思想，而且根据新的形势和任务，成功地解决了改革开放和现代化建设中党的建设的新问题，进一步丰富和发展了毛泽东建党思想。邓小平建党思想的内容十分丰富，这里仅围绕新时期党的建设的前进目标谈两点体会。

一、新时期党的建设的主题

在新的历史时期，要加强党的建设和改善党的领导，需要解决一系列面临的新问题。首要的是明确党的建设的前进目标和指导思想，即在新的历史条件下要把我们党建设成为一个什么样的党的问题。1980 年初，邓小平在谈到十二大修改党章草案时提出：“修改党章是要进一步明确党在四个现代化建设中的地位和作用。执政党应该是一个什么样的党，执政党的党员应该怎样才合格，党怎样才叫善于领导？”① 这就抓住了执政党建设的根本问题。只有正确地解决了这个问题，党的各个方面建设才有所遵循、才有正确的方向，新时期党的建设才能走上正确的轨道。

邓小平根据马克思主义党的学说基本原理和我们党面临的新的实际，在 1983 年党的十二届三中全会上明确提出了新时期党的建设的任务和目标。他指出，在新的历史时期，要“把我们党建设成为有战斗力的马克思主义政党，成为领导全国人民进行社会主义物质文明和精神文明建设的坚强核心。”② 这里，邓小平把党的建设同党的中心任务和政治路线联系起来，同党的工人阶级先锋队的性质联系起来，完整、准确地回答了新时期要把我们党建设成为一个什么样的党的问题。与此同时，党中央文件也多次指出：必须围绕党的基本路线加强党的建设，把党建设成为领导全国人民建设有中国特色社会主义的坚强核心。特别是党的十四届四中全会决定，更加明确、具体地规定了新时期党的建设的目标及其内容，即把党建设成为建设有中国特色社会主义理论武装起来、全心全意为人民服务、思想上政治上组织上完全巩固、能够经受住各种风险、始终走在时代前列的马克思主义政党。把这个目标和实现这个目标所必须进行的思想、组织、作风等建设作为一项新的伟大工程。这就是党中央、邓小平确定的新时期党的建设根本任务和前进目标，也是新时期党的建设的主题。它决定和贯穿党的各个方面的建设。

新的历史时期的建党目标包含着深刻的涵义，我们只有正确地理解和把握它的精神实质和基本内容，才能全面、准确地指导新时期党的建设。

（一）这个建党目标是坚持党的先进性和把党建设成为领导建设有中国特色社会主义坚强核心两者辩证的统一

它包含着两个不可分割的基本内容：一个是把党建设成为马克思主义的政党；另一个是把党建设成为领导建设有中国特色社会主义坚强核心。这两者是相辅相成、互为条件的。党的性质是党的固有属性，而党

---

① 《邓小平文选》第 2 卷，人民出版社 1994 年版，第 276 页。
② 《邓小平文选》第 3 卷，人民出版社 1993 年版，第 39 页。

的先进性又同党所要实现的任务相联系，也就是说，党的先进性是在实现党的任务中得以锤炼和体现的。在今天，就是在正确地贯彻执行党的基本路线中、为实现建设有中国特色社会主义的宏伟目标的过程中得以坚持、体现和检验的。只有把党建设成为领导人民建设有中国特色社会主义的坚强核心，使党站在解决社会主义运动面临的历史性课题的最前列，才真正代表人民利益，成为名符其实的工人阶级先锋队。因此，把党建设成为一个"坚强核心"赋予了党的性质以新的时代内容，是新时期党的先进性的具体体现。党的先进性是寓于"坚强核心"之中的，如果不能成为领导建设有中国特色的社会主义的坚强核心，也就谈不上党的先进性。同时，坚持党的先进性，又是把党建设成为建设有中国特色社会主义的坚强核心的前提和保证。如果不按照工人阶级先锋队性质的要求全面建设党，就不能成为一个坚强的领导核心。因此，新时期党的建设目标，必须包括这两个基本内容，并且要把它辩证地统一起来。

坚持党的先进性，对于党的巩固和发展，对于坚持党的执政地位和领导作用，具有特别重要的现实性和针对性。这是因为：马克思主义关于党的性质的理论，是马克思主义党的学说的核心内容，是建设一个什么样的党的最根本、最重要的问题。它揭示了无产阶级政党的本质特征，决定和影响着党的自身建设的各个方面，决定和影响着党的领导地位和领导作用。不重视从坚持党的性质的高度去建设党，这种"党建"工作是没有任何意义的。无产阶级革命导师在建党理论和建党实践中始终把建设一个马克思主义理论武装的工人阶级先锋队放在头等重要的地位。《共产党宣言》第二章开宗明义地阐明了党的性质，分析了共产党和一般工人政党的共性和特殊性，强调了共产党在实践方面和理论方面比一般工人政党的优势。列宁在建设俄国新型无产阶级政党的实践中，为坚持党的先进性，同俄国经济派和孟什维克的组织涣散、把党同一般工人群众混同起来、降低党的水平的建党主张进行了坚决的斗争。以毛泽东为代表的中国共产党人，在中国这样一个特殊的社会历史环境下，为保持党的先进性和纯洁性，同各种非无产阶级思想进行了长期的斗争。邓小平针对新的实际和党的现状，突出地强调要把我们党建设成为有战斗力的马克思主义政党。他在谈到党的建设时，总是把党的领导、党所要实现的任务同党的性质联系起来。他指出："在中国这样的大国，要把几亿人口的思想和力量统一起来建设社会主义，没有一个由具有高度觉悟性、纪律性和自我牺牲精神的党员组成的能够真正代表和团结人民群众的党，没有这样一个党的统一领导，是不可能设想的，那就只会四分五裂，一事无成。”① 坚持党的性质是党的各个方面建设的出发点，也是实现党的领导的保证。这是其一。其二，一个时期以来，国际上社会民主主义思潮盛行，原来社会主义国家的一部分领导人放弃了马克思主义旗帜，竭力把马克思主义的党变为社会民主党，从而导致党变质、国变色，丢掉了执政地位。苏联、东欧一些社会主义国家的演变，正是首先从改变党的性质开始的。党的性质变了，党的指导思想、党的奋斗目标、党的宗旨、党的组织原则，以及党的路线和政策都随着发生了变化。国际上一部分执政的共产党蜕变的教训及其影响，必须引起我们高度的重视和警惕。其三，在国内，由于实行了改革开放的政策，由于阶级关系和经济结构的变化，由于世界发生了新技术革命，有的人否定工人阶级是先进生产力的代表，否定工人阶级是国家的领导阶级，否定工人阶级在社会生活中的主人翁地位，从而动摇和否定党的阶级基础；有的人有意无意地淡化党的观念和执政意识，甚至鼓吹意识形态多元化和非政治化，存在着不讲政治的倾向；有的人不重视坚持社会主义和共产党赖以生存的物质基础和阶级基础的社会主义公有制的主体地位；有的人强调个人本位，宣扬个人主义和拜金主义，贬低集体主义，忘记了共产党人的世界观、人生观和价值观。所有这些观点，都是降低党的水平，削弱党的领导，从根本上影响和危及我们党的性质的。尽管这是极少数人的看法，但我们绝不可熟视无睹。因此，坚持党的性质，始终是加强党的建设的根本出发点。

（二）这个建党目标是把党建设成为领导物质文明建设和精神文明建设的坚强核心的辩证统一

就是说，这个建党目标要把我们党建设成为建设有中国特色社会主义的坚强核心，其内涵是两个文明建设的坚强核心，而不是一个文明建设的坚强核心。十一届三中全会以后，党摒弃了以阶级斗争为纲的错误指导思想，实现了党的工作重心转移。邓小平反复强调全党全国人民必

---

① 《邓小平文选》第2卷，人民出版社1994年版，第341—342页。

须集中一切精力搞现代化建设，把经济建设搞上去。一心一意搞四个现代化就是我们党在现阶段的政治路线。“离开了经济建设这个中心，就有丧失物质基础的危险。其他一切任务都要服从这个中心，围绕这个中心，决不能干扰它，冲击它。”① 所以，坚持以经济建设为中心，努力把物质文明建设搞上去，是我们坚定不移的方针，任何时候都要扭住不放。但不要忘记，我们是共产党领导的社会主义国家。我们的现代化是社会主义的现代化。社会主义现代化的物质文明建设必须符合人民的利益和目的。因此，不能孤立地进行物质文明建设，而必须与社会主义精神文明建设互相配合、互相促进。实践证明，物质文明为精神文明的发展提供物质条件和实践经验，精神文明又为物质文明的发展提供精神动力和智力支持。没有社会主义精神文明，社会主义现代化的方向和动力就没有保证，物质文明建设也搞不上去。邓小平提出：“我们现在搞两个文明建设，一是物质文明，一是精神文明。”② 他说：“在社会主义国家，一个真正的马克思主义政党在执政以后，一定要致力于发展生产力，并在这个基础上逐步提高人民的生活水平。这就是建设物质文明。……与此同时，还要建设社会主义的精神文明，最根本的是要使广大人民有共产主义的理想，有道德，有文化，守纪律。”③ 这是建设有中国特色社会主义的两项根本任务。党既要坚定不移地领导物质文明建设，又要坚定不移地领导精神文明建设，把我们党建设成为“领导人民进行社会主义物质文明和精神文明建设的坚强核心”。但是，在实践中，有的同志有意无意地把两个文明建设割裂开来，把物质文明建设看成是硬任务，把精神文明建设看成是软任务，甚至只讲物质文明建设、忽视精神文明建设。这不仅不利于全面建设社会主义现代化国家，而且偏离了党的建设的方向和目标。邓小平多次指出：不加强精神文明建设，物质文明的建设也要受破坏，走弯路。他说：“经济建设这一手我们搞得相当有成绩，形势喜人，这是我们国家的成功。但风气如果坏下去，经济搞成功又有什么意义？会在另一方面变质，反过来影响整个经济变质，

---

① 《邓小平文选》第2卷，人民出版社1994年版，第250页。
② 《邓小平文选》第3卷，人民出版社1993年版，第156页。
③ 《邓小平文选》第3卷，人民出版社1993年版，第28页。

发展下去会形成贪污、盗窃、贿赂横行的世界。”① 江泽民也强调指出：“必须把社会主义精神文明建设提到更加突出的地位。要把物质文明建设和精神文明建设作为统一的奋斗目标，始终不渝地坚持两手抓，两手都要硬。任何情况下，都不能以牺牲精神文明为代价去换取经济的一时发展。”所以，越是集中力量发展经济，越是加快改革开放的步伐，越要大力加强社会主义精神文明建设。只有坚持两手抓、两手都要硬，把物质文明和精神文明都搞好，我们的国家才是有中国特色的社会主义，我们的党才是名符其实的建设有中国特色社会主义的坚强核心。

（三）实现这个建党目标是同贯彻党的基本路线紧密联系的

就是说，党的建设要贯穿在贯彻执行党的基本路线的实践中，要按照党的基本路线的要求来建设党。这是新时期党的建设的指导思想。党的建设必须密切联系党的政治路线，保证党的政治路线的贯彻执行，这是我们党的建设的一条基本原则。无论过去和现在都不能违背这条基本原则，违背了这条原则，党的建设就失去了明确的方向，革命事业就要受挫折。党在社会主义初级阶段的基本路线就是党在现阶段的政治路线。新时期党的建设必须围绕党的基本路线进行，这主要是因为：党的基本路线集中反映了现阶段建设有中国特色社会主义的本质和规律，体现了全国各族人民的意志和愿望，它规定了党在现阶段的奋斗目标和实现这个目标的正确途径，是全党全国各族人民在思想上政治上一致的共同基础。党的基本路线是现阶段广大人民群众根本利益的体现。为实现党的基本路线而奋斗，就是为人民的利益而奋斗。围绕党的基本路线建设党，就有效地把党的领导的目标和党为人民服务的宗旨统一起来，给人民带来切身利益，从而得到群众的信任、拥护和支持。人民的拥护和支持是党的先进性和正确有效的领导的具体体现。党的基本路线还决定党的组织路线和组织建设。无论是干部队伍和党员队伍的建设，或者领导体制的改革、组织形式的改变和组织机构的设置与调整，都要适应基本路线的需要，从而保证党的组织上的巩固和行动上的一致，保证党的战斗力。改革开放以来，我们党正是按照一个中心、两个基本点的要求，从思想上、组织上、作风上、制度上全面建设党，才保证了党的工

---

① 《邓小平文选》第3卷，人民出版社1993年版，第154页。

人阶级先锋队性质，把党建设成为领导人民建设有中国特色的社会主义的坚强核心。

二、在改革中建设党

任何一种理论、思想、观点，都是在一定条件下产生的，都带有它的时代特点和历史背景。邓小平建党思想的产生，新时期党的建设目标和指导思想的确立，都是以当今的时代和我党面临的新情况为出发点和落脚点的。

我们正处在一个伟大的社会变革时期。社会主义在改革中进一步完善和发展，领导改革的党，党自身也必须进行改革，在改革中开拓创新、并使自己充满生机和活力。党的十三大报告指出："党的自身建设也必须进行改革，以适应改革开放的新形势"，十四届四中全会决定在谈到党的基层组织建设的指导方针时也指出："必须用改革的精神研究新情况、解决新问题，运用已有的成功经验并进行革新和创造，改进基层党组织的活动内容和工作方法。"邓小平的建党思想是马克思列宁主义、毛泽东思想建党学说与当今时代和改革相结合的产物。这个思想的一个突出特点，就是贯穿改革的精神。党在自身改革中前进，马克思主义党的学说在改革中发展。在改革中建设党，是工人阶级先进政党内在的要求。共产党是推动当代社会历史前进的领导者和组织者。随着时代的前进和历史的发展，党必须为自己不断提出变革社会的新任务和新目标，肩负起历史赋予的责任。共产党自身也必须通过不断的改革使自己得到进一步的完善和发展，从而适应社会改革的需要。因此，党在改造世界、改造社会的实践中，自身也必须进行改革，这是马克思主义建党学说的一条重要规律。

在改革中建设党，是国际国内党的建设经验教训的科学总结。中国共产党以及原苏联和其他社会主义国家的共产党，根据马克思主义建党学说和本国的实际情况，在党的建设方面都有自己成功的经验。但是，有长达 70 多年社会主义建设历史的苏联共产党和搞了 40 多年社会主义的东欧共产党，为什么顷刻间土崩瓦解，丢了政权、亡了党，使社会主义遭到前所未有的大挫折；为什么久经考验的中国共产党也曾发生了长达 10 年之久的"文化大革命"，这里的原因是多方面的，但邓小平认为

“关键在共产党内部”。尽管苏东的演变和我们党内出现的问题其性质和后果是不同的。苏东的失败最根本的是丢掉了马克思主义，违背了马克思主义建党学说的基本原则。但也有共同的方面，这就是在具体的领导体制、领导制度、领导方式和干部制度方面存在着种种弊病，不能适应社会主义和党自身发展的规律。这就需要通过改革兴利除弊。正如邓小平指出的：“如果不坚决改革现行制度中的弊端，过去出现过的一些严重问题今后就有可能重新出现。只有对这些弊端进行有计划、有步骤而又坚决彻底的改革，人民才会信任我们的领导，才会信任党和社会主义，我们的事业才有无限的希望。”①

在改革中建设党，是适应当前国际形势和我国改革开放、现代化建设伟大变革的需要。从国际上说，冷战结束以后，世界力量对比朝着多极化方向发展。和平和发展是当代世界的两大主题，但天下并不太平，世界上各种矛盾和斗争仍然错综复杂，以经济和科技为基础的综合国力的较量日趋激烈，国际间经济、贸易上的斗争同政治斗争交织在一起。尤其是苏东演变对我国带来的影响是深远的，西方一些主要资本主义国家对我国实行西化、分化和软硬兼施的立场和策略是不会改变的。这种世界形势的特点，对我国的内外政策和党的建设都将产生深刻影响。它要求我们既要坚持马克思主义的基本原理和社会主义道路，驾驭整个国际斗争的全局，善于应付可能产生的突发事件；又要适应新的形势，改革和完善党的领导和党的自身建设。领导全新事业的党，就要求党善于在新形势下认识自己、加强自己、提高自己，认真研究和解决在自身建设中出现的新矛盾新问题。在党的自身改革中走出一条新时期党的建设的新路子。

邓小平正是紧紧围绕历史转折时期党面临的新情况新问题，以改革的精神创造性地提出了新时期党的建设的思想。例如，要坚持把发展社会生产力作为党在社会主义历史时期的根本任务，党的建设要同党的政治任务和政治路线联系起来，强调要联系党的基本路线建设党；要坚持解放思想、实事求是的思想路线，反对僵化和思想禁锢；既要坚持党的执政地位和领导作用，又要根据新的实际努力改善党的领导；要坚持和健全民主集中制和集体领导原则，把党建设成为健全的民主集中制的

---

① 《邓小平文选》第2卷，人民出版社1994年版，第333页。

党；要按照德才兼备的原则和干部队伍建设的“四化”方针，建设一支坚持社会主义道路的、具有专业知识和领导能力的干部队伍，要选人民公认的、坚持改革开放路线的、有政绩的人进领导班子，特别是把培养、选拔接班人作为全党的一项紧迫任务；在整个改革过程中，都要加强党风和廉政建设，惩治腐败，加强监督，保持党和人民的密切联系；制度问题带有根本性、全局性、稳定性和长期性，是关系到党和国家是否改变颜色的问题，要改革党和国家的领导体制、组织制度和干部人事制度，改变权力过分集中和党政不分的状况；改变过去通过群众性的政治运动方式来建党的方法，努力探索出一条靠改革和制度建设党的新路子，等等。所有这些建党理论和党建原则，都是在总结历史经验的基础上提出的，是适应改革开放和现代化建设需要提出的。

邓小平的建党思想始终坚持了继承优良传统和改革创新、坚持和发展相统一的原则，就是说尽管形势和任务变化了，但“老祖宗不能丢”，我们党的建设的优良传统不能丢。马克思主义党的学说的基本原则必须坚持，绝不能对党的根本性质、指导思想、奋斗目标、为人民服务的宗旨、组织原则和党的领导地位等这些根本的原则有丝毫的动摇。我们所说的改革和发展，是在坚持马克思主义基本原则前提下的改革和发展，是在坚持我们党的优良传统基础上的改革和发展。任何借口改革否定马克思主义基本原则、否定党的优良传统都是错误的。

正确的政治路线要靠正确的组织路线来保证

（1996 年 11 月）

在世纪之交，整个世界和中国都将面临着深刻的变革，我国改革开放 18 年来，经济建设和社会发展取得了巨大成就。今后中国社会继续前进的路线、方针、政策已经明确，奋斗的目标和道路已经确定，就是说，大政方针已定，现在的关键是落实和具体组织实施，靠什么落实？靠谁去组织实施？那就是要依靠强有力的组织建设和组织工作，依靠一支高素质的干部队伍和培养一批跨世纪的接班人，这个任务已经十分紧迫地摆在全党面前。为此，党中央从十四大以来，突出地强调干部队伍建设问题，党的十四大提出“坚持用邓小平同志建设有中国特色社会主义的理论武装全党”，“把各级领导班子建设成为忠诚于马克思主义、坚持走中国特色社会主义道路的坚强领导集体”，这是保证党的路线的连续性和国家长治久安的根本大计。党的十四届四中全会的决定，在干部队伍建设上提出两项重大而紧迫的战略任务：一是全面提高现有领导干部的素质，把各级领导班子建设成为坚决贯彻党的基本路线、全心全意为人民服务、具有领导现代化建设能力的坚强领导集体。二是抓紧培养和选拔优秀年轻干部，努力造就大批能够跨世纪担当重任的领导人才，并且提出了高级干部应具备的五项要求。江泽民从五中全会以后，反复强调领导干部要讲政治，并把讲政治同讲学习、讲正气统一起来，他还在纪念中国共产党成立75周年的座谈会上专门发表了题为《努力建设高素质的干部队伍》的重要讲话，这个讲话，从全局和战略的高度，深刻阐述了建设一支高素质干部队伍的极端重要性，进一步明确了当前和今后一个时期干部队伍建设的指导思想、基本任务、基本要求和主要措施，为新形势下做好干部工作指明了方向，为广大干部的健康成长指明了道路，六中全会通过的关于加强社会主义精神文明建设若干重要问题的决议，着重点也在于加强领导干部的思想道德建设，所有这些重大决策，都是从组织上保证党的政治路线、目标和任务的实现。政治路线确定以后，干部就是决定的因素。

一、跨世纪的宏伟目标与高素质的干部队伍

邓小平指出："正确的政治路线要靠正确的组织路线来保证。中国的事情能不能办好，社会主义和改革开放能不能坚持，经济能不能快一点发展起来，国家能不能长治久安，从一定意义上说，关键在人。"实践证明，中国的问题关键在党。党的问题关键在领导干部；干部的问题主要取决于干部的素质。所以，要建设有中国特色社会主义，实现跨世纪的宏伟目标，必须全面提高干部队伍、特别是各级领导干部素质。

（一）建设一支高素质的干部队伍是我们党的一条基本经验

江泽民指出："七十五年来，我们有一条基本的经验，这就是：党领导的事业要取得胜利，不但必须有正确的理论和路线，还必须有一支能坚决贯彻执行党的理论和路线的高素质干部队伍。"党在长期的革命和建设实践中，高度重视干部队伍，并为此制定了一整套干部路线、干部政策和干部队伍建设的方针和原则。正是在正确的干部路线和干部政策的指引下，培养和造就了经过各个时期考验的成千上万的各级干部。1956年，针对东欧几个社会主义国家出现风波的情况，毛泽东指出："我们党有成百万有经验的干部。……有建党时期的，有北伐战争时期的，有土地革命战争时期的，有抗日战争时期的，有解放战争时期的，有全国解放以后的，……我们有在不同革命时期经过考验的这样一套干部，就可

以‘任凭风浪起，稳坐钓鱼船。’”[①] 革命和建设事业的发展，党的团结和巩固，社会的稳定和前进，取决于有一套能干的干部。十一届三中全会以后，为了保证党的思想路线、政治路线的贯彻执行，为解决当时干部队伍青黄不接的问题，以邓小平为核心的第二代领导集体，在干部队伍建设上、特别是在培养和选拔接班人上作了极大的努力，实现了干部队伍的新老交替，从而推进了现代化建设和改革开放的顺利进行，今天全国共有3831万多干部，其中机关县处级以上的干部为44.6万，包括3.6万地厅级干部，还有几千名高级干部。这是我们党的宝贵财富，只有全面提高现有干部的素质，同时按照事业的发展和时间的推移，不断培养和选拔优秀的年轻干部来接班，这样我们的事业才能兴旺发达、继往开来。概括地说，建设高素质的干部队伍对于党的事业的作用，主要是：

第一，保证正确的决策。领导就是决策，领导干部的基本职责也在于决策，决策是否正确或比较正确取决于领导干部的素质。

第二，保证党的路线、方针、政策和决议的贯彻执行。政治路线确定之后，干部就是决定的因素，能不能完整准确地理解和执行中央和上级的决议指示，能不能创造性地贯彻落实党的路线和政策，仍然取决干部队伍素质的高低。

第三，保证党同群众的密切联系。干部是人民的公仆，干部一切活动的出发点和落脚点都是为人民服务，领导干部有没有坚强的群众观点，是不是始终坚持全心全意为人民服务的宗旨，能不能保持同群众的密切联系，是鉴别他们素质高低的重要标志。也就是说，只有大力提高领导干部素质，才能保持党同群众的紧密联系。

第四，保证党内团结和党同人民群众团结的决定因素。领导班子团结了、党内团结了、人民内部团结了，就能出物质文明成果，出精神文明成果，还能出干部、出人才，而要加强党内和人民内部的团结，关键要搞好领导集体的团结和协调，要不断提高领导集体的思想政治素质。

（二）严重的问题在于教育干部

江泽民指出：“要保证我国改革和建设事业顺利发展，保证跨世纪

---

① 《毛泽东选集》第5卷，人民出版社1977年版，第327页。

宏伟目标的顺利实现，保证党和国家的长治久安，严重的问题在于教育干部。”这是根据我们党肩负的繁重任务、面临的严峻形势，以及党的现状提出的一项紧迫的任务。

第一，是坚持党的基本路线、建设有中国特色社会主义的迫切需要。

第二，是适应当代风云变幻的国际形势的迫切需要。

第三，是当前干部队伍的状况的迫切要求。

二、建设高素质干部队伍的基本要求

国家的建设和发展需要大批优秀人才，要有政治家、经济管理家、军事家、外交家，还有各行各业的专门家，一般说来，不管是哪个方面、哪个部门、哪一层次的干部，都必须符合两个基本条件：一个是政治思想条件；一个是业务条件。这两条不管在什么社会制度下都是一样的，不过其具体内容有所不同罢了，我们是共产党领导的社会主义国家，党的干部是人民的勤务员，真心实意地为人民服务是我们的唯一宗旨。党的干部的这种本质，决定了我们选拔任用领导干部必须把政治标准放在首位，要求领导干部必须具备与他们的职务相适应的政治觉悟、思想水平和道德品质。同时，还要具备与他们的职务相称的专业知识、管理能力和领导水平，这就是政治和业务的统一，红与专的统一。

对领导干部第一方面的基本要求，就是政治素质，要坚持讲政治，什么叫讲政治？这包含着丰富的内容，如果从它的本质来说，最根本的是争取、维护本阶级和广大人民群众的利益，核心是夺取和巩固政权。政党，就是讲政治的。政党政治是近代社会的普遍现象，领导干部要讲政治，这是对他们的要求的题中应有之义，我们的领导干部就是要坚定的站在工人阶级的立场上，站在党性的立场上，以争取和维护工人阶级和广大人民群众的利益为宗旨，坚持正确的政治方向和政治立场。

在新的历史条件下，党中央对领导干部的政治素质的要求是很明确的，十四届四中全会的决定讲了5条，江泽民在纪念党的75周年的讲话中也讲了5条，这两个5条的基本精神都是一致的，其中也提出了业务素质的要求，但主要是讲思想政治素质和道德方面的要求，根据两个五条的精神，归纳起来主要是：

第一，领导干部必须树立远大的共产主义理想，坚定走建设有中国特色的社会主义道路，坚决贯彻执行党在现阶段的路线、方针、政策。对一个共产党员、一个领导干部来说，理想、信念的问题，是人生动力和人生追求问题，是我们的精神支柱。所以，讲政治，首先要解决好这个问题。

第二，坚持全心全意为人民服务的宗旨，保持同人民群众的密切的联系，在实践中不断解决人生观、价值观的问题。这是一个人生目的、人生价值和为谁服务的问题，也是共产党员的精神境界和道德问题。共产党的先进性，它的品格和道德的高尚，集中到一点，就是始终坚持并实践为广大人民群众谋利益。毛泽东在《纪念白求恩》一文中，集中讲了白求恩的一个崇高精神，就是毫不利己专门利人的精神，毫无自私自利的精神，一个外国人，毫无利己的动机，把中国人民的解放事业当作他自己的事业。他说："一个人能力有大小，但只要有这点精神，就是一个高尚的人，一个纯粹的人，一个有道德的人，一个脱离了低级趣味的人，一个有益于人民的人。"在执政党的条件下，对手中掌握权力的领导干部来说，坚持党的宗旨、坚持共产党人的人生观、价值观就更加重要。

第三，努力学习马克思主义、学习建设有中国特色社会主义理论。共产党是科学社会主义与工人运动相结合的产物，没有科学社会主义武装，就没有共产党本身，马克思主义是党的理论基础和指导思想。所以，坚持以科学的理论武装干部的头脑，是建设高素质干部队伍的第一位任务，只有用马克思主义理论武装干部，才能增强和提高干部对实现党的事业的坚定性和自觉性。

第四，坚持和学会从政治上观察、分析和处理问题，要增强党的观念和组织观念。

第五，增强党性，自觉改造世界观。

对领导干部第二方面的要求，就是具备与自己职务相称的专业知识、业务能力、领导水平和敬业精神。社会主义是建立在科学的基础上的，建设社会主义的目标、任务、阶段、路线、方针、原则等等需要科学的理论作指导；社会主义的物质文明、精神文明建设，社会主义的经济、文化、教育、科技事业，以及各行业、各部门工作，都应当按固有的客观规律办事，都要有各自的理论和专业知识的指导和操作。因此，无论党政领导干部，或其他各行各业的专业干部，都应当熟悉业务，学会管理，掌握现代科学知识，如果忽视这个方面的要求，那么，思想政治方面的要求也会落空，不能实现党确定的目标和任务。

三、重要的问题在善于学习

培养、教育干部，提高领导干部的素质，有多种途径和方式，但主要的是三个方面：一是理论和专业知识的学习。二是实践的锻炼。三是党内生活的锻炼、特别是加强党内监督，学理论、学业务是其中不可或缺的基本途径和方法。

作为领导干部首要的一条是要懂得马克思主义，用马克思主义来指导自己的行动。党的纲领、党的政治主张、党的基本路线和基本政策，都是根据马克思主义的基本原理制定和提出的，只有懂得马克思主义，才能更加深刻地理解它和自觉地执行它，正如江泽民指出的。“理论上的成熟是政治上成熟的标志”，只有理论上坚定，政治上才能坚定。所以，领导干部要讲政治，最根本的是要坚持马克思主义，坚持马克思主义决不能停留在口头上。为此，一是要刻苦学习，这是前提。任何对理论缺乏兴趣，或持淡漠的态度，都是要不得的。不认真看书学习，何以谈掌握、谈应用。二是要真正学进去，就是要掌握住马克思主义的基本理论和基本观点。虽然学了，但抓不住马克思主义的精神实质，仍然昏昏然，那等于白学。三是要善于应用。毛泽东说，学习的目的全在于应用。邓小平也说，要针对新的实际学习马克思主义。要坚决反对理论脱离实际、学用不一致和言行不一的错误态度，只有用马克思主义的立场、观点、方法去认识和解决面临的实际问题，才算真正把马克思主义学到手。四是在努力学习马克思主义、毛泽东思想的同时，要着重学习建设有中国特色社会主义理论。邓小平建设有中国特色社会主义理论是当代的马克思主义，是我国社会主义现代化建设的指针，只有掌握了这个理论，才能推进我国的建设和改革大业，实现我们的宏伟目标。

在认真学习马克思主义理论的同时，还要努力钻研业务、加强实际锻炼和党内生活的锻炼。

四、积极推进以制度建设和监督为主要内容的干部制度改革

干部队伍建设的制度化、法制化，这是邓小平、陈云一再强调的一个问题，江泽民在纪念党的75周年的讲话中也指出："要抓住时机，推动干部选拔任用工作逐步走上制度化、规范化的路子。"这既是建设高素质的干部队伍的需要，也是消除在干部选拔任用上存在的弊端所必需。10多年来，我们在干部制度改革方面已经取得明显的成绩，但这件事情并没有完成，还必须与其他改革相适应、相配套，继续推进干部制度改革。

第一，要建立一套干部的选拔、任用、培养、管理、考核、监督制度和机制，我们党在长期的实践中确立和制定的干部路线、干部标准、干部政策是完全正确的，过去发挥了重大作用，今后仍将继续发挥作用。现在的问题要在这个基础上，制定更加具体的、可操作的制度，使干部工作的各个环节都有章可循，把任意性和个人意志减少到最低限度。这样，才能逐步消除讲人情、看领导脸色行事，甚至跑官要官、买官卖官等用人上的不正之风。

第二，要实行有效的监督，监督是实施制度的保证，监督包括党内监督、群众监督、民主党派的监督、舆论监督、法律监督、执纪执法机关的监督等，既有自上而下的监督，也有自下而上的监督，监督的重点应当是领导机关和领导干部，核心是监督对权力的运用。要在党内生活和社会生活中努力造成这样一种局面：没有超越党纪之外的特殊党员，没有超越政纪之外的特殊干部，没有超越法律之外的特殊公民。

以改革的精神推进党的建设新的伟大工程

（1997 年 12 月）

党的十五大报告指出，高举邓小平理论伟大旗帜，继续推进党的建设新的伟大工程。按照这个新的伟大工程的总目标，从思想上、组织上、作风上全面建设党，不断提高领导水平和执政水平，不断增强拒腐防变的能力。这就为新时期党的建设指明了正确的方向和提出了明确的要求。要实现党的建设的总目标需要全党在理论上、实践上作出极大的努力。

一、领导改革的党，党的自身建设必须改革

中国共产党是中国工人阶级的先锋队。共产党最本质的特征和最可宝贵的品格，就是为在实现自己的历史使命的伟大实践中永远开拓前进、勇于创新，开辟社会主义的新领域、新境界。党是社会主义事业的领导核心，它在领导社会主义事业和推进社会全面进步中，必须适应新的形势和新的任务的需要，不断改进和改革党的领导和党的自身建设，使自己充满生机和活力。也就是说，在改造客观世界的同时也改造自己

的主观世界，使自身不断得到提高和完善。这是党自身的巩固和成熟、党的事业的发展和成功的客观要求，是无产阶级政党建设的题中应有之义。当前我国正处在一个伟大的社会变革时期，改革是时代的主旋律，是解放和发展生产力、实现社会主义现代化的必由之路。社会主义不是一成不变的，它必须在改革中得以进一步完善和发展。领导改革的党自身必须而且首先进行改革；领导社会主义现代化的党，党自身必须实现现代化。这正是体现了十五大提出的建设一个“面向二十一世纪中国共产党”的要求。

（一）在改革中建设党，是工人阶级先进政党内在的客观要求

共产党是推进现代社会历史前进的领导者和组织者。随着时代的前进和历史的发展，党必须为自己不断提出改革社会的新任务和新目标，肩负起历史赋予的责任。而党的领导和党的自身建设也必须根据不断变化的形势和任务，来改变自己的组织形式、领导制度、领导方法和活动方式，以适应新的情况的需要。党的建设是一个动态的过程，任何时候都不能孤立地、静止地建设党，它必须与党在一定时期的政治路线和政治任务相联系，与党所处的环境相适应；党的建设的理论和优良传统也是在这种联系和适应中、在不断地解决党的建设面临的新问题中得以丰富和发展。所以，党根据新的情况和新的形势不断为自己提出新的任务和前进目标；同时，又组织和领导群众实现新的任务和目标，而党自身在新的实践中又进一步得到发展、完善和提高。这就是革命和建设事业与党自身建设前进和发展的辩证法。列宁曾经指出：“俄国历史发展的新阶段向我们提出了新的任务……必须考虑这种新的任务，寻找新的斗争形式，确定与之相适应的策略和组织形式。”① 如果形势任务变化了，党的领导和党的自身建设仍然固守原有的组织形式和活动方式，那就要落后于形势，就不能起到先锋队的领导作用。回顾我们党的历史，革命发展的每次重大转折时期，都是随着形势的变化，自觉地改善自己的领导和改进自身建设。不但有路线和政策的改变，而且在组织形式上，在党的力量的配置上，在党的领导制度和领导方式上，都有重大的改变。比如，大革命失败以后，国民党蒋介石一个巴掌把我们打了下去，大肆

---

① 《列宁全集》第16卷，人民出版社1988年版，第150页。

屠杀共产党员和革命分子。在这种严峻形势下，党的工作中心实行了战略转移，走农村包围城市的革命道路。组织形式和斗争方式也发生了变化，在农村，发动农民群众，开展武装斗争，建立红色革命根据地；在城市，则实行秘密地地下斗争。在党的组织结构和党内成分上也相应发生了变化，在农村根据地的环境下，如果继续坚持党内单纯工人成分的做法显然是不符合实际的，因此，必须吸收农民和其他小资产阶级革命分子入党，从而扩大党的队伍。在党内农民和其他小资产阶级出身成分占多数的情况下，要建设一个马克思主义的工人阶级政党是一项特别艰巨的任务，为此，党和毛泽东创造性地提出了诸如加强马克思主义教育，把思想建设放在首位，党员不仅要在组织上入党，而且要在思想上入党，强调党员要改造世界观，克服各种非无产阶级思想等一系列的建党原则和建党方针。在抗日战争时期，随着抗日民族统一战线的建立，在新中国成立以后，随着我们党成为领导全国政权的执政党，党的领导方式、活动方式和组织形式都发生了变化。没有这种改善和改进，党就不能胜任各个历史时期的领导责任。因此，党在改造世界、改造社会的实践中，自身也必须进行改造。这是自身发展、巩固和成熟的必然要求，也是马克思主义党的学说的丰富和发展的动力。社会的革命和改革同党自身的改革，两者是同步进行的。

（二）在改革中建设党，是适应改革开放和现代化建设伟大变革的迫切需要

在新的历史时期，我国社会的主要矛盾、党的任务和所处的环境，不仅和执政以前不同，就是同十一届三中全会以前也有很大的变化。正如邓小平指出的“一九七八年我们党的十一届三中全会对过去作了系统总结，提出了一系列的方针政策。中心点是从阶级斗争为纲转到以发展生产力为中心，从封闭转到开放，从固守陈规转到各方面的改革”。一句话，“我们现在干的事业是全新的事业”。新的形势和新的任务，给党的领导和党的建设提出了许多新的问题。邓小平指出，我们党的领导同社会主义现代化建设需要不相适应，因此，他向全党提出了改善党的领导的任务。他反复强调：为了坚持党的领导，必须努力改善党的领导。如果不改善党的领导，就坚持不了党的领导，提高不了党的威信，他认为，改善党的领导，除了改善党的组织状况以外，还要改善党的领导工作状况，改善党的领导制度。这就是说，改善党的领导，既包括党的领导制度、领导方式和方法，又包括党的自身建设的改革，提高党的先进性。为了使政治体制与经济体制改革和其他领域的改革配套进行，为了提高全党在上层建筑领域中的改革意识，邓小平还专门发表了《党和国家领导制度的改革》的纲领性文件，为我国的政治体制改革和党的自身建设的改革指明了方向。根据邓小平的这一思想，党的十三大报告明确指出：新时期党的一切工作，都必须保证党的基本路线的贯彻执行。党的自身建设也必须进行改革，以适应改革开放的新形势。党的十四届四中全会决定在谈到党的基层组织建设时，把必须用改革的精神研究新情况、解决新问题，运用已有的成功经验并进行革新和创造，改进基层党组织的活动内容和工作方式，作为加强党的基层组织建设的指导方针确定下来。江泽民指出，我们在全面加强党的领导的同时，也要认真改善党的领导方式和活动方式。

近 20 年来党的建设的实践表明，在改革中建设党，是贯穿于新时期党的建设的各方面的一个突出特点和基本精神，是党中央和邓小平的一贯思想。正是在这个基本精神指导下，全党对党的建设面临的新情况、新问题进行了积极有效的探索，提出了一系列新时期党的建设的理论、方针、原则和制度，推进了党的自身建设，改善了党的领导。但是，必须清醒地看到，有许多党的建设中的现实问题并没有真正解决，特别从体制上、制度上、机制上把它固定下来，便于在实践中操作，尚需作更大的努力。更何况随着改革的深化，还有许多新的情况新的问题会不断涌现。比如，在世纪之交，我们党如何领导人民实现十五大确定的纲领和任务，把建设有中国特色的社会主义伟大事业全面推向 21 世纪？社会主义现代化建设事业既包括物质文明建设，也包括精神文明建设，还包括社会主义民主政治和法制建设，如何把党建设成为两个文明建设和民主法制建设的坚强核心，保证其协调发展？在社会主义基本制度下，党如何领导建立和发展社会主义市场经济仍然是摆在全党面前的历史性新课题？以公有制为主体、多种经济成分共同发展作为我国的基本经济制度，那么，随着多种所有制经济的进一步发展，如何保证共产党的执政基础，如何增强工人阶级的主人翁地位？共产党是工人阶级的先锋队，当前党内成分中实际存在的一部分私营企业主，如何保持和提高党的先进性？国有企业是我国国民经济的支柱，党如何领导搞好国有企业的改革，走出困境，增强活力？在市场经济条件下，人们的价值取向发生了很大的变化，党如何以强有力的思想政治工作和有效的制约机制，引导人们首先是共产党员正确处理国家、集体和个人利益的关系，整体利益和局部利益的关系，长远利益和眼前利益的关系，识大体，顾大局，克服和纠正个人主义、地方保护主义和部门保护主义？在执政党的条件下，如何正确处理好党和政的关系，既保证共产党的坚强领导，又充分发挥行政部门的积极性、主动性，行使法律赋予的职权？如何有效的解决好领导干部正确运用人民赋予的权力，防止利用公共权力为个人和少数人谋求私利，把消极腐败现象控制到最低限度，以取信于民，等等。所有这些都要求我们进一步认识自己，加强自己，提高自己，认真研究和解决党的领导和自身建设中出现的新情况、新问题，继续以改革的精神探索党的建设的新路子、新体制和新方法。

（三）在改革中建设党，是国际国内党的建设经验教训的科学总结

中国共产党以及苏联和其他社会主义国家的共产党，根据马克思列宁主义建党学说和本国的实际情况，在党的建设方面都有自己成功的经验，但也有极为深刻的教训。苏联和东欧的共产党丢了政权，亡了党，使社会主义遇到前所未有的大挫折。中国共产党在执政以后几经曲折，特别是发生了“文化大革命”那样的全局性的错误。这里原因是多方面的，但“关键在共产党内部”。苏东党的失败的根本原因是丢掉了马克思列宁主义，放弃了社会主义，背离了马克思列宁主义建党学说的基本原理，是基本制度和方向上的倒退。我们党是在前进中、发展中犯的错误。但也有共同的方面，这就是具体的领导体制、领导制度、领导方式和干部制度方面存在严重的弊端，不能适应社会主义和党的自身发展的规律。此外，我国是一个几千年封建专制制度统治的国家，我们党是在一个半殖民地半封建的社会环境下建设和发展起来的，旧的观念、旧的传统不可避免地会影响我们党。这种弊端和旧的影响集中表现就是民主制度不健全，权力过分集中，缺乏制度和法制的规范，以权代法，监督乏力。正如邓小平指出的“我们过去发生的各种错误，固然与某些领导人的思想、作风有关，但是组织制度、工作制度方面的问题更重要。这方面的制度好可以使坏人无法任意横行，这方面的制度不好，好人也无法充分做好事，甚至会走向反面。”这就需要通过改革，兴利除弊。在

当今世界风云变幻的条件下，在当代中国改革开放和现代化建设的伟大变革中，既增加了党的自身建设改革的紧迫性，又为我们这种改革提供了极好的机遇。邓小平指出："如果不坚决改掉现行制度中的弊端，过去出现过的一些严重的问题今后就有可能重新出现。只有对这些弊端进行有计划、有步骤又坚决彻底的改革，人民才会相信我们的领导，才会相信党和社会主义，我们的事业才会有无限的希望。"

党的自身建设的改革，是党的领导和党的建设的自我完善和发展，是更有利于提高党的先进性，更有利于发挥党的领导作用。这种改革，是在坚持马克思主义党的学说的基本原理和继承党的优良传统的前提下的改革，是对那些不适应新形势、新任务需要的具体领导体制、组织制度、领导方式和活动方式的改进和改革。必须把坚持和发展马克思主义党的学说统一起来，把继承优良传统和改革创新结合起来，决不能对马克思主义关于党的根本性质、指导思想、奋斗目标、组织原则、为人民服务的宗旨、党的领导地位以及党的优良传统等这些根本的东西有丝毫的动摇。

二、把党内民主建设、制度建设和健全监督制约机制放在重要位置

党的建设是一项系统工程。要实现十五大提出的总目标、总要求，必须做多方面的工作，实行总体建设和综合治理，完整准确地贯彻马克思列宁主义、毛泽东思想、邓小平理论关于党的学说的基本原理。因此，党自身建设无论如何改革，探索什么样新的路子，都不能离开马克思主义党的学说基本原理和我们党的建设的优良传统这两个重点。在这个前提下，根据执政党的特点和党面临的新形势、新任务来加强党的建设，深化党的自身建设的改革。

1945 年 7 月，黄炎培等应中共中央邀请，访问了延安。期间，毛泽东和黄炎培有这样一段对话。黄说"我生六十多年，耳闻的不说，所亲眼看到的，真所谓'其兴也勃焉，其亡也忽焉'。一人，一家，一团体，一地方，乃至一国，不少单位，都没有跳出这周期率的支配力。大凡初时聚精会神，没有一时不用心，没有一人不卖力，也许那时艰难困苦，只有从万死中觅取一生。既而环境好转了，精神也渐渐放下了，有

的因为历史长久，自然的惰性发作，自少数演变为多数，到风气养成，虽有大力，无法扭转，并且无法补救。”“一部历史，‘政怠宦成’的也有，‘人亡政息’的也有，求荣取辱的也有。总之没有能跳出这周期率。中共诸君从过去到现在，我略略了解的了。就是希望找出一条新路，来跳出这周期率的支配。”毛泽东回答说：我们已经找到新路，我们能够跳出周期率。这条新路就是民主。只有让人民来监督政府，政府才不敢松懈。只有人人起来负责，才不会人亡政息。

1980 年 8 月，邓小平在《党和国家领导制度的改革》的重要一文中，在总结我党执政以后历史经验的基础上，特别强调党的制度建设的极端重要性。他说：“我们过去发生的各种错误，固然与某些领导人的思想、作风有关，但是组织制度、工作制度方面的问题更重要。领导制度、组织制度问题更带有根本性、全局性、稳定性和长期性。这种制度问题，关系到党和国家是否改变颜色，必须引起全党的高度重视。”而党内制度是党内监督的前提和基础，没有规章制度，监督，就没有依据。邓小平在 1957 年 4 月《共产党要接受监督》一文中就阐明了制度和监督的关系，他指出：“党要受监督，党员要受监督，八大强调了这个问题。毛主席最近特别强调要有一套章程，说是为了监督。”毛泽东、邓小平上述两段重要论述对于在执政党条件下党的建设和政权建设具有深远的指导意义。它既是执政党建设的客观要求，又反映了现代社会国家政权建设的共同规律。因此，在新的历史条件下，要继续推进党的建设，在坚持和加强党的思想政治建设、组织建设、作风建设的同时，还必须研究和解决以下三个互相关联的问题，即民主建设、制度建设、健全监督制约机制。应当把这三个问题提到党的自身建设和改革的重要位置。民主建设是无产阶级政党和社会主义国家政权的根本性质所要求，是是否真正体现共产党员在党内、人民群众在国家政治生活中当家作主的根本问题。执政党应当把逐步扩大党内民主和人民民主作为党的建设和政权建设的一个首要问题来抓。发展党内民主和人民民主必须有制度和法制的切实保障。没有制度和法制的保障去讲民主，要么只是说说而已，没有抓手，无法落实；要么走向极端民主化、无法无天。就是说，有了制度和法制，党内民主和社会主义民主才好操作，也不至于走向邪路。同时，制度和法制又是民主监督的前提和依据。否则，老讲监督、监督，凭什么监督，监督的依据是什么，对监督者有什么保障措施等等，这些问题不解决，是监督不起来的。所以有一套章程，就是为了便于监督；反过来讲，监督是为了保证制度和法制的贯彻执行。有了制度和法制不执行怎么办？那就要靠监督。这里说的监督不仅包括各种形式的批评、曝光和约束，还包括严肃地执行党纪、政纪和国法，也包括对不遵守制度和法律又不接受监督的领导干部通过一定的秩序实行弹劾和罢免。这样，才能确立制度和法律的权威，才不至于使监督乏力。

所以，在新的历史条件下，进一步抓好发扬党内民主、加强制度建设、健全监督制约机制三个互相联系、互为条件、互相促进的环节，对于推进党的建设新的伟大工程的总目标、总要求，进一步把党的思想政治建设、组织建设和作风建设落到实处，具有重大的意义。

（一）关于党内民主建设

共产党是由为实现共同理想、执行统一纪律而自愿组织起来的工人阶级先锋队组织。它本身就是民主的，是专制、独裁的对立物。党员是党的主人，是党的决策主体。党内民主的本质就是由党员决定党内的重大问题和管理党的事务[①]。党章规定："必须充分发扬党内民主。"党的十五大报告要求"进一步发扬民主"。因此，充分广泛地发扬党内民主，是执政党建设的内在要求。这是因为：党内民主，是增强党的活力和发挥全党积极性、主动性的前提；是实现党的政治领导即党的正确的决策的制定和执行的重要保证；是党和国家政治生活的防腐剂，有利于促进党内生活正常化。党内民主和社会主义民主是紧密联系的，发展党内民主，是推动和发展社会主义民主政治的切实可行的途径。民主的程度是同社会的经济文化发展和人们的道德状况相联系并受其制约的。根据我国的国情和党内状况，发展党内民主需要积极而有步骤地推进。

第一，要增强党员的民主意识。中国是一个封建专制统治很长而又缺乏民主传统的国家。在社会上以至在党内民主意识、平等观念和民主生活的锻炼不足，而等级观念、特权思想和家长制作风等仍有广泛的市场。有的人不知道自己应享有的民主权利，也不知道怎样行使自己应有的权利，不懂得用法律武器维护自己的权利；而另外一些人肆意践踏别人的民主权利，则往往得不到应有的谴责和法纪的追究。因此，我们应

---

① 参见《列宁全集》第11卷，人民出版社1959年版，第418页。

当花大力气提高党员的平等意识、参与意识，珍惜自己的民主权利意识和以法维护自己正当权利的意识。

第二，要切实保障党员的民主权利。党员民主权利是以党章和党内其他法规形式确认党员在党内应享有的权利和利益。它是党内民主的基础，是党员在党内主人地位的体现。尊重和保障党员民主权利的目的在于使每个党员都能关心、参与党内事务，发挥党员的积极性、主动性，保证党的事业的发展。为此，一方面，要教育党员自觉地去争取和维护自己的民主权利；另一方面，党组织要尊重并采取有效措施保障党员的民主权利，比如，切实落实党员权利保障条例，疏通和拓宽党内民主渠道，对侵犯党员民主权利的组织和个人应给予严肃的制止和处理等等。

第三，要在决策和任用干部这两个关键问题上进一步推进党内民主。出主意、用干部是领导者的基本职能，也是党内民主建设的重点问题。说到底，所谓党员和人民当家作主，最核心的问题，一个是决策问题，一个是干部使用问题。决策的过程，是民主和集中的过程，也是从群众中来到群众中去的过程。领导机关的决策坚持发扬民主，走群众路线，这既是我们党和国家的根本性质所决定，又是使决策正确或比较正确的可靠保证。决定问题个人说了算的做法，是违背历史唯物主义的。所以，在决策中必须建立一套民主的程序和科学的方法。人民是国家的主人，干部是人民的公仆。邓小平指出，选拔干部要注意社会公论，要是人民公认的。干部选拔、使用、评价都要发扬民主，走群众路线。党管干部的原则和群众选择干部是统一的，不矛盾的。党是代表人民、服务于人民的，党管干部原则体现执政党的特点，更是体现人民的意志。人民群众通过直接和间接的途径来选择为自己办事的干部也是天经地义的。因此，党管干部原则的实质是党保证人民群众选择符合自己的意志和利益的干部为自己服务。所谓“党管干部的方式要改进”，往哪儿改进？根本的是往发扬民主、群众公认的方向去改进。

第四，要建立和健全党内民主制度。民主制度是民主的载体。党内民主如果没有制度作保证，就会流于形式或仅仅是空洞的口号。推进党内民主，一定要把民主制度建设放在重要地位。

（二）关于党内制度建设

党内制度建设即党内法规（国家称法，党内称制度。这里把党的规章制度称为党内法规或党规党法，我以为是可以的，不会同国家的法律相混淆）建设。

邓小平指出："国要有国法，党要有党规党法。"无法无以治国，无党内法规无以治党。依法治国，作为党领导人民治理国家的基本方略，正式写在党的十五大的文件上。国家是政权组织，党是政治组织。治党治国在方式方法是有区别的。比如治党应当更强调思想教育和思想建设（这不是说治国不要对人民进行思想教育），强调党员的自觉。思想建设仍然是第一位的。但以党内法规来保证党内民主，保证党的各方面建设和党的领导落到实处，是不可或缺的。正是邓小平所说的制度带有根本性、全局性、稳定性和长期性。因此，根据执政党的特点和建国以后党的建设的历史经验，加强制度或党内法规建设是有重要意义的。首先，党内法规是党内生活的行为规范，它起到调节党内关系、指导党内生活、规范领导行为、制约职权范围的作用，使党内生活和活动有章可循，并按一定程序进行；同时，作为党内法规，还具有稳定性、连续性、确定性、可操作性和普遍约束力的特征。其次，制度或党内法规是贯穿于党的领导和党的建设的各个方面，并是实现党的领导和党的建设的组织上和制度上的保证。党的思想建设、组织建设、作风建设等每一方面的建设都要有一定的制度作保证；党的领导也要有领导制度、组织制度、干部制度作保证。有了好的制度，党的建设和党的领导就具体化、规范化了，并易于落实。党的十一届三中全会以来，党中央和邓小平高度重视党的制度建设，并且制定了一系列党内生活的制度，极大地推进了党内生活的制度化、规范化。党内制度建设包括广泛的内容，体现在党的领导和党的自身建设的各个方面。这里我认为核心的问题，贯穿于各项制度之中的东西，是党内民主制。制度建设的重点是规范、制约各级领导干部的权力和活动，使党章中关于"正确运用职权"、"在宪法和法律范围内活动"等有关原则规定具体化。当前需要进一步推进、健全和完善的党内制度主要是：民主集中制和集体领导制度，党内选举制度，保障党员民主权利制度，疏通和拓宽民主渠道制度，组织生活会制度，监督制度，等等。

（三）关于健全监督制约机制

党内监督是同党内民主建设和党内法规建设密切联系的，是制度或党内法规得以贯彻执行的重要保证。共产党要监督，并不是一个新问题。马克思、恩格斯在建党初期，就提出自上而下、自下而上的监督问题。列宁在十月革命以后高度重视党内监督，并对监督的方式和监督的体制作了积极的探索。而且，权力的运用需要监督，也不是无产阶级政党的发明，早在资产阶级革命初期，资产阶级启蒙学者为了反对王权的独断统治，就提出没有制约的权力必然走向腐败的结论。问题在于无产阶级政党掌权以后如何依靠自身的力量（因为无产阶级政党是一党领导，监督的主要形式是党内自身的监督。这同资产阶级的两党制、多党制不同，也与它们的三权分立的政治结构互相牵制不同）实行有效的监督。这个问题可以说在社会主义国家中都没有真正解决，也是我们党的建设中的一个难点问题。如何从制度上、体制上使其具体化，并真正解决问题，应当在实践的基础上，制定一部监督法或监督条例来加以规范。我相信，我们党在毛泽东思想、邓小平理论指导下，经过大胆的实践和积极的探索，像解决党的建设其他问题一样，也一定能够解决自身的监督问题。

强化权力的监督制约机制

（2002 年 10 月）

实施对权力的制约和监督，是一个古老的话题，又是当代政权建设和党的建设中一个非常现实和紧迫的问题。中国共产党在执政和改革开放的条件下，加强监督理论研究，强化监督制约机制，对于保证党和国家决策的正确，遏制和反对腐败，保持党同人民群众的密切联系，巩固党的执政地位，推进建设有中国特色社会主义伟大事业，具有重大的意义。

一、权力的正确运用必须实行有效的监督

政治权力是随着人类社会的发展而产生的，它对于推动社会进步，维护社会公共秩序，建立稳定、有序的社会关系是必需的，人类在进入群体社会以后，要保持群体关系的稳定性和社会关系的秩序性，就必须形成和执行一些共同性的行为规则。在这个过程中，每个社会成员为了获得群体的保护，享受群体内的权利，一方面，要遵守群体的共同行为规则，限制个人行为的随意性；另一方面，就要有一部分人代表群体的意志，担负执行群体共同行为规则的功能。这样，

统一的组织、管理、协调，对个人自由意志的控制及强制行为便产生了。这样形成的社会关系就是一种权力关系，这种关系对人们的制约力就是权力。权力一般以人们认同的组织机构和职务职位表现出来。比如，在原始社会，长老会、议事会及长老、首领等就是权力的象征。在阶级社会，国家及其首脑、政府官员就是权力的代表。无论在原始社会，还是在产生了国家组织的阶级社会，尽管政治权力组织形式和活动方式五花八门，但其权力都存在着社会性和公共性两个基本特征。在阶级社会里，政治权力集中表现为国家权力。国家权力除了体现统治阶级的意志、为统治阶级服务外，还具有面向社会，强制执行社会整体利益规则的功能。

（一）权力具有两重性

历史和现实表明，权力从它产生以来就具有两重性，权力作为一种集中起来的社会影响力和控制力，具有比任何个人能力远远大出许多倍的能量。它不仅代表着对社会的责任和义务，同时也标志着权力行使者不同于他人的特殊地位、身份和职权。这种二重性造成了权力在使用过程中，必然会产生两种不同的效果：正效应和负效应。权力的正效应是指权力运用符合统治阶级和广大群众的整体利益，发挥既定的职能，指挥和领导公众，控制个体的盲目性，整合各社会组织的利益，以实现统治阶级的共同目标，有利于推进经济发展和社会进步。权力的负效应是指权力的使用者假公济私、滥用职权，利用公共权力为个人和少数人谋取私利，对统治阶级的整体利益和公共目标造成危害。权力的负效应一旦出现，就会造成经济凋敝、吏治腐败、社会动荡、政局不稳，使社会停滞不前。因此，任何时代、任何国家的统治都试图防止和减少权力运用的负效应的发生、延伸。在封建社会，皇权高于一切，权力绝对归君主所有，而广大人民群众被排除在权力主体之外。这种公共权力的私有性质，极易导致权力的滥用和腐败，这也是封建王朝覆亡的根本原因之一。在资本主义制度下，资产阶级统治集团尽管对控制权力腐败采取了一些措施，但由于这种权力归社会上少数人所有，因而资本主义制度最终逃脱不了由社会主义所代替的历史命运。在社会主义制度下，人民当家作了主人，国家的一切权力属于人民。党和国家的公职人员代表人民去行使国家权力。但是，由于权力的主体和具体行使权力的人的分离，加上权力行使者的思想政治素质的差异和受利益的驱使，如何防止权力的滥用，避免权力运用中的负面效应，仍然是共产党执政的社会主义国家政权建设的一个重大课题。中国共产党执政50多年来的实践证明，我们党的大多数党员干部，确立了马克思主义的权力观，把自己手中的权力看成是人民的信任和重托，以公心用权，以才干掌权，以高度的责任感和使命感为人民办好事、办实事。但是，确有少数人，把人民赋予的权力看成是可以为所欲为的私有物，私欲膨胀，高人一等，把公共权力作资本，当商品，毫无顾忌地搞权权交易、权钱交易，导致权力的异化。权力本身的二重性，加上行使权力的人对权力又有着不同的态度和使用方式，如果对权力的运用不进行有效的制约和监督，则权力腐败的现象是不可避免的。特别是我国目前正处在一个伟大的社会变革时期，新旧体制的交替，人们价值取向的变化，不同思想道德和价值观念的激烈碰撞，加上制度、法制还不完善，权力运用的无序现象和负面作用将会增大，滥用权力和腐败现象也将呈现高发和多发的趋势。因此，强化对权力运用的制约和监督，防止权力的失控，是从源头上遏制和逐步消除腐败现象的根本性措施之一。

（二）没有监督的权力必然走向腐败

监督，在政治学、法学、政党学等学科的论著中，是使用频率很高的一个词。它们从各种角度、各种层面上论述监督的内涵、监督的主体和客体、监督的机制和方式等等。比如，从监督内涵说，有政治上、组织上、作风上、思想道德上，以及社会生活等方面的监督；从监督的方式和手段来说，有组织内部的监督、外部的监督和舆论的监督、法律的监督，以及专门监督机构的监督，等等。但是，不管从何种角度、何种层面和方式谈论监督，有一点是共同的，那就是监督的基本功能和核心内容是对权力的监控和制约。从资产阶级启蒙思想家到当代中外的学者，尽管他们各自立论的出发点和目的不尽相同，但在权力结构和权力运作中，如何实行对权力的制衡和有效的控制，都是他们研究的逻辑起点和核心内容。因为在授权者和被授权者分离的情况下，如果对被授权者权力的运用不加制约和监督的话，势必导致权力的滥用，势必违背授权者的意志和利益。不受约束的权力必然导致腐败，而绝对的权力必然导致绝对的腐败。法国杰出的政治思想家孟德斯鸠是分权制衡理论的创立者，他精辟地指出，一切有权力的人都容易滥用权力，这是万古不易的一条经验。有权力的人们使用权力一直到遇有界限的地方才休止。从事物的性质来说，要防止滥用权力，就必须以权力约束权力。他揭示了权力的性质和控制权力滥用的基本原则。因此，任何权力都必须受到制约。不受监督和制约的权力必然走向腐败，必然违背授权者的初衷。这同权力的特征有关，也同掌握权力的人的素质有关。

1. 从权力固有的特征看，权力是特定主体将他们的意志强加于他人他物，使之产生一种压力继而服从的能力

权力现象是人类社会的普遍现象，它包含着广泛的内容，比如，商品交换中的财产所有权的关系，谁拥有某种商品，他就有占有、支配和处置该商品的权力；在社会关系中，某些人的能力、品行、思想文化修养等较之于其他人优越，这样他在与他人的交往中，往往使他人不自觉地顺从于他，对他人形成一种影响力和支配力；在家庭关系中，家长对子女同样存在着影响力和支配力，等等。但我们在这里要讨论的不是一般的权力关系，而仅限于政治权力关系。

恩格斯在《家庭、私有制和国家的起源》一书中谈到什么是国家时指出："国家是社会在一定发展阶段上的产物；国家是承认：这个社会陷入了不可解决的自我矛盾，分裂为不可调和的对立面而又无力摆脱这些对立面。而为了使这些对立面，这些经济利益互相冲突的阶段，不致在无谓的斗争中把自己和社会消灭，就需要有一种表面上凌驾于社会之上的力量，这种力量应当缓和冲突，把冲突保持在秩序的范围以内，这种从社会中产生但又自居于社会之上并且日益同社会相异化的力量，就是国家。"① 从而也就产生了公共的政治权力。作为公共的政治权力，具有以下几个鲜明的特点：

第一，不平等性和强制性。政治权力意味着在社会政治生活中，一方对另一方的支配。它以服从为基本条件，没有服从，便没有现实的权力。因此，支配和服从是权力形成所必不可少的要素。而要使处于支配地位的一方权力得以实施，必须以强制力作后盾，不管受支配一方是否愿意，都必须强迫服从。这种权力的不平等性和强制性就有使权力的拥有者凌驾于别人之上，导致权力滥用的可能。

① 《马克思恩格斯选集》第4卷，人民出版社1995年版，第170页。

第二，权力与利益紧密联系。在人类历史上，任何一个阶级及其政党，取得和巩固政治权力，都是为了体现其意志、实现其利益。资产阶级运用它取得的政治权力，就是体现资产阶级的意志，实现资产阶级的利益；无产阶级运用政治权力则是为无产阶级和广大群众服务的。所以，不带来任何利益的权力在现实生活中是不存在的。这是从权力具有阶级性的层面上说的，也就是说，在社会生活中，一定社会、代表一定阶级利益的公共权力，通过对社会资源的提取、价值物的分配以及对社会集团和个人的行为施加管制等，有效地影响人们的利益。比如，政治权力通过制定一定的政策、法律，使资源、产品的获取和分配有利于一部分人而不利于另一部分人。因此，权力具有巨大的吸引力和诱惑力。但是，作为国家、社会的公共权力要通过具体的个人来行使，这样，行使公共权力的主体就具有双重身份，一方面，权力主体是个人，因具体职责而产生的权力由从事该职业或就任该职位的人所拥有；另一方面，个人作为权力主体，其权力具有代表性，真正的权力主体是国家及其所属机构或具体群体，个人的权力并不真正属于个人，他所履行的具体职责是国家或群体权力的一部分，他对该权力只有相对的使用权和履行权，而无处置权和占有权，当他不再担任该职位或职务时，他便不再拥有这类权力。这种公共权力，为个人行使的时候，既有为公众谋利益的职责和义务，又有为个人和少数人谋取私利的可能。

第三，权力具有可交换性，在商品社会中，权力的交换可以分为两种情形，一种是商品所有权转移过程中，由交换行为所展现的权力现象。在这里，商品交换者双方的权力是对等的，交换双方既向对方发出命令，形成对对方的压力，又服从对方所发出的命令，这是通过商品的价格及彼此的讨价还价，或购买商品的意愿的表示发出的。这种权力被视为诸主体之间的进行商品交换从而改变所有权关系的一种力量，这是商品交换中所有权转移的普遍现象。一般说来，它具有公开、自愿、规范和形式上平等等特征。我们这里要说的权力交换关系，是指的行政管理中的权力行为，即发生于商品生产和商品交换的行为与其管理机构及管理人员的行为之间的权力交换现象。公共权力本不是物，不是商品，它所表达的是国家、社会和个体的意志。这种权力是完整的、统一的，是不应该被交换的。但就具体的权力而言，它随实施主体的多样性而被分化，它可以通过具体的行政机构、行政工作人员，利用职务和职位的便利，把公共权力作资本，当商品用来交换。比如，“以职取权”、“以权取利”的行为，“权钱交易”、“权权交易”的贿赂行为等等。这种权力的交换是以公共利益被出卖为其实质的。它同商品所有者之间的交换不同，商品交换中同一种商品所有权的转让仅仅是一次性的过程。而权力交换不同，在交换中权力所有者得到的是纯利润，他拥有的权力并没有转让、消失，只要有机会下次还可以交换。所以，公共权力的出售是一种“无本生利”的行为，直接损害的是国家、社会和群众的利益。在实际生活中，人情、货币、权力、美色及各种关系网都是可以与公共权力相交易的东西。国家机关的腐败现象，正是公共权力被当作商品来交换而谋取私利的体现。

第四，权力还具有扩张性，权力是一种稀有的政治资源。公共权力在正向的轨道上运用，谁拥有更大的权力，谁就可以最大限度地为公众谋利益。相反，如果公共权力在逆向的轨道上运用，那么谁拥有更大的权力，谁就有可能得到更多的私利。还由于权力是一种无需征得他人同意就可以控制他人的力量，一旦权力在手，就有令必行，而掌权者命令的行使往往不考虑权力的界限和边际。因此，任何权力都有无限扩大其运用范围的趋势，超出其现实的界限，侵犯他人的权力和权利。与此同时，现实生活中，权力的行使者又往往不愿意接受对其控制和约束，这样使得权力一旦失去控制，很容易出现滥用权力的行为，使权力拥有者由社会的“公仆变成社会的主人”。

从上述政治权力的有利性、可交换性、扩张性和强制性的特征看，要使公共权力在正确的轨道上运用，就必须对权力实行制约和监督。

2. 从权力的授受关系看，公共权力的委托和代行是现代社会权力实施和运用的普遍现象

无论在任何社会，无论是绝大多数人居于统治地位的社会，还是少数人垄断政权的社会，政权的所有者都无法做到让全体成员来行使具体的职能权力。而且由于社会管理事务的纷繁复杂，要求社会全体人员都具有这种行政能力、领导水平和管理经验也是不可能的。比如，我国宪法规定：“一切权力属于人民”，人民是国家的主人。但不可能由全体人民来具体地行使这种职能权力，管理国家，因此，政治权力特别是具体的职能权力，必须委托给掌权者中的一部分人，组成专门机关，授以专门的职业和职位的身份去行使，从而产生了权力的授受关系，使政权起

到管理和协调具体的国家和社会事务的作用，使国家政治生活有序地进行。这样，就产生了一个问题：在政权的所有关系没有发生变更的情况下，权力的具体运行过程与权力的主体整体相分离，即国家的公共权力与具体的运用主体相分离。权力的所有者和权力的具体行使者并不是一致的。一般说来，后者根据前者的意志具体操作权力过程，承担管理、控制、指挥和协调社会事务的职能。不论在什么社会制度中，社会的委托管理及社会资源的经营和分配，主要都是由权力的代行者集团行使的。权力的授受和代行关系的产生是公共权力发挥职能的必要条件。但是，公共权力被分解为各种职务、职位，由被委托人相对独立地来行使职权，能不能按照国家、社会和群众的整体意志在正确的轨道上运行，这是任何社会统治者所遇到的一个共同问题。当公共权力以授权程序，把管理社会事务的权力委托给特定的人员行使后，具体用权人的意志和私人目标就会渗透到权力的运用过程之中，这样，公共权力便失去了原先的性质和特定的价值，而背离了统治者的整体意志，使公共权力蜕变为少数人谋取私利的工具和手段，成为与统治者的意志和利益相对立的异己力量。所以，权力的这种授受委托关系，决定了公共权力要体现授权人的意志，必须强化对他们的权力运用过程的有效制约和监督，否则，就很难避免权力的滥用、以权谋私等腐败现象的发生。

3. 从被授权者的思想道德因素看，实践表明，在任何一种委托代理关系中，都存在一个代理人向委托人负责并忠实履行职责的问题

代理人的义务是以自己的行为和努力去实现被代理人的意志和利益。一旦承担了代理的义务，就要忠实地去履行自己的职责。在日常社会生活中和法律关系中的代理关系是这样，在权力的授权关系中也是一样。我们党和国家的工作人员，是人民的意志和利益的代理人，要求每一个工作人员都必须全心全意为人民服务，把人民托付给我们的事情办好，诚心诚意地为人民谋利益，使人民满意。但是，实际情况却是，国家工作人员的思想道德素质不是整齐划一的，不可能使每个权力的代行者的思想道德水准达到完全彻底为人民服务的境界，也无法保证他们中的每一个人对人民群众的永远忠诚。在这里，有的人原来是抱着升官发财的目的进入公职人员队伍的；有的是由于环境条件的变化和私欲膨胀而放弃了对人民的忠诚。这样，他们在行使具体权力的过程中，就会只顾追求局部和个人的利益，不是去代表和维护人民群众的利益。因此，

党和国家工作人员思想道德素质低下，角色错位，是造成权力腐败的主要原因之一。为了防止此种现象，除了加强思想政治教育以外，还必须强化监督制约机制。

由此可见，无论从权力的固有特征、权力的授受关系，或权力行使者的思想道德等各个层面上来看，要使公共权力沿着国家、社会和群众的整体意志和利益的正确轨道运行，必须强化权力的制约机制，而有效的监督正是在于制约权力的滥用。

（三）权力必须在制度和法律范围内运作

某个领导机关、领导人员，它们拥有什么权力，它们运用权力的界限和范围是什么，它们负有什么样的义务和责任，以及各种监督主体对监督对象进行监督的根据又是什么？这些问题只有靠健全制度和法制来回答。

党的十一届三中全会以来，党中央、邓小平在治党治国中把制度建设和法制建设提到前所未有的高度，实现了由人治向法治的历史性转变。邓小平指出："国要有国法，党要有党规党法。"① 党无规章制度，无以治党；国无法律法规，无以治国。邓小平强调："克服特权现象，要解决思想问题，也要解决制度问题。公民在法律和制度面前人人平等，党员在党章和党纪面前人人平等。人人有依法规定的平等权利和义务，谁也不能占便宜，谁也不能犯法。不管谁犯了法，都要由公安机关依法侦查，司法机关依法办理，任何人都不许干扰法律的实施，任何犯了法的人都不能逍遥法外。谁也不能违反党章党纪，不管谁违反，都要受到纪律处分，也不许任何人干扰党纪的执行，不许任何违反党纪的人逍遥于纪律制裁之外。"② 十二大党章作出了"党必须在宪法和法律的范围内活动"的规定。党的十三大提出党的建设要建立一条不搞政治运动，而靠改革和制度建设的新路子。党的十五大和现行宪法进一步提出了依法治国，建设社会主义法治国家的任务。十五大报告指出："依法治国，就是广大人民群众在党的领导下，依照宪法和法律规定，通过各种途径和形式管理国家事务，管理经济文化事业，管理社会事务，保证

---

① 《邓小平文选》第2卷，人民出版社1994年版，第147页。

② 《邓小平文选》第2卷，人民出版社1994年版，第332页。

国家各项工作都依法进行，逐步实现社会主义民主的制度化、法律化，使这种制度和法律不因领导人的改变而改变，不因领导人看法和注意力的改变而改变。依法治国，是党领导人民治理国家的基本方略”，“党领导人民制定宪法和法律，并在宪法和法律范围内活动”。所以，所有国家机关及其工作人员都必须依据制度和法律的规定来行使自己的权力，规范权力的合理界限，不能越权，也不能不作为，严格地在制度和法律范围内活动，是治党治国的基本之策。只有把制度和法制原则作为党和国家活动的准则，才能明确权力机关享有的权力与应当履行的义务和职责，明确什么是正当地行使职权，什么是超越职权范围；才能为人民群众制约国家权力、使之不偏离为人民服务提供前提。古希腊学者亚里士多德认为，共和政体之所以是最为理想的、稳定的政体类型，就在于它是实行法治，而不是实行一人之治。法治之所以优于一人之治就在于：法律是一种“完全没有感情”的“中道的权衡”，它避免了人的偏私性。同时，只有有了科学合理的制度和法制，才能对权力运用的监督有统一的标准和程序。我们现在强调监督，但是，缺乏监督的载体，即缺乏监督的措施和手段，使监督缺乏成效。要使监督真正落到实处，真正取得成效，必须解决监督什么、凭什么监督和如何监督的问题，也就是需要监督的标准和程序。对权力的行使是否违纪违法，如果没有是非标准，没有根据，无法评判，凭什么监督？而能够提供是非标准的刚性标准，就是已经制定的制度和法律。监督程序就是监督的操作规则，即进行监督要经过哪些步骤、方式和时限等，不能没有法定程序规则地乱来。所以，制度和法律是实行有效监督的前提和基础。

以制度和法律手段制约和监督权力的行使，主要包括两个方面的内容，从宏观上说，立法机关将政党的主张和人民的意志通过法定程序上升为国家的法律，建立限制权力的完善的法律制度，包括一整套监督机构、制度和机制；从微观上说，通过与权力相对立的责任在法律上的确定，抑制国家权力在分流过程中的每一环节上可能发生的扩张或滥用，使法律所赋予的权力被控制在一定的界限之内。具体来说，应当从制度和法律上把握好以下几个环节：

第一，依法授权。依法授权包括两个方面的含义：一个方面是把国家的某一部分权力授予谁，谁能充任人民的意志和利益的代表者。把权力授予人民信任的人，这是从源头上保证权力不被异化的首要一环。只有选拔任用那些忠于党、忠于人民、德才兼备、符合“四化”方针、讲政治、讲党性、懂业务、有才干、对群众高度负责、真心实意地为群众办事的人，才能真正体现人民的意志和利益。这就是说，我们对党和国家公职人员的标准和要求是十分明确的。但是，要使这种标准和要求具体化和易于操作，便要靠制度和法律来规范选人用人的规则和程序，使干部人事制度走上制度化和法制化轨道。首先，要立法，要做到有法可依。及时把符合客观规律、行之有效的干部选拔任用、管理监督的政策、程序和方法，用制度和法律的形式规范化、条文化，明确地固定下来，使之具有权威性和普遍的约束力。我国目前已经制定了某些有关领导机关、领导人员的建立、产生以及任用、管理、监督的条例和法律法规，比如，中共中央颁布的《党政领导干部选拔任用工作条例》，国家颁布的《国家公务员暂行条例》、《中华人民共和国法官法》、《中华人民共和国检察院法》、《选举法》，以及各级人民代表大会和各级人民政府及人民法院、人民检察院组织法等。这些条例和法规的制定，对于建设一支高素质的干部队伍，推进干部人事工作的制度化和法制化起着积极的作用。当然，这些条例和法律在实践中尚需要进一步完善、规范和细化，使之更具有可操作性。同时，要守法执法，做到有法必依。干部人事法律法规一经确立，领导机关和公务人员必须严格执行，决不能有法不依，违法不究。

进一步推进人事工作的制度化、法制化，真正把代表人民利益的人选拔到各级领导岗位上来，必须从以下几个方面进一步作出努力：（1）要把扩大民主贯穿干部人事工作的全过程，真正落实群众的知情权、参与权、选择权和监督权。要健全选人用人的民主决策机制；要改革和完善选举制度，任用干部要扩大选任制的范围，缩小委任制的范围；要改进完善民主推荐、民意测验、公示制等制度和程序。（2）建立和健全竞争机制和任期制度，推进干部能上能下。要把坚持德才兼备标准和引入竞争择优机制、坚持群众公认和注重实绩原则有机结合起来，逐步实现公开选拔、竞争上岗的规范化、制度化；要建立党政领导职务任期制度，在同一个职级岗位上不能无限期地转圈任职，这是进一步打破领导职务“终身制”的重要举措；要制定不称职干部的具体认定标准，凡群众对某个干部不信任的程度达到一定比例，应当履行免职、辞职、降职或改任其他工作。（3）完善干部考察制度，提高考察工作质量。要进一步扩大群众参与考察的范围，深化干部考察的内涵。不仅要考察干部的思想政治素质和工作实绩，而且要考察其道德品质、工作作风和廉洁状况；在考察中既要重视多数人的意见，又要重视少数人的意见，因为对某些问题真正知情的往往是少数人。（4）加大对领导干部选拔任用工作的监督力度。要切实建立对“一把手”进行监督的措施；要建立领导干部引咎辞职制；要建立弹劾罢免制；要建立推荐、考察、决策责任制和选人用人失察失误责任追究制。

依法授权的另一个方面，就是按职位授予法定的职权。在行政管理中，职位和职权必须相适应，授以什么样的职位，必须赋予相应的权力。有了一定的职位，而缺乏明确法定的职权，势必会造成权力运用的无序状态。邓小平在谈到我国领导体制中存在的弊端时指出：“我们的党政机构以及各种企业、事业领导机构中，长期缺少严格的从上而下的行政法规和个人负责制，缺少对于每个机关乃至每个人的职责权限的严格明确的规定，以至事无大小，往往无章可循。”① 为此，要解决好两个方面的问题：一是要从制度上和法律上严格而明确地规定各个职位的职责权限，规定其责任和义务，使每个职位应当做什么、不应当做什么都要有明确的界限。这就是职权法定原则。二是要求职位的担负人在行使权力时必须在制度和法律规定的范围内活动，既不允许越权和权力的扩张行为，也不允许失职和不作为的行为。

第二，依法决策。决策是领导者最主要最基本的职能，领导机关的根本任务是保证决策和决策执行的正确。要保证决策和决策执行的正确，必须建立和健全民主的科学的决策和执行程序，加强决策的制度建设。首先，领导机关制定政策，决定重大问题，要广泛听取群众的意见，经过反复比较、鉴别和科学论证。没有经过充分准备和论证的决策方案，不能上会仓促作出决定。其次，在决策过程中要严格执行民主集中制原则，充分发扬民主，听取各方面的意见，在充分的民主讨论的基础上实行正确集中。重大问题的决策要实行表决制，绝不允许个人说了算。再次，决策作出之后，领导机关和领导干部要结合实际情况，带头贯彻执行，绝不能政出多门，各行其是。在决策执行中，要紧紧依靠群众，并不断接受实践的检验，及时总结经验，补充完善，纠正偏差。最

① 《邓小平文选》第 2 卷，人民出版社 1994 年版，第 328 页。

后，决策的全过程中都必须按决策程序办事，绝不能违背决策程序，搞临时动议。对决策的监督，主要是对决策程序的监督。

第三，依法行政。依法行政，就是各级行政机关在行使管理权力时，必须以法律为依据，在法律规定的职权范围内行使权力，严格按照法定程序和形式进行管理。在我国，约有80%的法律和法规是由行政机关执行的，行政执法在法律实施过程中处于重要地位。政府机关能否严格依法行政，是实行依法治国的关键。依法行政应当贯穿在行政管理的全过程和全部内容。

首先，行政机关须按法定程序产生，由宪法和法律授予行政权力的机关；行政机关的性质、任务、职权、组成、活动方式以及成员变更和撤销的程序，以及公务员的录用、任命、晋升、奖惩等都由国家行政机关组织法和公务员法作出明确规定。这就是说，行政机关的产生、职权、行政管理活动都由法律规定和赋予，这是依法行政的基础和前提。没有法律的授权，行政机关的行政行为就没有依据。其次，行政机关及其公务员行使行政权力，必须严格遵循依法行政的原则，无论是抽象行政行为，或是具体行政行为，都必须依据法定程序。一切行政行为必须按程序进行，行政程序伴随着行政活动的全过程和一切方面。最后，在行政系统内部实施监督，审计监督、行政监察及行政机关上下级之间的监督。行政监督的体制、标准、形式和程序同样要依法办事。

二、列宁关于执政党监督的思想

1917年十月革命的胜利和苏维埃政权的建立，使布尔什维克党成为世界上第一个工人阶级执政党。布尔什维克党取得政权以后，留给列宁的仅仅六年多一点的时间，但列宁对执政党的建设、包括对执政党的监督的理论进行了积极的有成效的探索。

列宁对执政党建设和执政党的监督的探索，大体可以划分为两个阶段。第一阶段是1918年到1920年，十月革命胜利后到国内革命战争结束。第二阶段是1921年到1924年，国内革命战争结束，实行新经济政策时期。

在第一阶段，为了粉碎外国武装干涉和白匪的叛乱，布尔什维克的中心任务仍然是领导军事斗争。在这期间，列宁和俄共（布）十分重视执政党的建设。在俄共（布）七大、八大、九大上都作出了关于党的建设的决议，列宁写了许多有关党的建设的著作。但是，为了适应当时俄国国内革命战争的需要，俄共党的建设的显著特点是强调集中。正如俄共（布）八大《关于组织问题》的决议中指出的："党正处在绝对需要最严格的集中制和最严格的纪律的环境下。上级机关的一切决议下级机关绝对必须执行。每个决议首先应当执行，只有在执行以后才可向有关的党机关提出申诉。在这方面，在目前阶段必须直接实行军事纪律。党的一切事业，可以集中的（出版工作、宣传等）就应当为了事业的利益而集中。"① 在这种情况下，主要是自上而下地保证党的决议的贯彻执行，而自下而上的权力制约和党内民主明显不足。其主要特点表现为：一是组织上的极端集中制和工作方法上的战斗命令制。这种组织形式和工作方法，在战争环境中是必要的，而且起了积极的作用。但在另一方面也反映出明显的弊病。二是大量实行干部委任制。虽然党内选举仍然存在，但由于当时客观条件的限制，往往对"应由选举产生的职务而实行任命"，并认为这"在原则上是必要的"。② 三是强化中央机构的权力。使一部分中央委员会的权力集中到了政治局、组织局和书记处，九大以后，进一步加大了中央书记处的权力，为后来的权力高度集中创造了一定的条件。第二阶段，1920 年底，随着国内战争的结束，实现了党的工作重点向经济建设转移，实行了新经济政策。由战争环境转向和平建设。为适应这种变化，列宁明确指出："我们应当同过去诀别，着手进行真正的经济建设，改造党的全部工作，使党能够领导苏维埃的经济建设，取得实际的成就。"③ 他根据和平时期的特点和党面临的新任务，对执政党建设继续进行探索，使执政党建设的思想进一步得到展开和深化，其中对执政党的监督问题，列宁给予了特别的关注，提出了许多加强执政党监督的开创性的宝贵的思想。

第一，改变党内生活的极端集中制，由"战斗命令制"过渡到"工

① 《苏共代表大会、代表会议和中央全会决议汇编》第 1 分册，人民出版社 1956 年版，第 507—508 页。

② 《苏共代表大会、代表会议和中央全会决议汇编》第 2 分册，人民出版社 1956 年版，第 56 页。

③ 《列宁全集》第 40 卷，人民出版社 1986 年版，第 37 页。

人民主制”，使党内政治生活民主化。实践证明“极端集中制”和“战斗命令制”会带来严重后果。“集中化发展了官僚主义和脱离群众的倾向，战斗命令制往往采取被歪曲的不必要的压制形式，必要的特权变成了各种舞弊行为的凭借；党政机关的必要紧缩削弱了党的精神生活，如此等等，这一切引起了党内的危机”。[①] 因此，俄共（布）十大提出实行党内“工人民主制”，改变“极端集中制”，逐步向民主化方向发展。实行“工人民主制”的目的，是“保证全体党员甚至最落后的党员都能积极参加党的生活，参加讨论党所面临的一切问题和解决这些问题，并且积极参加党的建设”。[②] “工人民主制”的具体内容主要是：排斥一切委任制度，从上到下的一切机关都实行普遍的选举制、报告制和监督制；对一切最重要的问题，在全党必须遵守党的决议的前提下，在决议未通过以前可以展开广泛的讨论和争论，充分自由地进行党内批评，集中制定全党性的决议；使党的舆论对领导机关的工作进行经常性的监督，并使领导机关和全党之间保持固定的切实的联系，有关的党委会不仅要向上级组织汇报，而且也要向下级组织经常报告工作等等。

第二，积极探索强化党内监督机构和监督机制。加强党内监督，既是健全民主集中制，发扬党内民主的重要内容，也是防止和纠正滥用权力和党内一切不良现象的有力措施。十月革命前，布尔什维克党没有设立专门的监察机关。取得政权以后，苏维埃政权建立了行政监察机构即国家监督人民委员部，1919 年 3 月又改组为工农检查院。1920 年 2 月，俄共（布）第九次代表会议决定设立了党的监察委员会。1921 年 3 月，俄共（布）十大通过了《关于监察委员会的决议》。1922 年 3 月，俄共（布）十一大通过了《关于监察委员会的任务和目的》、《监察委员会条例》。党的监察委员会的任务主要是同侵入党内的官僚主义、升官发财思想、滥用党的威信的活动等进行斗争。列宁赋予党的监察委员会以很高的地位和很大的职权，同时强调监察机关要有最大限度的独立性。他

① 《苏共代表大会、代表会议和中央全会决议汇编》第 2 分册，人民出版社 1956 年版，第 52 页。

② 《苏共代表大会、代表会议和中央全会决议汇编》第 2 分册，人民出版社 1956 年版，第 54 页。

提出了以下一些重要的监督思想：

一是党的各级监察委员会分别由党的各级代表大会和代表会议选举产生，它应由党内最有威信的同志组成。俄共（布）第九次全国代表会议的决议规定：“监察委员会应当由党内最有修养、最有经验、最大公无私并能够严格执行党的监督的同志组成。”而且监察委员不得兼任其他职务。列宁说：“中央监察委员会，只对党的代表大会负责，它的委员不得在任何人民委员部、任何一个主管机关以及任何苏维埃政权机关中兼任任何职务。显然，在这种条件下，我们就有了迄今所设想过的一切保证中最大保证。”① 二是各级监察委员会必须与同级党的委员会平行，有同等的权力。俄共（布）第九次全国代表会议的决议规定，中央监察委员会与中央委员会平行，由代表大会选出；有权接受和协同中央委员会审理一切控诉，必要时可以同中央委员会举行联席会议或把问题提交到党的代表大会。列宁在《怎样改组工农检查院》中指出：“中央监察委员也应享有中央委员的一切权力。”② 三是监察机关保持自己的独立性。列宁认为，中央监察委员会“由于他们是代表大会选出来的，应比组织局更具有独立性”。监察委员会在和同级党委会的关系上，它必须独立地行使自己的监察权，而不受同级党委决议的约束。俄共（布）十大决议规定：“监察委员会的决议，本级的党委员会必须执行，而不得加以撤销。如果有不同意见，可以把问题提交代表大会或本级代表会议解决。”列宁还指出，中央监察委员会不仅有权利而且有责任做到绝对了解中央政治局的情况并处理它的问题。他说：“中央监察委员会委员必须在自己主席团的领导下，经常检查政治局的一切文件。”“有一定的人数必须出席政治局每次会议的中央监察委员会的委员们，应该形成一个紧密的集体，这个集体应该‘不顾情面’，应该注意不让任何人的威信，不管是总书记，还是某个其他的中央委员的威信，来妨碍他们提出质询，检查文件，以至做到绝对了解情况并使各项事务严格按照规定办事。”③

第三，改进党中央领导机关，防止权力过于集中和党被分裂的危

① 《列宁全集》第 43 卷，人民出版社 1987 年版，第 197 页。
② 《列宁全集》第 43 卷，人民出版社 1987 年版，第 374 页。
③ 《列宁全集》第 43 卷，人民出版社 1987 年版，第 384、377 页。

险。1922年底到1923年初，列宁在病重期间，仍然十分关注党和国家政权建设。他以口授的方式写下了最后一批文稿和书信。它们是：《日记摘录》、《论合作制》、《怎样改组工农检查院》、《论我国革命》、《宁肯少些，但要好些》，以及《给代表大会的信》等。这些著作，给我们留下了加强执政党建设的珍贵的遗产。当时使列宁“焦虑不安”的一个问题，是增强中央领导层的稳定性和防止党分裂的问题。列宁看到，影响党的领导的危险不是别的，而是在党的最高领导层某些人的关系上，特别是他们的个人品质上。列宁在《给代表大会的信》中对党的几位领导人，其中主要是对斯大林和托洛茨基作了评价。他说：斯大林当了总书记，掌握了无限的权力，他能不能永远十分谨慎地使用这一权力，没有把握。托洛茨基过分自负，过分热衷于事情的纯粹行政方面。“现时中央两位杰出领袖的这两种特点会出人意料地导致分裂，如果我们党不采取措施防止，那分裂是会突然来临的。”① 为此，列宁建议：

一是增加中央委员的人数。党的十一大选出的中央委员27人，候补委员19人；中央监察委员5人，候补委员2人。列宁建议把中央委员的人数增加到50人甚至100人。他说：这“可以达到双重甚至三重目的：中央委员愈多，受到中央工作锻炼的就愈多，因某种不慎而造成分裂的危险就愈少。吸取很多工人参加中央委员会，会有助于工人改善我们糟透了的机关”②。二是改组工农检查院，把党的中央监察委员会同国家的工农检查院合并。列宁对工农检查院的工作极不满意，认为工农检查人民委员部“到现在没有丝毫威信，再没有比我们工农检查院这个机关办得更糟的机关了”。他建议把党政监察机构合并，从工人和农民中选出75～100个新的中央监察委员，减少工农检查院人员，扩大中央监察委员的权限，以提高工农检查院的威信。三是加强对领导机关和领导人的监督。列宁建议增加监察委员会的人数，他们享有中央委员的一切权力，并监督检查下级组织的工作，出席政治局的会议，审查政治局的一切文件。四是加强集体领导。列宁建议加强中央全会的工作，中央全会平均每两个月召开一次会议，同时让中央监察委员出席。一切重大问题由中央全会研究决定。集体领导加强了，个人的偶然因素给党造

---

① 《列宁全集》第43卷，人民出版社1987年版，第339页。

② 《列宁全集》第43卷，人民出版社1987年版，第341页。

成分裂的危险就会减少。

列宁对执政党监督理论进行了积极的探索，并富有重要的价值。但是，由于列宁过早地逝世，他主持俄共（布）执政只有 6 年多的时间，而且头 3 年又是在战争环境下，因而这种探索是初步的。一方面在他在世时并没有得到真正的实施；另一方面列宁之后的苏共领导人，并没有沿着列宁的正确思路继续进行探索。这样，社会主义国家执政党的监督仍然需要根据新的实践进行不断的探索。

三、中国共产党作为执政党监督的理论和实践

（一）新中国成立后的前 30 年监督的理论和实践

党要接受监督，是实现党的正确领导、搞好党的自身建设的一个重大课题。在民主革命时期，我们党重视党内监督，并采取多种形式加强了党内监督。执政党的地位和和平建设的环境，以及党面临的新情况、新问题，加强监督具有更加特殊重要的意义。新中国成立前夕，毛泽东在党的七届二中全会上，全面地分析了革命胜利以后党面临的政治、经济形势，并且提出了相应的方针政策，特别提出了关于执政党的建设的重要思想。他指出：夺取这个胜利，已经不要很久时间和花费很大的气力了；而巩固这个胜利，则是需要很久的时间和要花费很大的气力的事情。从党内来说，“因为胜利，党内的骄傲情绪，以功臣自居的情绪，停顿起来不求进步的情绪，贪图享乐不愿再过艰苦生活的情绪，可能生长。因为胜利，人民感谢我们，资产阶级也会出来捧场。”可能有一些共产党员不曾被拿枪的敌人征服过，但他们经不起糖弹的袭击，在糖弹面前打败仗。因此，他要求“务必使同志们继续地保持谦虚、谨慎、不骄、不躁的作风，务必使同志们继续地保持艰苦奋斗的作风。我们有批评和自我批评的这个马克思列宁主义的武器。我们能够去掉不良作风，保持优良作风”①。这样，就为执政党建设指明了方向。建国以后，一方面，党员队伍大幅度的增加；另一方面，党内的官僚主义、命令主义、主观主义和权力腐败现象正在滋长。因此，加强党的建设、纯洁党

① 《毛泽东选集》第 4 卷，人民出版社 1991 年版，第 1438 页。

的队伍，特别是发扬党内民主和人民民主、强化权力监督的问题将更加突出和紧迫。

建国后前30年执政党的建设和执政党的监督，总的来看，党在实践中进行了积极的探索，在理论和实践上有成功的经验，同时，也应当看到，这种探索还是初步的，并且也出现了不少的失误。从执政党监督的角度看，有以下几个特点：

1. 建立并加强党内专门监督机构

新中国成立以后，中央就作出了《关于成立中央及各级党的纪律检查委员会的决定》，决定从中央到县以上都要建立纪律检查机构。1955年，高饶事件后，全党进一步认识到加强专门监督机构的重要性，决定成立党的监察委员会，相应扩大了专门监督机构的职权，以便于更好地发挥监督职能。但总的来看，专门监督机构的职权是有限的。一是规定监督机构由同级党委选举产生，受同级党委领导，是同级党委的一个下属部门，不能检查同级党委的工作；二是监督机构的职权和任务上，主要是监督党员，而不是对领导机关和领导干部权力运用的监督。规定监察委员会的任务是受理党员申诉的控诉，检查和处理党员遵守党的章程、党的纪律、共产主义道德和国家法律、法令的案件。三是监督机构适应政治运动的需要，实际上成为运动中处理人的机构。

2. 把搞政治运动作为党内监督、解决党内问题的主要形式

新中国成立后，我们继续沿用政治运动方式来解决党内问题。比如，1950年的整风运动，1951年的整党运动，1952年的“三反运动”，1957年的整风反右派运动，1958年的反右倾运动，60年代的“四清”运动，直至十年“文化大革命”等。客观地说，除了“文化大革命”外，政治运动能解决党内的一些问题；但实践证明，偏差和弊病很大，往往出现过火斗争，整了不该整的好人，伤害了干部和党员，造成了社会的不稳定。

3. 权力高度集中的领导体制导致了监督的乏力

新中国成立以后，我们党基本沿用了战争时期形成的高度集中的领导制度。中央及地方的权力主要集中在党内，党内的权力又集中在党的各级委员会手里，而各级委员会的权力又往往集中在书记等少数人手里，他们集行政领导权、政治决策权和党的监督权于一身。下级组织的受权主要来自上级组织，构建了一套自上而下的权力授受体系，这样就

势必形成监督也同样是一种自上而下的监督，各级组织及其领导人除了来自上级组织的监督以外，下级组织和广大党员对他们的监督作用非常有限，他们主要是执行上级的决定，接受上级的监督。因此，高度集权的领导体制，必然造成上级机关及其领导人无人监督，也难以监督的现象。

4. 民主生活不正常使监督缺乏前提

没有民主，就谈不上监督。邓小平在八大修改党章报告中指出："无论党内的监督和党外的监督，其关键都在于发展党和国家的民主生活，发扬我们党的传统作风。"新中国成立后，党和国家的民主生活和民主制度有一定的发展。一是进一步强调了集体领导和集体领导制度。八大高度重视集体领导制度，并把它写入党章。邓小平在八大上指出："一切提到会议上的问题，都必须经过讨论，允许提出异议。如果在讨论中发现重大的意见分歧，而这种分歧并不属于需要立即解决的紧急问题，就应该适当地延长讨论，并且进行个人商谈，以便求得大多数的真正同意，而不应该仓促地进行表决，或者生硬地作出结论。"同时，八大还强调反对损害集体领导的个人专断和个人崇拜。二是重视发挥党的各级代表大会和全委会的作用。1950 年到 1951 年，共召开过五次中央全会，一次全国代表会议。八大规定党的各级代表大会每年开会一次，党的各级委员会每年向其汇报工作，听其批评，决定重大问题，同时规定党的代表大会实行常任制，使各级代表大会真正"成为党的充分有效的最高决策机关和最高监督机关"。三是在一定程度上完善了选举制度。建国后逐步扩大了领导机关的选举制，缩小了指令制的范围。八大还对如何进行有效的选举作了规定：党的选举必须能够充分表明选举人的意志。党的组织和选举人所提出的候选人名单，应当经过选举人的讨论。选举采取无记名投票的方式，并且切实保障选举人有批评、不选和调换每一个候选人的权利。党的基层组织的选举在不可能采用投票方式的时候，可以采用举手表决的方式，在这种情况下，应当采取按照候选人名单逐个表决的办法，禁止采取全名单一次表决的办法。八大还采用经过预选产生的正式候选人的办法。完善选举制度，是实行民主监督的有效方式。同时，还要看到，由于受几千年来的封建专制制度的影响，由于高度集中的领导体制，由于政治运动接连不断，建国以后，党内民主和人民民主的发展是不充分的，特别到 20 世纪 50 年代后期，党内民主生活越来越不正常，党内的批评受到压制，甚至把阶级斗争引入党内。这样，监督制约的职能无法发挥作用。要真正建立和健全监督制约机制任重而道远。

（二）改革开放以来监督的理论和实践

十一届三中全会以来，党中央、邓小平高度重视、反复强调加强监督问题。20 多年来，我们党在监督的理论和实践上有新的进展，取得了一定的成绩。

1. 全党对加强监督的重要性、紧迫性的认识大大提高了

执政党必须强化对权力的监督制约机制，已形成全党的共识。首先，是全党对执政党地位的认识深化了。执政党是掌握国家政权的党，各级领导机关和领导干部手中拥有很大的权力。这种权力的运用，如果缺乏有效的制约和监督，就会造成决策和决策执行的失误，就会导致权力的滥用和腐败，就会危及党的执政地位的巩固。其次，深刻总结了我党执政以来的经验教训。执政后的前 30 年我们之所以走了一条曲折的道路，其中一条重要原因就是高度集中的领导体制，使领导机关和领导干部得不到有效的监督，党和人民无法制止领导者错误的发生和发展。再次，改革开放和发展社会主义市场经济条件下，由于监督制约机制不完善，监督不力，党内腐败现象和各种不良风气呈上升趋势，败坏党在群众中的形象，破坏了党群关系、干群关系。邓小平指出：由于中国共产党居于领导地位，党的路线、方针、政策正确与否，工作做得好坏，关系着国家的前途和社会主义事业的成败。同时，由于我们党的执政党的地位，我们的一些同志很容易沾染上主观主义、官僚主义和宗派主义的习气，因此，对于我们党来说，更加需要听取来自各方面包括民主党派的不同意见，需要接受各方面的批评和监督，以利于集思广益，取长补短，克服缺点，减少错误。江泽民指出：我们党执政以后，特别是在新的历史条件下，能不能成功地解决党内监督问题，尤其是高中级干部的监督问题，是加强党的建设需要解决的一个重要问题。越是改革开放，越要加强和健全党内监督；越是领导机关、领导干部，越要有严格的党内监督。近几年来中央一再强调要重视加强党内监督，从上到下都采取了一些措施，监督工作是有进步的。但是党内监督特别是对高中级领导干部的监督，仍然是一个薄弱环节。党内存在的一些消极腐败现象

之所以屡禁不止，有的情况还日趋严重，一个重要原因，就是相当一些地方和单位的党组织和领导者治党不严，对党员干部特别是领导干部疏于教育、疏于管理、疏于监督。有的领导干部对出现的问题，不仅不能见微知著，而且在问题已经比较严重了还麻木不仁，甚至包着、护着，该教育的不教育，该批评的不批评，该查处的不查处。尤其是对那些所谓"熟人"、"能人"、"名人"、"要人"和"有背景"的人，即使问题严重，也往往宽容有加，甚至姑息迁就。因此，对领导干部必须严格要求，严格管理，严格监督。如果得不到有效的监督，不注意扩大党和国家的民主生活，就一定会脱离群众，犯大错误。

2. 明确监督的重点是领导机关和领导干部

党的十四届四中全会决定指出："党内监督的重点是党的各级领导机关和领导干部"。因为领导机关和领导干部，特别是掌握最高决策权的领导机关和领导干部，他们能不能正确使用权力，关系着党和国家的前途和命运。为了维护党和人民的根本利益，防止权力腐败，防范各种违法违纪行为，必须加强对他们的监督。邓小平说："党要管党，一管党员，二管干部。对执政党来说，党要管党，最关键的是干部问题，因为许多党员都在当大大小小的干部。"① 他还说，对各级领导干部的监督，有来自上面的，来自下面（下级）的，来自群众的，也有来自党小组生活的，但最重要的是领导班子内部的监督。因为上级不是能天天看到的，下级也不是能天天看到的，同级的领导成员之间是彼此最为熟悉的。加强领导班子内部的监督，要坚持和健全组织生活会、党员领导干部民主生活会。江泽民也强调：干部权力越大，责任就越大，对他们运用权力的行为就越应当严格的监督。实践表明，从十四大以来，我们党不断加大惩治腐败的力度，查处了一批大案要案。特别是对陈希同、王宝森、胡长清、成克杰等高级干部违法违纪案件的查处，充分显示了我们党惩治腐败的决心和力度。同时，我们还应当看到，我们对领导干部的监督还缺乏有效的制度和机制，监督得还是不够的。正如江泽民2000年1月在中纪委第四次全会上的讲话中所指出：从这些年和最近揭露出来的一些大案要案来看，一些领导干部搞权钱交易、权色交易，简直到了利令智昏、利欲熏心、胆大包天、无法无天的地步！据了解，

---

① 《邓小平文选》第1卷，人民出版社1994年版，第328页。

这几年查处的领导干部违纪违法案件，大多数是群众举报或查办其他案件牵带出来而获得线索的，这在很大程度上反映出对领导干部的监督软弱无力。这里面的突出问题，就是还没有完全形成有效的监督管理制度和机制，越是高级干部越缺少有力的监督和管理。看来，这是干部工作中的一个薄弱环节。要纠正干部工作中重选拔任用，轻任后监督的现象。不管是谁，有了问题都要严肃对待，加大监督力度，特别要加强主动监督，把监督的关口往前移，加强事前防范。努力做到领导干部的权力行使到哪里，领导活动延伸到哪里，党组织的监督就实行到哪里。对领导干部工作时间内的表现要监督，工作时间以外的活动也要注意。只有强化对领导干部特别是高中级领导干部的监督[①]揭露和查处他们中的违法违纪、腐败的案件，我们党的建设和反腐败斗争才能真正取得成效，才能真正取信于民，也才能保证我们的改革开放和现代化事业健康顺利地进行。

3. 有效的监督必须以法规和制度为依据

毛泽东强调要有一个章程，就是为了监督。邓小平认为，加强和健全党内监督，一靠教育，二靠法制，还是要靠法制，搞法制靠得住些。1986年9月中央《关于社会主义精神文明建设指导方针的决议》中指出：要“严格执行党的纪律，建立和健全党内监督制度和人民监督制度，使各级领导干部得以有效的监督”。党的十四届四中全会又强调“要完善党内监督制度，制定党内监督条例”。党的十一届三中全会以来，按照邓小平关于加强党内制度建设和国家民主法制建设的思想，党和国家加大了建章立制和制定法律法规的力度，出台了一批规范党员、党员领导干部行为的制度法规，这就为加强监督提供了依据和前提。比如，除了党章和宪法外，制定了《关于党内政治生活的若干准则》、1979年中共中央、国务院制定的《关于高级干部生活待遇的若干规定》、1993年中共中央、国务院制定的《关于党政机关领导干部廉洁自律的五项规定》、1995年中共中央制定的《党政领导干部选拔任用工作暂行条例》、1997年中共中央制定的《中国共产党党员领导干部廉洁从政若干准则》和《中国共产党纪律处分条例》，国家还制定了《国家公务员暂行条例》、《国家行政机关工作人员贪污贿赂行政处分暂行规定》

---

① 转引自《邓小平文选》第1卷，人民出版社1994年版，第270页。

等等。这些条例、法规的制定，对于规范党员和领导干部的行为和加强监督起着重要的作用。

但是，总起来看，我们目前已有的监督制度和机制还是不系统、不配套、不健全的。一是随着改革的深入和社会主义市场经济的发展，原有的监督性条规有些明显滞后，而与新形势相应的制度和机制还跟不上，造成监督制度有些内容和现实脱节，操作性和有效性差。二是已有监督条规不够完备，不系统、不配套，缺乏具体的实施细则。有的条规原则性的、粗线条的、有弹性的规定多，量化的、具体的、刚性的规定少。三是对落实监督的条例、法规缺乏有效的监督检查机制。已经制定的条规，关键在于落实。不落实、不执行怎么办？目前看来办法不多。因此，要健全监督制度，要力求做到完整性、统一性、超前性和可操作性。其内容和方式，应当包括党组织对党员的监督、党员对党组织和党员领导干部的监督、党员之间和领导干部之间的相互监督、党的上级组织和下级组织的相互监督、人民群众的监督、专门监督机构的监督，等等。核心是要构建起自下而上的监督和群众监督的机制和体系。

4. 要有专门机构进行铁面无私的监督检查

邓小平指出："要有群众监督制度，让群众和党员监督干部，特别是领导干部。凡是搞特权、特殊化，经过批评教育而又不改的，人民就有权依法进行检举、控告、弹劾、撤换、罢免，要求他们在经济上退赔，并使他们受法律、纪律处分。对各级干部的职权范围和政治、生活待遇，要制定各种条例，最重要的是要有专门的机构进行铁面无私的监督检查。"① 鉴于"文化大革命"取消党内专门监督机构的教训，党的十一届三中全会以后，立即着手自上而下地建立党内专门监督机构。这个时期党内监督机构之健全、职能之扩大、发挥作用之大，是新中国成立以后所没有的。

一是重新建立健全了党内专门监督机构。党的十一届三中全会建立了以陈云为书记的中央纪律检查委员会。此后，根据 1979 年中纪委和中组部联合下发的《关于迅速建立健全各级纪律检查机构的意见》，党的各级纪律检查机构相继建立，并不断完善纪检机关的内部建设。与此

① 《邓小平文选》第 2 卷，人民出版社 1994 年版，第 332 页。

同时，政府系统的监察机构和司法系统的检察机构也不断健全和完善。二是党内专门监督机构的地位相应提高。其一党章中恢复了“文化大革命”中被取消的关于党内专门监督机构的规定，并专列一章。其二中央和地方各级纪律检查委员会由党的全国代表大会和地方各级代表大会选举产生，并向其报告工作。其三党的各级纪律检查委员会的任务不单是处理案件，而主要的是维护党章和其他党内法规，协助党委搞好党风廉政建设，检查党的路线、方针、政策的贯彻执行，具有“保护、惩处、监督、教育”四项职能。其四各级纪律检查委员会书记由同级党委常委、副书记一级的干部担任，中央纪律检查委员会派驻中央和国家机关各部委的纪检组长必须相应于该机关的副职干部担任。三是党内专门监督机构的职权相应扩大，党的纪律检查委员会的职权除了党章规定的主要任务外，为了进一步健全和加强党内监督机制，充分发挥党的纪律检查委员会对党政干部，特别是对省（部）级领导干部的监督作用。经中央同意，中纪委1997年制定了《关于重申和建立党内监督的五项制度的实施办法》。这五项实施办法是：（1）中央纪律检查委员会根据工作需要，选派省（部）级干部到地方和部门巡视，其任务是了解省、自治区、直辖市和中央、国家机关部委领导班子及其成员贯彻执行党的路线、方针、政策以及廉政情况，有关情况直接报告中央纪委，中央纪委及时报告党中央。（2）党的地方和部门纪委（纪检组）发现同级党委（党组）或它的成员有违反党的纪律的情况，有权进行初步核实，并直接向上级纪律检查委员会报告，任何组织和个人不得干预和阻挠。（3）党的地方和部门的纪委（纪检组）接到对下一级党委（党组）成员的检举和控告，必须报告上一级纪律检查委员会，任何人无权扣压。（4）凡属地方和部门主要领导干部的提拔任用，党的组织部门在提请党委（党组）讨论决定之前，应征求同级纪委（纪检组）的意见。（5）各级纪检监察机关领导干部的提名、任免、兼职、调动，各级组织、人事部门必须事先征得上级纪检监察机关的同意。这样，就使纪检监察机关在监督领导干部的职权方面更加具体化了。

5. 积极鼓励各地探索民主监督的新途径、新方式

要加强监督，不断完善监督制度，必须坚持上级组织和下级组织相结合，专门机关和人民群众相结合，吸取地方、基层和人民群众在实践中的新鲜经验。目前各地都在探索和试行强化监督的途径和方式，比如

“两公开、一监督”制度（即公开办事制度，公开办事结果，接受群众监督）公开选拔领导干部制度，竞争上岗制度，干部考察、任用失察失误责任追究制度，党风廉政建设责任制度，有的地方还在试行党代表大会常任制，等等。所有这些都有利推进民主监督，需要认真总结这方面的经验。

十一届三中全会以来，尽管在监督的理论和实践上取得历史性的进步和成绩，但是，我们应该清醒地看到，目前我们党实际的监督制约机制所发挥的作用是有限的，所取得的成效也是初步的，党内、党外广大群众并不满意，而且成为社会的一个热点问题。究其原因，主要是：党内民主和人民民主不充分；特权观念、人治观念根深蒂固；权力过分集中的体制还没有从根本上解决；规章制度不完善、不系统。就监督的运行方式来说，自上而下的监督多，自下而上和横向的监督少；事后监督多，事前、事中监督少；组织对个人的监督多，普通党员和群众对组织和领导干部监督得少。这样的监督运行方式势必存在着大量的“虚监”、“弱监”、“禁监”现象，对领导干部、特别是对所谓“一把手”的监督难以到位。当前，对权力监督乏力的集中表现，就是滥用职权、腐败现象的滋生、蔓延而得不到有效的遏制。因此，强化对权力运用的制约监督仍然是今天党和国家政权建设面临的一个重大而紧迫的课题。

四、执政党强化制约监督的若干思考

对权力的制约监督问题是任何一个政权得以规范运作的必要条件，也是执政党应该高度关注的问题。随着我国改革开放和社会主义市场经济的进一步发展，传统计划经济体制逐步瓦解，国内经济成分、利益主体、社会组织、生活方式日益多样化，社会生活迫切需要强化对权力的监督和制约，而目前我国权力运作的规范化体系又没有建立起来，制度约束和法律规范都还不完善，权力腐败的现象还十分严重。因此，如何从体制和法制两个方面构建一个规范化的权力运行机制，强化对权力的制约监督，是我们必须认真思考并着力解决的问题。

（一）实行有效的监督要以发展民主为前提

对权力的监督是否有效与党和政权的民主化程度密切相关，强化对权力的监督必须从我国的具体国情出发，大力发展党内民主和社会主义民主。民主是专制、独裁的对立物。在党内党员是党的主人，是党的决策主体。党内民主的本质就是由党员决定党内重大问题和管理党的事务。因此，充分发扬党内民主，是执政党建设的内在要求，也是强化权力监督的前提。社会主义国家政权从本质上说就是人民群众当家作主的政权；发展社会主义民主是时代的呼唤，是人民的期望，也是我们党一直为之奋斗的政治目标。新中国成立50多年来，尤其是改革开放20多年以来，我国社会主义民主政治建设有了长足的发展，人民群众在社会政治生活中的地位有了显著的提高。但是，离社会主义的本质要求还有较大的差距，不仅是实践上的差距，而且也有思想观念上的差距。发展社会主义民主首先要大力宣传社会主义民主政治理论，增强党员和群众的民主意识。中国是一个封建专制统治很长而又缺乏民主传统的国家，在社会上以至在党内民主意识、平等观念和民主生活的锻炼不足，而等级观念、特权思想和家长制作风等仍然有广泛的市场。有的人不知道自己应享有民主权利，也不知道怎样行使自己应有的权利，不懂得用法律武器维护自己的权利；而另外一些人肆意践踏别人的民主权利，却往往得不到应有的谴责和法纪的追究。民主在一定程度上还是一种缺乏程序、没有形成普遍的行为习惯的政治理念。因此，我们应当花大力气提高党员的平等意识、参与意识，增强自己的民主权利意识和依法维护自己正当权利的意识。其次，要切实保障党员的民主权利。党员民主权利是以党章和党内其他法规形式确认党员在党内应享有的权利和利益。它是党内民主的基础，是党员在党内主人地位的体现。尊重和保障党员民主权利的目的在于使每个党员都关心、参与党内事务，发挥党员的积极性、主动性，保证党的事业的发展。为此，一方面，要教育党员自觉地去争取和维护自己的民主权利；另一方面，党组织要尊重并采取有效措施保障党员的民主权利。比如，切实落实党员权利保障条例，疏通和拓宽党内民主渠道，对侵犯党员权利的组织和个人应给以严肃的制止和处理等等。所以，发展党内民主和社会主义民主必须消除封建政治文化的消极影响，增强党员和群众的民主意识和权利意识，并要教育党员干部尤其是各级领导干部正确认识自己手中的权力，摆正党和人民、干部和群众之间的主仆关系。

发展社会主义民主必须从制度上落实人民群众当家作主的权利。所谓民主就是广大人民群众在国家和社会政治生活中当家作主。民主不是资本主义的专利，社会主义应该有比资本主义更高、更发达的政治民主；民主也不只是写出来的招牌、喊出来的口号，共产党领导的社会主义国家应该赋予人民群众实实在在的当家作主的权利。既然共产党已经在自己的章程和国家的宪法中承诺让人民群众当家作主，党就有义务也有责任维护人民群众当家作主的权利，应该为人民群众参与国家和社会政治生活创造条件。也就是说，共产党要通过建立一种科学、合理的国家政治体制来表达人民群众的愿望，维护人民群众的利益，真正像毛泽东当年所设想的那样：让人民群众来监督我们的党和政府，让每一个人都来负责任。只有这样，党对人民群众当家作主的承诺才不至于落空。民主是社会主义国家政权的政治基础，也是权力监督的制度前提。没有真正的制度民主，监督权力就是一句空话。

（二）实行有效的监督要以健全的法制为基础

现代政治生活的实践表明，健全的法制是对权力实行有效监督和制约的重要基础。道德和法制是监督并制约权力的两种基本手段，二者缺一不可，但法制是基础、是主导。传统道德政治因为依赖于政治家自身的内在修养，缺乏一种外在的责任机制，对政治风险的控制完全取决于政治家自身的能力。道德政治虽然可能创造一种最好的政治氛围，但也可能造成最坏的结局。更为严重的是，片面强调道德政治必然导致整个社会政治环境经常处于一种不稳定、不可预测的状态。大量事实证明，法制虽然不可能达到最好的效果，但可以避免最坏的结局，并且能够从整体上保持一种相对稳定的社会政治环境。所以，邓小平在经历了“文化大革命”的惨痛教训之后深有感触地说：还是搞法制靠得住些。

法制政治虽然是资本主义社会的产物，但它决不是也不应该是资本主义的专利，而是人类政治文明的共同成果。社会主义理所当然要吸取资本主义政治的进步成果，建立一种以法制为主导的公民政治。社会主义国家不仅应该创造比资本主义更高更切实的民主，而且也应该建立比资本主义更完善的法制。建立一种以法制为主导的政治制度模式不仅是现代政治生活的普遍要求，也是发展社会主义市场经济的现实需要。随着改革开放的不断深入和社会主义市场经济的进一步发展，社会生活日益复杂化和多样化，这种复杂多样的社会环境改变了并且还在改变着人们的思想观念和社会关系。适应社会发展的需要，建立完善的法制体系越来越成为社会主义市场经济规范运作的安全阀和社会协调发展的稳定器。江泽民在党的十五大政治报告中明确指出："要实现整个国家政权运作的制度化和法律化，要使这种制度和法律不因领导人的改变而改变，不因领导人的看法和注意力的改变而改变"。也就是说，任何一种权力包括一把手的权力都不是无限的，而是要受到监督和制约的。这恰恰是在总结我国社会主义建设历史经验教训的基础上，适应现代政治生活的普遍要求和发展社会主义市场经济的实际需要，对国家政治体制和权力运作方式所作出的一种理性选择。随着社会主义市场经济的发展，我国人民的法律意识正在逐步增强，市场经济的法律体系日益完善，权力结构将会逐步趋向合理，权力运作也会进一步得到规范。展望新世纪，一个崭新的社会主义法制国家正迎着新世纪的曙光向我们走来。

（三）理顺权力的授受关系

社会主义国家政权是人民的政权，人民是国家的主人，也是国家权力的最终主体。党和政府及其领导干部手中的权力是人民授予的，是一种受委托的权力，权力主体有义务为人民掌好权，并对自己行使权力的后果负责任。强化对权力的制约监督必须理顺权力的授受关系，而理顺权力的授受关系关键是要完善选举和罢免制。

1. 要完善各级党委和人大的选举职能

党内选举要全面落实党章的有关规定，充分体现民主精神。要增强党员干部的民主意识，彻底消除党内依职位形成的等级观念；要实行党代会代表届中常任制并建立代表联络制度；代表大会闭会期间党内职务的任免必须召开代表会议表决通过；人大选举要进一步完善制度，充分体现选举人的意志。要进一步规范党委提名的工作程序；要公开职位要求和候选人的任职条件；要加强基层政权的民主建设，扩大人大选举的民主基础。各级党委和人大都要按时召开代表大会，要进一步提高党代表和人大代表的素质，要严肃查处选举过程中的各种违规行为。

2. 要完善选举人对他们所选干部的罢免制度

罢免权是授权主体的一项重要权力，没有罢免权的民主是不健全的，没有罢免权的监督是乏力的。落实罢免权的关键是要完善民主制度，建立规范的、真正体现民主精神的罢免程序。要彻底改变目前实际上存在的只有违法犯罪才能罢免的不正常现象，要从制度上真正落实对不称职干部的罢免；要消除干部罢免过程中的长官意志，通过完善制度、规范程序来体现干部罢免的民主精神；要逐步消除官本位观念和职位崇拜意识的消极影响，引导国民正确看待无过错免职，避免由于这种免职造成对干部自身自尊心和人格的损伤。

（四）健全和完善监督体制

健全和完善监督体制的核心是构造一种科学、合理的权力结构和权力运行机制。要在党、人大、政府三分权力的基础上形成有效的相互制衡机制，同时构造以人大监督为主体，党内监督、行政监督、法律监督和舆论监督互相配合的监督机构和制度体系。

1. 要实行合理的权力分割

分权是避免家长制和个人专断的必然选择。我们讲权力分割当然不是资本主义的三权分立。从一般意义上说，所谓权力分割是指不同的权力要由不同的权力主体来行使，也就是要从制度上防止和避免权力过分集中的现象发生。可以说，权力过分集中是我国政治生活中的老大难问题，这个问题至今仍然没有解决好，有封建政治文化的消极影响，也有社会主义实践中的挫折和失误。邓小平不止一次指出：权力过分集中是我国政治生活中最突出的问题，而党政不分是这一问题的典型表现。由于权力过分集中在个人手里，所以，对一把手的监督至今仍然是一个悬而未决的问题。解决这一问题必须改革和完善我们的政治体制。现在的问题是，一提到权力分割就有人把它与资本主义三权分立画等号，以至于一触及这一问题就会有过敏症。其实，分割权力是制约权力的前提，也是任何一个现代政权得以规范运作的必要条件。一个集各种权力于一身的政府、政党或个人，不要说难以应付现代政治生活的复杂局面，就是要保持自身的廉洁也是不可能的。按照合理分权的要求实施政治体制改革，一是要进一步实行党政职能分开和政企分开。二是要全面落实人大的法定职能。三是要杜绝行政权力对社会生活各个方面的微观干预。

2. 要建立不同权力主体之间的相互制衡机制

制衡是社会主义政权本身应该具有的一种内在机制，也是约束权力、消除腐败的先决条件。所谓制衡就是国家政权在实行合理分割的基础上，各相关权力主体之间互相监督制约以及由此造成的权力平衡。不同权力主体之间要形成一种法定的制衡机制，必须在发展民主的基础上实行合理分权，在合理分权的基础上加强各权力主体之间的相互监督和制约，避免权力过分集中以及由此造成的非规范化运作和损害人民群众利益的消极腐败现象。解决权力之间的相互制衡问题，必须按照社会主义政权的本质要求和党的十五大精神加强社会主义法制建设，通过法制来规范和制约国家的各项权力。

3. 健全和完善监督体制必须建立以人大为主的监督组织体系和制度体系

一是要从组织上巩固人大的法定地位，依法落实人大的选举和监督职能。二是要在进一步实行党政职能分开、发扬党内民主的基础上强化党内监督。三是要减少以至消除行政权力对司法的干预，强化法律监督的刚性权威。四是要引导不同利益主体参与政权运作，充分发挥民主党派在参政议政中的监督作用。五是要制定和完善新闻舆论法规，在坚持党依法管舆论的前提下，强化新闻舆论的监督功能。六是要完善社会主义民主制度建设，进一步拓宽人民群众参政议政的渠道，发挥群众监督的基础性作用。

（五）各种监督主体的有机配合和制约

应该说，我国目前的监督职能机构并不少，党内有纪律检查机构、行政有监察和审计部门、国家有人民代表大会、司法系统有反贪局、社会还有新闻媒体。但是，监督的效果却并不理想，消极腐败现象仍然十分严重，与廉政建设的客观要求还存在较大差距。因此，理顺各监督职能机构之间的权力和职能关系，强化监督主体的权威，引导各方监督主体既密切配合又相互制约，是实施有效监督的必要条件。

1. 要明确各监督主体的职能界限，分清责任，减少扯皮

我国现有的监督职能机构虽然各有其存在的合理性，但由于缺乏统一的制度安排，不同的监督机构之间也还存在职能交叉、责任不清甚至互相扯皮的现象。这种状况造成的消极后果至少有两个：一方面，对于老百姓来说，监督机构多了不知道找哪一个部门投诉最合适，而且经常会出现“门难进，脸难看，话难说，事难办”的尴尬局面；另一方面，对于监督机构来说，由于职能交叉，责任不清，造成监督机构之间互相扯皮的现象经常发生。遇到一些复杂、棘手而又没有油水的案子就互相

推诿；遇到一些经济类案件，如果还能拿到好处，就会争着去办。互相推诿必然影响监督效率，而争着办案又会损害监督主体的形象。消除这些不良影响，必须进一步明确各监督主体的职能界限，分清各自的监督范围和监督责任，减少以至杜绝互相扯皮的现象发生。

2. 要建立各监督主体的联系例会制度，沟通信息，互相配合

目前众多的监督机构分别属于不同系统和不同部门，互相之间没有什么联系，即使有联系也是属于自发性质的，缺乏必要的规范和制度，信息沟通以及相互之间的配合与支持都还很不够，没有形成整体的合力。为了强化监督力度，发挥各监督机构的综合效能，有必要建立各监督机构之间的联系例会制度，定期召开监督工作联席会议，互通信息，交流经验，共同研究监督工作面临的新情况和新问题，互相取长补短，改变目前监督工作单兵作战的分割状态，注意发挥各监督机构的综合优势，形成整体合力，努力提高监督工作效能。

3. 要加强对监督者的监督

监督机构要有权威，这是实施有效监督的前提。但是，监督机构本身也要接受监督，这是保证监督机构正常、高效运作的重要条件。监督机构的权力越大，其自身接受监督的必要性也就越大。对监督者的监督需要做好三件事：一是要明确监督者的职能边界，规范监督工作程序，落实违规操作、执法犯法的责任。二是要疏通群众参与监督的渠道，充分利用现代信息技术和传媒手段，引导群众参与对监督者的监督。三是要重视监督机构互相之间的交叉监督。比如：新闻媒体的监督就应该包括对所有监督机构的监督，新闻媒体自身也要接受法律的监督；人大监督政府也包括监督政府的监察和审计，人大监督执法也包括监督反贪局，而人大自身也要接受舆论监督和群众监督；党委纪律检查部门实施党内监督当然包括对其他监督机构的党员干部进行监督，纪检部门自身也要接受党内监督、群众监督和新闻舆论监督。问题在于这种交叉监督必须制度化、规范化，必须消除长官意志对监督工作的不规范干预。

实现党的领导的重要途径：使党的主张成为国家意志

（2003 年 11 月）

作为执政党，我们党对国家和社会的领导是通过国家政权机关、经济组织、文化组织以及群众组织等各种渠道实现的。党运用制度和法律，规范党组织和政权机关及其他非党组织的关系，按照各自的法定职能行使自己的职权，既保证党的领导，又充分发挥各非党组织的作用。

经过法定程序，使党的主张变成国家意志，是实现党的领导的重要途径，也是党的一个主要执政方式。党的十六大报告在谈到改革和完善党的领导方式和执政方式时，其中重要的一条就是“支持人大依法履行国家权力机关的职能，经过法定程序，使党的主张成为国家意志，使党组织推荐的人选成为国家政权机关的领导人员，并对他们进行监督”。这就把党组织和人大的职能及其相互关系建立在科学的基础上，把党的领导和发挥人大的作用统一起来。

党和人大性质的不同，决定了各自职能的不同。早在抗日战争时期，邓小平就指出：党对政权要实现指导的责任，使党的主张能够经过政权去实行，党对政权要实现监督的责任。党的领导责任是放在政治原则上，而不是包办，不是遇事干涉，不是党权高于一切。党不是行政组织、生产组织，也不是国家权力机关，而是政治组织，党的性质决定了党不能代替国家意志，不能干预国家权力机关职权范围内的工作，而是要通过提出路线、方针、政策，通过思想教育，通过向国家机关推荐重要人选，来实现自己的领导。因此，执政党对国家和社会实现领导的基本方式之一，就是向国家权力机关提出建议，通过法定程序，使自己的主张和重大决策获得国家权力机关的认同，确定为法律或决议，使其成为国家和全体人民的意志。

党的路线、方针、政策和国家权力机关制定的法律，作出的决议在适用范围和实施手段上不同。党的路线、方针、政策是人民的意志和利益的科学体现，国家的宪法和法律是党的主张和人民意志的统一，是党的路线、方针、政策的条文化、定型化。两者在本质上是完全一致的。但党的路线、方针、政策和国家的法律、决议在适用范围、实现手段上有所区别。党的路线、方针、政策只在党内有约束力，对党外群众只有号召和指导作用；而法律则对任何组织、任何个人都有普遍的适用性，而且对不执行或者违背法律的可以强制其执行。可见，把党的主张变为国家意志，实行依法执政，是执政党实现领导的规律性反映，也是最科学、最有效的执政方式。

使党的主张成为国家意志，需要明确党的哪些主张必须经过法定程序成为国家意志。这就要进一步明确和规范国家权力机关重大事项的决定权。国家意志的形成、确认和表达是由国家权力机关来实现的。而国家意志的基本内容，就是对法定的重大事项作出决定。这里的关键是明确什么是重大事项，而这些事项必须是“法定”的，不是任意的。从我国现行的法律法规来看，对于重大事项的界定还不具体、不明确，操作性不强。因此，必须在总结经验的基础上，从实际出发，探索重大事项的具体内容，并用法律法规的形式固定下来。从全国范围讲，使党的主张成为国家意志的重大事项主要有：一是修改宪法和制定、修改国家的法律。二是国民经济和社会发展战略与中长期发展规划。三是改革、发展和稳定中带有全局性的重要事项。四是国家领导机构重要干部人选的推荐。这些重大问题由党中央提出建议，由全国人大及其常委会审议决定。就地方来说，主要是通过法定程序把党的主张由人大及其常委会变成地方性的法规；将党委关于本地区经济社会发展和改革的重大事项建议由人大及其常委会作出决定；将党委关于政府组成人员的人事安排建议变成人大及其常委会的决定等。

使党的主张成为国家意志，需要有充分的条件作保证。这些条件包括：一是党提出的主张是正确的，符合人民的意愿。比如，法律法规的预案必须充分反映经济社会生活的实际和人民的利益，国家机关领导人员的推荐人选必须保证是最优秀的并适宜担任某项领导职务的。二是国家机关的工作人员和人大代表、人大常委会组成人员，必须站在党和人民的立场上，通过自己的表率作用和创造性的工作，使党的主张成为国家意志变为现实，并在自己的工作中坚决贯彻落实。三是按程序办事。党要支持人大依法履行国家权力机关的职能。要正确认识人大在国家政治生活中的地位和作用，使人大真正成为国家权力机关。党行使领导权与人大行使国家权力的过程应有一定的制度和机制，进一步将人大的权力和职能具体化。比如，党委提出的议案，应尊重和支持人大独立地进行审议和决策。当党委的提议未被人大或其常委会通过时，党委应尊重人大的决定。党委向人大推荐国家政权机关的人选应符合法律程序，防止以各种形式干预选举过程，充分尊重人大的选举结果。

马克思主义党的学说是发展的科学

（2003 年 12 月）

任何一种理论、思想、观点，都是在一定条件下产生、发展的，都带有它的时代特点和历史背景。党的建设是一个动态过程，它必须与党所处的时代和一定历史阶段党面临的任务相联系，与党所处的客观环境相适应；而党的建设的理论也是在这种联系和适应中、在不断解决党的建设面临的新问题中得以丰富和发展的。马克思主义党的学说是一门科学，它是在实践中不断发展的。马克思、恩格斯在建党实践中为无产阶级政党建设奠定了理论基础。列宁在建立俄国新型无产阶级政党的实践中发展了马克思主义的建党理论，创立了一套完整的建党学说。中国共产党创造性地把马克思列宁主义党的学说运用于中国党的建设，丰富和发展了这个理论，形成了有中国特色的毛泽东建党思想、邓小平新时期建党理论和“三个代表”重要思想。

在新的历史时期，要把我们党建设成为有战斗力的马克思主义政党，成为领导全国各族人民进行社会主义物质文明、政治文明和精神文明建设的坚强核心，就必须坚持以马克思列宁主义、毛泽东思想的建党理论和邓小平新时期的建党理论为指导，按照“三个代表”的要求，全面加强党的建设。邓小平指出：我们搞改革开放，把工作重心放在经济建设上，没有丢马克思，没有丢列宁，也没有丢毛泽东。老祖宗不能丢啊！为了深入学习和研究改革开放和社会主义市场经济条件下党的建设的理论问题和实际问题，研究新情况，总结新经验，有必要认真学习马克思主义党的学说及其发展的历史，学习无产阶级革命导师及我党领导人论述的关于党的学说的基本原理。

一、马克思、恩格斯奠定了无产阶级政党建设的理论基础

马克思、恩格斯创建了世界上第一个无产阶级政党，并在近半个世纪的建党实践活动中，提出了无产阶级政党建设的基本原理，为建立无产阶级政党奠定了理论基础。

（一）马克思、恩格斯科学地论证了建立无产阶级革命政党的历史必然性

19世纪中叶，一方面，随着资本主义的发展及其固有矛盾的日益显露，无产阶级的队伍也随之壮大，工人运动蓬勃开展；另一方面，由于科学技术的进步和社会科学的新成就，马克思、恩格斯在总结工人运动的经验和继承人类优秀的自然科学和社会科学新成果的基础上，创立了科学社会主义理论。这样，把科学社会主义同工人运动结合起来，创立一个与资产阶级政党对立的、独立的无产阶级革命政党的基本条件已经成熟。

马克思、恩格斯认为，无产阶级政党是社会经济和工人运动发展到一定阶段的必然结果。资产阶级的剥削和压迫，激起工人的反抗和斗争。这种斗争由最初个别的工人和资本家的冲突发展为阶级斗争，由经济斗争发展为政治斗争，由自发的斗争转变为自觉的斗争，这就不可避免地要使工人团结起来，形成为阶级，建立自己的政党。《共产党宣言》指出："随着工业的发展，无产阶级不仅人数增加了，而且它结合成更大的集体，它的力量日益增长，它越来越感觉到自己的力量。"① "无产者组织成为阶级，从而组织成为政党这件事，不断地由于工人的自相竞

① 《马克思恩格斯选集》第1卷，人民出版社1995年版，第281页。

争而受到破坏。但是，这种组织总是重新产生，并且一次比一次更强大，更坚固，更有力。”①

马克思、恩格斯认为，无产阶级要摆脱一切旧政党的影响，必须建立自己的独立政党。在资产阶级革命时代，无产阶级曾经作为资产阶级的追随者参加过反封建的民主革命，在思想上、政治上不能不受到资产阶级和小资产阶级民主派的影响，它还不可能形成一支独立的政治力量。因此，马克思、恩格斯强调，必须建立一个独立的革命政党，这个党必须在思想上、政治上、组织上同一切旧政党划清界限，它的政策必须表现出无产阶级解放的条件。他们指出：“工人，首先是共产主义者同盟，不应再度降低自己的地位，去充当资产阶级民主派的随声附和的合唱队，而应该努力设法建立一个秘密的和公开的独立工人政党组织，同那些正式的民主派相抗衡，并且应该使自己的每一个支部都变成工人协会的中心和核心，在这种工人协会中，无产阶级的立场和利益问题应该能够进行独立讨论而不受资产阶级影响。”②

马克思、恩格斯认为，无产阶级要保证社会革命的胜利和实现共产主义，必须建立自己的革命政党。在资本主义制度下，无产阶级面对的敌人是强大的，斗争的情况是复杂的。资产阶级不仅有强大的物质力量和一套庞大严密的国家机器，而且有一套系统化的意识形态和丰富的统治经验，它们对无产阶级革命斗争既有暴力镇压的一手，又有欺骗、收买的一手。这决定了无产阶级社会革命要取得胜利，必须有革命理论武装的先进政党的领导。只有这样的党，才能为无产阶级革命制定正确的纲领、路线、政策和策略，指明正确的道路方向。

（二）马克思、恩格斯的建党实践活动

马克思、恩格斯为创立和组织无产阶级政党贡献了自己的一生。1847 年，他们创立了世界上第一个国际性的无产阶级革命政党——共产主义者同盟。1846 年初，马克思、恩格斯在布鲁塞尔建立了共产主义通讯委员会，经过通讯委员会对各国社会主义团体内部情况的了解，他们把注意力集中到改造正义者同盟上面。1847 年初，正义者同盟在

① 《马克思恩格斯选集》第 1 卷，人民出版社 1995 年版，第 281 页。

② 《马克思恩格斯选集》第 1 卷，人民出版社 1995 年版，第 369 页。

伦敦召开代表大会，根据马克思、恩格斯的提议，把正义者同盟改组为共产主义者同盟，用“全世界无产者，联合起来”的口号代替了原来阶级界限模糊的“人人皆兄弟”的口号。大会讨论了同盟的章程和纲领，选出了同盟的中央领导机构。这也即是共产主义者同盟的第一次代表大会，它标志着世界上第一个用科学社会主义理论武装的无产阶级政党的诞生。1847年底，共产主义者同盟在伦敦召开第二次代表大会。大会讨论通过了《共产主义者同盟章程》，并委托马克思、恩格斯起草同盟新的纲领。马克思、恩格斯在《共产主义原理》的基础上，写成了国际共产主义运动史上第一个周详的理论和实践的党纲——《共产党宣言》。

1864年，马克思、恩格斯创立了第一国际。1848年革命失败以后，欧洲各国进入了反动时期，工人运动暂时转入低潮，共产主义者同盟于1852年解散。在这期间，马克思、恩格斯一方面，进行了大量的理论研究工作，为建党做思想理论准备；另一方面，同各国的革命者保持密切的联系，帮助他们接受革命的理论，为建党做组织上、干部上的准备。到1857年，由于资本主义社会的各种矛盾日益尖锐，爆发了新的经济危机，无产阶级和资产阶级的矛盾进一步激化，促使欧洲工人运动的重新高涨，各国相继建立了工人组织。因此，重新建立一个无产阶级国际性的组织的条件已经成熟。在马克思、恩格斯的推动下，1864年9月底在伦敦建立了国际工人协会，即第一国际。马克思出席了大会，为国际起草了《成立宣言》和《临时章程》，并被选入总委员会。在第一国际时期，马克思、恩格斯同蒲鲁东、巴枯宁等社会主义的流派作了不调和的斗争，使科学社会主义在国际工人运动中占了统治地位，“奠定了工人国际组织的基础，使工人做好向资本进行革命进攻的准备”①。

1876年7月第一国际解散以后，马克思、恩格斯为在民族国家范围内建立无产阶级政党作出了巨大的努力。1875年，统一的德国社会民主党建立以后，在英、美、法、丹麦、比利时、西班牙、意大利、挪威、瑞典、俄国等先后建立了社会主义政党和组织。马克思、恩格斯在继续进行理论研究的同时，特别关怀各国工人运动的发展，帮助和指导各国党的建设。在德国，批判了拉萨尔主义和杜林主义，指导德国党同俾斯麦的反动的“非常法”作斗争，并反对以莫斯特为代表的“左”倾

① 《列宁选集》第3卷，人民出版社1995年版，第790页。

错误和苏黎世三人团的右倾错误；在欧美各国，主要反对了工人政党中的教条主义、宗派主义和改良主义。

1883年马克思逝世后，领导国际共产主义运动的重任落到了恩格斯的身上。1889年7月，第二国际成立后，恩格斯以主要精力反对工人运动中的右倾机会主义，捍卫了马克思主义学说。

（三）马克思、恩格斯建党学说的基本原理

马克思、恩格斯在创建无产阶级革命政党的实践中，根据科学社会主义理论，阐明了党的性质和指导思想，规定了党的纲领、策略和组织原则。

第一，阐明了无产阶级政党的性质。共产党是工人阶级利益的代表者。它没有任何同整个无产阶级利益不同的利益，而是在革命发展的各个历史阶段上始终代表整个无产阶级不分民族的共同利益。共产党是工人阶级的先进部队。“在实践方面，共产党人是各国工人政党中最坚决的、始终起推动作用的部分；在理论方面，他们胜过其余无产阶级群众的地方在于他们了解无产阶级运动的条件、进程和一般结果。”① 共产党实行无产阶级的政策，其最近目的是推翻资本主义制度，建立无产阶级专政；最终目的是实现共产主义。

第二，阐明了无产阶级政党的理论基础。恩格斯指出：“我们党有个很大的优点，就是有一个新的科学的观点作为理论的基础。”② 这个共产主义的新的世界观就是辩证唯物主义和历史唯物主义。用新的世界观作指导，是共产党先进性的主要标志。

第三，制定了无产阶级政党的政治纲领和策略原则。马克思指出，纲领是一面公开树立起来的旗帜，制定一个原则性的纲领，就是公开阐明自己的意图和政治观点，“在全世界面前树立起可供人们用来衡量党的运动水平的里程碑”③。《共产党宣言》作为无产阶级政党第一个周详而完备的党纲，科学地阐明了党的最低纲领和最高纲领。在《哥达纲领批判》中，马克思进一步发挥了《共产党宣言》中关于党的纲领的思

① 《马克思恩格斯选集》第1卷，人民出版社1995年版，第285页。
② 《马克思恩格斯选集》第2卷，人民出版社1995年版，第39—40页。
③ 《马克思恩格斯选集》第3卷，人民出版社1995年版，第296页。

想，提出了共产主义社会两个发展阶段的理论。马克思、恩格斯认为，为了实现纲领，必须坚持正确的策略原则；无产阶级要支持和团结一切反对现存制度的力量，要联合农民，争取同民主政党之间的团结。同时，要把坚持原则性和策略的灵活性结合起来，决不能拿原则做交易。

第四，规定了无产阶级政党的基本组织原则。尽管当时马克思、恩格斯还未提出民主集中制的组织原则，但是，在共产主义者同盟和第一国际的文献中，对于党的组织机构、组织制度和活动方式，以及关于处理党内关系的各项规定，体现了党的组织原则的基本思想。比如，党的组织机构从基层到中央委员会，都由选举产生，并随时可以罢免，党内所有成员都一律平等；中央委员会对全党实行统一领导，全体成员必须服从党的决议，同时中央委员会必须定期向代表大会报告工作；必须实行严格的纪律，党内所有成员的生活方式和活动必须符合同盟的目的等。

第五，阐明了党的团结和党内斗争的原则。马克思指出，巩固党的团结是党富有生机的一项基本原则。号召全世界无产者，联合起来！马克思、恩格斯认为，党内团结是在原则基础上的团结，党内矛盾和党内斗争是不可避免的。

二、列宁关于新型无产阶级政党建设的理论

列宁是俄国布尔什维克党的缔造者。19 世纪末 20 世纪初，资本主义发展到了帝国主义阶段，无产阶级革命开始提到实践的日程。俄国本来是一个经济政治比较落后的国家，但到 19 世纪末也已步入了帝国主义国家的行列。在沙皇专制制度统治下，俄国社会内部存在着极其复杂的矛盾，成了帝国主义一切矛盾的集合点，它孕育的革命程度比西欧各资本主义国家要成熟得多。在俄国建立一个马克思主义政党的阶级基础和思想基础已经具备。列宁把马克思主义的建党理论同俄国的革命实际结合起来，他在创建俄国布尔什维克党和建立共产国际的实践中，在十月革命后为加强执政党建设的斗争中，丰富和发展了马克思主义党的学说，形成了一套完整的无产阶级政党学说。邓小平指出：党的学说“马克思、恩格斯讲得不多，列宁有个完整的建党的学说。正是因为列宁建立了那么一个好的党，才能取得十月革命的胜利，建立了第一个社会主

义国家”①。

（一）列宁的建党活动

1920年，列宁在《共产主义运动中的“左派”幼稚病》这篇著名的论著中，在总结俄国革命和俄国无产阶级政党建设的经验时指出：一是自19世纪40年代到90年代，俄国进步的思想界，曾如饥似渴地寻求正确的革命理论，孜孜不倦地、密切地注视着欧美在这方面的每一种“最新成就”。俄国在半个世纪里，经受了闻所未闻的痛苦和牺牲，表现了空前未有的革命英雄气概，以难以置信的毅力和舍身忘我的精神去探索、学习和实验，经受了失望，进行了验证，参照了欧洲的经验，真是饱经苦难才找到了马克思主义这个唯一正确的革命理论。“俄国革命人士对世界各国革命运动的形式和理论的熟悉，是世界上任何一国所不及的。”二是在这个坚如磐石的理论基础上产生的布尔什维主义，有了15年（1903—1917年）实践的历史，这段历史的经验之丰富是举世无比的。这是因为任何一个国家在这15年内，在革命经验方面，在各种运动形式——合法的和不合法的、和平的和激烈的、地下的和公开的、小组的和群众的、议会的和恐怖主义的形式——更替的迅速和多样性方面，都没有哪怕类似这样丰富的经历②。列宁的建党活动，正是在沙皇专制制度的条件下、在同各种反马克思主义的错误思潮和活动的斗争中，坚持了党的建设的正确方向，丰富和发展了马克思主义党的学说，创立新型无产阶级政党学说。

19世纪末，俄国工人运动的初期，革命者艰难地寻找革命的真理的时候，一方面，出现了宣扬英雄创造历史的唯心史观，否认阶级斗争、企图依靠恐怖手段来推翻沙皇专制统治的民粹主义；另一方面，出现了打着马克思主义的旗帜，宣扬资产阶级观点，企图使工人运动服从和适应资产阶级需要的合法马克思主义。这两种观点，都是抹煞阶级矛盾，否认阶级斗争，妨碍马克思主义的传播，妨碍马克思主义同工人运动的结合。列宁在1894年写了《什么是“人民之友”以及他们如何攻击社会民主主义者？》一书，揭露了民粹派冒充“人民之友”，实际上是

① 《邓小平文选》第2卷，人民出版社1994年版，第44页。

② 《列宁选集》第4卷，人民出版社1995年版，第136—137页。

人民的敌人的真面目，阐明了俄国无产阶级的历史使命，规定了马克思主义者的任务，提出要建立工农联盟，把零散的马克思主义小组组织成一个统一的社会主义工人党；同年，列宁还写了《民粹主义的经济内容及其在司徒卢威先生的书中受到的批判（马克思主义在资产阶级著作中的反映）》一文，既批判了民粹主义的经济观点，又揭露了合法马克思主义自由资产阶级的本质，批判他们赞美资本主义，抹煞阶级矛盾的资产阶级观点。列宁为建党做思想准备的同时，还积极领导工人运动，团结工人群众，为建党做组织准备。1895 年秋，他把彼得堡的各马克思主义小组合并为一个统一的政治组织——工人阶级解放斗争协会。这是马克思主义与俄国工人运动相结合的产物，是俄国工人阶级政党的雏形。在它的影响下，俄国其他许多城市也出现了类似的组织。

1898 年 3 月，俄国各地的“斗争协会”组织在明斯克召开了第一次代表大会，大会宣告了俄国社会民主工党的成立。可是，这次大会并没有把党真正建立起来。因为大会没有制定统一的纲领和章程，会上选出的领导机构不久就被破坏了。这样，工人运动内部的思想混乱和组织上的小组习气并未改变。与此同时，共产主义运动中出现了伯恩施坦修正主义思潮。在这种情况下，“斗争协会”内部一些青年人，趁列宁和其他一批老革命家被捕的机会，利用党内仍然处于分散的状况，鼓吹单纯的经济斗争，宣扬“走阻力最小”的改良主义路线，反对无产阶级革命和无产阶级专政。所以，被称为“经济派”。他们在反对“思想僵化”，反对“教条主义”和主张“批评自由”的幌子下，反对马克思主义，鼓吹伯恩施坦修正主义观点。列宁认为，要在俄国建立一个真正的独立工人政党，首先必须从思想上建党入手，坚决同伯恩施坦主义及其在俄国的变种经济派划清界限。只有从思想上划清界限，才能在马克思主义基础上完成组织上建党的任务。为此，列宁通过创办《火星报》来宣传马克思主义，反对修正主义，推动统一的工人政党的建立。同时，为了从理论上彻底击败经济派，列宁在 1901 年秋到 1902 年春，写了《怎么办?》一书。它不仅系统地批判伯恩施坦及其在俄国的变种经济派的修正主义观点，而且全面地阐明了无产阶级政党建设的思想基础。

1903 年 7、8 月间，俄国社会民主工党召开了二大。大会的主要议题是讨论和通过党纲、党章，选举党的中央领导机构。这次大会在一些重大的原则问题上展开了激烈的争论。在讨论党章时，争论的焦点集中在第一条什么人可做党员的问题上，会上提出了两个根本对立的条文，一个是列宁的条文，即："凡承认党纲、在物质上支持党并亲自参加党的一个组织的人，可以作为党员。"① 另一个是马尔托夫提出的条文，即："凡承认党纲、并在党的机关监督和领导下为实现党的任务而积极工作的人，可以作为俄国社会民主工党党员。"② 这两个条文的原则性分歧在于党员要不要参加一个组织的问题，它涉及到建立一个什么样的党的问题。大会表决时，赞成马尔托夫条文的占多数，被通过了。这是大会的一个重大缺陷，表明党在前进中后退了一步。大会在选举中央委员会和《火星报》编辑部的人选问题上，经过激烈的争论，拥护列宁的人占多数，拥护马尔托夫的人占少数。从此，拥护列宁的革命派称为布尔什维克（多数派的意思）；反对列宁的机会主义者被称为孟什维克（少数派的意思）。布尔什维克的观点体系称为布尔什维主义，孟什维克的观点体系称为孟什维主义。布尔什维主义的出现标志着列宁主义的诞生。二大后，由于普列汉诺夫的妥协和倒向孟什维克一边，把二大落选的孟什维克代表补入了《火星报》编辑部，实际上篡夺了编辑部的领导权。于是，列宁退出了编辑部。从此，《火星报》成为反对列宁和布尔什维克的工具，历史上称为新《火星报》。孟什维克利用新《火星报》大肆宣扬组织问题上的机会主义观点，企图把党拉回到二大以前的组织涣散、手工业方式的小组时代上去。为了巩固二大建立起来的党，粉碎孟什维克在组织问题上的机会主义，捍卫马克思主义的建党学说，列宁在1904年2月至5月间，写了《进一步，退两步》一书，系统地批判了孟什维克在组织问题上的机会主义观点，阐明了无产阶级政党建设的组织原理。

1905年，俄国资产阶级民主革命的爆发，迫使各个阶级和党派都要制定自己的策略路线。当时，党内布尔什维克和孟什维克两派在策略问题上同样存在着严重的分歧。以列宁为首的布尔什维克于1905年4月在伦敦召开了第三次代表大会，制定了马克思主义的策略路线；与此同时，孟什维克在日内瓦召开了自己的代表大会，制定了机

---

① 《列宁全集》第7卷，人民出版社1986年版，第238页。

② 转引自《列宁全集》第8卷，人民出版社1986年版，第238页。

会主义的策略路线。这两条策略路线的分歧关系到俄国资产阶级民主革命的领导权、革命的同盟军和革命的前途等根本问题。列宁为了进一步论证马克思主义的策略路线，清算机会主义的策略路线，写了《社会民主党在民主革命中的两种策略》一书，阐明了无产阶级政党的策略基础。

1905 年革命失败后，在革命转入低潮的形势下，党内出现了右的和“左”的两种机会主义。一种是取消主义，他们在政治上鼓吹改良，取消革命；在组织上鼓吹建立公开、合法的工人党，取消党的秘密组织和秘密工作。另一种是所谓“左”派布尔什维克，他们否认革命已经暂时失败，否认任何合法斗争，否认改变斗争策略的必要，反对党利用合法机会在杜马中工作，坚持要把社会民主工党党团从第三届杜马中召回来，所以称为“召回派”。列宁于 1908 年写了《唯物主义和经验批判主义》一书，从哲学的高度批判了取消派和召回派的主观唯心主义的世界观，全面地论述了马克思主义的辩证唯物主义和历史唯物主义的原理，奠定了新型无产阶级政党的理论基础。

由于以列宁为首的布尔什维克同机会主义进行了长期的斗争，马克思主义深入人心，布尔什维克的队伍日益壮大。这样，建立一个具有统一纲领、统一组织、统一策略的新型无产阶级政党的条件已经成熟。列宁指出：“布尔什维克现在应该建设成党，把派别建设成党，利用经过派别斗争所取得的阵地来建设党。”[①] 于是，1912 年 1 月在布拉格召开了俄国社会民主工党第六次代表会议。会议肯定了布尔什维克的策略路线，选举了以列宁为首的布尔什维克的新的中央委员会；会议决定把孟什维克驱逐出党，从而结束了布尔什维克同孟什维克形式上联合在一个党内的局面，布尔什维克正式成为一个独立的无产阶级革命政党。

十月革命后，布尔什维克党面临着怎样加强执政党的建设，以及党如何实现对整个国家的领导的新问题。列宁在领导布尔什维克党执政 6 年多的时间里，写下了关于执政党建设的许多著作，总结了执政党建设的经验，丰富了无产阶级政党的学说。同时，列宁还领导建立了共产国际，为帮助各国建立无产阶级政党作出了极大的努力。

---

① 《列宁全集》第 19 卷，人民出版社 1989 年版，第 48 页。

（二）列宁关于无产阶级政党学说的基本原理

列宁在创建俄国新型无产阶级政党的实践中，丰富和发展了马克思主义党的学说。列宁建党理论的主要内容是：

第一，无产阶级政党是以马克思主义理论武装的工人阶级先进部队。这一原理表明，共产党是工人阶级的政党，是工人阶级先进的部分，而不是工人阶级的全部，不应当把工人阶级先进部队的党同整个阶级混淆起来。列宁认为，我们是阶级的党、工人阶级都应当在我们党的领导下行动，都应当紧紧地靠近我们党。但是，如果以为几乎整个阶级或者整个阶级都能提高到自己的先进部队即自己的社会民主党的觉悟程度和积极程度，那就是一种不切实际的幻想。这一原理还表明，共产党是以马克思主义作为自己的理论基础和行动指南的。这是党的先进性的根本标志。列宁指出："没有革命理论，就不会有坚强的社会党。"① "只有以先进理论为指南的党，才能实现先进战士的作用。"② 因为党本身就是科学社会主义与工人运动相结合的产物，没有科学社会主义指导，就没有无产阶级政党；而社会主义意识不可能自发产生，它必须从外部"灌输"到工人群众中去，要实现这种结合，必须掌握马克思主义。还因为革命理论是革命行动的指南，只有在革命理论指导下，才能制定正确的奋斗目标、纲领路线、斗争策略，引导革命取得胜利。

第二，无产阶级政党是工人阶级有组织的部队。党有严密的组织和统一的纪律，有从中央组织、地方组织和基层组织构成的统一体系。列宁认为，无产阶级在夺取政权的斗争中除了组织以外别无其他的武器，因为唯有组织起来，才会产生统一的意志。因此，每个党员必须参加党的一个组织，执行党的决议，必须做到下级服从上级、少数服从多数、部分服从整体；全党必须遵守党的统一纪律，不应当有不遵守纪律的"上等人物"、特殊人物和必须遵守纪律的"平凡人物"之分。必须按照一定的原则和规律才能把党组织成为一个统一的整体。列宁根据马克思、恩格斯的组织原理，规定了民主集中制是党的根本组织原则。1906年俄国社会民主工党第四次代表大会，根据列宁的提议，首次把民主集中制的组织原则载入党章，规定"党的一切组织是按民主集中制原则建

---

① 《列宁选集》第1卷，人民出版社1995年版，第274页。

② 《列宁选集》第1卷，人民出版社1995年版，第312页。

立起来的”①。后来，列宁又把这个原则，规定为加入共产国际各国党的一个重要条件。

第三，无产阶级政党是工人阶级阶级组织的最高形式，是无产阶级专政和社会主义建设的领导力量。无产阶级在革命斗争过程中，除了党组织以外，还有其他各种工人阶级非党组织，比如，工会、妇女组织、青年组织等。如何来统一和协调各组织之间的关系，把它们的力量统一到一个目标和方向上去呢？由于党是阶级组织的最高形式、是工人阶级的先进部队，因而决定了必须由党对各种非党组织实行领导。列宁关于党是工人阶级阶级组织的最高形式的原理，正确解决了党和非党组织的关系，确定了党的领导地位和领导作用。同时，列宁还认为，党对非党组织的领导是实行总的、政治的领导，并不是说党有凌驾于一切非党组织之上的特权，对它们发号施令，行使行政权力，党“保持领导不是靠权力，而是靠威信，毅力，靠比较丰富的经验、比较渊博的学识以及比较卓越的才能”②。

工人阶级取得政权以后，党对国家政权及职能部门实行领导。列宁指出：党要“在政治上领导无产阶级，并且通过无产阶级领导全体劳动群众。不这样，便不能实现无产阶级专政”③。同时，党必须领导社会主义经济建设，大力发展社会生产力，不断提高人民的物质文化水平。

第四，无产阶级政党必须根据本国的具体情况制定正确的纲领、战略和策略。列宁认为：“一个政党如果没有纲领，就不可能成为政治上比较完整的、能够在事态发生任何转折时始终坚持自己路线的有机体。”④ 而正确的战略和策略是实现党的纲领和正确的政治领导的保证。列宁根据马克思主义的理论和丰富的经验，提出了一系列的战略策略原则，比如，利用一切机会，哪怕是极小的机会，来获得大量的同盟者；利用和加剧敌人之间的矛盾，实行各个击破；把公开斗争与秘密斗争、合法斗争与非法斗争、议会斗争与非议会斗争结合起来；把政治的与经

① 《苏联共产党代表大会、代表会议和中央全会决议汇编》第1分册，人民出版社1956年版，第165页。

② 《列宁全集》第7卷，人民出版社1986年版，第9页。

③ 《列宁选集》第4卷，人民出版社1995年版，第474页。

④ 《列宁全集》第20卷，人民出版社1989年版，第357页。

济的、战争的与和平的、行政的与教育的、流血的与不流血的等各种斗争形式结合起来。并且根据情况的变化和革命的需要，及时地用一种组织形式和斗争方式，代替另一种组织形式和斗争方式等等。

第五，无产阶级政党必须正确处理领袖、政党、阶级和群众的相互关系。列宁针对共产主义运动中的“左”派否定党的领导和革命领袖的作用的错误观点，运用历史唯物主义的观点，论述了领袖、政党、阶级和群众的相互关系。他指出：“群众是划分为阶级的；……阶级是由政党来领导的；政党通常是由最有威信、最有影响、最有经验、被选出担任最重要职务而称为领袖的人们所组成的比较稳定的集团来主持的。”① 马克思主义既充分肯定群众的历史作用，又不否认革命领袖在历史进程中的作用。列宁说：“历史上，任何一个阶级，如果不推举出自己的善于组织运动和领导运动的政治领袖和先进代表，就不可能取得统治地位。”② 但是，领袖决不是自封的，而是在群众的斗争实践中涌现出来、并为群众所公认的；领袖不是一个人，而是一批人，是一个稳定的领导集团；领袖是人，而不是神，“工人领袖不是天使，不是圣人，不是英雄，而是普通的人”③，对它决不能神化。

第六，无产阶级政党是在两条战线的斗争中成长、壮大和得到锻炼的。列宁在同俄国党内机会主义派别的斗争中，在同国际上“左”、右倾机会主义的斗争中，进一步丰富和发展了马克思主义党内斗争的理论。他明确提出了党内必须坚持“两条战线斗争”的原理。即既要注意反“左”，又要注意反右；“左”倾和右倾在一定条件下可以互相转化和相互补充，因此，在反“左”的时候要注意防右，在反右的时候要注意防“左”；在反倾向的斗争中，要坚持实事求是、区别对待的原则，以保证党的团结和统一。

十月革命后，在执政党的条件下，列宁对执政党的建设进行了积极的探索，他提出要把经济建设放在首位，大力发展社会生产力，要学习科学文化知识，学会管理俄国；强调要发扬党内民主、加强党内监督，要保持同群众的密切联系，反对官僚主义作风；要重视纯洁党的队伍，

---

① 《列宁选集》第4卷，人民出版社1995年版，第151页。

② 《列宁选集》第1卷，人民出版社1995年版，第286页。

③ 《列宁全集》第21卷，人民出版社1990年版，第435页。

提高党员素质，防止企图利用执政党地位捞取好处的人混入党内等。

列宁逝世以后，斯大林对列宁的建党思想作了进一步的阐释、概括和发挥，有很大的贡献。但是，从斯大林开始，苏共在许多方面既没有正确理解、贯彻列宁有关党的建设的思想，也没有根据新的实践探索出适应执政党特点的党的建设的道路，而是建立一个高度集中、缺乏民主的党的建设的模式，对苏共党的建设，以至对其他社会主义国家党的建设带来消极影响。

三、马克思列宁主义党的学说在中国的运用和发展

坚持以反映时代特征和实践要求的科学理论指导实践，并依据实践的新鲜经验不断推进理论创新，是马克思主义政党坚持先进性、不断推进社会主义事业发展的根本保证。中国共产党是一个善于把马克思主义基本理论同中国实际结合起来，不断推进理论创新的伟大的马克思主义政党。我们党从诞生之日起就把马克思主义确立为自己的指导思想，并在长期奋斗中坚持把马克思主义基本原理同中国具体实际相结合，产生了毛泽东思想、邓小平理论和“三个代表”重要思想这三大理论成果。中国共产党建设的理论是毛泽东思想、邓小平理论和“三个代表”重要思想的重要组成部分。我们党在长期的建党实践中丰富和发展了马克思主义建党学说。

（一）毛泽东建党思想

毛泽东是中国共产党的缔造者。以毛泽东为代表的中国共产党人在长期的建党实践中，丰富和发展了马克思列宁主义党的学说，形成了有中国特色的毛泽东建党思想。邓小平指出：“把列宁的建党学说发展得最完备的是毛泽东同志。在井冈山时期，即红军创建时期，毛泽东同志的建党思想就很明确。”“他的完整的建党学说，是经过实践在延安整风时期建立起来的。毛泽东同志对于建立一个什么样的党，党的指导思想是什么，党的作风是什么，都有完整的一套。正是因为毛泽东同志在延安整风中建立了完整的建党学说，并且用这个学说来教育我们全党、全军和人民，使我们建立了这么一个好的党，所以才取得抗日战争、解放战争的彻底胜利。建国以后，党内生气勃勃，生动活泼。毛泽东同志的

建党学说以后又有新的发展。”①

1. 毛泽东建党思想形成的历史特点和历史过程

中国共产党是在俄国十月革命以后诞生的，是以布尔什维克党为榜样、按照列宁的建党原则建立起来的。我们党从一开始就是一个完全新式的以共产主义为目标的马克思主义政党。但是，任何一个党的建立都必须与本国历史条件和社会环境相联系，既没有现存的模式，又不能机械地照抄照搬别国的经验。一般地说，共产党是建立在产业工人集中，工人运动发展的基础上的。而中国是一个半殖民地半封建的国家，工业无产阶级虽然有很强的战斗力，但人数很少，农民和其他小资产阶级占人口的大多数；特别是 1927 年大革命失败以后，革命力量在中心城市站不住脚了，不得不转入农村，在落后的农村环境下建党、建政、建军，客观上使党内农民、小资产阶级出身的成分占很大的比重。在这样一个社会历史条件下，如何建设一个革命的党，怎样保持党的工人阶级先锋队的性质，这是在国际共产主义运动中所没有遇到过的特别艰巨复杂的任务。

以毛泽东为代表的老一辈无产阶级革命家创造性地把马克思主义党的学说同中国党的建设实际结合起来，在实践中经过反复的探索，积累了丰富的经验，形成了一套完整的有中国特色的毛泽东建党思想。这个建党思想既是马克思主义的，同时又是深深扎根于中国这个特殊的社会历史环境之中的。毛泽东建党思想既然产生于中国这样一个特殊的社会环境中，它的形成和发展不能不有自己独特的历史特点。这就是说，毛泽东建党思想是在正确解决农民和其他小资产阶级成分在党内占多数的情况下、在农村环境中，建设一个工人阶级先进政党的过程中产生、发展和成熟起来的；是在正确处理同资产阶级又联合又斗争的复杂关系中产生、发展和成熟起来的；是在长期武装斗争和根据地建设的环境中产生、发展和成熟起来的；还是在抵制、反对把共产国际指示教条化和苏联经验神圣化的斗争中产生、发展和成熟起来的。毛泽东在《〈共产党人〉发刊词》中总结了中国革命发展的两个基本特点，一个是中国革命和中国共产党的发展道路，是在同中国资产阶级复杂关联中走过来的；再一个是中国革命斗争的主要形式是武装斗争。这两个基本特点决定了

① 《邓小平文选》第 2 卷，人民出版社 1994 年版，第 44 页。

党的建设过程不能不同党正确处理统一战线和武装斗争密切联系着。

毛泽东建党思想的形成和自身发展大体可以概括为四个历史进程：

第一，毛泽东建党思想的萌芽时期。这一时期从1921年建党前后到1927年大革命失败前。五四运动以后，毛泽东等一批早期的共产主义者，办报刊、组织革命团体和共产主义小组，深入工厂、农村，向工农宣传马克思主义和介绍俄国十月革命的情况，为党的成立做思想上和组织上的准备。1921年党成立以后，领导了工人运动、农民运动，在大革命中实现了第一次国共合作，推动和领导了轰轰烈烈的北伐战争。在这个斗争中，马克思主义基本原理和中国革命实际开始有了初步结合，党的最终奋斗目标，党的反帝反封建的纲领，以及无产阶级在革命中的领导权问题，已经提出来了。在这期间，尽管由毛泽东写的《中国社会各阶级的分析》、《湖南农民运动考察报告》等理论和实际相结合的光辉篇章，对中国社会和中国革命已经有了比较深刻认识。但从总体来说，中国的革命运动和党的建设是在共产国际指导下进行的，党对于中国的社会历史情况、中国革命的特点、中国革命的规律懂得不多，也还不可能完整地提出适合中国情况的路线和政策。党还处在幼年时期。

第二，毛泽东建党思想形成时期。这个时期从1927年大革命失败后到1935年1月遵义会议。大革命失败以后，党的工作重心由城市转入农村，在农村建立革命根据地、开展土地革命、实行武装斗争，开辟了农村包围城市、武装夺取政权的新道路。这是中国革命的一个新的历史转折点。在这期间，以毛泽东为代表的正确路线，同党内的“左”倾错误，特别是同王明的以教条主义为特征的“左”倾错误，进行了卓有成效的斗争。马克思主义建党理论同中国党的建设实践得到进一步的结合，取得了丰富的经验。1929年毛泽东为红四军九大起草的古田会议决议，就是一部建党建军的重要文献。在此之前所写的《中国的红色政权为什么能够存在?》、《井冈山的斗争》和以后写的《星星之火，可以燎原》、《反对本本主义》以及《关心群众生活，注意工作方法》等著作中，对党的建设和党的领导都有明确的论述。在这时期，革命力量尽管遭到国民党反动派的残酷镇压、屠杀和“围剿”，党内又受到王明“左”倾冒险主义错误的严重危害，但在毛泽东等同志的全力挽救下，在长征途中召开了遵义会议，党依靠自己的力量结束了王明“左”倾错误的统治，取得了长征的胜利，又打开了革命的新局面。

第三，毛泽东建党思想进一步发展和完备时期。这个时期包括抗日战争和解放战争时期。遵义会议实际上确立了毛泽东在全党的领导地位，这是中国革命的又一个伟大的历史转折。毛泽东说，只有到了遵义会议以后，“党才彻底地走上了布尔什维克化的道路”①。在这期间，党建立和领导了广泛的民族统一战线，领导了伟大的抗日战争和解放战争。党的队伍得到了迅速的发展，党的组织已经从狭小的圈子里走了出来，变成了全国范围的大党。1942 年党开展了延安整风运动，总结了历史经验，对全党进行了一次深入普遍的马克思主义教育运动，极大地促进了马克思主义理论与中国革命实际的结合。在这期间，毛泽东、周恩来、刘少奇等老一辈无产阶级革命家写了一系列关于党的建设的著作，对于党的政治建设、思想建设、组织建设和作风建设，都有完整系统的论述，毛泽东提出了中国革命的“三大法宝”和党的建设与党的政治路线紧密联系的原理，确立了首先在思想上、政治上建设，同时也在组织上建设党的完整的建党路线。党在政治、思想、组织和作风方面建设的一套完整的理论体系已经形成。

第四，毛泽东建党思想继续发展时期。新中国成立后，我们党成为领导全国政权的党。随着党的地位的变化和党面临的新形势、新任务，党的建设面临着新的情况和新的问题。毛泽东对执政党建设进行了积极的探索。他指出，全国胜利以后，要务必继续保持谦虚、谨慎、不骄、不躁的作风，务必继续保持艰苦奋斗的作风；要警惕资产阶级思想的侵蚀。要反对官僚主义、命令主义作风，始终保持同群众的密切联系。他还提出了正确处理两类矛盾的学说，强调要发扬民主和坚持民主集中制的原则，在《一九五七年夏季的形势》一文中他指出要在党和国家社会生活中努力“造成一个又有集中又有民主，又有纪律又有自由，又有统一意志、又有个人心情舒畅、生动活泼，那样一种政治局面。”毛泽东建党思想在新的历史条件下又有新的发展。

2. 毛泽东建党思想的主要内容

毛泽东创造性地把马克思列宁主义党的学说运用于中国党的建设实际，建立了一套完整的建党学说，丰富和发展了马克思主义党的学说。毛泽东建党思想的主要内容是：

---

① 《毛泽东选集》第 2 卷，人民出版社 1991 年版，第 612 页。

第一，党的建设必须密切联系党的政治路线。毛泽东建党思想的这条基本原理，在毛泽东的《〈共产党人〉发刊词》中作了完整的论述。毛泽东指出，党的失败和胜利，党的后退和前进，党的缩小和扩大，党的发展和巩固，都同党的政治路线密切联系着，同党对于统一战线问题，武装斗争问题之正确处理或不正确处理密切联系着。这就是说，党的政治路线决定着党的行动的总方向，决定着党的自身建设。只有在正确地贯彻执行党的政治路线中建设党，党才能得到巩固和发展，才能发挥领导作用。为此，必须保证党的政治路线的正确。同时，党的政治路线的制定和实现，有赖于党的建设的加强，即要依靠党思想上的成熟、组织上的巩固和党风的端正，依靠党有成效的思想政治工作和组织工作，依靠党的各级组织、党的干部和全体党员不屈不挠的斗争。毛泽东指出，党的组织坚强有力，“党更加布尔什维克化，党就能、党也才能更正确地处理党的政治路线，更正确地处理关于统一战线问题和武装斗争问题”①。毛泽东提出的这条建党原理，是党的建设始终必须坚持的指导原则。

第二，着重从思想上建设党。工人阶级政党重视思想建设是党的先进性的客观要求。毛泽东根据中国党所处的社会历史条件，把思想建设放在党的建设的首要地位，成为毛泽东建党思想的一个重要特色。旧中国是一个经济文化落后、农民和其他小资产阶级占人口极大多数的国家。因此，毛泽东指出：“党内无产阶级思想和非无产阶级思想（其中有小资产阶级、资产阶级甚至地主阶级的思想，而主要是小资产阶级的思想）之间的矛盾，即马克思主义思想和非马克思主义思想之间的矛盾”②，是党内的本质矛盾。只有抓住这个矛盾，并认真加以解决，革命事业才能发展。毛泽东在科学地分析了党内矛盾性质的基础上，提出了党的思想建设的根本任务，就是用马克思列宁主义——无产阶级科学思想教育党员，克服各种非无产阶级思想，改造党员的世界观。既要纠正党员的非无产阶级意识，克服个人主义、自由主义、极端民主化等错误思想；又要解决思想路线问题，即克服脱离实际的主观主义的错误思想，坚持理论联系实际、实事求是的原则，使共产党员不仅要在组织上

---

① 《毛泽东选集》第2卷，人民出版社1991年版，第605页。

② 《毛泽东选集》第3卷，人民出版社1991年版，第1108页。

入党，而且要在思想上入党。毛泽东还倡导了用整风形式进行马克思主义的教育。在延安整风中，提出了“惩前毖后，治病救人”的解决党内矛盾的正确方针。

第三，丰富和发展了民主集中制的理论。民主集中制是马克思主义政党的根本组织原则。中国共产党是按照民主集中制的原则建立起来的。毛泽东创造性地把民主集中制原则运用于我们党的建设，不断总结新鲜的经验，给民主集中制的思想赋予新的、更深刻的内容。他认为，我们的民主集中制，是高度民主和高度集中的辩证统一。“民主是对集中而言，自由是对纪律而言。这些都是一个统一体的两个矛盾着的侧面，它们是矛盾的，又是统一的，我们不应当片面地强调某一个侧面而否定另一个侧面。在人民内部，不可以没有自由，也不可以没有纪律；不可以没有民主，也不可以没有集中。这种民主和集中的统一，自由和纪律的统一，就是我们的民主集中制。”① 毛泽东把党的群众路线创造性地运用于党内生活，把群众路线与民主集中制联系起来。他认为：“先民主，后集中，从群众中来，到群众中去，领导同群众相结合”②，这既是民主集中制的方法，又是群众路线的方法。民主和集中的过程，也就是从群众中来到群众中去的过程。毛泽东还把民主集中制运用于国家政治生活之中，提出了要在我们党和国家中造成一个生动活泼的政治局面。

第四，提出了一套完整的党的干部路线和干部政策。党的干部是实现党的政治路线和政治任务的重要保证。毛泽东根据马克思列宁主义关于党的干部问题的理论，总结了我党在使用和培养干部方面的经验，提出了“德才兼备”的干部标准和“任人唯贤”的干部路线，提出要用辩证的观点和群众的观点去考察和识别干部；强调使用干部要搞五湖四海，不能搞宗派主义和小圈子，要正确处理好各地区、各部门、各方面及新老干部之间的关系；要培养和爱护干部，就是说，要指导干部、提高干部、检查监督干部的工作，要照顾干部的困难，要正确对待犯错误的干部。他还强调要通过加强理论、业务学习和注重革命实践的锻炼来培养和造就干部队伍。

---

① 《毛泽东著作选读》下册，人民出版社 1986 年版，第 762 页。

② 《毛泽东著作选读》下册，人民出版社 1986 年版，第 816 页。

第五，把党风建设提到党的建设的重要位置。毛泽东总结了中国共产党在长期的革命斗争中形成和发展起来的优良传统，在我们党内第一次提出了党风这个概念，并系统地论述党风的重要性和党风建设问题。他在《整顿党的作风》一文中指出，我们要完成打倒敌人的任务，必须把党的作风整顿好。他针对当时党内的状况，提出反对主观主义以整顿学风，反对宗派主义以整顿党风，反对党八股以整顿文风。学风和文风，也是党风。在《论联合政府》的报告中，他把党的优良作风概括为理论和实践相结合、和人民群众紧密地联系在一起，以及自我批评三大作风，并认为这是我们共产党人区别于其他任何政党的显著标志之一。在建国前夕和建国以后，鉴于党处于执政的地位，毛泽东提出要继续保持谦虚谨慎、戒骄戒躁、艰苦奋斗的作风，反对脱离群众的官僚主义。

第六，丰富了党的团结和党内斗争的理论。毛泽东对于党的团结的意义，坚持团结的原则基础，党的团结和党内斗争的关系，党内斗争的根源和实质，以及正确开展两条战线的斗争等原理，都有深刻的论述。他对党的团结和党内斗争理论的突出贡献是提出了正确开展党内斗争的基本方针。党内斗争从本质上说是一种思想斗争，是解决无产阶级思想同非无产阶级思想的矛盾，解决正确与错误、是与非的矛盾。正是在这种正确分析党内矛盾的性质的基础上，毛泽东提出了“团结—批评—团结”，或者说“惩前毖后，治病救人”的正确方针。这个方针科学地总结了我党历史上党内斗争的经验教训，既反对了取消党内思想斗争的自由主义倾向，又反对了破坏团结、损害革命利益的“残酷斗争，无情打击”的错误倾向。这是党兴旺发达的可靠保证。

毛泽东建党思想是中国共产党建设的指针，我们党正是在毛泽东建党思想指引下，才建设成为一个伟大、光荣、正确的马克思主义政党。

（二）邓小平新时期党的建设的理论

邓小平作为中国共产党第一代中央领导集体的重要成员，他对毛泽东建党思想的形成和发展作出了重要的贡献。在新的历史时期，他作为第二代中央领导集体的核心，不仅捍卫和继承了毛泽东建党思想，而且根据新的形势、新的任务和新的实践，成功地解决了改革开放和现代化建设中党的建设面临的新情况、新问题，形成了邓小平新时期建党理论。这个理论紧紧围绕在执政、改革开放和现代化建设条件下建设一个什么样的党、怎样建设党的问题，开创了党的建设新的伟大工程。从这个主题出发，邓小平在党的政治思想建设、组织建设、作风建设、制度建设和党的领导等方面创造性地提出了一系列的理论原则和方针政策，进一步丰富和发展了毛泽东建党思想。

1. 邓小平党的建设理论产生的历史条件

任何理论，都是时代特征和一定历史条件的产物。邓小平建党理论是当今时代和中国党建设实践相结合的产物。它同马克思列宁主义、毛泽东思想的建党理论是一脉相承的，是马克思主义建党学说在新的历史条件下的丰富和发展；邓小平建党理论是科学总结社会主义国家执政党，特别是中国共产党执政50年的经验教训基础上形成的；邓小平建党理论是总结了改革开放以来建党实践的新鲜经验的基础上得以丰富和完善的。

2. 邓小平建党理论的主要内容

邓小平科学分析当今世界的时代特征和国际形势的种种新变化，立足于实现中国社会主义现代化的伟大历史使命，围绕在执政、改革开放和现代化建设条件下建设一个什么样的党，怎样建设党的问题，提出了一系列新思想、新观点、新论断，形成了新时期党的建设理论。这一理论是邓小平理论的重要组成部分，是一个比较完整的科学理论体系。

第一，制定了党在新的历史时期的政治路线。政治路线正确与否直接关系到党的事业和党的建设的成败，党的政治路线正确，党的事业就兴旺发达，党的建设就巩固壮大；党的政治路线不正确，党的事业和党的建设就会受损失乃至失败。因此政治路线决定党的建设的任务和方向。邓小平党的建设理论首先着重解决了党的政治路线问题，即领导全党确立了社会主义初级阶段的基本路线，同时还提出了保证这条基本路线贯彻执行的一系列方针政策。

正确的政治路线来源于对社会基本状况的科学认识，来源于对社会主义本质特征的深刻把握。民主革命时期，我们党正是全面地、深刻地把握和认识了半殖民地半封建社会这一基本国情，以及革命的任务、对象、动力等，才制定了正确的新民主主义革命的总路线，引导中国革命走向了胜利。社会主义制度建立以后，我国处于什么阶段？社会主义的本质特征又是什么？对此，我们有一个较长时期的认识过程。十一届三中全会以后，邓小平按照马克思主义的基本原理和中国的实际，提出了我国尚处于社会主义初级阶段的科学论断，并对社会主义的本质特征作出了新的概括。他指出：现阶段，我国一方面，已经建立了社会主义制度，而不再是社会主义经济基础尚未奠定的“过渡时期”；另一方面，我国的社会主义还很不成熟，生产力发展水平还很低，社会主义制度还很不完善。由此决定了社会的主要矛盾，不再是无产阶级与资产阶级、社会主义道路与资本主义道路的矛盾，而是人民日益增长的物质文化需要同落后的社会生产之间的矛盾。因此，坚定不移地发展生产力，始终不渝地扭住经济建设不放，是党在新时期的首要任务。社会主义初级阶段理论的提出和确立，为我党制定建设中国特色社会主义的基本路线奠定了深厚的理论基础。与此同时，他认为：“社会主义的本质，是解放生产力，发展生产力，消灭剥削，消除两极分化，最终达到共同富裕。”① 这一科学概括，突出强调了“解放生产力，发展生产力”，纠正了过去长期忽视生产力发展的错误观点；突出强调了“消灭剥削，消除两极分化，最终达到共同富裕”的社会主义发展目标。这一理论为我们坚持社会主义基本制度，坚持发展生产力，坚持改革开放的方向，提供了坚实的理论基础。邓小平正是在对社会主义本质的思考和当代中国国情研究的基础上，系统地回答了在中国这样一个经济文化比较落后的国家中如何建设社会主义、如何巩固和发展社会主义的一系列基本问题，形成了建设有中国特色社会主义的基本路线。这条基本路线，体现了社会主义的本质和中国国情，反映了中国社会主义发展的基本规律，成为党在新的历史时期所要坚持和实行的政治路线。这条政治路线来之不易，是我党执政以来正反两方面经验的总结，是马克思主义与中国社会主义建设实际的结晶。它凝结着全党和全国人民的智慧，也体现了邓小平对新时期党的政治路线的巨大贡献。

第二，深化了党的解放思想、实事求是的思想路线。党的政治路线是党的事业和党的建设兴旺发达的根本保证。然而，“不解决思想路线问题，不解放思想，正确的政治路线就制定不出来，制定了也贯彻不下去”②。党的思想路线是制定正确的政治路线的前提和基础，是贯彻执行政治路线的保证。我们党一贯坚持实事求是的思想路线。然而在

① 《邓小平文选》第3卷，人民出版社1993年版，第373页。

② 《邓小平文选》第2卷，人民出版社1994年版，第191页。

“左”的指导思想盛行时，我们曾一度陷入教条主义和个人崇拜的僵化思想之中。粉碎“四人帮”以后，邓小平高举解放思想、实事求是的伟大旗帜，同“左”的错误倾向和僵化的思想进行了卓有成效的斗争。他不仅恢复了实事求是这一马克思主义的思想路线，强调这是我们党永葆生机的法宝，而且针对党内的思想状况突出强调了解放思想的重要性，把解放思想与实事求是有机地统一起来，作为党的思想路线的精髓。他指出，解放思想，就是指在马克思主义指导下打破习惯势力和主观偏见的束缚，研究新情况、解决新问题。解放思想，就是使思想与实际相符合，使主观与客观相符合，就是实事求是。因此，解放思想和实事求是是一致而统一的。只有解放思想才能做到实事求是；只有实事求是，才是真正的解放思想。只有坚持二者的统一，才是真正把握了马克思主义思想路线的精髓。

第三，确立了新时期党的建设的目标和指导思想。正确的政治路线确立之后，如何建设一个坚决贯彻执行这条政治路线，担负起时代赋予的领导重任的党，便尖锐地提到了全党面前。而建设一个好的党，首要的问题，就是要科学地回答党的建设的目标和指导思想问题。党的建设的目标总是同党的政治路线密切联系在一起的。“文化大革命”中，在以阶级斗争为纲的“左”的思想指导下，把“党组织应是无产阶级先进分子所组成、应能领导无产阶级和革命群众对于阶级敌人进行战斗的朝气蓬勃的先锋队组织”，作为党的建设的目标和指导思想。由于这个建党目标从根本上违背了社会主义社会的主要矛盾，违背了广大人民群众的意愿，违背了时代的要求，因此它在实践中，不仅未能加强党的建设，反而使党的建设遭到了削弱和破坏。十一届三中全会以后，党确立了正确的政治路线，邓小平就及时地提出了“把我们党建设成为有战斗力的马克思主义政党，成为领导全国人民进行社会主义物质文明和精神文明建设的坚强核心”① 这一崭新的建党目标。这一目标的确立，从根本上否定了把党建设成为“同阶级敌人进行战斗的先锋队组织”的“左”的提法，又从当前的历史条件出发，赋予了新的内容和时代活力，使党的建设的前进方向更加明确，更加符合政治路线的需要和人民的意愿。党的十四届四中全会，总结了改革开放和现代化建设中党的建设的

① 《邓小平文选》第3卷，人民出版社1993年版，第39页。

新鲜经验，提出了推进党的建设“新的伟大工程”的总目标和要求。十五大政治报告对这个总目标和要求又作出了更加全面的概括。要实现上述新时期党的建设的目标，党的建设应当遵循什么样的指导思想呢？邓小平在确立新时期党的建设的目标的同时，还提出了党的建设的指导思想，即党的建设要紧密围绕贯彻执行党的基本路线来进行。这是中国共产党建设的历史经验的总结，也是邓小平对毛泽东建党学说的继承和发展。

第四，提出了坚持和改善党的领导的新课题。把党建设成为领导社会主义现代化事业的坚强核心，关键是要提高党的执政水平和领导水平。为此，邓小平在总结历史教训和思考现实经验的基础上，提出了坚持和改善党的领导的科学论断，从而为实现党的正确有效的领导指明了方向。中国共产党的领导地位是由党的工人阶级先锋队性质决定的，是经过长期斗争考验形成的。在新的历史时期，邓小平不仅强调坚持党的领导，而且提出了改善党的领导。他指出：“中国的社会主义现代化建设事业由共产党领导，这个原则是不能动摇的；动摇了中国就要倒退到分裂和混乱，就不可能实现现代化。”① 但是，现代化建设和改革开放是一个全新的事业，只有不断改进和完善党的领导，党才能适应这一全新事业的需要。为此，邓小平在坚持党的领导的同时，提出了改善党的领导的重要任务。他说：“怎样改善党的领导，这个重大问题摆在我们的面前。不好好研究这个问题，不解决这个问题，坚持不了党的领导，提高不了党的威信。”② 改善党的领导，是个全面的问题，包括改善党的组织状况、作风状况、领导工作状况等等，就党的领导本身而言，需要改革和完善党的领导内容、领导方式和领导体制。这是一个前所未有的新课题。坚持和改善党的领导，是党的领导问题的两个方面，二者是辩证统一、紧密相连的。坚持党的领导，是改善党的领导的前提和归宿，而只有改善党的领导，才能真正实现党的领导。改善是为了更好地坚持，不注意改善，也就不可能真正做到坚持。

第五，建设一支适应社会主义现代化事业需要的干部队伍。正确的政治路线和思想路线的实现要靠组织路线来保证。干部队伍建设是组织

---

① 《邓小平文选》第 2 卷，人民出版社 1994 年版，第 267—268 页。

② 《邓小平文选》第 2 卷，人民出版社 1994 年版，第 271 页。

路线的核心内容，是实现党的政治路线的关键。邓小平反复强调，解决组织路线问题，最大、最难、最迫切的问题，是选好接班人。怎样才能培养和选拔出成千上万个坚持党的基本路线不动摇的优秀干部呢？邓小平根据社会主义现代化建设的需要，根据干部队伍的现状，首先，提出了新时期干部队伍建设的“四化”方针，即“革命化、年轻化、知识化和专业化”。这一方针既包含了对干部的“德”的要求，也包含了对干部的“才”的要求，并且根据时代的需要，赋予了德与才新的内容。其次，为贯彻执行干部队伍建设“四化”方针，邓小平大力倡导解放思想，破除论资排辈、求全责备、迁就照顾等陈腐落后观念，强调特别要重用那些人民群众公认的、坚持改革开放路线并政绩突出的人，而决不能重用那些只说空话、不干实事的人。最后，邓小平还提出了必须改革不合时宜的干部人事制度，为优秀人才脱颖而出创造条件。

第六，坚持和健全民主集中制。民主集中制是无产阶级政党的根本组织制度和领导制度，是党制定和执行正确路线的组织保证，是保持党的先进性的重要条件。十年动乱之后，邓小平总结新中国成立以来，特别是“文化大革命”中民主集中制遭到削弱和破坏的教训，着重指出民主集中制是我们党和国家的根本制度，是科学的合理的有效率的制度，在任何时候都不能丢掉的法宝。在改革开放、发展社会主义市场经济的条件下，为保证党的路线方针政策的正确制定和执行，全党必须坚持和健全民主集中制，而决不能削弱和放弃。邓小平不仅论述了坚持民主集中制对于防止“文化大革命”悲剧重演、开拓新的历史局面的重要性，而且还根据新形势和新任务的需要，进一步丰富和发展了民主集中制的基本原则。他强调，必须发扬党内民主，活跃党内生活，实现决策民主化和科学化，切实保障党员的民主权利；必须坚持“四个服从”，其中最主要的是全党服从中央，坚持维护中央权威；必须实行集体领导和个人分工负责相结合的制度，重大问题集体讨论，严格按少数服从多数的原则办事；必须禁止任何形式的个人崇拜，保证党的领导人的活动处于党和人民的监督之下；必须严格执行党的纪律，决不允许党内存在特殊人物和特殊党员。

第七，提出制度建设是党的建设的一项重要内容。邓小平深刻总结历史经验，特别是“文化大革命”的教训，提出了制度问题对于全党来说更带有根本性、全局性、稳定性和长期性这样一个崭新的思路。他指出，我们过去发生的各种错误，固然与某些领导人的思想、作风有关，但是组织制度、工作制度方面的问题更重要，制度好可以使坏人无法任意横行，制度不好可以使好人无法充分做好事，甚至会走向反面。因此，防止十年内乱重演，防止党内个人专断现象出现，不应该仅仅从领导人的思想作风中去找，而应从党和国家的领导制度、组织制度、干部制度中去找。制度问题不解决，党内的官僚主义、不正之风等一切问题就难以从根本上解决。只有把党的思想建设、组织建设、作风建设与党的制度建设结合起来，走出一条不靠政治运动，而靠改革和制度建设的新路子，才能实现党的自身建设与改革开放的条件相适应。邓小平关于加强党的制度建设的思想，是对马克思主义党的自身建设理论的独创性的贡献。

第八，开创了改革开放条件下党风廉政建设的新路子。在改革开放、发展社会主义市场经济的条件下，党风廉政建设和反腐败斗争有什么新的特点？对此，邓小平着重强调了以下两点：一是指出了党风廉政建设的紧迫性、长期性和艰巨性。二是提出了党风建设标本兼治、综合治理的新路子。十一届三中全会以后，随着党的任务和党所处的环境的变化，全党又面临着一个新的考验。邓小平提醒全党同志，必须清醒地看到，改革开放后，党受消极思想侵蚀的危险性增大了。在改革开放步子加大、经济发展速度加快、人民生活水平不断提高的同时，党内出现了许多严重的消极腐败现象。对此，邓小平明确指出，加强党风廉政建设，惩治腐败，将是一项贯穿于改革开放整个过程中的长期任务。鉴于在发展社会主义市场经济的条件下，党内出现的消极腐败现象有着复杂的社会历史根源，因而，惩治腐败，必须从实际出发，探索一条新路子。邓小平总结了建国以来反腐败斗争的经验教训，提出了标本兼治、综合治理的新路子。其中包括：加强思想教育，健全法制建设，强化监督制约，加大打击力度等等。

（三）“三个代表”重要思想

江泽民指出：只要我们党始终成为中国先进生产力的发展要求、中国先进文化的发展方向、中国最广大人民的根本利益的忠实代表，我们党就永远立于不败之地，永远得到全国各族人民的衷心拥护并带领人民不断前进。“三个代表”重要思想是对马克思列宁主义、毛泽东思想和邓小平理论的继承和发展，反映了当代世界和中国的发展变化对党和国家工作的新要求，是加强和改进党的建设、推进我国社会主义自我完善和发展的强大理论武器，是中国共产党集体智慧的结晶，是党必须长期坚持的指导思想。始终做到“三个代表”，是我们的立党之本、执政之基、力量之源。

1.“三个代表”重要思想是在科学判断党的历史方位的基础上提出的

我们党历经革命、建设与改革，已经从领导人民夺取政权而奋斗的党，成为领导人民掌握全国政权并长期执政的党；已经从受到外部封锁和实行计划经济条件下领导国家建设的党，成为对外开放和发展社会主义市场经济条件下领导国家建设的党。党所处的地位和环境、党所肩负的历史任务、党的自身状况，都发生了新的重大变化。就是说，“三个代表”重要思想是在对当今国际局势科学判断的基础上形成的，是在对当代中国发展变化科学认识的基础上形成的，是在对党的现状科学分析的基础上形成的。它有深刻的时代背景、实践基础和现实依据。

2.“三个代表”重要思想是对新时期党的先进性的新概括

“三个代表”重要思想从社会发展的规律和时代的要求，深刻揭示了我们党的性质、宗旨和根本任务，赋予党的先进性以新的思想内涵，对我们党进一步发挥先锋队作用提出了具有时代意义的要求。“三个代表”的本质就是立党为公、执政为民。

第一，党要始终代表中国先进社会生产力的发展要求。始终代表中国先进生产力的发展要求，就是党的理论、路线、方针、政策和各项工作，必须努力符合生产力发展规律，体现不断推动社会生产力的解放和发展的要求，尤其要体现推动先进生产力发展的要求，通过发展生产力，不断提高人民群众的生活水平。

代表中国先进生产力的发展要求，是党的先进性的内在要求和集中体现。马克思主义认为，在人类社会基本矛盾中，生产力和生产关系的矛盾是最根本的矛盾。生产力是一切社会进步和发展的最终决定因素。只有生产力的不断发展，才能推动人类社会由低级阶段向高级阶段发展。我们党的一切奋斗，归根到底都是为了解放和发展社会生产力，党的一切方针政策都要最终促进社会生产力的不断发展。毛泽东早就指出：“中国一切政党的政策及其实践在中国人民中所表现的作用的好坏、大小，归根到底，看它对于中国人民的生产力的发展是否有帮助及其帮助之大小，看它是束缚生产力的，还是解放生产力的。”[①] 谁推动生产力发展，谁就是这个社会最先进的力量；谁阻碍生产力发展，谁就是这个社会的衰朽势力。中国共产党之所以成为中国近代最先进的社会力量，就是因为它代表先进生产力的发展要求，致力于解放和发展生产力。

面对新世纪，突出强调代表先进生产力的发展要求，正是适应党在现阶段的根本任务和基本路线的需要。当今世界，经济全球化日益加快，科技革命迅猛发展，以信息技术和知识经济为标志，人类社会的生产力形态以前所未有的速度发生着变化，生产力的水平大幅度地提高。我们必须关注和研究世界科技和生产力，根据发展的最新趋势和特点提出我们的对策，才能真正跟上时代的步伐而始终代表先进生产力发展要求，从而保持党的先进性。

当前，随着阶级关系的变化和科学技术的进步，我国社会中出现了不同的社会阶层和群体。在这种条件下，要弄明白谁是先进生产力的代表者，工人阶级还是不是党的阶级基础。应当看到，生产力水平和工人阶级的状况是一个发展变化的过程。由于生产力的发展，社会经济结构特别是产业结构的战略性调整，我国工人阶级状况不可避免地会发生变化甚至重大变化。某些不符合先进生产力发展要求的行业逐步被淘汰，而那些符合先进生产力发展要求的行业则进一步发展。但是，这并不是说，工人阶级由此失去了先进性，更不是说工人阶级已经不是我们党的阶级基础。恰恰相反，正是在这样的变化过程中，我国工人阶级的整体素质和整体优势正在进一步提高起来。在我国社会主义现代化建设条件下，知识分子已经成为工人阶级的一部分。所以，从总体来说，工业化、现代化进程带来的种种变化，使工人阶级本身也在经历深刻的变化，而这种变化，没有改变也不可能改变中国工人阶级的先进性和历史使命，没有改变也不可能改变作为中国工人阶级的性质。因此，工人阶级仍然是我国社会中最先进的阶级，先进生产力的代表者只能是工人阶级及其政党。

马克思主义认为，共产党作为工人阶级的先锋队，它包括两层互相联系的含义：一是共产党是工人阶级的政党，但它又不是一般的工人政

---

① 《毛泽东选集》第3卷，人民出版社1991年版，第1079页。

党，而是工人阶级中的先进的一部分，这是说党的阶级属性。二是共产党是以马克思主义理论武装起来的，以科学的理论作为自己的理论基础和指导思想，这是说的党的思想基础。因此，党的阶级性和先进性是统一的、互相渗透的，党的先进性本身就包含着阶级性在内。“三个代表”重要思想科学地把党的先进性和阶级性统一起来，突出强调作为工人阶级先进政党要始终成为“三个代表”。“三个代表”既体现了党的先进性，又体现了党的阶级性，是在新的历史条件下对党的先进性的科学概括。“三个代表”的思想并没有忽视和模糊党的阶级性，而是把阶级性具体、充分地贯穿于“三个代表”之中。当然，说党的阶级性并不排斥党内有非工人阶级成分存在，党的阶级性，一是指党内成员的工人成分。二是指工人阶级特有的优秀品质，即工人阶级的立场、世界观及其所肩负的历史使命等等。党的建设发展史表明，工人阶级政党不可能、也做不到单纯由工人成分所组成，而不可避免地要吸收非工人阶级成分出身的革命分子入党。马克思、恩格斯建党时期，尽管强调党的工人成分，但他们也并不排斥非无产阶级出身的革命分子入党。那么，这样会不会影响党的性质呢？这个问题实际上在各国工人阶级政党，特别是在中国共产党的建设中已经解决了。因为判定和坚持党的性质，主要不是看党员的出身成分和党内工人成分的多少，而主要看两条：一条是看党的理论、纲领、路线是不是代表工人阶级和广大人民群众的意志和根本利益；再一条看党有没有能力按照工人阶级先锋队的要求教育和改造各种非无产阶级成分，纠正和克服各种非无产阶级思想。马克思、恩格斯曾指出：对于非无产阶级出身的人入党必须要求他们不要把资产阶级、小资产阶级等等的偏见的任何残余带进来，而要无条件地掌握无产阶级世界观。毛泽东也说过，共产党员不仅要在组织上入党，而且必须在思想上入党。中国共产党在党内农民和其他小资产阶级出身成分占很大比重的情况下，正是依靠党的正确理论、纲领和路线，依靠正确的建党路线和建党原则，成功地保持了党的工人阶级先锋队的性质。因此，允许党内有非工人阶级出身成分同党的阶级基础并不矛盾，也不会影响党的先进性。同时，还必须指出，党的先进性与群众性是既有联系，又有区别的。政党的性质是反映其本质属性的。共产党把工人阶级作为自己的阶级基础，这是决定党的先进性的基本条件。正是因为共产党是工人阶级的先锋队，就决定了它代表工人阶级的利益，同时又代表广大人民群众的根本利益。从这个意义上说，党的先进性和群众性是一致的，先进性的程度越高，群众性将越广泛。同时党的先进性和群众性是有区别的。首先，先进性是就自身的本质属性说的，群众性是就党对外部的功能和作用说的。其次，不能因为党代表广大人民群众的利益而抹煞党的阶级性和先进性，认为是全民党。在阶级社会里，鼓吹全民党的观点是骗人的，它从根本上否定党的工人阶级先锋队性质，又不能真正代表广大人民群众的利益。如果从党代表人民利益而推导出全民党的观点是荒谬的。

第二，党要始终代表中国先进文化的前进方向。始终代表中国先进文化的前进方向，就是党的理论、路线、方针、政策和各项工作，必须努力体现发展面向现代化、面向世界、面向未来的，民族的科学的大众的社会主义文化的要求，促进全民族思想道德素质和科学文化素质的不断提高，为我国经济发展和社会进步提供精神动力和智力支持。

我们党的先进性，不仅在于它代表先进社会生产力的发展要求，而且在于它代表先进文化的前进方向。毛泽东说过：一定的文化是一定社会的政治和经济在观念形态上的反映，并为其服务。先进文化是人类文明进步的结晶，又是推动人类社会前进的精神动力和智力支持。是否代表先进文化前进的方向，决定着一个政党、一个国家、一个民族发展方向和兴衰成败。中国共产党作为先进阶级和先进生产力的代表，自创建以来就代表先进文化的前进方向，站在新文化运动的前列。从人民大众反帝反封建反官僚资本主义的新民主主义文化，到新中国的社会主义文化建设，再到有中国特色社会主义文化，都是我们党领导和组织的。可以说，代表先进文化的前进方向，是我们党自身发展、巩固和成熟的基本条件，也是党的先进性的重要标志。

当代中国的先进文化，就是有中国特色社会主义文化。当今世界，科学发展，日新月异；思想文化交流，相互激荡。我们保持党的先进性，就要致力于建设有中国特色社会主义文化。这里的核心和关键问题，就是必须坚持以马克思列宁主义、毛泽东思想和邓小平理论为指导，贯彻“三个代表”重要思想的要求，用马克思主义、社会主义占领思想文化阵地。这是先进文化发展的根本方向和根本保证。随着改革开放和社会主义市场经济的发展，文化发展必然走向多样化，这既是一种社会进步，又带来复杂的问题。当前在我国，封建主义思想残余的影响还存在，资产阶级腐朽思想和生活方式的影响还存在，思想文化战线上各种背离马克思主义观点和社会主义原则的东西会不时地反映出来。这都会严重影响社会主义文化和精神文明的健康发展，影响我国人民的身心健康，列宁说过："问题只能是这样：或者是资产阶级思想体系，或者是社会主义的思想体系。这里中间的东西是没有的"，"社会民主党的思想体系只是由于它同所有其他的思想体系进行了不断的斗争才获得了这个首位，而且也只有继续进行这种不断的斗争，才能保持首位"。因此，要繁荣我国的社会主义文化，坚持其为人民服务、为社会主义服务的方向，必须坚持以马克思主义为指导，努力以科学的理论武装人，以正确的舆论引导人，以高尚的精神塑造人，以优秀的作品鼓舞人。我们提倡文化发展的多样性和丰富多彩的形式，提倡吸收借鉴我国优秀的传统文化，吸收和借鉴人类社会创造的一切优秀文化成果，但是，我们决不能搞指导思想多元化，决不能违背社会主义原则，而让腐朽没落的精神垃圾侵入我们的思想文化阵地。

第三，党要始终代表中国最广大人民的根本利益。始终代表中国最广大人民的根本利益，就是党的理论、路线、方针、政策和各项工作，必须坚持把人民的根本利益作为出发点和归宿，充分发挥人民群众的积极性主动性创造性，在社会不断发展进步的基础上，使人民群众不断获得切实的经济、政治、文化利益。

我们致力于生产力的发展，致力于推进有中国特色社会主义文化建设，归根到底，都是为了更好地代表最广大人民的根本利益。这就是我们党的根本宗旨。我们党在长期的革命、建设和改革实践中，履行着全心全意为人民服务的宗旨，代表着最广大人民群众的根本利益。我们党诞生 80 多年来之所以能从小到大，由弱到强，之所以能在艰难困苦、风云变幻中立于不败之地，最主要的原因就是党始终代表人民的利益，因而得到人民的衷心信任、拥护和支持。这是我们党的生命力之所在，是党的力量源泉和胜利之本。邓小平说，党离不开人民，人民离不开党。这句话深刻地揭示了这个真理。

现在我们党处于执政地位，正在领导改革开放和社会主义现代化建设的伟大事业，党面临着执政、改革开放和社会主义市场经济的新考验。而党经受起这种考验的力量源泉依然是广大人民群众。所以面对新世纪，强调我们党要更好地代表最广大人民群众的根本利益问题，具有深远的意义。改革开放以来，我们党制定的路线方针政策是正确的，体现了人民的根本利益，使人民群众的物质文化生活水平得到了显著提高。但是，当前需要突出强调的一个问题是：在我们党内，对有些干部特别是领导干部来说，他们手中的权力究竟为谁服务，是为人民服务还是为他们自己或少数人谋利益？一些腐败案件的发生说明，当前确实有少数人丢掉了为人民服务的宗旨，把手中的权力作资本当商品，搞以权谋私、贪污贿赂。这种把公共权力用来为个人谋私利的腐败现象，如果不加制止，继续蔓延下去，那就会从根本上脱离群众，就会有亡党亡国的危险。所以，党要代表人民的根本利益，在当前来说，首要问题就是要千方百计地把消极腐败现象遏制住，教育广大干部把手中的权力真心实意地为人民谋利益。只有这样，才谈得上如何服务得好，如何提高服务水平的问题。

党代表最广大人民的根本利益，这是立党建党的根本出发点。在新的历史条件下，由于经济成分、利益主体、社会群体多样化，如何正确处理好根本利益和具体利益的关系，努力形成把国家和人民利益放在首位，而又充分尊重公民个人和各种利益群体的合法利益的机制，是需要搞清楚的一个问题。人们对利益的追求是推动社会前进的一个基本动因。但是，人们对利益的需求的欲望又是不断提高的，因此，利益的问题是一个历史的范畴，它具有动态性和层次性的特点。

首先，利益的目标是一个动态的过程，各个历史时期都有不同的利益追求。比如，我国在新民主主义革命时期，人民群众的根本的最大的利益，就是通过革命斗争，推翻反动的剥削制度，使人民群众政治上得到解放，经济上得到翻身，由被剥削被压迫的地位变为国家和社会的主人。在社会主义革命和建设时期，通过自觉地不断地调整和完善生产关系和上层建筑中不适应生产力发展的部分和环节，进一步解放和发展生产力，进一步解决人们日益增长的物质文化需要与生产落后的矛盾，在经济发展的基础上，使人民群众的物质文化生活一步步得到提高，并在政治上享有广泛的民主权利，这是今天我国人民的根本利益。党作为人民根本利益的代表者，就要带领人民群众为实现各个历史时期的利益目标而奋斗。党的纲领、路线和政策导向既不能落后于一定时期的利益目标，又不能超越于一定时期的利益目标。否则，就不能适应人民群众的需要，就会脱离群众。

其次，人民群众的利益是分层次的，既要坚持根本利益，又要尊重和照顾社会群体的具体利益，把两者有机地统一起来。在新的历史时期，人民群众的根本利益主要是：坚持社会主义方向，坚持共产党的领导，坚持马克思列宁主义，坚持人民民主专政的国家政权，这是基本的法治前提和基础，离开了这四个坚持，人民群众的一切利益都说不上；在发展生产和繁荣社会主义文化的基础上，使人民群众的物质文化生活不断得到满足；在不断推进社会主义民主和法制建设的基础上，保障人民行使管理国家的权力，保证人民依法享有广泛的权利和自由，尊重和保障人权。人民群众的这些根本利益，集中体现在党的社会主义初级阶段的基本路线、基本纲领和基本政策之中。党的路线、纲领和政策是人民群众根本利益的科学反映，党为实现自己的路线、政策而奋斗，就是为实现党的宗旨、为广大人民群众的根本利益而奋斗。

在现实生活中，人们的价值取向和具体利益追求是各不相同的。我国的工人、农民、知识分子和各种社会群体、各个社会阶层都有各自的具体利益需求，比如有物质需求、文化需求、民主需求、人生价值需求等等，而且各类人群各种利益需求的层次的目标也各不相同。一般来说，一个目标实现了，就会向更高的目标追求。人们说人没有满足的时候，这从社会发展的意义上说是一种进步，正是这种不满足，才推动人们去奋斗、去创新、去开辟各种新的发展领域。因此，党代表人民群众的利益，无疑包括着尊重、支持、保护人民群众的各种具体利益。

人民群众的根本利益和具体利益从根本上说是一致的，但有时也存在矛盾。比如，只顾个人利益不顾集体利益，只顾眼前利益不顾长远利益，只顾局部利益不顾整体利益，甚至为个人利益不惜牺牲国家和人民的利益等等。这就要靠党的正确的政策、制度和强有力的思想工作、组织工作加以校正。总的原则是，要教育群众正确认识和处理各种利益关系，采取各种措施把个人利益与集体利益、局部利益与整体利益、当前利益与长远利益正确地结合起来，既坚持国家和人民的根本利益，又尊重和保护公民个人的合法利益。“群众利益无小事”。凡是涉及群众的切身利益和实际困难的事情，再小也要竭尽全力去办。要时刻把群众的安危冷暖挂在心上，对群众生产生活面临的这样那样的困难，特别是下岗职工、农村贫困人口和城市贫困居民等困难群众遇到的实际问题一定要带着深厚的感情去帮助解决。

第四，“三个代表”是相互紧密联系、辩证统一的有机整体。党只有代表中国先进生产力发展要求，大力推进生产力发展，才能为发展先进文化提供强大的物质基础；只有不断发展先进文化才能为发展社会生产力提供强大的精神动力；而发展先进生产力和先进文化，归根到底，都是为了不断提高人民的物质文化生活，从而更好地代表最广大人民的根本利益。在当代中国，三者有机统一于党领导人民建设有中国特色社会主义的伟大实践。真正坚持“三个代表”，是我们党在新的历史条件下保持先进性的集中体现。

加强党的执政能力建设的几点思考

（2004 年 3 月）

工人阶级政党取得政权以后，成为执政的党，成为国家和社会生活的领导者和组织者，肩负着治国安邦、建设社会主义的繁重任务。同时，面临着错综复杂的国际国内形势；特别是党要真正体现执政为民的这一本质，代表人民的根本利益，始终不渝地把人民群众的利益实现好、发展好、维护好。这就对执政的共产党的领导和自身建设提出了更高的要求。这里所谓“更高的要求”，归结起来，就是指的加强党的执政能力建设，不断提高党的领导水平和执政水平，提高拒腐防变和抵御风险的能力。这是我们党的全部建设的最终落脚点。

一、执政能力的概念

我们党执政以后，就在不断地思考和探索党的执政能力建设问题。全国胜利前夕，毛泽东曾提出用民主和人民监督政府来避免历史上那种人亡政息的历史周期率。在党的七届二中全会上，为迎接新中国的到来，他提出了一系列关于执政党建设的方针政策。建国以后，党中央、毛泽东为恢复和发展国民经济、巩固政权、确立社会主义制度、全面开展社会主义建设，作出了许多历史性的决策，特别是毛泽东提出了有关社会主义建设和社会主义改造的十大关系，以及正确认识和处理人民内部矛盾问题等等。所有这些，都是加强党的领导、增强党的执政能力的重大实践和有效探索。党的十届三中全会以后，邓小平针对当时的形势、任务和党内的状况，提出了加强和改善党的领导，特别是改革和完善党的领导制度的问题。党的十五大提出了提高领导水平和执政水平，增强拒腐防变这两大历史性的课题。党的十六大明确提出了加强党的执政能力建设的科学命题。

我们党执政的历史经验表明，执政能力与执政环境、执政方式、领导体制、工作制度，以及党内的状况和从政者的素质紧密相连，其内容是极为广泛和丰富的。概括地说，执政能力是指党在领导和支持人民当家作主，依法领导国家和社会事务中的本领和水平。由于我们党从中央到地方到基层构成一个不同层次的严密的组织体系，还拥有各级各类的广大干部，所以，党的组织和党的干部是分层次的。与此相适应，对执政能力的要求和具体内容也是分层次的。党的执政能力首先是指我们党的整体而言的。同时，也反映在部分和个体上。

第一，从党的整体执政能力来说，主要是指科学的理论指导和理论创新能力；决策制定和执行能力（包括党的纲领、路线和政策的制定和执行）；制度和体制的安排能力（包括权力的配置，权力运用机制，党与国家政权机关、群众组织的关系的正确处理，并按照各自的职权发挥各自的作用等）。党是不是有这种能力，关系到我们党能不能成为建设中国特色社会主义坚强核心的根本问题。

第二，从各级党委和领导干部的能力来说，就是党的十六大报告提出的五种能力，即科学判断形势的能力，驾驭市场经济的能力，应对复杂局面的能力，依法执政的能力，以及总揽全局的能力。党的整体能力，要通过各级党的组织和领导干部体现出来，搞好了这一层面的执政能力建设，就能保证党的理论、路线和方针政策得以全面地贯彻落实。在党已经确定了正确的理论、路线和政策的前提下，提高各级党组织和领导干部的执政能力具有决定意义。当然，由于各级党组织和领导干部承担的职责、赋予的权力不同，对五种能力的具体要求也不是划一的，而是有所侧重的。

第三，从党的基层组织和广大党员来说，就是要提高党的整体素质。党的基层组织要发挥战斗堡垒作用，共产党员要发挥先锋模范作用，要善于联系、团结和引导人民群众，把党的路线、方针、政策落实到基层。这是党的执政能力建设的基础。由此可见，党的执政能力建设是个综合性概念，是党的全部建设的归结点，是提高党的领导水平和执政水平的根据。

上述三个层面是相辅相成、互相补充、互相配合的，从而构成了党的执政能力建设的基本要求。

二、执政能力建设和保持党的先进性的关系

加强党的执政能力建设，首先要着眼于保持党的先进性。实践证明，党的先进性，是党生存、发展和经受各种考验的根本前提，是坚持和改善党的领导的内在依据，是能否得到广大群众信任和支持的基本条件，也是加强和改进党的建设的出发点和落脚点。党的先进性不是个抽象的概念，而是适应时代和社会历史发展要求的一个动态的过程。在新的历史条件下，判定党先进不先进，归根到底要看党在推动历史前进中的作用，这是历史唯物主义的科学运用。十六大指出："离开发展，坚持党的先进性、发挥社会主义制度的优越性、实现民富国强都无从谈起。党的先进性是具体的、历史的，必须放到推动当代中国先进生产力和先进文化的发展中去考察，放到维护和实现最广大人民根本利益的奋斗中去考察。"这就为我们保持党的先进性开启了新的思路和指明了方向。

第一，党的先进性是具体的、历史的，而不是抽象的、一成不变的。就是说，要把党的先进性置于一定的时代、历史条件和社会环境之中，与推动经济发展和社会进步联系起来，与实现党在一定阶段的目标和任务联系起来。在民主革命时期，毛泽东把党的先进性同解放生产力联系起来，党先进不先进，归根到底，看它对于中国人民的生产力的发展是否有帮助及其帮助之大小，看它是束缚生产力的，还是解放生产力的。我们党在新民主主义革命时期的理论、路线和一切政策，都是着眼于改变落后腐朽的生产关系和剥削制度，解放生产力，建立新中国这样一个目标确定的，从而保持了党的先进性。今天，我们党的中心任务，是进行社会主义现代化建设，大力发展社会生产力，建设中国特色的社

会主义，全面建设小康社会。党的先进性和执政能力必须体现在代表先进生产力和先进文化发展上，体现在代表中国最广大人民群众的根本利益上。因此，保持党的先进性，加强执政能力建设，必须紧紧围绕发展这个主题展开。胡锦涛指出：马克思主义执政党必须高度重视解放和发展生产力。加强党的执政能力建设，要紧密围绕党的中心任务，紧紧抓住发展这个执政兴国的第一要务。我们必须把促进发展作为第一位的任务，聚精会神搞建设，一心一意谋发展。只有把握了这一点，才能推动社会历史进步，也才从根本上把握了人民的愿望，把握了党的先进性的根本，把握了加强执政能力的根本。

第二，党的先进性必须反映时代要求，体现与时俱进的精神。时代和社会历史在各种社会矛盾的推动下，是不断变化、不断发展、不断前进的。党必须站在时代的前列，适应新的发展变化的需要，适时地提出新任务、新政策，不断推动社会前进。这就是始终要坚持和体现与时俱进的精神。它既是马克思主义的理论品质，也是共产党人的政治本色。任何僵化保守的观念，固步自封、不求进取的做法，都会丧失先进性和执政的资格。为此，我们必须坚持和发展马克思主义，不断推进理论创新，用发展了的马克思主义指导我们新的实践。

第三，党的先进性必须以是否代表最广大人民的根本利益为基本标准。我们党致力于不断发展先进生产力和先进文化，归根到底是为了满足人民日益增长的物质文化生活需要，不断实现最广大人民的根本利益。执政党的本质就是立党为公、执政为民，坚定不移地为实现人民的根本利益而奋斗，是我们党的全部理论和全部工作的根本出发点和归宿点。党先进不先进，说到底要看是不是代表人民的根本利益。同时，最终还要由群众来评判。群众的信任和支持，是衡量党的先进性的最终尺度。脱离群众，失信于民，必然丧失党的先进性和党的执政基础。

三、执政能力建设和改革、完善执政方式的关系

加强党的执政能力建设，要不断改革和完善党的领导方式和执政方式。改革和完善党的领导方式和执政方式，是加强和改善党的领导，加强党的执政能力建设的一个重大课题。执政党按照什么方式执政，怎样

处理党与国家政权机关和人民群众的关系，实施依法执政等，直接反映着党的领导水平和执政水平。改革和完善党的领导方式和执政方式，必须从改革和完善党的领导体制、领导制度和运用机制入手，正确处理好党与国家政权机关的关系，解决好权力过分集中的问题，实现党的领导、人民当家作主和依法治国的统一。

第一，要按照“总揽全局，协调各方”的原则，进一步改革和完善党的领导体制和工作机制。总揽全局，就是要按照党对政治、思想、组织领导的总要求，各级党委要坚持把主要精力放在抓方向、议大事、管全局上，集中精力抓好全局性、战略性、前瞻性的重大问题，把握政治方向、决定重大事项、安排重要人事、抓好宣传思想工作，维护社会稳定。实施这种领导的主要方式是：坚持党对国家大政方针和全局工作的政治领导，制定党的路线方针政策，对重大问题作出决策；坚持依法治国方略，将党的主张经过国家权力机关按照法定程序变成国家意志；坚持党对军队和其他人民民主专政机关的绝对领导，依照宪法和法律规定行使其职权；坚持党管干部原则，向国家政权机关推荐重要干部人选；坚持党对意识形态的领导，进行宣传教育和思想政治工作；坚持共产党领导的多党合作制度，通过民主协商方式，协调与各民主党派的关系；坚持党委对国家政权机关党组和政协党组的领导，以保证党的主张得以贯彻实施。协调各方，就是党委要从推进全局工作的要求出发，理顺党委和人大的关系，尊重宪法和法律赋予人大的地位和职权，支持人大依法履行国家权力机关和监督机关的职能；科学划分党委和政府的职权，支持和尊重依法行政；支持人民政协依法履行职能，尊重政协和民主党派负责人的意见、建议。在摆正各自的位置和职能的基础上，党委在工作中统筹协调好人大、政府、政协的关系，统筹安排好纪检、组织、宣传、政法、统战、群团等方面的工作，使各方都能各司其职，各尽其责，互相配合，形成合力。党委要总揽但不包揽，协调但不代替，各方的事情由各方办，各方之间的关系和工作由党委协调。

第二，要推进依法治国，把党对国家和社会生活的领导纳入法制化的轨道。依法治国，就是广大人民在党的领导下，依照宪法和法律规定，通过各种途径和形式管理国家事务、经济文化事务和社会事务，保证国家各项工作都依法进行，逐步实现社会主义民主的制度化、法制化，使这种制度和法律不因领导人的改变而改变，不因领导人看法和注意力的改变而改变。这就把党的领导和人民当家作主、依法治国统一起来。因此，依法治国是党领导人民治理国家的基本方略，也是共产党执政的基本方式。实施依法治国的执政方式，要求我们党从过去主要依靠政策进行管理转变为主要依靠法律手段进行管理，从过去主要依靠自身的直接管理转变到主要通过发挥国家政权机关的作用进行管理。以法治代替人治。为此，必须加强党对立法工作的领导，形成有中国特色社会主义的法律体系，要进一步明确法律法规的立法主体，改变“部门立法”、“借法扩权”的现象，法律内容要有可操作性，并加大程序立法的力度。要处理好坚持党的领导和司法机关依法独立行使职权的关系。领导干部要增强法制意识，坚持依法办事，坚持在法律面前人人平等，防止和纠正凌驾于法律之上的特权现象。

第三，进一步完善党执政的组织体系。组织体系配置和安排的科学合理是改革和完善党的执政方式的重要内容。一是要理顺条块关系。所谓“条”是指纵向的垂直领导关系；所谓“块”是指横向的同级党委或政府对同级各部门的领导关系。条、块的不同领导方式，实质上是反映权力和利益的分配关系。能不能处理好这种关系，直接关系到调动各方面的积极性的问题。因此，应当站在党和国家整体利益和全局利益的高度，经过科学缜密的论证，确定划分条块的原则，规范职权，实行权力和利益的合理配置。二是要合理设置党内和政府的工作机构。目前党的机构和政权机关的机构大体是平行设置的。这样，机构重叠、职能交叉、职责不清、官满为患、人浮于事，多头领导、矛盾重重，工作效率低下的状况长期困扰着我们。因此，有必要按照应事设机构、设人的原则，对现行的机构设置进行清理、论证，确定哪些是必要的，哪些可以合并，哪些应当撤销，以提高工作效率，降低执政成本。

四、执政能力建设和坚持马克思主义权力观的关系

加强党的执政能力建设，领导干部要树立马克思主义权力观，以坚持立党为公、执政为民为出发点和落脚点。党的十六大报告指出：“面对执政条件和社会环境的深刻变化，各级党委和领导干部要不辱使命、不负重托，就要适应新形势新任务的要求，在实践中掌握新知识、积累新经验，增长新本领。”在新的形势和任务下，党中央要求各级党委和

领导干部，不辱使命、不负重托。“使命”是什么？就是建设中国特色社会主义，全面建设小康社会。“重托”是什么？就是立党为公、执政为民，把人民委托的事情办好，把人民的利益发展好、实现好、维护好。没有这种使命感和责任感，加强执政能力建设就没有动力。因此，对于各级领导干部来说，加强执政能力建设，首先要从世界观、人生观、权力观上解决好，树立正确的权力观，坚持立党为公，执政为民这个最根本的问题。历史经验证明，执政党的地位使党员容易滋长官僚主义、脱离群众的危险，容易使少数党员和党员干部滋长滥用职权、以权谋私的现象，因而使党面临着极大的考验。这个考验，最根本的是领导干部是否牢固树立马克思主义权力观的考验，是否树立了正确的世界观、人生观、价值观的考验，是否真正为人民掌好权、用好权的考验。

关于深化对共产党执政规律的几点认识

（2004 年 4 月）

党要实现科学的执政，必须认识、运用客观规律。主要是加深对三个规律的认识：一是加深对共产党执政规律的认识。二是加深对社会主义建设规律的认识。三是加深对人类社会发展的规律的认识。这三个问题都是全局性、战略性的重大课题。如果我们真正认识和掌握了这三个规律，马克思主义理论将会达到一个新境界、新高度，无产阶级革命事业必将永远立于不败之地。同时，也深深感到这三个问题涉及到广泛的领域，涵盖丰富的内容，研究的难度很大，这不仅有赖于理论思维和理论的概括，而且还有赖于实践的发展对于这些问题展现的程度。关于共产党执政规律的研究，可以从各种角度、各个层面上去研究，也可以从宏观和微观上去研究，这都是必要的。但我认为当前研究这个课题，迫切需要回答的是，首先如何从宏观上来把握它，它的科学内涵是什么，它所包括的基本内容和涉及的范围是什么。说清了这些问题，才能从总体上把握共产党执政规律的问题。为此，我试着讲几点意见。

总的说三句话：以马克思主义为指导；用发展的、动态的观点为方法论；从战略的高度思考如何巩固党的执政地位、提高执政能力问题。

一、党的执政规律是一个动态的发展的过程

毛泽东在《中国革命战争的战略问题》一文中，谈到关于研究战争规律的方法论问题，他在著作中第一个标题就说“战争规律是发展的”，他分析了一般战争的规律，革命战争的规律，中国革命战争的规律。他认为，任何指导战争的人不能不研究和不能不解决战争规律的问题；任何指导革命战争的人不能不研究和不能不解决革命战争的规律；任何指导中国革命战争的人不能不研究和不能不解决中国革命战争的规律。我们指导中国革命战争，不但要研究中国革命战争的规律，还要研究特殊的革命战争的规律，还要研究更加特殊的中国革命战争的规律。无论做什么事情，不懂得那件事的情形，它的性质，它和它以外的事情的关联，就不知道那件事的规律，就不知道如何去做好那件事。毛泽东的这些论述，集中表达了两个重要的观点：一是着眼于事物的特点。二是着眼于事物的发展。

研究执政规律和研究战争规律，从方法论来讲，道理是一样的。我们不仅要研究一般政党的执政规律，而且要研究无产阶级政党的执政规律，更要研究中国共产党执政的规律。中国共产党在执政以后，党的状况和党的领导方式，和执政以前有很大的不同。因此，研究党的执政规律，必须从执政党的特点出发，根据执政党面临的新形势新任务新环境，来研究如何执政，如何领导，党自身如何建设的问题，从而使党的领导和党的建设更有成效。如果不从执政党的特点出发，仍然沿用战争年代的建党方式，那就会事倍功半，就达不到预期的目的。所以，研究执政规律，首先要着眼于执政党的特点。那么，今天我们党面临的新情况新特点是什么呢？我认为，最根本的是江泽民在七一讲话中概括的：两个历史性的根本转变和三个重大变化，即“我们党已经从一个领导人民为夺取全国政权而奋斗的党，成为一个领导人民掌握着全国政权并长期执政的党；已经从一个在受到外部封锁的状态下领导国家建设的党，成为全面改革开放条件下领导国家建设的党”。同时，还面临着国际环境发生重大变化，国内环境发生重大变化，党的队伍状况发生重大变化。两个历史性的转变和三个重大变化，是研究执政规律的依据和出发

点。也就是说，只有党处于执政地位，处于改革开放条件下，面对国际国内环境的新变化和科学技术的新发展，才在党的建设面前提出了一系列的新课题。比如，如何正确处理党与国家政权和其他非党组织的关系；如何在执政条件下建立新型的党群关系；如何建立党和国家工作人员为人民掌好权用好权的法律制度机制和监督机制，防止权力的腐败和异化；如何提高党和国家各级领导人员的领导水平和执政能力；如何适应和应对时代主题的变化和错综复杂的国际形势；如何按照依法治国的要求，把法治原则贯穿于我们全部的决策活动、授权活动、行政行为和监督机制的过程之中，等等。只有从理论和实践上回答好这些问题，才真正深化了对执政规律的认识，才使我们党富有生机和活力，才能从根本上巩固执政地位。而要正确深化对执政规律的认识，就要按照改革的精神，解放思想，实事求是，从实际出发，而不是从概念出发、从固有的原则出发；要在实践中探索，在理论上创新。研究执政规律所要达到的目标，使党的领导和党的建设更加科学化、现代化，不断巩固党的执政地位。

二、对共产党的执政规律的若干思考

执政是相对于非执政而言的。我们党执政以后和执政以前比较，党的职责和功能有着明显的不同。一是地位不同。二是领导的内容不同。三是领导的范围不同。四是领导的方式不同。西方国家有执政党、在野党之分。西方国家政党的起源和职能，和我们党有很大的不同。西方政党在议会政治中产生，为了取得议会的多数，而组织各种党派，他们的基本职能是争取选民，以争得本党领袖在政府中的首脑和本党成员在议会中的多数，而这些活动主要是通过政党的上层活动来实现的。当选举结束以后，党的职能就弱化了，主要是通过各级政府和议会来实现对国家的领导。共产党执政和西方的执政党的区别在于：一是共产党本质上是一党执政，不存在在野党。共产党作为领导党的地位是不变的。二是共产党执政，组织政府以后，党自身的功能并没有弱化，它仍然肩负着制定党的路线、纲领、政策，制定国家和社会的经济和社会发展战略，领导着国家和社会生活各个方面的繁重职责，而且这种领导责任自上而下体现在各级党组织之中。因此，共产党执政和西方的执政党在组织形式、领导职责、活动方式有很大的不同，执政规律当然也有区别。

什么是共产党的执政规律呢？就执政规律的实质来说，社会主义国家共产党运用民主和法制原则、体现和整合人民群众的意志和利益，实现对国家和社会生活的领导。就其范围来说，是党的领导规律和党的自身建设规律的统一。无疑，目前要对什么是共产党执政规律做出人们所共识的界定是困难的。我们可以做的是，在总结共产党执政的历史经验的基础上，我们坚持并实践了哪些基本问题，就能巩固执政地位，使社会主义富有生机和活力，把无产阶级革命事业一步一步推向前进。从而证明解决好这些基本问题正是执政党带有规律性的问题。

当前我们需要深入研究和实践哪些基本问题呢？

（一）执政党必须确定和实践正确的理论和路线，制定各个历史阶段的经济和社会发展战略

执政党保证理论和路线的正确，以及经济和社会发展战略符合客观实际，这是带有全局性、根本性的问题。苏东失败的根本原因是，在指导思想上放弃了马克思主义旗帜，在路线、政策上背离了社会主义方向，表现为从长期僵化跳到资产阶级自由化。从而断送了党，断送了社会主义。我们党 80 年来特别是执政 50 年来的经验反复证明，是不是解决好这个重大课题，关系到党的事业的命运，也关系到党的命运。中国革命有了毛泽东思想和新民主主义革命的总路线、总政策，才赢得了胜利，才有新中国；新的历史时期，有了邓小平理论和党的基本路线、基本纲领，才使中华民族走上复兴之路，社会主义才有生机活力，中国才出现这样一个欣欣向荣的局面。社会主义的兴衰成败，无不与党的理论、路线和政策紧密联系着。我们从 50 年代后期到“文化大革命”时期，社会主义之所以出现了曲折的道路，也在于理论、路线和政策发生了偏差。时代在进步，实践在发展，要进一步解决好这个问题，要求党必须站在时代的前列，与时俱进，不断丰富和发展马克思主义理论，不断调整和完善自己的路线和政策。这样，才能巩固执政地位，才能永葆党和党的事业的青春和活力。

（二）执政党必须正确处理好党与国家政权的关系

一般说来，西方国家执政党不存在这个问题。因为它争得执政地位以后，除了在议会中党派纷争以外，国家的立法、行政、司法都由政府和司法机关来承担，党不参与行政和司法活动。我国政权建设的历史和领导体制与西方国家有很大的不同。我们的领导体制，从1941年根据地提出的一元化领导体制，到建国后直至“文化大革命”一直沿用这种体制，“工农兵学商、党政军民学，党是领导一切的”。这样，就形成党政不分、以党代政，政权的职能弱化的现象。一方面，党组织实际上自上而下地直接管理、直接指挥；另一方面，又设置一套自上而下的政权组织。这两套机构又作用于同一个对象、同一个客体，因而，往往造成机构重叠，互相扯皮，内耗不断，办事效率低下。要理顺和协调好两者之间的关系，迫切需要研究和解决党的执政方式问题。什么是共产党的执政方式呢？这里要回答好四个方面的问题：（1）要解决好权力过分集中的问题。权力过分集中，是集中于党委，集中于少数主要负责人。邓小平指出，权力过分集中于个人或少数人手里，多数办事的人无权决定，少数有权的人负担过重，必然造成官僚主义，必然要犯错误，必然损害各级党和政府的民主生活、集体领导、民主集中制、个人分工负责制等等。权力过分集中，是官僚主义的一个总病根。因此，必须采取有效的办法，平衡和适度分解权力，强化对权力运用的制约。（2）要解决好党与政的关系。党怎么领导政，党的领导职能是什么？政的职责是什么？必须从观念、体制和职权分工上去解决。从原则上说，党管路线、管政策，管经济和社会发展战略，管重要干部人选的推荐；政管经济、管政务、管公共事业的设施。这样，既强化了政权组织的职能，提高了工作效率，也不会削弱党的领导。因为，党和政的目标和任务是一致的，政是由党领导的。（3）党与人民群众的关系。党的领导要真正体现人民当家作主，不仅要相信群众，代表群众的利益，而且要依靠群众。核心问题是发扬民主。如果民主不充分，当家作主就是空谈，是不落实的。（4）党要善于运用法律的武器。十五大已经提出依法治国是党领导人民治理国家的基本方略。无论是党与政的关系，党与人民群众的关系，都要运用法律来规范它们的相互关系和行为准则。

（三）执政党必须大力发展社会主义民主、健全社会主义法制

发展民主是社会主义的本质要求，是无产阶级政党的本质要求，更是人民当家作主的本质要求。民主和法制是统一的，社会主义法制是社会主义民主的保障。从历史上的统治者和当今各种类型的执政党来看，

其执政方式概括起来是两种：人治和法治。人民当家作主，要通过法律和制度体现出来，这是现代文明的标志。人治是以领导者的意志为转移的，是不科学的，也是靠不住的。共产党要巩固自己的执政地位，必须推进法治。共产党执政是代表人民行使权力，人民是权力的主体。一切权力属于人民，人民是社会主义国家的主人。这就是共产党执政的实质。所以，在发展民主的基础上，实行依法治国，这是共产党最科学最富有生命力的执政方式。

（四）执政党必须随着实践的发展不断增强阶级基础、扩大群众基础

作为执政党，要推进经济和社会的发展，巩固自己的执政地位，必须有坚实的阶级基础和群众基础。苏东失败的教训证明，丧失了群众基础，也就从根本上丧失了执政地位，因此，最大限度地团结各方面的力量，整合社会各阶层的利益，得到广大群众的信任和支持，是执政党必须高度重视的问题。

（五）执政党必须不断加强和巩固自身的组织基础

执政规律，既包括如何实现领导的规律，也必须包括自身建设的规律。从执政党自身建设的经验看，要巩固自身的组织基础着重需要解决以下几个问题：(1) 随着形势和任务的发展变化，要科学地回答建设一个什么党、怎样建设党这一建党的目标和指导思想问题。这是各个时期党的建设带有全局性、根本性的问题。(2) 在新的实践中不断提高领导水平和执政水平。(3) 在执政党的条件下不断增强拒腐防变和抵御风险的能力。

在整个改革开放过程中都要反对腐败

——学习邓小平关于党风廉政建设和反腐败的思想

（2004 年 7 月）

邓小平从实现我国社会主义现代化建设的目标、任务的高度出发，揭示了腐败现象产生的根源，阐明了改革开放、现代化建设与反腐倡廉的辩证统一关系，以及加强党风廉政建设和反腐败斗争的重要性和紧迫性，并且系统地提出了加强党风廉政建设和反对腐败的思路、原则、方针和方法，为我们党在改革开放条件下加强党风廉政建设和反腐败提供了强大的思想武器。

一、执政党的党风和反腐败问题关系党的生死存亡

邓小平高度重视党风廉政建设和反腐败斗争。执政以后，他在思考党和国家全局性的重大问题时，其注意力从没有离开过党风廉政建设和反腐败问题。他根据各个时期的新情况、新问题，适时地分析了不正之

风和腐败现象的表现形式和特点，严肃地指出了它对党和国家的严重危害。新中国成立之初，他强调要防止党脱离实际和脱离群众的危险。他认为，我们进了城，执了政，党员具备了做官的条件，因此，很容易使我们同志沾染官僚主义的习气，很容易在共产党员身上滋长一种骄傲自满的情绪。脱离实际和脱离群众的危险，不是比过去减少而是比过去增加了。针对这种情况，他强调必须坚持党的优良传统，经常注意进行反对主观主义、官僚主义和宗派主义的斗争，经常警惕脱离实际和脱离群众的危险。这样，才能使我们党坚持马克思主义原则，坚持社会主义道路。

鉴于“文化大革命”对党特别是对党的作风的严重败坏，以及在新的历史条件下不正之风的滋长、发展，邓小平把执政党的党风问题提到关系党的生死存亡的高度。他指出，“四人帮”确实把我们的风气搞坏了，弄得我们党内同志不敢讲话，尤其不敢讲老实话，弄虚作假。因此，“在目前的历史转变时期，问题堆积成山，工作百端待举，加强党的领导，端正党的作风，具有决定的意义。”同时，他还针对改革开放之初党内出现的假公济私、开后门，特别是特权现象等，严肃指出：“搞特权、特殊化，引起群众的强烈不满，损害党的威信，如不坚决改正，势必使我们的干部队伍发生腐化。”“如果不坚决搞好党风，进一步恢复党的实事求是、群众路线和艰苦奋斗的优良传统，就可能出现一些本来可以避免的大大小小的乱子，使我们的现代化建设在刚刚迈出第一步的时候就遇到严重的障碍。”他还指出，精神文明建设，一定要着眼于党风和社会风气的根本好转，而端正党风，是端正社会风气的关键。因此，邓小平尖锐指出：“我赞成陈云同志讲的，执政党的党风问题是有关党的生死存亡的问题。”

随着改革开放的不断深入，从20世纪80年代初起，针对不正之风趋于严重，特别是经济犯罪活动和腐败现象日益突出，邓小平又进一步指出，这股风如果不刹住，确实有“改变面貌”甚至“变质”的危险。他深刻地分析了腐败现象迅速滋长的形势及危害，要求采取坚决的措施加以制止。他指出：“开放、搞活，必然带来一些不好的东西，不对付它，就会走到邪路上去。”“我们自从实行对外开放和对内搞活经济两个方面的政策以来，不过一两年时间，就有相当多的干部被腐蚀了。卷进经济犯罪活动的人不是小量的，而是大量的。犯罪的严重情况，不是过去‘三反’、‘五反’那个时候能比的。”“这股风来得很猛。如果我们党不严重注意，不坚决刹住这股风，那么，我们的党和国家确实要发生会不会‘改变面貌’的问题。这不是危言耸听。”“经济建设这一手我们搞得相当有成绩，形势喜人……但风气如果坏下去，经济搞成功又有什么意义？会在另一方面变质，反过来影响整个经济变质，发展下去会形成贪污、盗窃、贿赂横行的世界。”因此他认为，我们要一手抓改革开放，一手抓惩治腐败，这两件事结合起来，对照起来，就可以使我们的政策更加明朗，更能获得人心。

二、党风建设和反腐败贯穿于改革开放和现代化建设全过程

改革开放以来，邓小平根据我国经济和社会发展面临的新问题，以及腐败现象产生的社会历史根源，明确指出，反对腐败，打击经济犯罪是一项长期的经常的工作，至少伴随到实现四个现代化那一天。“开放、搞活政策延续多久，端正党风的工作就得干多久，纠正不正之风、打击犯罪活动就得干多久。”他强调：“我们要反对腐败，搞廉洁政治不是搞一天两天、一月两月，整个改革开放过程中都要反对腐败。”要坚持两手抓的方针，一手抓改革开放，一手抓打击经济犯罪活动，这两手都要硬。这样，邓小平在改革开放条件下为我们确立了党风廉政建设和反腐败必须坚持长期作战的思想，确立了党风廉政建设和反腐败与改革开放和现代化建设必须坚持两手抓、两手都要硬的思想。这首先因为不正之风和腐败现象的产生有其深刻的根源和复杂的因素，而这些根源和因素不是短时期所能消除的。第一，我国是一个封建社会历史很长的国家，封建主义思想和其他剥削阶级思想的影响将长期存在，并通过各种形式表现出来。实践表明，在执政特别是改革开放的条件下，一些干部中存在的等级观念、特权观念、宗族观念、官本位的思想等封建传统观念，都可以从党内的不正之风和腐败的案例中找到它们内在的联系性，正是这种封建落后的传统观念影响着党风、助长着腐败现象的滋生。第二，实行改革开放，我们在吸收国外的先进思想文化、先进技术和管理经验的同时，一些消极腐朽的思想道德观念、价值观念和生活方式也必然会通过各种渠道进入我们

的社会，对一些党员干部的思想价值观产生冲击，成为滋生腐败的诱因。第三，市场经济具有双重效应，一方面，市场经济运行中的民主、平等、竞争、务实、效率、创新等观念，为塑造人们良好的思想风貌，端正党风，防止和反对腐败，发挥积极的作用；另一方面，社会主义市场经济同样具有商品经济的一般特征，它不可能完全消除市场运行中的盲目性和自发性，因此，市场经济的拜金主义、功利主义、恶性竞争、弄虚作假等负面因素，也必然会影响人们的思想，不仅会侵蚀到经济领域，还会渗透到党和国家的政治生活之中。第四，建立和完善社会主义市场经济体制，要经历一个艰难的相当长的新旧体制转换过程。在这个过程中，由于制度、法制和机制不健全、不完善，加上工作上存在的一些漏洞和薄弱环节，会给腐败现象滋生以可乘之机。上述种种情形表明，产生不正之风和腐败现象的因素和根源是多方面的，它们是相互影响、相互作用的，是各种因素综合的结果；而这些因素和根源又不是自然可以弱化和消除的，必须创造各种条件，比如经济的发展、改革的深化、制度和法制的健全、教育和监督的强化等等，才能逐步得以解决。要消除不正之风和腐败现象的根源不是一朝一夕之功，而是一个长期的综合治理的过程。由此决定了党风廉政建设和反腐败斗争的长期性和艰巨性。

党风廉政建设和反腐败与改革开放和现代化建设是相辅相成、辩证统一、互为条件的，它们都统一于建设中国特色社会主义、全面建设小康社会的过程之中。忽视了任何一方面都不能实现我们的历史使命和宏伟目标。党风廉政建设和反腐败为改革开放和现代化建设提供政治保证，“没有打击经济犯罪活动这一手，不但对外开放政策肯定要失败，对内搞活经济的政策也肯定要失败。有了打击经济犯罪活动这一手，对外开放、对内搞活经济就可以沿着正确的方向走。”改革开放和现代化建设为党风廉政建设和反腐败提供强大的动力和物质基础。发展经济、深化改革、创新体制，为从根本上遏制和铲除腐败滋生的土壤创造条件，为从源头上惩治腐败提供制度上和物质上的保证。所以，党风廉政建设和反腐败与改革开放和现代化建设，是建设中国特色社会主义不可分割的任务。要保证改革开放和现代化建设顺利进行，必须深入加强党风廉政建设和反腐败斗争；党风廉政建设和反腐败斗争必须围绕改革开放和现代化建设进行。

三、党风廉政建设和反腐败要靠教育，更要靠法制

1986年3月，邓小平在会见新西兰总理朗伊时指出："实行开放政策必然会带来一些坏的东西，影响我们的人民。要说有风险，这是最大的风险。我们用法律和教育这两个手段来解决这个问题。"

加强党风建设和反对腐败必须以强有力的思想教育为基础和前提。大量事实表明，一些干部风气不正，甚至蜕化变质，走上违法犯罪的道路，最根本的是思想路线、思想意识上出了问题，是从思想上的蜕化变质开始的。因此，加强教育，提高党员、干部的思想政治素质，特别是解决好世界观、人生观、价值观的问题，对于端正党风，防止和抵御腐朽思想文化的侵蚀，有效地进行反腐败斗争，是一个有效的途径。邓小平认为，这种教育主要是思想政治教育。通过教育，要使全党在思想上政治上和精神状态上有显著的进步，党员为人民服务而不谋私利的觉悟有显著的提高，党和群众的关系有显著的改善。其教育的内容，主要是：一是理想信念的教育。我们要对干部和人民进行"有理想、有道德、有文化、有纪律"的教育。而"其中我们最强调的，是有理想……我们过去几十年艰苦奋斗，就是靠用坚定的信念把人民团结起来，为人民自己的利益而奋斗。没有这样的信念，就没有凝聚力。没有这样的信念，就没有一切"。我们说人的因素重要，是指认识到自己的利益并为之而奋斗的有坚定信念的人。所以，党员、干部要讲信念，军队要讲信念，人民中间、青年中间也要讲信念。在今天，党和政府愈是实行各项经济改革和对外开放的政策，党员尤其是党的高级负责干部，就愈要高度重视、愈要身体力行共产主义思想和共产主义道德。否则，我们自己就会在精神上解除武装，各种错误的思想乘隙而入，从而走入歧途。二是加强纪律和法制教育。邓小平在强调理想教育的同时，还特别强调纪律和法制的教育。他认为加强法制建设重要的是进行教育。要求大中小学的学生从入学起，工人从入厂起，战士从入伍起，工作人员从到职起，就要学习和服从各自所必须遵守的纪律。法制教育要从娃娃开始，小学中学要进行这个教育，社会上也要进行这个教育，在党内和领导干部中更要进行这种教育。三是艰苦奋斗和奉献精神教育。邓小平把艰苦奋斗的创业精神作为实现四个现代化必须具备的四个前提之一，他指

出，艰苦奋斗是我们党的传统，艰苦朴素的教育今后要抓紧，一直要抓60至70年。我们的国家越发展，越要抓艰苦创业。要告诉我们的人民，告诉共产党员，经济发展了，人民生活水平得到改善了，仍然应当保持艰苦奋斗的传统。坚持这个传统，才能抗住腐败现象，有助于克服腐败现象。他说，建国以来我们一直讲艰苦创业，后来日子稍微好一点，就提倡高消费，于是，各方面的浪费现象蔓延，加上思想政治工作薄弱、法制不健全，什么违法乱纪和腐败现象等等，都出来了。我们一定要保持和发展革命战争年代那种吃苦在先、享受在后的精神，坚决抵御各种腐朽思想的侵蚀。

加强制度和法制建设是党风廉政建设和反腐败的另一种重要手段。依靠制度和法制来加强党的建设和政权建设，是邓小平对执政党建设理论的一个重要贡献。他总结了新中国成立以来党和政权建设的经验教训，认为制度建设和法制建设带有根本性。他指出，克服特权现象、反对腐败，“要解决思想问题，也要解决制度问题”。“制度问题不解决，思想作风问题也解决不了”，“我们过去发生的各种错误，固然与某些领导人的思想、作风有关，但是组织制度、工作制度方面的问题更重要”。与此同时，他还强调要加强社会主义民主和法制建设。他认为，“现在从党的工作来说，重点是端正党风，但从全局来说，是加强法制”，“没有法制不行”。反对腐败，解决社会上各种丑恶现象，“还是要靠法制，搞法制靠得住些”。邓小平还为如何加强制度和法制建设提出了许多重要思想。第一，要改革和完善党和国家的领导体制和组织制度，走出一条不搞政治运动，而靠改革和制度建设的党的建设新路。第二，要加强立法，建立和完善社会主义法律体系。20世纪80年代初，针对当时我国法制建设的状况，他指出，现在的问题是法律很不完备，很多法律还没有制定出来。往往把领导人的话当作“法”。所以，应该集中力量制定刑法、民法、诉讼法和其他各种必要的法律。如工厂法、森林法、草原法、环境保护法、劳动法、外国人投资法等等。做到有法可依，有法必依，执法必严，违法必究。第三，要坚持法律面前人人平等的原则。公民在法律和制度面前人人平等，党员在党章和党纪面前人人平等，反对凌驾于制度和法律之上的特权现象。第四，要健全监督制约机制。我们需要实行党内监督，也需要来自于人民群众和党外人士的监督。最重要的是要有专门的机构进行铁面无私的监督检查，把群众监督与专门机关监督结合起来。第五，要加强法制教育，增强法制观念，真正使广大群众特别是领导干部懂得法律、执行法律、维护法律。

四、党风建设和反腐败，要从领导干部抓起，从群众身边的具体问题抓起

政治路线确定之后，干部就是决定的因素。同样，干部，特别是领导干部，也是党风廉政建设和反腐败的决定因素。邓小平指出："党是整个社会的表率，党的各级领导同志又是全党的表率。"如果党的组织把群众的意见和利害放在一边，不闻不问，怎么能要求群众信任和爱戴这样的党组织的领导呢？如果党的领导干部自己不严格要求自己，不遵守党纪国法，违反党的原则，闹派性，搞特殊化，走后门，铺张浪费，损公利私，不与群众同甘苦，不实行吃苦在先、享受在后，不服从组织决定，不接受群众监督，甚至对批评自己的人实行打击报复，怎么能指望他们改造社会风气呢！因此，他反复强调端正党风，反对腐败，先要从党政机关、领导干部特别是高级干部抓起。这是由他们的地位、作用和影响决定的。一是领导干部对党的优良作风的形成、发展和传播起关键作用。比如，我们党的理论联系实际、密切联系群众、批评与自我批评、艰苦奋斗、求真务实、谦虚谨慎、不骄不躁等优良作风，都是各级领导干部在实践中身体力行的成果。没有广大干部以身作则的亲自实践和示范作用，就不可能有优良的作风。二是领导干部是党风廉政建设和反腐败的领导者和组织者。党的各项工作要由领导干部有成效地领导和组织才能完成；党风廉政建设和反腐败同样也有赖于领导干部发挥领导和组织作用。邓小平强调领导干部要有高度的责任感和坚强的决心，把关系到党和国家命运的这件大事办好。三是领导干部是党风廉政建设和反腐败的重点对象。现实表明，不正之风和腐败现象，主要表现在一些领导干部身上。邓小平指出："要讲特殊化，恐怕首先表现在高级干部身上。当然，我不是说所有的高级干部都是这样，我们的许多高级干部是很艰苦朴素的，但确实有些人特殊化比较厉害。这种情况，在中下层干部中也有。"反腐败斗争揭露出来的案子，多数也涉及到领导干部，甚至各级各部门党政主要领导干部也不在少数。所以，对领导干部要严格要求、严格管理、严格监督，而领导干部自身必须做到廉洁自律、清

正廉明。四是领导干部自身党风不正和发生了腐败现象对党内外影响很大。尽管腐败的干部是极少数，但领导干部特别是高级领导干部的腐败，则是“臭名远扬”，影响极坏，如成克杰、胡长清、慕绥新、马向东、王怀忠等腐败分子，可以说是“家喻户晓”，严重败坏了党的形象。

廉政建设和反腐败斗争，要从领导干部抓起，同时还要从群众身边的具体问题抓起。领导干部的腐败毕竟是少数，但是在干部队伍中为政不廉，利用职权占便宜，侵犯和损害群众的利益则是相当普遍的，比如，乱收费、乱摊派、乱集资，以各种名目收红包、收赞助费、收支持费，以及吃拿卡要，铺张浪费，搞徒有虚名、劳民伤财的政绩工程、形象工程等等。这些发生在群众身边、损害群众切身利益的事情，已经引起群众的强烈不满。所以，要从群众身边的事情抓起，解决损害群众利益的具体问题，以取信于民。邓小平指出：“抓精神文明建设，抓党风、社会风气好转，必须狠狠地抓，一天不放松地抓，从具体事件抓起。”“要扎扎实实做几件事情，体现出我们是真正反对腐败，不是假的。”最近，党中央抓了拖欠农民工工资、教育乱收费等问题，群众很满意。坚持立党为公、执政为民，不能停留在口号和一般要求上，必须围绕人民群众最现实、最关心、最直接的利益来落实。

坚持立党为公、执政为民

（2004年11月）

立党为公、执政为民，是我们党全心全意为人民服务根本宗旨的集中体现，是我们党执政的根本理念。“为公”、“为民”是立党、执政的根本出发点和落脚点。是不是坚持立党为公、执政为民是区分唯物史观和唯心史观的分水岭，是判断马克思主义政党的试金石。

一、全心全意为人民服务是党的根本宗旨

宗旨，是指一个组织、一个团体，或完成某项任务的目的和意图。工人阶级政党的立党、执政的根本宗旨是全心全意为人民服务。这也是工人阶级政党全部理论和全部活动的根本出发点和落脚点。共产党自从成立那天起就把为大多数人服务确定为自己的宗旨。马克思、恩格斯在《共产党宣言》中指出：“过去的一切运动都是少数人的或者为少数人谋利益的运动。无产阶级的运动是绝大多数人的、为绝大多数人谋利益的独立的运动。”① 中国共产党从马克思主义唯物史观出发，确认人民是

---

① 《马克思恩格斯选集》第1卷，人民出版社1995年版，第283页。

历史的创造者，党是人民在特定历史阶段实现特定历史任务的工具。党除了工人阶级和广大人民群众的利益外，没有自己特殊的利益。全心全意为人民谋利益，是我们党的立党之本和唯一宗旨。毛泽东指出："我们所做的一切，都是为人民服务"的①。"全心全意地为人民服务，一刻也不脱离群众；一切从人民的利益出发，而不是从个人或小集团的利益出发；向人民负责和向党的领导机关负责的一致性；这些就是我们的出发点。"② 邓小平也指出：中国共产党党员的含义和任务，如果用概括的语言来说，只有两句话：全心全意为人民服务，一切以人民利益作为一个党员的最高准绳。他的目的是要实现社会主义、共产主义。我们党 80 多年来的一切奋斗，它的全部理论和全部实践，归结起来一句话，就是全心全意为人民服务。我们党的活动所遵循的马克思主义理论，揭示了人类社会和社会主义事业的客观规律，说到底这个理论就是为争取人类的解放和广大人民根本利益而奋斗的理论。我们为实现党的最高理想和各个历史阶段的任务奋斗，其目的也是为人民的长远利益和阶段性的利益而奋斗。我们的纲领、路线和政策都是人民的意志和利益的反映。中国共产党之所以能够得到群众的信任和支持，之所以成为一个伟大的马克思主义政党，根本的原因在于我们党深深地扎根于群众之中，始终代表最广大人民群众的根本利益，坚持不懈地为人民的利益而奋斗。在战争年代，我们坚持了立党为公的宗旨，保持了党和人民群众的鱼水关系，从而赢得了新民主主义革命的胜利。在执政条件下，通过执政来代表人民行使国家权力，体现党的宗旨。执政为民，既反映了党的价值取向和目标，还体现了国家权力的行使者是不是能够确保代表权力主体的意志和根本利益的问题。所以，能不能始终坚持立党为公、执政为民关系到国家权力是不是真正代表人民，关系到党和国家的前途命运问题。

人心向背，决定一个政党、一个政权盛衰的根本因素。党的理论路线和方针政策以及全部工作，只有顺民意、谋民利、得民心，才能得到人民群众的支持和拥护，才能永远立于不败之地。我们一定要把人民的

---

① 毛泽东：《一九四五年的任务》（1944 年 12 月），见《解放日报》1944 年 12 月 16 日。

② 《毛泽东选集》第 3 卷，人民出版社 1991 年版，第 1094—1095 页。

根本利益实现好、维护好和发展好。

群众利益无小事。坚持立党为公、执政为民，关键在于落实。

第一，坚持立党为公、执政为民，必须落实到党和国家制定和实施方针政策的工作中去。方针政策对国家工作全局起指导和推动作用。抓住这个环节，落实立党为公、执政为民的要求，坚持用人民拥护不拥护，赞成不赞成、高兴不高兴、答应不答应来衡量我们的一切决策，就能在全局上把握住实践党的宗旨的根本出发点和落脚点。坚持党的基本理论、基本路线、基本纲领和基本经验，制定和实施深化改革，促进发展，保持稳定的各项方针政策，都要把实现好、维护好、发展好广大人民的根本利益作为依据，都要统筹兼顾，妥善处理各方面的利益，努力使我们的方针政策更好地体现人民群众的利益，使先进生产力和先进文化更快更好地发展起来，不断使人民得到切实的利益。

第二，坚持立党为公、执政为民，必须落实到领导干部的思想和行动中去。领导干部要牢固树立全心全意为人民服务的思想和真心实意对人民负责的精神，始终把群众的利益放在第一位，做到心里装着群众，凡事想着群众，工作依靠群众，一切为了群众。要坚持权为民所用、情为民所系、利为民所谋，为群众诚心诚意办实事，尽心尽力解难事，坚持不懈做好事。要切实加强党风廉政建设，改进领导方式和领导方法，转变思想作风和工作作风，克服形式主义、官僚主义，维护人民群众的合法权益。各级领导干部都要自觉接受监督，绝不脱离群众，绝不贪图安逸，绝不以权谋私。

第三，坚持立党为公、执政为民，必须落实到关心群众生产生活的工作中去。不能把立党为公、执政为民停留在口头上，而必须围绕人民群众最现实、最关心、最直接的利益来落实，要把经济社会发展的长远战略目标和提高人民生活水平的阶段性任务统一起来，把实现人民的长远利益和当前利益结合起来，把根本利益和具体利益结合起来。凡涉及群众的切身利益和实际困难的事情，都要竭尽全力去办。对群众生产生活面临的困难和问题，特别是下岗职工、农村贫困人口和城市贫困居民等困难群众遇到的实际问题，一定要带着深厚的感情帮助解决，切实把中央为他们脱贫解困的各项政策措施落到实处。

二、密切联系群众是党的最大政治优势

人民群众是我们党的力量源泉和胜利之本。能否始终保持和发展同人民群众的血肉联系，是立党为公、执政为民的直接体现，它关系党和国家的盛衰兴亡。我们党的性质、宗旨和指导思想，决定了党在长期斗争中创造和发展起来的一切为了群众，一切依靠群众，从群众中来，到群众中去的群众路线，是实现党的思想路线、政治路线、组织路线的根本工作路线，是中国共产党的优良传统和政治优势。

（一）人民群众是历史的创造者

党和人民的关系，归根结底是由人民群众在历史上的地位和作用决定的。历史唯物主义认为，人民群众是历史的创造者，是推动社会前进的决定力量。毛泽东指出："人民，只有人民，才是创造世界历史的动力。"[①] 邓小平也说："归根结底地说来，历史是人民群众创造的。"[②] 无产阶级政党只有牢固树立这个历史唯物主义的基本观点，才能正确摆正党和群众的关系，确立对人民群众的正确态度。

第一，人民群众是社会物质财富的创造者。物质财富的创造，是人类社会赖以存在和发展的基础，是人类社会第一个历史活动。马克思、恩格斯指出："我们首先应当确定一切人类生存的第一个前提，也就是一切历史的第一个前提，这个前提是：人们为了能够'创造历史'，必须能够生活。但是为了生活，首先就需要吃喝住穿以及其他一些东西。因此第一个历史活动就是生产满足这些需要的资料，即生产物质生活本身。"[③] 有了创造物质资料的第一个历史活动，人们才能从事科学、文化、艺术、政治等其他社会活动。因此，历史正是由创造物质资料的人民群众创造的。没有人民群众进行物质财富的创造，人们便无法开展其他一切活动，便没有人类社会的生存和延续，也无法推动社会历史的进步。

---

① 《毛泽东选集》第 3 卷，人民出版社 1991 年版，第 1031 页。

② 《邓小平文选》第 1 卷，人民出版社 1994 年版，第 217 页。

③ 《马克思恩格斯选集》第 1 卷，人民出版社 1995 年版，第 78—79 页。

第二，人民群众是社会精神财富的创造者。精神财富的创造是以一定的物质财富为前提的。一切科学、文化、艺术、政治等活动都离不开一定的物质生活条件。而这个物质基础是人民群众通过物质资料生产活动所提供的。同时，任何精神产品都是实践经验的概括和总结。杰出的科学家、艺术家、思想家的创造性活动对精神财富的创造固然有重要贡献，但这种创造的最终动因和认识源泉是人民群众的实践。毛泽东在谈到文艺的源泉时曾指出："一切种类的文学艺术的源泉究竟是从何而来的呢？作为观念形态的文艺作品，都是一定的社会生活在人类头脑中的反映的产物。""人民生活中本来存在着文学艺术原料的矿藏……它们是一切文学艺术的取之不尽、用之不竭的唯一的源泉。"①

第三，人民群众是社会变革的决定力量。社会的变革主要是由社会内部矛盾运动引起的，归根结底是由生产力和生产关系的矛盾运动引起的。在一定的社会制度下，由于人民群众创造的社会生产力不断进行着量的变化，往往使原有的生产关系与生产力的性质从相适应逐步变得不相适应乃至最终产生尖锐的矛盾。当原有的生产关系以及建立在这一生产关系基础上的政治上层建筑成为生产力发展的严重桎梏时，代表先进生产力发展要求的人民群众，就必然顺应历史发展的潮流，提出变革生产关系的要求，并进行革命斗争以摧毁旧的政治上层建筑，打破旧的生产关系，解放社会生产力，为发展先进的生产力和建立新的社会制度开辟道路。人类社会的每一次巨大变革，每一次社会形态的交替，都是人民群众革命斗争的结果。在社会主义条件下，生产关系和生产力基本适应，但又不完全适应，这就要通过改革，以调整生产关系和生产力、上层建筑和经济基础不相适应的部分和环节，从而解放和发展生产力，这种改革也同样要依靠广大群众的创造精神和自觉行动。

第四，杰出人物的历史作用，离不开群众及其实践。按照历史唯物主义的观点，承认人民群众是历史的创造者，并不否认杰出人物在历史发展中的作用。杰出人物顺应历史发展的需要，符合时代的要求，适应人民的愿望，对于一定时期历史发展有重大的影响。他们的历史作用主要表现于：提出先进的思想，成为社会变革的先导；在社会变革的实践中，担负人民群众的组织者和领导者的责任。但是，应该看到，杰出人

① 《毛泽东选集》第3卷，人民出版社1991年版，第860页。

物的历史作用，是历史的产物，是从群众斗争的实践中产生的。是时势造英雄，是群众的实践造英雄。他们只有顺应历史发展趋势，代表人民群众的根本利益，善于集中群众的智慧和经验，才能发挥推动历史的作用。任何杰出人物离开社会进步潮流，离开群众及其实践，必将一事无成。邓小平指出："个人的作用归根结底是以一定的社会条件为转移的。"①

（二）人民群众是党的力量源泉和胜利之本

在战争年代，毛泽东曾经提出"兵民是胜利之本"的科学论断。在新的历史条件下，邓小平指出"群众是我们的力量源泉"。党的十三届六中全会《中共中央关于加强党同人民群众联系的决定》进一步指出：人民群众是我们党的力量源泉和胜利之本。共产党作为工人阶级的先锋队，作为人民群众的忠诚代表，它来自群众，扎根于群众之中，把为人民谋利益作为自己全部工作的出发点和落脚点。

同时，它又相信群众、依靠群众，从群众中获得取之不尽、用之不竭的力量源泉。我们党在革命、建设和改革中之所以能够取得不断胜利，归根结底是依靠群众，依靠群众的创造力和合力奋斗。因此，为了群众和依靠群众是辩证统一的。只有依靠群众，才能真正做到为了群众；只有把为了群众作为我们一切工作的根本出发点，才能真心实意地去依靠群众。党只有依靠群众才能有无穷无尽的力量。人民群众是个整体，党只是人民群众中的一个部分。部分的、局部的力量毕竟是有限的，而整体的力量则是无穷的。列宁说过："只靠共产党员的双手来建立共产主义社会，这是幼稚的、十分幼稚的想法。共产党员不过是沧海一粟，不过是人民大海中的一粟而已。"② 党要赢得自己事业的胜利，决不能仅仅靠共产党员少数人去奋斗，而必须组织和依靠最广大群众的力量。邓小平在《中国共产党第十二次全国代表大会开幕词》中说："我们党现在已经是一个拥有三千九百万党员、领导着全国政权的大党。但在全国人民中，共产党员始终只占少数。我们党提出的各项重大任

① 《邓小平文选》第1卷，人民出版社1994年版，第234页。

② 《列宁选集》第4卷，人民出版社1995年版，第682页。

务，没有一项不是依靠广大人民的艰苦努力来完成的。”① 中国共产党80多年来的全部历史证明，人民群众作为党的力量源泉和胜利之本，它既为党赢得自己的事业的胜利提供源源不断的力量，又为党的队伍的壮大输送新鲜血液，为党的建设提供有力的支持；既为我们党提供物质力量的支持，又为我们党提供精神的力量和智慧的源泉，是我们党领导的革命、建设和改革的胜利之本。

第一，民心所向是党夺取胜利的前提和基础。历史证明，任何一个阶级、政治集团要在斗争中取得胜利，都要受到民心向背的制约。得道多助，失道寡助，“得人心者得天下，失人心者失天下”，这是一条铁的规律，党只有同群众建立血肉联系，得到群众的信任、拥护和支持，才能立于不败之地。

第二，人民群众是党夺取胜利的主体。历史唯物主义认为，人民群众是社会的主人，同时也是推动社会前进的主体。社会主义事业是千百万群众的事业。我们的革命、建设和改革事业，只有紧密联系和依靠广大群众，组织浩浩荡荡的革命和建设大军，并推动他们为党的目标和任务而努力奋斗，才能取得不断胜利。毛泽东说：“革命是什么人去干呢？革命的主体是什么呢？就是中国的老百姓。”② 他还说：“真正的铜墙铁壁是什么？是群众，是千百万真心实意地拥护革命的群众……在革命政府的周围团结起千百万群众来，发展我们的革命战争，我们就能消灭一切反革命，我们就能夺取全中国。”③ 江泽民指出：“人民群众是先进生产力和先进文化的创造主体，也是实现自身利益的根本力量。”④ 共产党员在任何时候都是社会中的少数。党对于人民群众的领导作用，是正确地给人民群众指出斗争的方向，帮助人民群众自己动手，争取和创造自己的幸福生活。党绝没有向人民群众实行恩赐、包办、强迫命令的权力。

第三，人民群众及其实践是党的力量和智慧的源泉。共产党是以马克思主义世界观和方法论为指导的，它能够了解和掌握社会发展和革命

---

① 《邓小平文选》第3卷，人民出版社1993年版，第4页。
② 《毛泽东选集》第2卷，人民出版社1991年版，第562页。
③ 《毛泽东选集》第1卷，人民出版社1991年版，第139页。
④ 江泽民：《论“三个代表”》，中央文献出版社2001年版，第163页。

发展的规律，能够正确地判断时局和观察未来，它具有以往一切政治集团无可比拟的聪明才智。然而，党的这种智慧不是固有的，它来源于广大群众及其实践，是人民群众智慧的凝聚和结晶。毛泽东曾说过，知识来源于群众。他在谈到党制定正确的路线和政策同发扬民主、走群众路线的关系时，生动地指出：我们的领导机关，就制定路线、方针、政策和办法这一方面来说，只是一个加工厂。工厂没有原料就不能进行加工。没有数量上充分和质量上适当的原料，就不可能制造出好的成品来。如果没有民主，不了解下情，情况不明，不充分搜集各方面的意见，不使上下通气，只由上级领导机关凭着片面或者不真实的材料决定问题，那就难免不是主观主义的，也就不可能达到统一的认识，统一行动，不可能实现真正的集中。邓小平多次指出：改革开放中许许多多的东西，都是由群众在实践中提出来的，是群众发明的。我的功劳是把这些新事物概括起来，加以提倡。因此，党必须相信群众，依靠群众，向群众学习，从群众中吸取智慧和力量。

第四，党自身队伍的建设也离不开群众。党的队伍的壮大和巩固，取决于党员数量的扩大和党员质量的提高，取决于党内生活和党的活动的制度化和规范化。毛泽东指出：为了克服困难，战胜敌人，建设新中国，共产党必须扩大自己的组织。使自己成为一个全国范围的、广大群众性的党。而要扩大党的队伍，必须从群众中吸收积极分子，以增加党的新鲜血液。群众对党的信任和拥护程度愈高，党的基础就愈深厚，要求加入党的队伍的成员愈踊跃。党员质量的提高，比数量的扩大更重要。因为无产阶级的力量和作用，主要的不是取决于党员的数量，而是取决于党员的质量，取决于他们执行党的路线的坚定性和对共产主义事业的忠诚度。提高党员质量，一方面，要加强对党员的教育，提高觉悟，增强党性，增长才干；另一方面，要有明确的行为规范以及制度和纪律的约束。这固然要靠党组织自身建设的加强，同时也离不开广大人民群众对党组织和党员的制约和监督。邓小平指出："我们需要实行党的内部的监督，也需要来自人民群众和党外人士对于我们党的组织和党员的监督。"① 这种人民群众的制约和监督，不仅包括来自群众的直接的批评，也包括来自人民群众的呼声、意见和建议。我们党只有使人民

① 《邓小平文选》第1卷，人民出版社1994年版，第215页。

群众敢于监督，并真心实意地接受监督，才能经得起任何风险考验，真正成为一个坚强的马克思主义政党。

（三）相信群众、依靠群众

如前所说，人民群众是历史的创造者，是我们党的力量源泉和胜利之本。正是从这样一个基本观点出发，决定了我们党必须相信群众，在一切工作中依靠群众。毛泽东把相信群众提高到马克思主义基本原理的高度，他说：我们应当相信群众，我们应当相信党，这是两条根本的原理。如果怀疑这两条原理，那就什么事情也做不成了。党在任何时候都应当相信群众的觉悟，相信群众的创造力，相信群众的聪明才智。相信群众和依靠群众是认识和实践的关系，只有相信群众，才能真心实意地依靠群众；不依靠群众，相信群众便是一句空话。斯大林曾把党与群众的关系，比喻为古希腊神话中英雄安泰与大地的关系，党只有像安泰紧紧依靠大地那样依靠人民群众，才有无穷的力量，才能取得胜利；否则，就会像安泰离开大地一样最终被人扼死。在战争年代，党紧紧依靠群众，才能战胜困难，取得胜利。面对社会主义现代化建设的繁重任务，党更加需要紧紧地依靠群众。邓小平指出："社会主义现代化建设的极其艰巨复杂的任务摆在我们的面前。很多旧问题需要继续解决，新问题更是层出不穷。党只有紧紧地依靠群众，密切地联系群众，随时听取群众的呼声，了解群众的情绪，代表群众的利益，才能形成强大的力量，顺利地完成自己的各项任务。"①

我们党对群众的依靠，是要始终贯穿于党的活动的全过程和党的工作的各个方面的，也就是说党的工作和党的任务的完成要毫无例外地"一切依靠群众"。正如江泽民指出的："任务要依靠群众去完成，经验要依靠群众去积累，新事物要依靠群众去创造，困难也要依靠群众才能克服。"② 绝不能认为一些工作要依靠群众，而另一些工作可以不依靠群众；在一个时期要依靠群众，在另一个时期可以不依靠群众；或是认为搞革命要依靠群众，搞建设可以不依靠群众；在工作中遇到困难时依

① 《邓小平文选》第2卷，人民出版社1994年版，第342页。

② 《毛泽东邓小平江泽民论党的建设》，中央文献出版社、中共中央党校出版社1998年版，第534页。

靠群众，在工作顺利时就不需要依靠群众了。20 世纪五六十年代，毛泽东针对有人认为搞建设不需要依靠群众的思想在《两种领导方法》一文中指出："有人说，做革命工作，要发动和依靠群众；做建设工作，只要依靠少数懂得技术的干部就行了。这个说法对不对呢？我看不对。"所以，无论何时何地，党的一切工作要依靠群众是无条件的，这是做好工作的根本前提。

在新世纪，我们党面对错综复杂的国际国内环境和肩负繁重的任务，只要我们坚定不移地相信和依靠群众，坚信人民群众是我们的力量源泉和胜利之本，始终保持党和群众的密切联系，我们就能战胜各种困难，开拓前进，夺取新的胜利。

三、马克思主义执政党最大的危险是脱离群众

人民群众是我们党赖以生存、发展和巩固的深厚基础，是我们党的力量之源、执政之基、胜利之本。保持党与人民群众的血肉联系，是保持党的先进性的基本要求，也是巩固党的执政地位、实现党的历史使命的必要条件。江泽民在庆祝中国共产党成立 80 周年大会上的讲话中指出："始终保持同人民群众的血肉联系，是我们党战胜各种困难和风险、不断取得事业成功的根本保证。在任何时候任何情况下，与人民群众同呼吸共命运的立场不能变，全心全意为人民服务的宗旨不能忘，坚信群众是真正英雄的历史唯物主义观点不能丢。"① 党的十五届六中全会《中共中央关于加强和改进党的作风建设的决定》进一步指出："马克思主义执政党的最大危险，就是脱离群众。人民群众是我们党的力量源泉和胜利之本。失去了人民群众的拥护和支持，党的事业和一切工作就无从谈起。"

在革命战争年代，我们党的正确的理论、路线和模范的行动，实践了为人民服务的宗旨，给人民争得了切实的政治、经济、文化利益，因而得到了广大群众的信任、拥护和支持，建立了党与人民群众的血肉联系。"和人民群众密切联系在一起"成为我们党的优良传统之一。在执政党条件下，党的地位、任务和环境发生了根本的变化。也就是说，已经从领导人民为夺取全国政权而奋斗的党，成为领导人民掌握着全国政

① 江泽民：《论党的建设》，中央文献出版社 2001 年版，第 496 页。

权并长期执政的党；已经从在受到外部封锁和实行计划经济条件下领导国家建设的党，成为对外开放和发展社会主义市场经济条件下领导国家建设的党。俄国十月革命以后，列宁曾尖锐地指出：对于领导一个大国向社会主义过渡的工人阶级先锋队来说，最大最严重的危险之一，就是脱离群众。邓小平在党的八大《关于修改党章的报告》中也明确指出："执政党的地位，很容易使我们同志沾染上官僚主义的习气。脱离实际和脱离群众的危险，对于党的组织和党员来说，不是比过去减少而是比过去增加了。而脱离实际和脱离群众的结果，必然发展主观主义，即教条主义和经验主义的错误，这种错误在我们党内也不是比前几年减少而是比前几年增加了。"① 在这里，邓小平不仅指出了执政党脱离实际、脱离群众的可能性和危险性，而且还指出了脱离实际、脱离群众与党的作风状况是紧密地关联着的。也就是说，党风问题说到底是一个党与群众的关系问题。

（一）人心向背决定党的命运

历史和现实都表明，一个政权也好，一个政党也好，其前途和命运最终取决于人心向背，不能赢得最广大群众的支持，就必然垮台。马克思主义执政党如果脱离群众，不代表群众的利益，得不到群众的信任和拥护，党执政的根基就会动摇，执政地位就会丧失，社会主义国家就会改变颜色，历史就会大倒退。苏联解体、东欧剧变尽管有许多因素，但这些因素归结起来，集中到一点，就是这些社会主义国家的执政党丧失了民心，失去了群众的信任和支持。以戈尔巴乔夫为代表的苏共领导实行错误的路线和政策，党内教条主义、官僚主义盛行，特权、腐败现象严重，经济发展缓慢，人民生活提高缓慢，而党和国家领导干部则贪污受贿、私建豪华别墅、挥霍公款、鲸吞社会财富愈演愈烈，从而引起群众的强烈不满，造成社会理想和社会现实的严重背离，官方所宣传的言辞和他们所实践的行为严重背反，使苏共失去了群众基础和阶级基础，整个社会潜伏着信仰危机。一个应该代表广大人民根本利益的共产党堕落成为少数特权阶层的代表，最终被人民彻底抛弃。苏联解体前不久，苏联社会科学院进行的一次"苏共代表谁"的问卷调查就显示了这一

① 《邓小平文选》第1卷，人民出版社1994年版，第214页。

点。“被调查者认为苏共代表工人的占 4%，认为苏共代表全体人民的占 7%，认为苏共代表全体党员的也只占 11%，而认为苏共代表党的官僚、代表干部、代表机关工作人员的竟占 85%！”① 人民对苏共丧失了信任和信心，当苏联国内外反对势力向苏共发起进攻，戈尔巴乔夫宣布解散苏共，苏共总部被查封的时候，拥有 1800 万党员的苏联共产党竟然没有党员出来抗争，苏共中央的工作人员顺从地撤出老广场的总部，许多群众围观看热闹，却无动于衷。苏共失败的教训表明，不能代表人民群众的利益，失去了人民群众的支持，不管什么党、什么人，最后都要垮台。

中国共产党执政经验表明，在执政的条件下，党与群众的关系同取得政权前相比较，面临着许多新情况新问题，党脱离群众的危险性增加了，执政时间越长，越容易产生脱离群众的倾向。这是因为：

第一，党对人民群众担负的责任更重了，群众对党的要求也更高了。执政以后，党成为整个国家和社会生活的领导者和组织者，肩负着治国安邦、建设社会主义的重任。这就决定了党的路线、政策和全部活动同广大人民群众的切身利益关系极大，涉及人民群众的经济生活、政治生活、文化生活、社会生活等方方面面的问题。如果党的决策和工作产生失误，就会给群众利益带来直接损失；如果某个部门或环节的工作没有做好，群众就因为我们是执政党而把工作失误或消极的东西记在党的账上，埋怨我们党。这就对我们党的领导能力和领导水平提出了新的考验，要求我们党包括党的每个部分，甚至每个党员，都要有高度的责任感。我们所实行的每项政策，所采取的每一个行动，都要切实代表人民群众的利益，使人民群众得到实惠。执政党如果不能不断推动社会、经济发展，不断满足人民群众的物质文化生活需要，就不能真正取信于民，就会脱离群众。

第二，执政党的地位使党和人民群众各自的位置和角色呈现新的特点。在战争年代，我们党“一无权，二无钱”，靠的是党的正确路线和对人民群众的无限忠诚，靠的是同人民群众患难与共的血肉联系。当时的斗争对象和目标是日本帝国主义和国民党反动政权，对立面非常清楚，党和人民群众处在同一个位置和角色上。取得全国政权以后，暴风

---

① 黄苇町：《苏共亡党十年祭》，江西高校出版社 2002 年版，第 67 页。

骤雨般的阶级斗争特别是武装斗争已经过去，党的中心任务是发展生产力，建设社会主义。这样，人民内部矛盾特别是人民内部的各种利益矛盾就会突出出来。尤其是我们党掌握了国家政权，许多党员干部手中握有大大小小的权力，担负着管理国家和社会的职能，拥有调动人、财、物等资源的权力。这样，在客观上，群众容易把实质上是人民公仆的党和国家机关工作人员，误认为是凌驾于群众之上的“官员”；而我们有些干部也自认为是“当官的”，自觉不自觉地把自己看成是凌驾于老百姓之上的特殊人物，导致主仆颠倒、角色错位。因而，党群关系、干群关系、领导和被领导的关系就呈现出新的特点，同过去相比矛盾就比较突出，脱离群众的危险性增加了。

第三，执政党自身受客观环境的压力和制约大大降低了。在战争环境中，我们党长期处于敌强我弱和“地下”的环境中，面对着的是强大的敌人的压力，客观情况不允许我们脱离群众。如果那时失去了群众的支持和保护，不要说党和革命事业的发展，就是党组织和党员自身的生存也会遇到极大的困难。客观环境不允许我们稍有松懈。今天的情况同过去相比有着极大的不同，各种客观的制约条件不存在了，入党、当干部不仅不会有什么风险，而且还会享受到各种待遇，并为某些人捞取好处提供了方便条件；同时，我们党自身对权力的运用又缺乏严格的控制和监督，对和平环境下脱离群众的危险性和危害性又缺乏足够的认识和警惕。这样，就容易使一些人不能正确对待和运用手中的权力，容易滋长脱离群众的官僚主义、形式主义、命令主义，忘记为人民服务的宗旨，损害党和群众的联系。

因此，正确分析和认识新形势下党群关系的新特点，构建执政条件下新型的党群关系，是巩固党的执政基础的前提。共产党员特别是各级领导干部，必须认真执行党的路线、方针、政策，决不能有任何偏离；必须正确行使人民赋予的权力，决不能以权谋私；必须把对上级负责和对群众负责统一起来，决不能把二者割裂开来、对立起来；必须在工作中坚持群众路线，深入调查研究，决不能搞官僚主义、形式主义、强迫命令。

（二）高度重视在改革开放条件下党群关系面临的新问题

始终代表最广大人民的根本利益，保持党同人民群众的血肉联系，是中国共产党成立 80 多年来的一条基本经验，也是我们党在新的历史条件下，面对国际国内形势及党自身状况的变化，有效应对世界多极化、经济全球化、文化多样化、社会结构多层化以及民主法制浪潮澎湃所带来的新挑战和新考验，进一步获得各方面群众的信任和支持，始终立于不败之地的根本保证。实践证明，党群关系好不好，是同党的理论、路线和政策紧密联系着的，同一定时期的形势和任务紧密联系着的，同一定阶段人民群众的正当需要和党对这种需要满足到什么程度联系着的，也是同党的自身状况紧密联系着的。密切党群关系，既是一项系统工程，又是一个动态的过程。各个时期党群关系要解决的内容、形式是不同的。当前，要根据新的形势、新的情况研究和解决党群关系的新特点、新问题。

改革开放以来，我们党的理论、路线、大政方针是正确的，我们坚定不移地坚持以经济建设为中心，大力发展生产力，既重视物质文明建设，又重视政治文明建设和精神文明建设，积极推进社会主义民主政治和法制建设。人民群众得到了实惠，物质文化生活水平有了很大的提高。总的来看，群众对党和政府的工作是满意的，党群关系基本是正常的。但是，由于种种复杂的原因，当前党与群众的关系的确也遇到了一些新的矛盾和新的问题。有些地方基层党组织的凝聚力、向心力明显下降，党群关系有疏远、淡化的趋势；群众对党员干部的信任度和亲和感在降低；有的地方党委和政府在群众中的号召力也有所降低。个别地方还出现了党群关系的严重对立，甚至出现群体性的突发事件，影响了社会的稳定。还要看到，我国社会阶层构成已经发生并且还在继续发生新的变化，新的社会阶层中的成员，构成比较复杂，思想倾向也不完全相同，党与他们的联系还存在不少薄弱环节，这与社会的经济结构、利益结构、组织结构、价值结构的多样化和复杂性相交织，在客观上使得巩固、扩大党执政的群众基础的任务变得更为重要和艰巨，对党的群众工作提出了新的更高的要求。党的十六大报告指出：我们党最大的政治优势是密切联系群众，党执政后的最大危险是脱离群众。在任何时候任何情况下，都必须坚持党的群众路线，坚持全心全意为人民服务的宗旨，把实现人民群众的利益作为我们一切工作的出发点和归宿。共产党员首先是党员干部都要坚持立党为公、执政为民，要学习和掌握新形势下做好群众工作的本领和方法，团结和带领群众不断前进，真心实意为人民谋利益。

在新的形势下，做好群众工作，改善党群关系，进一步保持党和群众的血肉联系，要着重解决好当前面临的问题，比如：

第一，要高度重视和积极有效地解决好社会成员劳动就业问题。必须按照“三个代表”重要思想的要求，切实做好群众工作，保障群众生活，特别是失业人员、下岗职工、贫困地区的农民等困难群众，要加大扶助和救济力度，进一步调整完善社会保障政策，要减轻农民负担，增加农民收入。党的十五届六中全会《中共中央关于加强党的作风建设的决定》强调：“对于工作和生活遇到困难的群众，要格外关注，重点帮助。”改革开放以来，我国经济保持了持续快速健康发展的好势头，国内生产总值平均每年增长 9.3%，从而为社会成员提供了不少的就业岗位。但是，我国人口众多，经济发展同大量的就业需要不相适应，必然有一部分劳动力得不到就业岗位。特别是我国农村人口占 60%以上，有大量的农村劳动力要逐步转移到城镇就业，实现劳动力的结构性调整。发达国家的一个共同特点，就是农村人口比重少。比如美国直接在农业产业中就业的劳动力是 2%多一点，日本不到 6%，其他发达国家的农业人口比例大体相似。只有减少农民，才能富裕农民。而由于我国的实际情况，城镇还不可能吸纳大量从农村转移出来的劳动力，必然产生农村大量劳动力就业不充分，或没有事可做。此外，城市国有企业改革，带来了部分职工下岗，此外一部分企业由于效益不高而就业不充分。可见，我国就业岗位的需求和供给的矛盾是相当尖锐、突出的问题，而解决这个矛盾又需要一个相当长的过程。就业是民生之本，没有工作，就没有收入，没有生活保障。如果社会保障跟不上，社会政治稳定所面临的压力就可想而知。事实表明，当前所发生的影响社会稳定的事件，多数是与人民内部的利益有关，如职工下岗、企业改制、拖欠工资、农民负担过重等，因此，如何解决失业群众的生活和工作问题，是当前和今后相当长一段时间摆在党和政府面前的一个极为严重的课题，是事关密切党群关系的一个大问题。正如江泽民在庆祝中国共产党成立 80 周年大会上的讲话中所指出的：各级领导机关和领导干部，要特别关心那些工作和生活暂时遇到困难的群众，把他们的事情摆上重要议事日程，重点考虑，重点解决，切实安排好他们的就业和生活。

第二，要处理好居民的收入分配问题。改革开放以来，党实行了让一部分地区和一部分人先富起来的政策，有效地调动了人们的积极性，打破了平均主义的束缚，促进了生产力的发展，带来了人们的观念和社会面貌的深刻变化，使人民群众的物质生活水平普遍提高和改善。但是，从我国目前收入分配的状况看，并不是令人满意的，既在某些方面还存在平均主义和“大锅饭”的现象，又突出地带来社会群体的分化，分配不公和收入差距拉大的问题，这包括城乡差距、地区差距、行业差距、个人收入差距等都有拉大的趋势。社会分配问题实际上是群众切身利益问题，它关系到群众对党的路线方针政策、对改革开放和政府的认同和感情，关系到党执政的群众基础。分配不公，会影响群众对党和政府的信任度。它不仅仅是个利益分配问题，而且是一个重大的政治问题。因此，党和国家应当采取有力措施，按照效率和公平兼顾的原则，调节社会收入分配问题。

（三）要高度重视和着力解决好党的作风建设问题

作风建设是党的建设的重要组成部分。我们党历来高度重视作风建设，并在长期的建党实践中创立了党风建设的理论，培育了党的优良传统作风。在新的历史条件下，加强和改进党的作风建设具有更加重要的意义。党的十五届六中全会《中共中央关于加强党的作风建设的决定》指出：执政党的党风，关系党的形象，关系人心向背，关系党和国家的生死存亡。全党同志要居安思危，增强忧患意识，充分认识加强和改进党的作风建设，是全面贯彻党的基本理论、基本路线、基本纲领和实践“三个代表”重要思想的迫切需要，是开创改革开放和现代化建设新局面的必然要求，是党永远立于不败之地的重要保证。实践证明，党的作风建设的核心问题是保持党和人民群众的血肉联系问题。因为党的作风是党的面貌的反映，是党的性质和宗旨的体现。也就是说，什么样的党，这个党的价值目标是什么，是由党的作风反映出来的。因此，人民群众往往通过党组织和党员的作风的行为表现，来判定我们党的性质和宗旨。党的作风好，人民群众就会拥护、支持我们党；反之，党的作风不好，不管你怎么申明党是先进的，是代表人民的，在群众看来只是说说而已。群众主要不是看你郑重的誓言，而是看行动。因此，作风建设既是党的建设的重要部分，又是落实党的其他方面建设的一个重要环节。

党的十一届三中全会以来，我们党重新确立了解放思想、实事求是的思想路线，形成了社会主义初级阶段的基本路线，制定了一系列符合我国国情和人民利益的大政方针，党的精神面貌焕然一新。广大党员积极投身建设中国特色社会主义的伟大事业，在发扬党的优良传统的基础上，立足国情、面向世界，锐意改革、致力发展，发扬民主、依法办事，给作风建设注入了新的活力。党的作风总的是好的。但是，应该看到，目前，党的作风方面也存在一些亟待解决的严重问题。主要是：在一些地方、部门和领导干部中，教条主义、本本主义滋长，形式主义、官僚主义盛行，弄虚作假、虚报浮夸严重，独断专行、软弱涣散问题突出，以权谋私、贪图享乐现象蔓延。有的思想僵化，因循守旧，不思进取；有的动摇、否定四项基本原则，搞资产阶级自由化；有的脱离实际，脱离群众，言行不一，阳奉阴违，不讲真话，不办实事；有的衙门习气、官僚作风严重，在处理各种关系上，对上级捧着、抬着，对下级哄着、护着，对同级包着、让着，对群众则是压着、拖着，对存在的问题捂着、盖着，滋长了严重的市侩庸俗作风；有的贪图安逸，追求享乐，讲排场，比阔气，铺张浪费，挥霍无度；有的为了达到自己自私的目的，虚报浮夸，拼凑政绩，玩弄数字游戏，搞什么“形象工程”、“面子工程”、“路边工程”，结果劳民伤财，损害群众利益；有的只对上负责，不对下负责，对群众生产、生活中的急难问题漠然置之，甚至封锁消息，欺上瞒下；有的个人专断、家长制作风严重，对上讲“民主”，对下讲“集中”，有令不行、有禁不止，搞“上有政策，下有对策”，搞地方和部门保护主义等。所有这些不正之风，严重侵蚀党的肌体，损害党群关系，丧失民心，危及执政党的地位。

（四）要惩治腐败现象

腐败现象是不正之风在党的肌体中的进一步发展。在新形势下，党内的腐败现象有蔓延、发展之势，尽管党和政府坚持不懈地同腐败现象作斗争，但由于腐败现象产生的根源是非常复杂的，全面有效地遏制腐败还要一个相当长的过程。腐败现象的实质是权力运用的腐败，它以滥用职权、以权谋私为特征。腐败现象在权力运作中表现在方方面面，有经济领域中的腐败、吏治腐败、司法腐败等。腐败与我们党的性质和宗旨是根本对立的，与共产党执政本质根本不相容。不坚持惩治和遏制腐败就会从根本上失信于民，就会从根本上脱离群众，就会毁掉我们党和社会主义国家政权。所以，要保持党和群众的血肉联系，要使我们党和社会主义国家永远立于不败之地，必须坚定不移地把反对腐败这场政治斗争进行到底，正如党的十五届六中全会《中共中央关于加强党的作风建设的决定》所指出的："要以党风廉政建设和反腐败的实际效果取信于民。"

四、领导干部要牢固树立马克思主义权力观

在新形势下，密切党群关系，做好群众工作，进一步取信于民，需要做多方面的工作，最根本的是要保证党的理论、路线、政策符合人民群众的意志和要求，并切实得以贯彻落实。而要实现党的理论、路线、政策，党的各级干部必须增强执政意识，真心实意地实现和维护人民群众的利益。所谓执政意识就是执政为民的意识，就是代表人民的意志和利益，为人民掌好权、用好权，这是共产党人正确的权力观。每个共产党员特别是领导干部都要牢固地树立这个观点。2002 年 1 月，江泽民在中纪委第七次全会上的讲话中指出：对领导干部来说，打牢思想政治基础，筑严政治防线，最根本的就是要牢固树立马克思主义的世界观、人生观、价值观，牢固树立正确的权力观、地位观、利益观，始终保持同人民群众的血肉联系。执政党的领导干部必须树立马克思主义权力观，为人民掌好权、用好权。

执政党，是掌权的党，党是整个国家和社会生活的领导者和组织者。在执政条件下，党有了调动和支配全国人、财、物等资源的权力，而且权力之大，可调动的资源之多，都是未执政前无可比拟的。大批党员、干部担任了从中央到地方各个部门、各个地区的领导职务，手中都掌握了这样那样的权力。执政党的地位，必然带来两个方面的影响即正面影响和负面影响。也就是说，一是运用掌握国家政权的地位给我国的革命、建设和改革事业带来空前有利的条件，有利于按照党的政治主张对整个国家和社会进行改造和建设，有利于使党的路线、方针、政策在全国范围内顺利地贯彻实施，能更充分地体现全心全意为人民服务的宗旨，更有效地保持同群众的密切联系。这种条件在执政以前是不可能有的。二是执政党的地位使党内容易滋长官僚主义、脱离群众的危险，容易使少数党员和党员干部滋长滥用职权、以权谋私的现象，因而使党面临极大的考验。这个考验，最根本的是对领导干部是否牢固树立马克思

主义权力观的考验，是否树立了正确的世界观、人生观、价值观的考验，是否真正为人民掌好权、用好权的考验。

立党为公、执政为民，作为一个价值目标和基本要求，是我们党一贯所主张的，但要使所有共产党员和领导干部都身体力行地去实践，并切实做到，却不是一件容易的事。根据我们党50多年来的执政经验，要真正做到为人民掌好权、用好权，必须要解决好以下几个问题：

第一，要解决好手中的权力是人民赋予的认识问题。历史唯物主义告诉我们：人民群众是历史的创造者，是推动社会历史前进的决定力量。我们党和社会主义国家的性质决定了人民群众是权力的主体，我国的宪法规定，中华人民共和国的一切权力属于人民。这种权力的主体性和唯一性是不可动摇、不可分割的。党代表人民，但不能代替人民，包办群众的事情。领导干部、国家公职人员的权力是人民赋予的，是人民的委托，是集中群众的意志和根本利益而代表人民来行使职权的。毛泽东说过，我们的权力是谁给的？是工人给的，农民给的，也就是广大人民群众给的。但是，由于传统观念的影响，由于我们干部制度方面存在的缺陷，有的人把权力误以为是上级机关和上级领导给的，有的人误以为是自己奋斗的结果。在权力的主体属于谁、领导干部的权力是谁赋予的问题上，没有搞清楚，那么在权力的运用上必然会产生迷茫，必然会产生错位。既然权力是上级领导给的，那么在干部选拔使用中跑官要官的现象，在领导工作中只对上负责、不对下负责的现象，就是很自然的了。既然权力是个人努力的结果，那么运用权力为个人谋回报、用公共权力为个人谋私利的现象也就不足为怪了。

第二，要解决好权力为谁服务的问题。我们手中的权力，是国家的公共权力，绝不是一党、一派甚至个人的私权。既然权力是人民赋予的，那么理所当然要为人民服务。执政党运用手中的权力为人民服务，是党的性质和宗旨的集中体现。党的各级领导干部树立立党为公、执政为民的思想，是马克思主义权力观的集中体现，也是领导干部道德即“官德”的集中体现。我们党的大多数领导干部都是真心实意地为人民服务的，像焦裕禄、孔繁森等一大批优秀领导干部就是杰出代表。但确有一些人运用手中的权力为个人谋私利。他们把权力作资本、当商品，搞“权钱交易”、“权权交易”，贪污受贿、聚敛钱财，把公共权力异化为个人的私权，什么理想信念、党的宗旨、社会主义道德，都置之脑后，像已经被查处的成克杰、胡长清等就是这样的一小批人。还有一点应当特别引起我们注意，就是在执政特别是长期执政的条件下，要防止在党内产生既得利益集团问题。苏联共产党失败的一个直接原因，就是执政以后，培植了一个官僚特权既得利益集团，正是这个既得利益集团成了苏共、苏联的掘墓人。江泽民总结了共产党长期执政的经验教训，在2000年底中纪委第五次全会上的讲话、2001年的“七一”讲话中，提出了防止既得利益集团问题。他指出，由于我们党处在执政地位并长期执政，党内有一些人逐渐产生了一种错误的思想倾向，他们把党和人民赋予的职权，把自己的地位、影响和工作条件，看成是自己的所谓既得利益，不是用这些职权和条件来为党、为人民更好地工作，而是用来为自己捞取不合理的、非法的私利。他们甚至把这些东西看成是谁也碰不得、动不得的私有财产，想方设法去维护和扩大这种所谓既得利益。他强调指出，如果我们党内形成了既得利益集团，我们党必然要失败。他要求全党同志对此保持高度的警觉。因此，执政党能不能解决好权力为谁服务的问题，关系到党和国家的命运，是对执政党的一个严峻考验。

第三，要解决好主人和“公仆”的关系问题。党和国家的工作人员是当人民的公仆呢，还是做人民的“老爷”？这是区分革命的领导者和剥削阶级的统治者的根本标志。在我们社会主义国家里，人民群众是社会的主人。人们只有分工的不同，没有高低贵贱之分，人们在人格上、在法律上是完全平等的。党员干部没有高于其他人员的地位，共产党员也没有高于非党群众的地位。他们只有置身于群众之中勤勤恳恳为群众服务的义务，没有高踞于群众之上称王称霸、做官当老爷的权利；他们只有模范地执行和遵守党的制度和国家法律的义务，没有置身于制度和法律之外、之上的特权。绝不允许主仆颠倒、权利和义务错位的现象出现。只有确立了对待群众的正确态度，摆正干部和群众的正确关系，克服高人一等的特权思想以及官僚主义和命令主义的现象，才能真心实意地为人民服务。

第四，要不断解决好善于领导的问题。执政党要为人民掌好权、用好权，经得起权力的考验，既包括正确地运用权力，防止权力腐败的考验，也包括执政能力和领导水平的考验。这两方面都搞好，才能巩固执政地位，实现党的历史使命，给人民带来切身利益。滥用职权、以权谋私、为政不廉，固然是执政党的最大危险，但是，执政党如果没有治党治国治军的真实本领，不能肩负起领导国家和社会主义建设的重任，不能把人民群众委托的事情办好，也就不能取得群众的信任和支持，不能从根本上坚持和巩固执政地位、实现自己的历史使命。为此，就必须全面加强党的建设，提高党的整体素质。不仅要提高全党特别是各级领导干部的思想政治素质和道德素质，而且要提高文化科学素质和业务素质，提高领导干部的决策能力、管理水平和组织协调能力。不仅要造就一大批政治家、军事家、组织家，而且要造就众多的经济、科学、教育、管理、法律等各行各业的专家。这样，才能把国家建设好，履行执政职能，实践党的宗旨。但是，应该看到，我们执政已经50多年了，党的活力和战斗力在一定程度有所削弱，党内有的人不思进取、好逸恶劳、精神不振、贪图享乐，不是把心思用在提高自己的水平和能力上，用在工作上，用在为人民谋利益上，而是用在谋官为财、为个人谋私利上。在作风上形式主义、官僚主义盛行等现象是相当普遍的。因此，要做到立党为公、执政为民，还必须提高自身的素质和领导水平，使党善于领导。

五、把人民群众的利益实现好、维护好、发展好

是否得到群众的信任、拥护和支持，是衡量我们党制定和执行各项方针、政策是否正确的根本标准，也是衡量党的建设和党的领导是否成功的根本尺度。我们想问题、出主意、定决策、做工作，都要从人民的利益出发，体现人民的意志，对人民负责，受人民的监督。江泽民在庆祝中国共产党成立80周年大会上的讲话中指出，80年来我们党进行的一切奋斗，归根结底都是为了最广大人民群众的利益……都是为了不断实现好、维护好和发展好最广大人民的利益。实践表明，最大多数人的利益对于一个社会主义国家执政党来说是最要紧和最具有决定性的因素，无论现在还是将来，都必须首先考虑并满足最大多数人的利益要求，这关系着党的执政全局。

坚持立党为公、执政为民，把群众的利益实现好、维护好、发展好，最根本的是把发展作为执政兴国的第一要务，始终不渝地坚持以经济建设为中心，大力发展生产力，不断提高人民群众的收入水平和生活

质量。实践证明，凡是经济发展较快较好的地方，群众对党和政府的满意度就比较高，党员干部的威信也比较高，党群、干群关系也就比较融洽。反之，经济发展滞后的地方，群众的意见就比较多，党群、干群关系中的问题一般也比较多。因此，执政为民要落实到发展经济、增加群众收入、提高人民群众的生活水平上。同时，为群众谋利益，一定要着眼于满足最大多数人的具体利益，特别是工人、农民的切实利益。当前，党和国家要采取切实有效的措施，帮助下岗职工、困难企业职工、城市贫困人口、贫困地区群众、受灾地区群众等困难群体，把他们的工作和生活切实安排好。

坚持立党为公、执政为民，实现好、维护好和发展好群众利益，还必须从政治上进一步发展民主，加强民主、法制建设，领导和支持人民当家作主，保障人民群众的政治利益，使群众享有广泛自由和权利。为此，一方面，必须积极而稳妥地发展基层民主，拓宽和疏通民主渠道，使群众有知情权、参与权、选举权、监督权；另一方面，要改进党的领导方式和执政方式，充分发挥以人民代表大会制度为基础的国家政权体系的作用，理顺党组织与国家政权、人民团体和其他社会组织之间的关系，推进社会主义民主和法制建设。

坚持立党为公、执政为民，实现好、维护好和发展好群众利益，要坚持“两手抓”，实现精神文明、政治文明和物质文明协调发展。物质文明建设与政治文明建设和精神文明建设是相互配合、相互促进的。政治文明、精神文明和物质文明统一于建设中国特色社会主义的目标。因此，政治文明、精神文明建设是社会主义现代化的题中应有之义。实现社会主义现代化，不仅要推进经济、科技的发展，而且全社会的民主政治、道德水准、文化水平、党风民风都要有相应的改善和提升，人民群众的精神文化生活也必须在马列主义、毛泽东思想和邓小平理论指导下逐步得到丰富和发展。

党的先进性的科学内涵和时代特征

（2006 年 3 月）

先进性是马克思主义政党的根本特征，也是马克思主义政党的生命所系，力量所在。保持和发展党的先进性，是建设一个什么样的党、怎样建设党的首要问题，也是马克思主义政党建设的根本任务。在新的历史条件下，我们党提出先进性建设的科学命题，深刻揭示了党的建设的核心内容，深化了对执政党建设规律的认识。党的先进性建设是党的建设的总概括、总要求。它既是党的各方面建设的集中体现，又是党的各方面建设的出发点和归结点。党的各方面建设只有围绕先进性建设这个主题，同时把先进性建设贯穿于党的各项建设之中，才能抓住根本，推进和实现党的建设新的伟大工程，把我们党建设成为始终走在时代前列、推动社会历史前进、得到群众信任和拥护的马克思主义政党，成为在我国全面建设小康社会、建设中国特色社会主义的坚强核心。

一、党的先进性的科学内涵

什么是党的先进性？谈党的先进性不能离开党的性质。党的先进性是由党的性质所决定、所要求的，而且其基本内涵是一致的。党的性质是党固有的本质属性，是工人阶级政党区别于其他任何政党、派别的质的规定性。共产党的性质，马克思、恩格斯在《共产党宣言》中已经作了明确规定，直至今天，其内涵甚至其表述从来没有改变过，即共产党是工人阶级的先锋队。这个规定，奠定了共产党性质的两块“基石”：一是共产党是工人阶级的政党，是工人阶级的先进的部分，从而奠定了党的阶级基础。二是共产党是以科学社会主义作为自己的行动指南，是由马克思主义理论武装起来的。恩格斯指出：“我们党有个很大的特点，就是有一个新的科学的世界观作为理论的基础。”它善于掌握和运用社会历史发展规律和革命发展规律，为无产阶级革命运动指明方向，从而奠定了党的理论基础。对于共产党的这个本质属性，列宁作了精辟概括。他说，无产阶级政党是科学社会主义与工人运动相结合的产物。科学社会主义武装了无产者，无产者找到了自己的行动指南，这就产生了共产党。可见，共产党是建立在科学的基础上的，列宁说，共产党“这个名称是唯一科学的”。中国共产党从建立之始到十五大，对党的性质都表述为“中国工人阶级的先锋队”。十六大我们党根据执政党的特点和党面临的新形势、新任务，为了进一步增强党的阶级基础和扩大党的群众基础，团结和动员最广泛的社会力量为中华民族的伟大复兴和建设中国特色社会主义，对党的性质的表述在“中国工人阶级的先锋队”之后加了“同时是中国人民和中华民族的先锋队”的内容。这个改动，和我们过去的提法实质上是一致的，所不同的是在坚持以工人阶级作阶级基础前提下，把阶级基础和群众基础统一起来，更有利于保持党的先进性和群众性，对党的性质赋予了新的内容。从以上叙述可以看出，党的性质是党的固有属性，它具有质的规定性、稳定性和高度概括性的特点，不容随意变动。

党的先进性是由党的性质所决定，并以其为依据。它指的是，党在推动历史前进中、在自身发展中所表现出来的价值理念、理论、纲领、路线和符合规律的实践活动。这就是说，党的先进性体现在党的生活、党的活动的各个方面，它主要体现在党的宗旨和执政理念，党的科学的世界观和正确的理论，党的最终奋斗目标和现阶段的任务，党的基本路线和基本政策，以及党组织的领导核心作用，干部的骨干作用和共产党员的先锋模范作用等等。它是始终走在时代前列、推动社会历史前进的当代社会最先进的部分。由此可见，党的先进性比党的性质的内容更宽、更丰富，是党的性质理论的展开和具体化；同时党的先进性不仅包括党的本质特征的理论概括，而且包括党在推动历史前进中的实际行动。也就是说，它是具体的、历史的，总是被时代和实践赋予新的内涵和新的要求，总是依靠党组织和广大党员在实践中得以体现，先进不先进要着眼于实际行动，着眼于推动社会历史前进。

二、党的先进性的时代特征

为了进一步理解和把握党的先进性的科学内涵，还需要对党的先进的特点进行深入的分析。党的十六大指出，党的先进性是具体的、历史的，归根到底要看党在推动历史前进中的作用。根据这一科学论断，我们可以把党的先进性概括为三个鲜明特点，即时代性、实践性和内容的广泛性。而这里说的实践性和内容的广泛性不是抽象的，都是同时代和一定历史条件相联系的。离开了时代性，实践性和广泛性就无所遵循。

关于党的先进性的时代特征。时代和社会历史不是一个凝固的、一成不变的东西，而是在各种社会矛盾的推动下，在纷繁复杂的变迁中，不断发展、不断变化、不断前进的。党就要适应这种发展、变化的新形势、新特点，紧跟时代发展进步潮流，适时地分析矛盾，提出任务，确定适应时代要求的理论、纲领、路线和政策；并依据时代要求，紧密联系党在一定阶段的政治任务和政治路线，确定党的建设的指导思想、方针和原则，从而推动社会前进，提升党自身的先进性。这就要求党始终走在时代的前列，始终坚持和体现与时俱进的精神。如果因循守旧、故步自封、保守僵化，那就会落伍于时代，就会丧失先进性和执政资格。走在时代前列，就是要适应社会发展规律，按客观规律办事，我们想问题、出主意，提出任务、制定政策，都要从不断发展变化着的客观事实出发，从广大人民群众的实际利益出发。在新民主主义革命时期，我们正是根据当时的社会矛盾和民主革命面临的任务，才制定了符合时代要求的新民主主义革命的总路线和一系列的方针政策；在改革开放和现代化建设的新的历史阶段，我们党科学地分析了中国的国情和社会主要矛盾，分析当今世界的时代特征和国际环境提出了符合时代要求和中国社会主义现代化建设实际的理论、路线和方针政策，从而大大推进了中国社会的发展。因此，必须把党的先进性置于一定的历史条件和环境之中，用历史的动态的观点来认识党的先进性。这就是说，是不是坚持与时俱进、始终走在时代前列是判别党是否具有先进性的一个根本标志。正如十六大报告指出的“坚持党的思想路线，解放思想，实事求是，与时俱进，是我们党坚持先进性和增强创造力的决定因素。与时俱进，就是党的全部理论和工作要体现时代性，把握规律性，富于创造性。能否始终做到这一点，决定着党和国家的前途命运。”

关于党的先进性的实践性。党的先进性既是一种崇高的理念，即党的理论和指导思想，党的立党为公、执政为民的价值取向，党的严密的组织和统一的纪律，以及一定历史阶段的纲领和路线；更是按照先进性要求的实践和具体行动。如果光有先进性的理念，而无实际行动，光有鼓舞人心的口号，而无脚踏实地付诸实践，就不能体现先进性。所以党的先进性，既要看其理论、路线、纲领的正确，又要看在革命运动中的实际表现和作用。在确定了党的理论、路线、纲领之后党先进不先进关键在行动、看实践。从一定意义上可以说党的先进性在行动中。正如列宁所指出的：“要知道，只是自称为‘先锋队’，自称为先进部队是不够的，——还要做得使其余一切部队能看到并且不能不承认我们确实是走在前面。”十六大关于党的先进性是具体的、历史的，归根到底要看党在推动历史前进中的实际作用的论断，为党的先进性建设开启了新的思路，指明了党的先进性建设不仅要有正确的理论指导，而且要用这个理论指导行动，并变为丰富的实践活动。这个观点同马克思主义关于先进性的理论也是一脉相承的。马克思、恩格斯在《共产党宣言》中阐述党的先进性时认为，在理论上“党是无产阶级运动的条件、进程和一般结果”，在实践上“共产党人是各国工人政党中最坚决、始终推动运动前进的部分”，既强调理论建设，又强调党在实践中的作用。毛泽东把党的先进性同生产力的发展联系起来，既讲了政策的指导，又讲了实践活动，他说“中国一切政党的政策及其实践在中国人民中所表现的作用的好坏、大小，归根到底，看它对于中国人民的生产力的发展是否有帮助及其帮助之大小，看它是束缚生产力的，还是解放生产力的。”我们党的十六大根据执政党的特点和新的形势、新的任务，进一步指明了党的先进性“必须放到推动当代中国先进生产力和先进文化的发展中去考察，放到维护和实现最广大人民群众的根本利益的奋斗中去考察，归根到底要看党在推动历史前进中的重要作用”。这就是说，我们党要承担起推动中国社会发展的历史重任，必须把保持先进性落实到发展先进生产力、发展先进文化、维护和实现最广大人民群众的根本利益上来，致力于推动中国历史前进，实现中华民族的伟大复兴。这是当今把握党的先进性的最根本之点。同时，就党自身建设来说，除了进一步加强党的思想理论建设，进一步深化对执政规律和执政党自身建设的规律的认识外，更要带动全党广大党员，特别是领导干部自觉实践执政党建设的理论、方针和原则，推进党的思想、组织、作风和制度建设，提高党的执政能力和领导水平，在实践中提升党的先进性，以进一步取得群众的信任和支持。我们正在开展的保持共产党员先进性教育活动，正是在新的形势下保持党的先进性、加强党的先进性建设的重大举措，把党的先进性理论贯彻落实在行动中的一个重大决策。

关于党的先进性的内容的广泛性。党的先进性既反映党的本质特征又具有十分广泛的内容。它包括阶级基础的先进性，思想理论的先进性，纲领路线的先进性，组织纪律的先进性，作风的先进性，体制制度的先进性，以及党员、党员领导干部个体的先进性等等。凡是党的意识、党的观念和党性原则所要求的，都体现着先进性。它包括党的建设的方方面面，也包括共产党员立身行事的方方面面。既然党的先进性包括广泛的内容，那么，如何把握先进性，遵循什么来进行先进性建设呢？这无疑也必须通过各种途径、各种方法、各种措施来加以贯彻和落实。这里需要特别指出的一点，就是要通过党章的学习、贯彻来保持党的先进性。2006 年 1 月初，胡锦涛总书记在中纪委第六次全会的讲话中指出，要始终把学习党章、遵守党章、贯彻党章、维护党章作为全党的一项重大任务抓紧抓好。胡锦涛这个指示，不仅是对加强党风廉政建设的要求，而且也是对全党先进性建设的要求。党章是党的工作和党的活动的依据和准则。列宁指出：党的“章程是组织性的正式表现”，是党组织的总章程，是党内的根本大法。《中国共产党章程》不仅规定了党的性质、纲领、指导思想、组织原则和党在一定阶段的任务、路线与之相适应的建党方针、建党原则，而且还规定了各级组织的职责、任务和党员、干部活动的基本准则。它全面地、系统地规定党的基本理论、基本路线、基本纲领、基本经验以及党的活动的基本准则和规矩。由此可见，党章不仅是党的发展和党的建设历史的真实记录（各个时期党和党的事业的发展，以及党的建设的状况都会在党章中体现出来），而且是党的先进性要求的集中体现。因此，党的先进性建设应当把学习、掌握、贯彻党章放在十分重要的地位，把党章作为党的先进性建设的基本依据和基本教材。每个共产党员，特别是领导干部都应当自觉地学习党章、遵守党章、执行党章、维护党章，毫无例外地严格按党章办事，按党规党法办事。真正做到了这一点，就能提高全党的整体素质，才能保持党的先进性。

三、先进性建设是党的根本性建设

先进性建设在整个党的建设中处于一个什么样的地位？弄清这个问题对于提高我们对加强党的先进性建设的认识，对于理清先进性建设和党的其他方面建设的关系，对于把握执政党建设的规律，是有重要意义的。据我所知，目前关于先进性建设的重要地位有这样一些提法：有的说，先进性建设是党的建设的主题；有的说，先进性建设是贯穿于党的思想建设、组织建设、作风建设、制度建设之中的核心，是党的思想、组织、作风、制度建设的灵魂和精髓，是管总的；有的说，先进性建设是党的其他各方面建设的出发点和落脚点，是党的建设的总要求、总目标等等。胡锦涛《在新时期保持共产党员先进性专题报告会上的讲话》中明确指出："开展党的先进性建设，就是通过推进思想建设、组织建设、作风建设和制度建设，使党的理论和路线方针政策顺应时代发展潮流和我国社会发展进步的要求、反映全国各族人民的利益和愿望使各级党组织不断提高创造力、凝聚力、战斗力、始终发挥领导核心作用和战斗堡垒作用，使广大党员不断提高自身素质、始终发挥先进模范作用，使我们党保持与时俱进的品质、始终走在时代前列，不断提高执政能力、巩固执政地位、完成执政使命。""党的十六大以来，党中央继续推进党的先进性建设，把它作为推进党的建设新的伟大工程和提高党的执政能力，巩固党的执政地位的一项重要任务来落实。"他还说："加强党的先进性建设始终是我们党生存、发展、壮大的根本性建设。""抓住了先进性建设，就抓住了党的建设的根本，就抓住了加强党的执政能力建设、巩固党的执政地位的关键。"以上这些论述，尽管角度有所不同，但归总起来回答了三个问题：一是回答了先进性建设在党的整个建设中处于核心的地位和总的要求，是党的根本性建设。二是回答了先进性建设同党的其他各方面建设是整体和部分的关系。先进性建设和党的其他方面建设是紧密联系、相辅相成的。先进性是总要求，是主题，其他方面建设是体现和围绕先进性建设的。比如，从先进性建设和执政能力建设来说，先进性建设是讲党的本质要求和内在素质，执政能力是党的内在素质在执政中的体现和反映。只有党的整体素质提高了，保持了先进性，党的执政能力才能增强和提高。因此，加强执政能力建设，最根本的是要加强先进性建设，提高党的素质，这样，才能实现党的建设两项历史性任务——提高领导水平、执政水平和增强拒腐防变、抵御风险的能力。再比如，从党的先进性建设和党的思想、组织、作风、制度建设来说，先进性不是抽象的、没有实际内容的东西，它要通过党的思想、组织、作风、制度建设这个载体体现出来，它又是党的各个方面建设的出发点和落脚点。所以，先进性建设和其他方面的建设可以比喻为母系统和子系统的关系。只有把党的建设作为一项系统工程，全面地加强和落实各方面的建设才能保持党的先进性。三是回答了先进性建设的目的和重大意义。只有加强先进性建设，始终保持党的工人阶级先锋队性质，才能使我们党始终走在时代前列，使我们党在思想上、政治上、组织上、作风上更加巩固、更加成熟和更加坚强有力；使我们党更好地领导全面建设小康社会，推进社会主义现代化建设事业，成为建设中国特色社会主义事业的坚强核心。

中国共产党章程历史沿革及其对党的先进性建设的启示

（2006年4月）

2006年1月6日，胡锦涛《在中央纪委第六次全体会议上的讲话》中指出，总结我们党自身建设包括党风廉政建设和反腐败工作的实践经验，可以得出一个重要结论，就是要始终把学习党章、遵守党章、贯彻党章、维护党章作为全党的一项重大任务抓紧抓好。胡锦涛的讲话深刻指明了党章在党的建设中的地位；阐明了学习和贯彻党章对于加强党的建设、保持党的先进性的重大意义；特别是紧密联系党的建设和社会主义现代化建设实际，提出了学习和贯彻党章必须着力解决好的问题。

一、党章是立党治党管党的总章程

一个团体、一个政党都要有自己的章程。列宁指出："章程是组织性的正式表现。"[①] 正式的党章是完备的政党形态所不可缺少的。在近

---

① 《列宁全集》第7卷，人民出版社1986年版，第364页。

代社会任何一个政党或社会团体的成立，都必须首先制定章程，并按照章程把自己组织起来，开展活动。中国共产党党章是对党的性质和宗旨、党的路线和纲领、党的指导思想和奋斗目标以及党的组织原则和行为规范等重大问题作出规定的重要文件。它集中表达了我们党的理论基础和政治主张，集中体现了我们党的整体意志和共同理想，是全党思想统一、行动一致的根本准则，是党的先进性的组织表现。立党要以党章为依据，治党、管党同样要以党章为依据。没有一个党的章程，无以立党；不按党的章程办事，也无以治党、管党。所以党章是党的活动、党的工作和党的建设的基本准则，是我们立党、治党、管党总的章程、总的依据。它在党内具有最高的权威性和最大的约束力，在党的建设中处于极端重要的地位。

1. 从内容上看，一定的党内法规是规范和调整一定的党内关系的

党章作为党的根本法规、党的总章程，它所规定的内容是党内生活中最重大最根本的问题。例如，在总纲中规定党的性质、宗旨、指导思想、奋斗目标、纲领路线和基本政策以及党的领导和党的建设的基本原则；在条文中，规定党员的标准及党员的权利和义务，党员干部的基本条件和基本要求，党的组织原则、组织结构和党的纪律等。它规定的是党的基本理论、基本路线、基本纲领、基本经验和党的活动的基本准则。而党内的其他规章制度是规范和调整党内政治生活、组织生活中的某一方面的关系的。例如，党员权利保障条例、党内监督条例、领导干部选拔任用条例等等，分别规范了党员权利、义务关系，党内监督制约关系，领导干部选拔任用关系。而这些规章制度都是依据党章，并且为了保证党章实施而制定的。只有遵循党章，才能把握党的正确政治方向，确保党的组织制度和行为准则的贯彻实施。

2. 从党内法规的效力上看，党章具有普遍的适用性和最高的法规效力

党章在党内法规制度体系中处于最高层级，它适用于调整一切党内关系，适用于一切党内活动，适用于所有党的组织和每个共产党员。所以，它有最广泛的适用性。党章是制定党内其他法规的依据和基础，党内其他规章制度是党章有关规定的延伸和具体化。所以，它是“母法”，具有最高的效力和最大的权威。党内其他的规章制度都不能违背党章、不能同党章相抵触。只有遵循党章，才能统一全党的思想和行动。

3. 从党内法规制定、修改和解释的权限看，党章只有党的全国代表大会才有权制定、修改、解释

党的一大制定了《中国共产党第一个纲领》。党的二大制定了一部正式的党章。从党的二大到党的十六大的党章史来看，只有 1927 年 6 月 1 日，在非常时期通过的《中国共产党第三次修正章程决案》，是由中央政治局会议通过的。其余党的章程的制定和修改都是由党的全国代表大会通过的。而其他党规党法、党内生活准则有的是中央全会通过的，有的是中央有关部门通过的，不必由全国代表大会通过。同时，一般说，对党章的解释、说明权也在党的全国代表大会。这充分说明了党章的严肃性、至上性和权威性。

二、中国共产党章程的制定和修改是同党的事业和党的建设紧密联系的

党在领导革命、建设和改革的实践中，所面临的形势和任务是不断发展变化的，党的工作和党的建设在与时俱进，不断前进的，党在发展中所取得的经验和理论成果也是不断丰富和完善的。为了适应这种新的变化和新的发展，作为指导党的工作和党的建设的党章，也必须不断地进行修改和完善，使之更加规范，更加科学，更加完备。所以，党章的发展是同党的事业和党的建设紧密联系的，是我们党的事业和党的建设历史的真实记录。

（一）中国共产党章程的历史沿革

我们党成立 85 年来，1921 年党的一大，制定了中国共产党第一个纲领性文件，即《中国共产党第一个纲领》。从二大制定第一部正式党章起，共制定了十五部党章。

1921 年，党的一大，制定了中国共产党第一个纲领性文件，即《中国共产党第一个纲领》，共十五条，缺其中的十一条，有俄译本、英译本两个版本。这个文件题为“第一个纲领”，实际上既有纲领的内容，而主要是章程的内容。纲领部分主要是第二条的规定，即规定党的目标是推翻资本家阶级的政权，最终消除阶级区分；承认无产阶级专政；消灭私有制，生产资料归社会所有；联合第三国际。条文部分则规定了关

于党的名称；关于党的基本任务；关于党员条件和入党手续；关于党的组织机构；关于党的纪律；关于党和其他政党的关系等。由于我们党刚刚成立，还是一个幼年的党。因此，这个文件规定的党内规范还比较原则，也不甚严密。

1922年，党的二大，制定了一部正式的党章，即《中国共产党章程》，标志着党创建工作的完成。这个章程共有六章二十九条，分别对党员的条件和审批手续、党的组织系统及其构成、党的会议和活动方式、党的组织纪律以及党的经费的来源及使用等作了详细的规定。二大在制定党章的同时，还通过了《中国共产党第二次全国代表大会宣言》。《宣言》中首次规定了党的最高纲领和最低纲领，明确提出了反帝反封建的民主革命纲领。二大宣言实际上起着党的纲领的作用。

从党的三大、四大到1927年6月，中央政治局会议对党章做过三次修改，分别是《中国共产党第一次修正章程》、《中国共产党第二次修正章程》、《中国共产党第三次修正章程决案》。三大、四大章程修正案，与二大通过的章程比较，基本框架是一致的，但其内容在不断丰富、完善。比如，三大的修正案，在条文上增加一条，成为三十条，即在党员一章中加了党员请求出党的手续和应遵守的纪律条文。又比如，在四大的修正案中，在三大修正案的基础上又增加了一条，成为三十一条，即在纪律一章中加了党员接转组织关系的条文。其他的条文在原来的基础上也增加了新内容、新款项。1927年6月，中央政治局会议通过的《中国共产党第三次修正章程决案》，从总体框架到条文，都进一步扩展和具体化了。《决案》共有党员，党的建设，党的中央组织、地方组织和基层组织，党的监察机构，党的纪律，党团，经费以及党与青年团的关系等十二章，八十五条。这个议决案，从内容上看更加完备了。特别需要指出的是，它明确提出了民主集中制的组织原则，即第二章第十二条规定“党部的指导原则为民主集中制”。

1928年，六大通过的《中国共产党党章》，基本上保持了第三次修正章程议决案的内容，共分为十五章五十三条，包括党的名称、党员、党的组织系统、支部、城乡区的组织、县或市的组织、省的组织、党的全国会议、党的全国代表大会、中央委员会、审查委员会、党的纪律、党的财政、党与共产主义青年团的关系等。六大党章从总体说是积极的，对在特殊环境下党的建设起着好的作用，而且从党的章程的体系看，也进一步完备了。但这部党章也有重大缺陷：一是不适当地、过分地强调了中国共产党与共产国际的关系。党章第一条开宗明义就规定“中国共产党为共产国际之一部分，命名为‘中国共产党’，为共产国际支部。”而且规定党的全国代表大会“得共产国际同意后召集之”，大会的选举得由共产国际批准。党员不仅要服从本党决议，还必须服从共产国际决议。二是过分强调党员和党的领导层的工人成分，脱离当时农村根据地党的建设的实际。

1945 年，党的七大通过的党章是我党在民主革命时期一部最好的最完备的党章。这部党章共十一章七十条，其结构依次为：总纲；条文部分包括党员、党的组织机构、党的中央组织、党的省及边区之组织、党的地方、县、市及区之组织、党的基础组织、党的地下组织、党的监察机关、党外组织中的党组、奖励与处分、经费等。七大党章有以下几个特点：一是从二大到六大的党章都是在共产国际帮助下制定的，而这部党章是我党独立自主制定的。它充分体现了马克思主义党的学说与中国党的建设实际相结合的原则。二是党章对民主革命时期党的建设的基本经验作了系统的总结，对民主革命时期建党取得了规律性的认识。三是从七大党章开始把党章结构分为两部分，即总纲部分和条文部分。这个基本结构保留至今，反映党章结构体系更加完善。四是第一次规定了党员的权利和义务，确立党员在党内的主体地位。五是七大党章的一个最大特点和最大贡献是把毛泽东思想作为党的指导思想载入党章。

1956 年，党的八大通过的党章是我党执政后的第一部党章，也是一部好的党章。它总结了执政党建设的基本经验，体现了执政党的特点和要求，为社会主义执政党建设指明了方向。八大党章的内容是总纲部分加条文部分共九章六十条。条文部分的顺序是：第一章党员；第二章党的组织机构和组织制度；第三章党的中央组织；第四章党的省、自治区、直辖市和自治州的组织；第五章党的县、自治县、市的组织；第六章党的基层组织；第七章党的监察机关；第八章党同共产主义青年团的关系；第九章党外组织中的党组。它基本上保持了七大党章的结构体系，但更加全面和完备了。

1969 年九大和 1973 年十大通过的党章，是在“文化大革命”中的“左”倾路线指导下的产物，党的优良传统和党章科学内容遭到践踏，反映了我们党在建设中遭受严重挫折。党章除了不到1000字的总纲外，条文部分共六章十二条。正如邓小平指出的“九大、十大搞的党章，实际上不大像党章，党员有些什么权利和义务，究竟怎么样才算合格共产党员，不合条件怎么办，都没有规定好。”总体来说，从指导思想到建党原则都是错误的，贯彻无产阶级专政条件下继续革命理论，把党继续作为阶级斗争的工具，强调党是向着阶级敌人进行战斗的先锋队组织。

1977年十一大通过的党章，在揭批“四人帮”和动员全党进行现代化建设方面起了积极的作用，但未能纠正九大、十大党章中“左”的错误。

1982年，党的十二大通过的党章恢复和发展了七大、八大党章的优点，彻底清除了九大至十一大党章中“左”的错误，反映了我们党对执政党的自身建设规律和社会主义建设规律的认识。这是一部党的指导思想从以阶级斗争为纲彻底转变到领导社会主义现代化建设的党章。十二大党章的特点：一是有一个3000多字比较充实、完备的总纲，对党的性质、宗旨、地位、指导思想、奋斗目标和现阶段的任务以及建党原则作了科学的规定。二是对党员、党员干部在思想上、政治上和组织上的要求比历次党章的规定都要严格，而且把党的干部专列为一章，这是过去没有的。三是对中央和地方组织的体制、对党的纪律和纪律检查机关作了新的规定。四是对党内民主和民主集中制作了更加充分、具体的规定。十二大党章是我党历史上最好的一部党章之一，尔后历届党章都是以十二大党章为基础的，至今十二大党章确立的总体框架、基本原则和基本要求都没有变。

1987年党的十三大对党章部分条文做了修改，主要是党内选举办法，规定候选人名单采取差额选举或差额预选的办法，党组织讨论决定重大问题实行表决制，以及从中央到地方到基层党组织的职能进行必要调整。

1992年十四大对党章的总纲和条文做了部分修改。根据当时历史条件，修改的幅度还是比较大的。主要是总结十二大以来社会主义现代化建设和党的建设的新经验，把邓小平建设中国特色社会主义理论、基本路线和一系列方针政策写入党章，对党的工作和党的建设提出了切合实际的要求，强调党是建设有中国特色社会主义的坚强核心。

1997年党的十五大修改的党章，集中在一个问题上，把邓小平理论确定为党的指导思想，在条文部分也作了相应的修改。

2002年党的十六大修改的党章，即现行党章，是我们党的工作和党的建设的依据和指导原则，也是党的先进性建设的依据和指导原则。学习、遵守、贯彻、维护党章，就是指十六大修改通过的党章。十六大党章把“三个代表”重要思想同马克思列宁主义、毛泽东思想、邓小平理论一道作为党的行动指南；对党的性质赋予了新的内涵，规定“中国共产党是中国工人阶级的先锋队，同时是中国人民和中华民族的先锋队”；根据新的情况，对于什么人可以申请入党的问题增加了“其他社会阶层的先进分子”。十六大党章的总格局，同改革开放以来前几部党章比较，增加了一章，即第十一章党徽党旗。这样除总纲外，条文部分共十一章五十三条。

（二）中国共产党章程是我们党发展和党建历史的真实记录

从党的历届党章的全部内容来看，我们可以鲜明地看到，党章的制定和修改不是孤立的，它是同党的事业发展，同党自身建设的发展紧密联系的，是党的事业发展和党自身建设历史的生动体现和真实记录。无论党的发展和成熟，党的事业的前进和胜利，或是党的事业和党自身建设的失误和曲折，都会在党章中得到真实的反映。可以说一部中国共产党章程的发展史，也就准确地概括了中国共产党的发展史。所以，我们学习掌握党章，对于了解中国共产党致力马克思主义中国化的历史进程，对于了解党在各个历史时期的社会矛盾、政治任务和纲领、路线，对于了解党在各个时期的发展状况以及建党方针和建党原则，对于了解党内生活的基本准则和党的政治状况、组织状况的新发展、新变化，对于了解党的组织结构、组织制度、领导体制的发展变化，以及党员标准和党员权利义务的丰富和完善等等，都是非常重要的和必要的。

1. 中国共产党章程是中国共产党在指导思想上把马克思主义中国化的历史的真实记录

中国共产党从成立时起就把马克思列宁主义作为指导思想写在自己的旗帜上。中国共产党是善于把马克思主义同中国实际相结合的党。我们党80多年来在马克思主义中国化道路上经历了几次历史性的飞跃。1945年，党的七大把毛泽东思想作为党的指导思想写在党章上，1997年党的十五大把邓小平理论作为党的指导思想写在党章上，2002年党的十六大把“三个代表”重要思想写在党章上，从而以党内最高法规的形式确定了在全党的指导地位。十六大党章总纲的第4、5、6段，专门对毛泽东思想、邓小平理论和“三个代表”重要思想发展的历史进程、历史特点和指导地位作出了阐述。所以，一部党章是党的理论基础和指导思想发展、成熟的历史。

2. 中国共产党章程是中国共产党的奋斗目标、纲领、路线发展变化、走向成熟的历史真实记录

一大党的纲领规定党的奋斗目标；二大规定党的最高纲领和最低纲领；七大党章规定了党在新民主主义革命时期的总路线和总政策；八大规定了我们在社会主义建设时期的路线和政策；十二大以后的党章都规定了党的中心任务和党在社会主义初级阶段的基本路线和基本纲领。所以，一部党章是党的纲领、路线和一定阶段政治任务的真实记录和发展历史。

3. 中国共产党章程是中国共产党自身的产生、发展和建设状况的历史真实记录

制定一个正式党章是党产生的标志，党章的科学、完备程度也是党成熟的标志。我们党七大、八大、十二大以及十二大以后的党章，反映了我们党的理论、纲领、路线的正确和党内生活的正常化，反映党的事业和党的建设的成功。六大以前的党章反映我们还在幼年时期，在一定程度上还不成熟。九大、十大党章反映党的事业和党的建设出现的曲折和挫折。所以，一部党章是党自身建设的状况和发展历史的真实记录。

由此可以看出，学习掌握党章对于了解中国共产党的发展史，了解中国革命、建设和改革的历史进程和基本经验都有重大的意义。

三、中国共产党章程是党的先进性要求的集中体现

党章全面、系统地规定了党的基本理论、基本路线、基本纲领和基本经验以及党的活动的基本准则。胡锦涛指出，党章是把握党的正确政治方向的根本准则；党章是坚持从严治党方针的根本依据；党章是党员加强党性修养的根本标准。他还强调，能不能有效地学习、遵守、贯彻、维护党章，关系到增强党的创造力、凝聚力、战斗力，关系到巩固党的执政地位和保持党的先进性，关系到党的事业兴衰成败和党的生死存亡。党章是党的先进性要求的集中体现。要加强党的先进性建设，保

持党的先进性，必须全面地学习、遵守、贯彻和维护党章。党章包涵着极为丰富的内容，涵盖着党的生活和党的建设方方面面的内容。贯彻落实党章的要求，也就是党的先进性建设的内容，也就能保持党的先进性。根据党章的要求和总书记的讲话精神，学习、贯彻党章保持党的先进性，需要突出强调以下四点：

（一）学习贯彻党章必须坚持党的性质

什么是党的先进性？谈党的先进性不能离开党的性质。党章开宗明义规定了党的性质。党的性质是党固有的本质属性，是工人阶级政党区别于其他任何政党、派别的质的规定性，是对共产党的定位。坚持党的性质是学习、贯彻党章一项最根本、最核心的内容。共产党的性质从马克思、恩格斯在《共产党宣言》中已经作了明确规定，直至今天，其内涵甚至其表述从来没有改变过，即共产党是工人阶级的先锋队。这个规定，奠定了共产党性质的两块“基石”：一是共产党是工人阶级的政党，是工人阶级的先进的部分，从而奠定了党的阶级基础。二是共产党是以科学社会主义作为自己的行动指南，是由马克思主义理论武装起来的。它善于掌握和运用社会历史发展规律和革命发展规律，为无产阶级革命运动指明方向，从而奠定了党的理论基础。对于共产党这个本质属性，列宁作了精辟概括，他说，无产阶级政党是科学社会主义与工人运动相结合的产物。科学社会主义武装了无产者，无产者找到了自己的行动指南，这就产生了共产党。可见，共产党是建立在科学的基础上的。中国共产党从建立之始到十五大，对党的性质都表述为“中国工人阶级的先锋队”。十六大，我们党根据执政党的特点和党面临的新形势、新任务，为了进一步增强党的阶级基础和扩大党的群众基础，团结和动员最广泛的社会力量为中华民族的伟大复兴和建设中国特色社会主义，对于党的性质在“中国工人阶级的先锋队”之后加了“同时是中国人民和中华民族先锋队”的内容，这个改动，和我们过去的提法实质上是一致的，所不同的是在坚持以工人阶级作阶级基础前提下，把阶级基础和群众基础统一起来，更有利于保持党的先进性和群众性，对党的性质赋予了新的内容。

党的先进性还体现在，党在推动历史前进中、在自身发展中所表现出来的价值理念、理论、纲领、宗旨、路线和符合规律的实践活动之中。这就是说，党的先进性体现在党的生活、党的活动的各个方面。它是始终走在时代前列、推动社会历史前进的当代社会先进的部分。党的先进性是党的性质理论的展开和具体化，同时党的先进性不仅包括党的本质特征的理论概括，而且包括党在推动历史前进中的实际行动，也就是说它是具体的、历史的，总是被时代和实践赋予新的内涵和新的要求，总是依靠党组织和广大党员的实践中得以体现。所以，党的先进性建设，必须坚持党的性质，以党的性质为依据。

（二）学习贯彻党章必须坚持理想信念

党章第三段指出："马克思列宁主义揭示了人类社会历史发展的规律，它的基本原理是正确的，具有强大的生命力。中国共产党人追求的共产主义最高理想，只有在社会主义社会充分发展和高度发达的基础上才能实现。社会主义制度的发展和完善是一个长期的历史过程。坚持马克思列宁主义的基本原理，走中国人民自愿选择的适合中国国情的道路，中国的社会主义事业必将取得最终的胜利。"这就是讲的共产党人的理想信念问题，也是现阶段纲领和最高纲领统一问题。理想信念是人们的精神支柱，是思想和行为的"总开关"、"总闸门"。理想的滑坡是最致命的滑坡，信念的动摇是最危险的动摇。

坚持理想信念，是我们学习、贯彻党章需要解决的根本问题。如何坚持理想信念呢？胡锦涛指出：坚定理想信念，重要的就是要坚持用马克思主义的立场、观点、方法来认识世界，认识人类社会发展的客观规律。共产党员必须努力学习和自觉运用辩证唯物主义和历史唯物主义的强大思想武器，把理想信念建立在科学分析的理性基础之上。既要正确认识目前资本主义经济、科技发展的现实，更要正确认识资本主义社会的基本矛盾及其发展的历史趋势；既要认识社会主义发展过程中出现的曲折和反复，更要正确认识人类社会向前发展的必然规律；既要正确认识社会主义事业的长期性、艰巨性、复杂性，更要正确认识社会主义制度的强大生命力和巨大优越性。也就是说，要从人类社会发展规律的高度来认识当今世界的变化及其趋势，不断坚定自己的理想信念。胡锦涛的这一论述，是我们认识和坚定理想信念的一把钥匙。它告诉我们：一是要从人类历史发展规律上认识和把握理想信念。二是要从社会主义制度具有巨大的生命力和优越性，同时社会主义发展的长期性、艰巨性和曲折性中认识和把握理想信念。三是要从把党的最高理想和现阶段的目标统一起来，并为实现现阶段的目标任务努力奋斗中去认识和把握理想信念。

（三）学习贯彻党章必须坚持立党为公、执政为民

执政为民是在执政条件下全心全意为人民服务的体现。我们党从诞生那天起，它的全部工作和全部活动都是为人民服务。在执政条件下，我们党的一切执政活动也都是为人民服务。实践表明，能不能坚持全心全意为人民服务的根本宗旨，是衡量一名党员是否合格的根本尺度。对我们党来说，能不能坚持全心全意为人民服务的根本宗旨，保持和人民群众的密切关系，是我们能否得到群众的拥护和支持，取信于民的基本条件，也是能否巩固执政基础、坚持执政地位和实现执政使命的重要条件。过去我们靠这一条，取得了党的事业的发展和胜利，取得了党自身的发展和进步，使党立于不败之地。如何坚持执政为民，为人民掌好权、用好权，防止脱离群众，这是对执政党的最大考验。正是从这个根本问题出发，坚持立党为公、执政为民、正确行使人民赋予的权力这一执政理念和价值取向，像一条红线一样贯穿在党章的始终。党章总纲中把“坚持全心全意为人民服务”作为执政党建设必须坚决实现的四项基本要求之一，指出“党除了工人阶级和最广大人民群众的利益，没有自己的特殊利益。党在任何时候都把群众利益放在第一位，同群众同甘共苦，保持最密切的联系，不允许任何党员脱离群众，凌驾于群众之上”。同时，在“党员”、“党的干部”的有关条文中也对党员和党员领导干部提出了明确要求。党章条文第二条第二款要求党员“永远是劳动人民的普通一员。除法律和政策规定范围内的个人利益和工作职权以外，所有共产党员都不得谋求任何私利和特权。”党章条文第三十四条第五款要求领导干部“正确行使人民赋予的权力，依法办事，清正廉洁，勤政为民，以身作则，艰苦朴素……反对官僚主义，反对任何滥用职权、谋求私利的不正之风。”我们学习、贯彻党章一定要牢固树立党的宗旨观念，全面落实党章的有关规定。

（四）学习贯彻党章必须严格履行党章规定的党员的基本要求和党员干部条件

什么是共产党员先进性的基本要求，当前怎么来判别党员和党员干

部的先进性？最根本的是要全面落实党章总纲中所规定的党的指导思想和政治主张，贯彻执行党在现阶段的路线、纲领和基本政策；同时，还要实践党章第二条规定的党员标准和第三条、第四条规定的党员的八项义务和八项权利。党章的这些条款规定，是现阶段对党员在思想上、政治上、组织上以及在工作和社会生活中的基本要求。做到这些基本要求，也就成为一个符合时代要求的合格共产党员。对领导干部来说，党章条文第三十四条规定的除了模范地履行党章第三条所规定的党员各项义务外，还必须具备六项基本条件。做到共产党员的基本要求和领导干部的六条基本要求，就是一个真正实践了“三个代表”的领导干部。

党的自身建设的总体布局和主要任务

（2007 年 11 月）

胡锦涛在十七大报告中指出，要推进中国特色社会主义伟大事业，必须加强和改进党的领导和党的自身建设，继续推进党的建设新的伟大工程。他强调，中国特色社会主义事业是改革创新的事业。党要站在时代前列带领人民不断开创事业发展新局面，必须以改革创新精神加强自身建设，始终成为中国特色社会主义事业的坚强领导核心。并且进一步阐明了党的建设总体目标、总体布局，提出了加强党的建设任务。

一、以改革创新精神加强的自身建设

任何事物都不是一成不变的，都是随着时代、形势的发展不断丰富、完善、发展的。社会主义事业是如此，领导社会主义事业的党也是如此。当今世界正处在激烈的震荡和变化之中，世界多极化、经济全球化曲折发展，经济、科技、综合国力竞争日益加剧，世界力量对比严重失衡，国际形势总体平稳，但又错综复杂。对我国发展既有难得的机遇，又有严峻的挑战。我国社会正处于伟大的变革之中，面临着深化改革，全面建设小康社会，推进社会主义现代化建设，构建社会主义和谐社会的繁重任务。我们党执政已经58年，拥有7000多万党员，党组织的状况发生了许多新的变化，党员的教育和管理、提高全党整体素质的任务比过去任何时候都更加繁重。党领导的改革开放既给党注入了巨大的活力，也使党面临许多前所未有的新课题新考验。领导现代化建设和改革开放的党，党的自身建设也必须始终坚持改革创新的精神。特别是世情、国情、党情的发展变化，决定了以改革创新精神加强党的建设既十分重要，又十分紧迫。

二、党自身建设的总体布局

党的十七大报告指出，以改革创新的精神全面推进党的建设新的伟大工程，最根本的是要牢牢把握十七大提出的党的自身建设的总体布局，这就是必须以党的执政能力建设和先进性建设为主线，坚持党要管党、从严治党，贯彻为民、务实、清廉的要求，从思想上、组织上、作风上、制度上、反腐倡廉上全面建设党，使党始终成为立党为公、执政为民、求真务实、改革创新、艰苦奋斗、清正廉洁、富有活力、团结和谐的马克思主义执政党。

（一）把握一条主线

执政党建设是一个宏大的系统工程，涉及到党的领导和党的自身建设的方方面面。比如，过去有思想建设、组织建设、作风建设、制度建设，今天又提出反腐倡廉建设，还有领导班子建设、干部队伍建设、基层党组织建设、党员队伍建设，等等。那么，这些方面的建设，什么是最根本性的建设呢？党的十六大以来，以胡锦涛为总书记的党中央，对执政党建设的规律进行了创造性的探索，提出了加强先进性建设和执政能力建设的重大战略思想。党的十六届四中全会作出了《关于加强党的执政能力建设的决定》，同时在全党范围内开展了共产党员先进性教育活动，作出了加强先进性建设的重大决策。明确指明了执政能力建设和先进性建设是党的根本性的建设，是执政党建设的根本任务和永恒课题。只有抓住这个根本性的建设，才能纲举目张，把党的各方面的建设系统起来、统率起来，使各方面的建设围绕这个根本性建设展开，并作为其出发点和落脚点。十七大报告突出地强调执政能力建设和先进性建设是执政党建设的主线。“主线”，即是指既贯穿于党的建设的始终，又渗透于党的建设的各个方面。执政党建设在任何阶段、在建设的各个方面都要牢牢把握执政能力建设和先进性建设这条主线，它是永恒主题，是客观规律的反映。

为什么它是主线，是根本性建设呢?

1. 从它在党的领导和党的建设理论所处的地位作用看，党的先进性、党的先进性建设是由党的性质和宗旨决定的

中国共产党是中国工人阶级先锋队，同时是中国人民和中华民族的先锋队；我们党以为广大人民谋利益和执政为民作为自己的价值取向、价值目标。先进性是我们党的本质特征，是立党之本、执政之本。我们党之所以能够得到群众的拥护和支持，之所以能够在各个历史阶段实现正确有效的领导，就是靠党的先进性。失去了先进性就一切无从谈起。胡锦涛指出：“先进性是马克思主义政党的本质属性，是马克思主义政党的生命所系、力量所在”，“加强党的先进性建设，始终是我们党生存、发展、壮大的根本性建设”，“抓住了先进性建设，就抓住了党的建设的根本，就抓住了加强党的执政能力建设，巩固党的执政地位。”要保持党的先进性和活力，就要一以贯之地、与时俱进地加强先进性建设，把先进性建设作为贯穿始终的一项根本性建设。执政能力建设是由党所处的执政地位和领导作用决定的。中国共产党是中国各族人民的领导核心，又是执掌政权的党。在执政条件下，党对国家政治生活的领导是通过执政来实现的。因此，党要巩固执政地位，实现执政使命，领导人民建设中国特色社会主义，构建社会主义和谐社会，就要求党必须认识和遵循社会主义建设的规律和党的执政规律，具有治国理政，领导、管理国家和社会事务的本领。必须顺应时代发展的要求，不断加强党的执政能力建设，以提高党的领导水平和执政能力。一个国家、一个政党，如果不加强拒腐防变的廉政建设，势必要失信于民，脱离群众，人亡政息；同样，如果不加强执政能力建设，没有执政的本领和能力，不能给人民群众带来实际的利益，也会脱离群众，最终会丧失执政地位。十六届四中全会《决定》明确指出：“执政能力建设是党执政后的一项根本性的建设。”

2. 从它同党的其他方面的建设的关系看，党的先进性和执政能力

建设和党的其他方面建设不是彼此孤立的，而是紧密联系的

先进性建设和执政能力建设是总要求，是根本性建设。党的其他方面建设都要体现和围绕先进性建设和执政能力建设。也就是说，党的先进性建设和执政能力建设不是抽象的，而是必须通过党的思想、组织、作风、制度和反腐倡廉建设体现出来，通过党的领导班子建设、干部队伍建设、基层组织建设、党员队伍建设得以落实。党的方方面面的建设都是保证党的先进性建设和执政能力建设的增强和提高。这样，就构建了党的自身建设的一个完整科学的系统工程。

3. 从伟大的工程和伟大的事业的关系看

党的十七大报告指出：必须“把推进中国特色社会主义伟大事业同推进党的建设新的伟大工程结合起来”。以中国特色社会主义理论、科学发展观和正确的路线、纲领指引党的建设，以推进党的建设新的伟大工程，保证中国特色社会主义事业取得新的更大胜利。而实现伟大事业和伟大工程，关键是要保持党的先进性，提高党的领导水平和执政能力。也就是说，推进党的建设新的伟大工程要解决的核心问题是保持党的先进性、提高党的执政能力问题；实现党的伟大事业，要靠党的先进性和执政能力。因此，党的先进性建设和执政能力建设是伟大事业和伟大工程的联结点和根本保证。

（二）加强五个方面建设，抓住五个重点

党的十七大报告指出，要以坚定的理想信念为重点加强思想建设；以造就高素质党员、干部队伍为重点加强组织建设；以保持党同人民群众的血肉联系为重点加强作风建设；以健全民主集中制为重点加强制度建设；以完善惩治和预防腐败体系为重点加强反腐倡廉建设。坚持党要管党、从严治党的原则，贯彻为民、务实、清廉的要求，把党建设成为立党为公、执政为民、求真务实、改革创新、艰苦奋斗、清正廉洁、富有活力、团结和谐的马克思主义执政党。

三、党的自身建设的根本任务

按照党的建设的总体布局和总目标，着力从六个方面推进党的建设。

（一）深入学习贯彻中国特色社会主义理论体系，着力用马克思主义中国化最新成果武装全党

思想理论建设是党的根本性建设，党的理论创新引领各方面创新。我们共产党人是在不断地解决矛盾和克服困难中前进的。当前，摆在我们面前的新情况、新问题层出不穷。我们只有面向实际，大胆探索，开拓创新，脚踏实地地去一个个地解决新矛盾、新问题，才能把建设中国特色社会主义事业一步步地推向前进。为此，就必须加强学习，用马克思主义理论武装党员、干部。这是增强本领、提高领导水平和执政能力的重要一环。当前，深入学习贯彻中国特色社会主义理论体系，着力用马克思主义中国化最新成果武装全党，是党的思想理论建设的根本任务。中国特色社会主义伟大旗帜，是当代中国发展进步的旗帜，是全党全国各族人民团结奋斗的旗帜。高举中国特色社会主义伟大旗帜，最根本的就是坚持中国特色社会主义道路和坚持中国特色社会主义理论体系。中国特色社会主义，既是科学社会主义的，又是中国特色的。当代中国，坚持中国特色社会主义道路，就是真正坚持社会主义；坚持中国特色社会主义理论体系，就是真正坚持马克思主义。中国特色社会主义理论体系，是包括邓小平理论、“三个代表”重要思想，以及科学发展观等重大战略思想在内的科学理论体系。这个理论体系，坚持和发展了马克思列宁主义、毛泽东思想，凝结了几代中国共产党人带领人民不懈探索实践的智慧和心血，是马克思主义中国化的最新成果，是全国各族人民团结奋斗的共同思想基础。要紧密结合改革开放和现代化建设的生动实践，深入学习贯彻科学发展观，坚持用发展着的马克思主义指导客观世界和主观世界的改造。要加强理想信念教育和思想道德建设，坚持和实践社会主义核心价值体系和社会主义荣辱观。要学习党的基本路线、基本纲领、基本经验，坚持和创造性地贯彻执行党的路线、方针、政策。同时，还要学习经济理论、科学文化知识、专业知识和现代管理知识，以提高领导社会主义现代化建设的本领和能力。

（二）加强党的执政能力建设，着力建设高素质领导班子

共产党执政从根本上说是通过各级领导班子来实现的。提高执政能力，关键是建设好高素质的领导班子；反过来说，各级领导班子建设必须以提高领导水平和执政能力为核心内容。因此，必须按照科学执政、

民主执政、依法执政的要求，以提高领导水平和执政能力为内容，大力加强领导班子建设。

要加强和改进领导班子的思想作风建设，发扬实事求是、求真务实的精神。追求真理、实事求是是共产党人的本质，是我们做好一切工作的前提，这也是我们党根本的思想作风、工作作风。我们办事情做工作都要从实际出发，从事物固有的客观规律出发。要领导中国的革命、建设和改革事业取得成功，必须从中国的国情出发，以中国的政治、经济、文化、生态环境、历史条件，以及人口、民族等实际情况为基本依据。只有这样，才能把马克思主义基本原理同中国的实际情况结合起来，提出任务，确定目标，制定正确的路线、方针、政策。毛泽东指出，实事求是是党性的表现，是理论和实际相统一的马克思列宁主义的作风。这是共产党员起码应该具备的态度。在新的历史条件下，必须恢复和发扬党的优良传统，坚持实事求是、深入实际、联系群众、言行一致的作风，要讲实话、办实事、求实效，克服形式主义、官僚主义、强迫命令、弄虚作假等坏作风。必须把党的建设工作、思想政治工作同经济工作、业务工作结合起来，讲究实效，落到实处。

要健全领导体制，改善领导方式和执政方式。领导体制、执政方式的改革和完善，是推进领导班子建设、提高执政能力的重要内容。我们党历来把实行科学的领导方式和方法，看作是完成党的任务、实行党正确领导的保证。毛泽东曾指出："我们不但要提出任务，而且要解决完成任务的方法问题。我们的任务是过河，但是没有桥或没有船就不能过。不解决桥或船的问题，过河就是一句空话，不解决方法问题，任务也只是瞎说一顿。"在改革开放和现代化建设中，我们必须转变观念，积极探索，总结新的领导体制和执政方式，以适应新形势、新任务的需要。邓小平高度重视党和国家领导体制改革，针对党执政以后在领导体制中存在的权力过分集中、党政不分、以党代政，以及官僚主义、家长制和特权现象的弊端，早在 1980 年就提出了党和国家领导体制改革的任务。这就要把坚持党的领导、人民当家作主、依法治国有机地统一起来，正确处理党与国家机关和其他非党组织的关系，坚持党总揽全局、协调各方，坚持和完善人民代表大会制度、共产党领导的多党合作和政治协商制度、民族区域自治制度以及基层群众自治制度。

（三）积极推进党内民主建设，着力增强党的团结统一，要以扩大党内民主带动人民民主，以增进党内和谐促进社会和谐

民主也是政党的内在要求和基本属性。说到底是权利和利益问题。毫无疑问，我们党作为一个马克思主义政党，理应把党内民主建设放在突出的位置。“党内民主是党的生命”、“社会主义民主是社会主义的生命”，这就是我们党对民主认识的新高度。只有发展党内民主，扩大和保障党员的民主权利，尊重党员的主体地位，才能增强党的活力，发挥全党的积极性、主动性和创造性，从而为加强党的自身建设、推进党的事业提供丰富的政治资源。只有发展党内民主才能带动人民民主，只有增进党内和谐才能促进社会和谐。十七大总结了改革开放以来特别是十六大以来发展党内民主的新成果，从多方面、多渠道进一步推进了党内民主建设，其突出的特点是，拓宽了党内民主渠道、推进了党内民主制度、丰富了党内民主形式。

比如，在党的正式文件中第一次提出“尊重党员主体地位”。确认党员是党的主人，党内的权力来自党员，属于党员，党的各级领导机关、领导干部行使党员赋予的权力。为此，必须扩大和保障党员的民主权利，推进党务公开，营造党员行使民主权利的环境和氛围，保障党员的知情权、选举权、参与决策权和监督权。

实行党的代表大会代表任期制，选择一些县（市、区）试行党代表大会常任制。党代表任期制，是指一届党代表的任期，代表大会闭幕以后党代表仍然要履行职责，继续发挥作用。比如联系党内外群众，听取党员、群众的意见，反映民意，调查研究，建言献策，加强监督等等。党代表任期制和试行党代会常任制，都是发展党内民主、提高执政能力的有效方式。

地方党委讨论决定重大问题和任用重要干部实行票决制，中央政治局、地方各级党委常委会分别向中央全委会和地方各级全委会报告工作并接受监督。这是进一步发展党内民主的重要举措和形式，也是我们党在推进民主建设中新的实践成果的总结。票决制，既有利于更好地体现党委成员的意志，又能发挥他们的积极性、主动性和负责精神，使党委讨论决定问题程序化、制度化，最大限度地避免少数人的意志强加于其他成员。中央政治局向中央全委会、地方各级常委会向全委会报告工作的制度，有利于使中央全委会和地方各级全委会了解情况，特别是贯彻落实党的代表大会、党的委员会的决议、决定的情况，有利于实行批评、监督，以提高党的工作水平。

基层党组织领导班子的产生推广试行“双推直选”制度。这是近年来各地基层党组织领导班子建设经验的总结，也是推进基层民主建设的一个创造。实行基层党组织领导班子成员候选人由党员、群众公开推荐与上级党组织推荐相结合和直接选举的制度，更有利于体现党员、群众和上级党组织的意志；有利于增强基层党的领导班子成员的荣誉感和责任感；有利于基层党组织的领导班子成员更加得到群众的信任、拥护和支持；有利于社会和谐；有利于农村党支部和村委会更加团结、协调，同心协力地建设社会主义新农村，带领群众奔小康。

（四）不断深化干部人事制度改革，着力造就高素质干部队伍和人才队伍

党的十七大报告对深化干部人事制度改革，造就高素质的干部队伍和人才队伍提出了一系列的政策和措施，既进一步指明了干部队伍、人才队伍建设的方向，又具有很强的针对性和可操作性。干部制度改革的目的是为了充分调动广大干部的积极性和创造性，创造一个有利于人才竞争和成长的良好环境，形成一套充满生机和活力的干部制度。改革开放以来，特别是十六大以来，我们在干部制度改革方面进行了积极的探索，积累了许多新鲜经验。比如，废除了实际存在的领导职务终身制，建立干部离退休制度和后备干部制度；打破了单一的委任制模式，实行了选任、考任、聘任等多种任用形式；扩大了干部工作民主，建立了民主推荐、民主评议、考核考察、任期目标责任制、交流、回避、轮岗锻炼、培训等干部管理制度；建立、完善了公开选拔、竞争上岗、差额选举制度；推行公务员制度，等等。但是，干部制度改革是一项十分复杂的社会系统工程，它不仅有自身的特点和规律，而且要与其他方方面面的改革相适应相配套。比如，它既要与经济体制、政治体制、科技体制、文化教育体制等的改革相配套，又要求与机构编制、社会保障、工资制度、劳动制度，以及转业军人安置、大中专毕业生分配等一系列的改革相适应、相配套。可见，干部制度改革涉及广泛的内容，任务仍然很重，我们一定要在坚持党管干部的原则下，继续扩大干部工作的民主，建立一套适应改革开放和现代化建设需要的有中国特色的干部制度。

1. 要坚持党管干部的原则

党管干部的原则，是党的领导的重要内容，是巩固党的执政地位的重要保证。邓小平指出："对执政党来说，党要管党，最关键是干部问题。"执政党如果放弃了这条原则，就会动摇执政地位。坚持党管干部的根本目的，就是要确保党和国家的各级领导权始终掌握在忠于马克思主义的人手里，提高领导水平和执政能力，为坚持党的性质和宗旨，坚持党的基本路线不动摇提供坚实的组织基础。

2. 按照"人民公认"的原则，逐步形成民主、公开、竞争、择优的选人用人机制

选人用人等于树旗帜。能不能把那些德才兼备、符合"四化"要求的优秀干部选拔到各级领导岗位上来，关系到群众对党的信任程度，关系到党的事业的成败。人选不好，群众就会不满意，就会挫伤他们的积极性。邓小平指出，选人要注意"社会公认，要寻找坚持改革开放路线的、人民公认的、并有政绩的人"。人民公认是选人用人的一条重要原则。在选拔任用干部中，应当从制度上、机制上切实加以保证，把"人民公认"的原则落到实处。这就要实行竞争择优，逐步建立和形成一套民主、公开、竞争、择优的选人用人机制。通过扩大民主来强化平等竞争，通过强化竞争来择优汰劣，通过择优汰劣来增强干部队伍和领导班子的活力。这就要按照科学发展观的要求，完善干部的考核评价体系，完善公开选拔和竞争上岗制度。

3. 建立和健全干部的岗位责任制和考核制度

为了提高工作效率，使每一个干部都能做到各司其职，各负其责，必须把岗位责任制和任期目标责任制建立起来，对每个单位和每个干部的职权、责任、工作任务和工作质量作出明确的规定。在此基础上，建立和健全干部的考察、考核制度。考核的内容主要是考德、考能、考勤、考绩，其中着重要考核工作实绩。对各级各类干部考核的内容应当有不同的要求。考核的方法，要采取组织考核和群众民主评议相结合，经常性考核和定期考核相结合，做到是非功过分明，考核的结果应作为奖惩和职务升降的重要依据。逐步实现干部考核的民主化、制度化。

4. 进一步健全干部的管理监督制度

一方面，要把现有的制度执行好落实好；另一方面，针对新的实际情况，突出工作重点，充实、建立新的监督管理制度。对领导干部监督

管理的对象应突出重点，比如党政正职、年轻领导干部、实行双重管理单位的领导干部、掌管人财物的部门和执纪执法机关的领导干部等。领导干部不仅要管好自己，还要管好班子和队伍，管好身边的工作人员和家属子女。领导干部如失职渎职，情节严重，应引咎辞职。

此外，还要加大培养选拔优秀年轻干部的力度，重视培养选拔女干部、少数民族干部。要继续大规模培训干部，充分发挥党校、行政学院、干部学院的作用，大幅度提高干部素质。要坚持党管人才原则，统筹抓好以高层次人才和高技能人才为重点的各级各类人才队伍建设。

（五）全面巩固和发展共产党员先进性教育活动成果，着力加强基层党组织建设

党员是党的细胞，党的先进性和活力来源于党员的先进性和活力。基层党组织是党巩固、发展和执政的组织基础，是党联系群众的纽带和桥梁。我们党现在已经拥有7336.3万名党员，360.7万个基层党组织，特别是党员的社会成分和活动方式发生了很大的变化，基层党组织的设置和工作方式发生了很大的变化。如何建设好党员队伍和基层党组织，使其在全面建设小康社会、构建社会主义和谐社会中发扬先锋模范作用和战斗堡垒作用，是我们党的建设中一项十分紧迫和艰巨的任务。我们党高度重视这项基础性的建设。改革开放以来，特别是十六大以来，全党进行了积极的有成效的探索，积累了许多新鲜经验，取得了许多理论成果和实践成果。十七大报告和新修改的党章对这些新经验、新成果作了总结。主要是：

1. 巩固和发展共产党员先进性教育活动成果

先进性是我们党的本质属性，是马克思主义政党的生命所系、力量所在，是党员队伍建设的一项基础性工程。我们党用了近三年时间分期分批地开展这项教育活动，取得了理论成果、制度成果和实践成果，推进了党的先进性建设。十七大报告要求必须全面巩固这一成果，发展这一成果，把党员队伍和基层组织建设提高到一个新的水平。

2. 拓宽党员服务群众渠道，构建党员联系群众和服务群众的体系

共产党员服务群众联系群众，实实在在为人民办好事，办实事，倾听群众的疾苦，解决群众的困难，帮扶困难群众，这是党的全心全意为人民服务宗旨的体现。在这方面各地采取了多种形式，积累了丰富的经

验。比如，党员与群众结帮扶“对子”，帮助群众解决就业门路、致富门路，资助贫困子弟入学，扶助老弱病残群众等等。通过这些活动，增强了党的凝聚力、吸引力，提高了党在群众中的威信。在新的实践中，我们更需要进一步探索联系群众、服务群众的渠道和形式。

3. 加强和改进流动党员管理，加强进城务工人员中党的工作，建立健全城乡一体党员动态管理机制

随着人口的大流动，必然带来党员的流动。如何加强流动党员的管理，使党员走到哪里都有一个“家”，使他们能过正常的组织生活，接受党的教育，并使党组织为他们服务，这是新形势下党员教育管理面临的新问题。这些问题我们也正在积极地探索和实践，十七大为我们进一步做好这项工作提出了明确的要求。

4. 落实党建工作责任制，全面推进农村、企业、城市社区和机关、学校、新社会组织等的基层党组织建设

党的基层组织建立、分布在各个社会基层组织之中。在改革开放条件下，由于经济结构、社会结构发生的变化，党的基层组织的设置、职责和活动方式也发生了很大的变化。除了农村、国有企业、机关、学校等传统的党的基层组织外，还有城镇社区（同原来的街道、居委会有很大的不同）、新社会组织（包括社会团体、中介组织）、非公企业、非公事业单位党的基层组织。这就要求，一方面，要按照党章规定的职能定位，继续做好传统的党的基层组织建设，发挥基层党组织在构建和谐社会、建设社会主义新农村，以及完成本单位的任务中的作用；另一方面，要大力加强新社会组织中建党、党建工作。凡条件具备的，都要在新的社会组织中建立党的组织，可以视情况采取独建、联建、挂靠等形式，特别是要创新活动方式，使新社会组织中的党组织真正发挥作用，以扩大党组织的覆盖面，凝聚人心，服务群众，推动发展，促进和谐。

（六）切实改进党的作风，着力加强反腐倡廉建设

党内的不正之风与腐败现象，在性质、内容和程度上既是有区别的，同时又是有联系的。不正之风的滋生、蔓延会引发腐败，也难以惩治腐败。两者都是与党的性质和宗旨不相容的，都关系到党的命运和生死存亡。加强党风建设和反腐倡廉建设，是执政党建设面临的一个十分紧迫而重大的课题。十七大把它置于党的建设的极端重要的地位。

1. 以求真务实作风推进各项工作，多干打基础、利长远的事

作风不正的现象表现于多个方面、多种形式，从当前看，最突出的表现是不实事求是、作风不实，形式主义、官僚主义、弄虚作假、铺张浪费盛行。针对这些突出问题，十七大要求，要坚持实事求是、求真务实的作风，反对形式主义、官僚主义和弄虚作假；要讲真话、讲实话，反对讲假话、讲空话、讲大话、讲套话；要多干打基础、利长远的事，反对做表面文章，搞“形象工程”、“政绩工程”和短期行为；要勤俭节约、勤俭办一切事业，反对大手大脚，奢侈浪费。而要端正党风，纠正不正之风，关键是共产党员，特别是各级领导干部，要继续发扬党的优良传统，坚持全心全意为人民服务的宗旨，以对人民高度负责的精神，努力加强党性修养、思想品德修养、遵守党纪、政纪和国家的法律，以一个好的形象呈现在世人面前。

2. 把反腐倡廉建设放在更加突出的位置，旗帜鲜明地反对腐败

十七大把反腐倡廉建设与党的思想建设、组织建设、作风建设、制度建设一起作为党的一项根本性建设。这样，既更全面完整地构建党的建设理论体系，为全面建设党增添新的内容，又更加突出了反腐倡廉在党的建设中的地位。十七大报告指出，消极腐败现象是同我们党的性质和宗旨水火不相容的。坚决惩治和有效预防腐败，关系人心向背和党的生死存亡，是党必须始终抓好的重大政治任务；要充分认识到这场斗争的长期性、复杂性、艰巨性。报告反映了我们党反对腐败的坚强决心，同时在总结我们党反对腐败工作已经取得的经验的基础上，提出了反腐倡廉建设的思路、方针和原则，主要是：要坚持标本兼治、综合治理、惩防并举、注重预防的方针；要推进教育、制度、监督并重的惩治和预防腐败体系建设；在坚决惩治腐败的同时，要更加注重治本，更加注重预防，更加注重制度建设，拓展从源头上防治腐败的途径。大力实施党风廉政建设各项重大举措，严格执行党风廉政建设责任制。这就是要深化改革和创新体制，形成拒腐防变教育长效机制、反腐倡廉制度体系、权力运用监控机制；加强廉政文化建设；完善巡视制度；坚决查处违纪违法案件；纠正损害群众利益的不正之风；领导干部加强廉洁自律，并管好亲属、子女和身边的人，以提高拒腐防变的能力。

关于党性修养问题

（2007 年 12 月）

在新世纪新阶段，要实现建设中国特色社会主义的宏伟目标，全面建设小康社会，必须提高领导干部素质，增强党的执政能力。提高领导干部素质，增强执政能力，需要从多方面努力，而加强领导干部的党性修养，增强党性、提高党悟，是一条不可或缺的重要途径。江泽民在全国党校校长座谈会上的讲话中指出："办好党校，培训好干部，必须十分重视加强学员的党性修养，把党性教育作为党校的必修课。要把加强学员的党性锻炼同学习马克思主义，同党校的日常生活紧密结合起来，把党性锻炼贯穿于党校教学的全过程，真正使各级党校成为学员进行党性锻炼的熔炉。"这就为在执政、改革开放条件下加强党校建设，提高领导干部素质，建设一支适应社会主义现代化建设需要的、高素质的干部队伍指明了方向。

一、共产党员的党性修养是党员的本质改造

共产党员是具有共产主义觉悟的工人阶级先进分子。他应当像毛泽东所说的，是一个高尚的人，一个纯粹的人，一个有道德的人，一个脱

离了低级趣味的人，一个有益于人民的人。他既是群众中的一员，又是以高尚的品质和人格的力量，成为群众的楷模。但是，共产党员的这种先进性和崇高的精神境界，不是天生的，也不是自然形成的。每个共产党员要使自己真正成为一个名符其实的工人阶级先进分子，必须经过千锤百炼，坚持不懈地加强党性修养，在投身于革命、建设和改革的伟大实践中，在改造客观世界的同时，努力改造自己的主观世界，不断克服各种非无产阶级思想，以工人阶级的优秀品质来提高自己、完善自己、改进自己。这是共产党员特别是领导干部成长的必由之路。

共产党员的党性修养，就是共产党员立身行事都必须严格按党性原则办事，用党性原则自觉地要求自己，用工人阶级的世界观和阶级特性对自己进行本质的改造。

什么是党性？党性是一个政党所固有的本质属性，它是一定阶级的阶级性最高而集中的表现。不同阶级、阶层的政党，具有不同的党性，资产阶级和一切剥削阶级政党的党性，是它所属的阶级的阶级性的集中表现。共产党的党性则是工人阶级的阶级性最高而集中的表现，是工人阶级和广大人民群众根本利益的最高而集中的表现。列宁指出："党性是高度发展的阶级对立的结果和政治表现。"① 因此，必须从两个方面准确地把握党性的科学含义。

（一）党性是以阶级性为基础的

政党是代表一定阶级利益并为其服务的政治组织。一切政党都是阶级的政党。一定阶级所具有的基本特性决定它的政党的特性。中国共产党是中国工人阶级先锋队，同时是中国人民和中华民族的先锋队。这就准确地表明了我们党是以工人阶级作为自己的阶级基础的，它反映了工人阶级的意志和根本利益，同时也反映了中国人民和中华民族的意志和利益，它把党的阶级性和广泛的群众性、代表性统一起来。党作为工人阶级先锋队，它必然代表中国人民和中华民族的根本利益。党"同时是中国人民和中华民族的先锋队"的表述，是对党的工人阶级先锋队这一根本性质所作的延伸、补充和进一步的说明。因此，党的阶级性在任何时候都不能动摇，这是我们科学认识党的性质的前提和基础。工人阶级

① 《列宁全集》第11卷，人民出版社1959年版，第63页。

是现代社会最先进最革命的阶级。它同现代化的大生产和现代先进的科学技术相联系、相结合。它是先进生产力和生产关系的代表者，代表了时代发展的方向，是最有前途的阶级。工人阶级的生产方式决定它具有大公无私、团结互助和集体主义精神。工人阶级的历史地位决定了它是推动社会变革、实现工人阶级历史使命的决定力量。在执政和改革开放条件下，工人阶级的社会地位发生了根本的变化，工人阶级自身的状况也发生了很大的变化。工人阶级由雇佣劳动者变为社会的主人，成为国家的领导阶级。同时，随着社会主义建设事业的发展，工人阶级队伍不断增长，文化科学知识水平不断提高，工人阶级内部的构成和劳动方式、生活条件也发生了很大变化。但是，所有这些变化，并没有改变工人阶级固有的阶级性和历史使命。没有改变它在国家的政治、经济和社会生活中的主导地位。因此，工人阶级仍然是我们党的阶级基础，共产党的党性是工人阶级的阶级特性的体现。世界上只有共产党才公开申明阶级性和党性的一致性或党性和阶级性的一致性，而其他一切党派却标榜自己是“超阶级”、“超党派”的、全民意志的代表，从而掩盖其阶级实质。党的阶级性和群众性的统一，党性和阶级性的统一，决定共产党无论在何时何地都必须站在工人阶级的立场上，坚持马克思主义的世界观，坚持立党为公、执政为民，以工人阶级和最广大人民群众的利益为最高利益。这是共产党员党性含义的首要问题。

（二）党性是阶级性的集中体现

共产党是工人阶级政党，但它不是工人阶级全体，而是工人阶级中有觉悟的、先进的一部分。同样，党性以阶级性为基础，但又不是直接等同于阶级性，它是工人阶级阶级性的升华和高度集中。中国共产党作为工人阶级的先锋队，同时是中国人民和中华民族的先锋队，不仅建立在工人阶级的阶级基础上，而且建立在先进的、科学的思想理论基础上。它是按照马克思主义的革命理论和革命风格建立起来的党，是以科学的世界观武装起来的党，是为实现人类最高理想共产主义而奋斗的党。共产党的党性不仅具有工人阶级的一般特性，而且把这种特性集中、升华为科学理论和建党的基本原则，是工人阶级本质最深刻、最本质的反映，是高度发展了的阶级性。既然党性是党的先进性的体现，那就要求共产党员特别是领导干部在自己的思想、言论和行动中，必须体现和实践党的性质和党的本质特征。这就是说，必须坚持马克思列宁主义、毛泽东思想和中国特色社会主义理论体系，坚持与时俱进，开拓创新，同时绝不能搞指导思想上的多元化；必须坚持共产主义远大理想和中国特色社会主义的坚定信念，为全面建设小康社会和开创中国特色社会主义事业新局面而奋斗，绝不能对理想、信念有丝毫的动摇；必须坚持共产党的领导地位，在改革开放和社会主义现代化建设的伟大实践中，不断加强和改善党的领导，改革和完善党的领导方式和执政方式，提高领导水平和执政能力，绝不能搞政治多元化、多党制；必须发展党内民主、坚持民主集中制，坚持党的团结统一，绝不允许党内搞派别组织和派别活动；必须坚持全心全意为人民服务的宗旨，保持和人民群众的密切联系，绝不能滥用职权，以权谋私，脱离群众；必须坚定不移地贯彻执行党的基本路线、基本纲领，绝不能偏离和脱离党的基本路线和基本纲领。这是新的历史时期党的先进性的主要体现，也是共产党员、领导干部党性修养的基本要求。

按照工人阶级党性的基本要求，归结起来，共产党员的党性修养，必须从以下两个方面努力：一是牢固树立辩证唯物主义、历史唯物主义的世界观，学会运用马克思主义的立场、观点、方法分析和处理问题。这是共产党员党性原则的理论基础。辩证唯物主义和历史唯物主义是工人阶级政党区别于其他任何政党特有的世界观，是正确认识和对待人民群众的基本观点。按照这个世界观去指导我们的思想和行动，才能站在工人阶级立场上，用马克思主义的观点和方针去观察、分析和解决问题；按照这个世界观来对待马克思主义，就能坚持解放思想、实事求是、与时俱进，在新的实践中丰富和发展马克思主义。因此，共产党员的党性修养，一定要坚持马克思主义的世界观，坚持实事求是、一切从实际出发。二是牢固确立以大公无私为核心的无产阶级思想意识，把党和人民的根本利益放在第一位。工人阶级政党没有自己的特殊私利。工人阶级只有解放全人类，才能最后解放自己。工人阶级最本质的特征就是先公后私、大公无私；共产党的本质就是立党为公、执政为民。共产党员的党性修养，一定要不断锤炼和努力实践大公无私的高尚的道德境界，坚决克服自私自利、争权夺利、以权谋私等个人主义的思想和行为。一心一意为人民谋利益是共产党党性的最高表现，是共产党员党性修养的又一个基本含义。

二、重视共产党员、领导干部的党性修养是中国共产党建设的一条基本经验和优良传统

共产党人是以实现共产主义、解放全人类为己任的。实现共产主义是一个长期的发展过程，它要经历多个发展阶段。而在为实现共产主义而奋斗的征途上，必然会遇到种种艰难险阻，经受多种多样的考验。要战胜困难，经受考验，不仅要求共产党人有卓越的才能，而且要有坚忍不拔的毅力，有坚定的信心和一往无前的精神。这就要求共产党员必须在改造客观世界的同时，努力改造自己的主观世界，自觉地练好“内功”，增强党性、提高觉悟，以肩负起历史赋予的重任。

中国共产党在自身建设中，一贯重视党员的党性修养，突出从思想上建设党。这是我们党的建设的一个重要特点和优点。着重思想建党、重视党性修养，是马克思主义党的学说所要求的，更是由中国共产党建设所处的特殊条件决定的。中国共产党成立以后，长期处在半殖民地、半封建的社会环境中，中国工人阶级人数很少，而农民和其他小资产阶级占人口的大多数，革命力量和党的队伍又长期战斗在农村。在这种条件下，党的队伍要发展壮大，必须吸收非工人成分中的优秀分子入党。而吸收农民和其他小资产阶级优秀分子入党，必然会把各种非无产阶级思想带到党内来。因此，保持党在思想上的纯洁性从而坚持党的工人阶级先锋队性质，便成为中国共产党建设中的一个突出问题。我们党正是科学、准确地分析了党所处的社会环境和党的队伍状况，把思想建党、注重党员的党性修养放在党的建设的首位。早在井冈山时期，毛泽东就明确指出，必须加强对党员的无产阶级思想教育和思想领导，纠正党内的各种错误思想。1930 年，针对党内和红军中的教条主义，写了《反对本本主义》一文，强调没有调查，没有发言权，中国革命斗争的胜利要靠中国同志了解中国情况，“马克思主义的‘本本’是要学习的，但是必须同我国的实际情况相结合。”[①] 刘少奇在《论共产党员的修养》一书中，对共产党员修养的必要性、修养的内容和方法作了系统、深刻的阐述，这本书成为每个共产党员党性修养必读的教科书。千千万万的

① 《毛泽东著作选读》上册，人民出版社 1986 年版，第 51 页。

共产党员从这本书中懂得了怎样做一个名符其实的共产党员。1941 年，党中央针对当时党内的思想、组织、作风状况，作了《关于增强党性的决定》，强调："要在全党加强纪律教育"，"要用自我批评的武器和加强学习的方法，来改造自己，使适合于党与革命的需要。""要改造那些理论与实践、学习与工作脱节的现象"，从而"更加坚定自己的阶级立场、党的立场与党性"。在延安整风期间，毛泽东提出了反对主观主义以整顿学风、反对宗派主义以整顿党风、反对党八股以整顿文风的任务。主观主义、宗派主义、党八股都是党性不纯的表现。还特别强调，只有打倒了反科学的反马克思列宁主义的主观主义，马克思列宁主义的真理才会抬头，党性才会巩固，革命才会胜利。因此，他强调共产党必须自觉地改造世界观，在组织上入党的同时，必须不断解决思想入党的问题。建国前夕，毛泽东告诫全党、"因为胜利，党内的骄傲情绪，以功臣自居的情绪，停顿起来不求进步的情绪，贪图享乐不愿再过艰苦生活的情绪，可能生长。因为胜利，人民感谢我们，资产阶级也会出来捧场。"有一些意志薄弱者，经不起糖衣炮弹的攻击，在糖弹面前要打败仗。因此，"务必使同志们继续地保持谦虚、谨慎、不骄、不躁的作风，务必使同志们继续地保持艰苦奋斗的作风。"① 建国后，我们党又反复强调共产党员要经得起执政和和平建设的考验，不断增强党性锻炼，同一切党性不纯的现象作斗争。在十年"文化大革命"中，党性党风建设遭到了极大的破坏，在林彪、"四人帮"的推波助澜下，混淆是非，黑白颠倒，结果无政府主义、极端个人主义、宗派主义等错误思想肆意泛滥。党的十一届三中全会以后，以邓小平为代表的老一辈革命家，大力倡导恢复发扬党的优良传统，进行了卓有成效的拨乱反正。在改革开放和现代化建设条件下，邓小平强调党员、干部要讲党性、守纪律。针对少数党员、干部不适应新的情况，先锋模范作用减弱，不那么合格，他提出：现在"有一个党员要合格的问题。合不合乎党员的资格，合不合乎党员的条件，这个问题不只是提到新党员面前，也提到一部分老党员面前了"。他强调："所有共产党员都要增强党性，遵守党的章程和纪律。""每个干部都要把党性放在第一位。"他提出，要通过思想教育，增强党性，"使全党在思想上政治上和精神状态上有显著的进步，党员为人民

① 《毛泽东选集》第 4 卷，人民出版社 1991 年版，第 1438、1439 页。

服务而不谋私利的觉悟有显著的提高，党和群众的关系有显著的改善”。他还强调，党和政府愈是实行各项经济改革和对外开放的政策，党员尤其是党的高级负责干部，就愈要高度重视、愈要身体力行共产主义思想和共产主义道德。否则，我们在精神上解除了武装，还怎么能教育青年，还怎么能领导国家和人民建设社会主义！我们在新民主主义革命时期，就已经坚持用共产主义的思想体系指导整个工作，用共产主义首先约束共产党员和先进分子的言行，提倡和表彰“全心全意为人民服务”，“个人服从组织”、“大公无私”、“毫不利己，专门利人”，“一不怕苦、二不怕死”。现在已经进入社会主义时期，当然更要宣传和倡导这种精神。江泽民也指出，共产党员增强党性，是保持党的先进性必不可少的重要条件。新时期，新任务，新环境，要求共产党员尤其是领导干部更加自觉地加强党性锻炼。共产党员要用党性来保证和促进社会主义市场经济新体制的建立，同时要用党性来抵制市场活动中的消极因素，使这一新的经济体制服务于建设中国特色社会主义的根本目标。要坚决防止权力商品化，坚决防止把等价交换原则引入党和国家的政治生活。

历史经验证明，共产党员的党性修养，是马克思主义党的学说的重要内容之一，是中国共产党加强党的建设、保持党的先进性的一条成功经验，也是共产党员在革命实践中不断改造和完善自己的必由之路。

三、新的历史条件下党性修养和党性教育的主要内容

共产党员党性的内容是十分广泛的，凡是共产党员在政治、组织、社会生活和工作中，要求按党的先进性来指导自己的思想和行动的，都是党性教育和党性修养的内容。为此，人们从不同角度对其内容、范围作了多种概括、归纳。有的认为，党性教育和党性修养的内容包括思想理论、理想信念、人生观价值观、作风、组织纪律、道德、文化科学知识、领导艺术领导方法等方面的教育和修养；有的认为，它包括共产党人的政治观、群众观、权力观、组织观、民主观、纪律观、道德观、义利观、廉政观、公私观、生死观、苦乐观、荣辱观等方面的教育和修养。但是，不管对其内容、范围作了怎样的概括、归纳，其主要的原则大多是一致的、不矛盾的。但这些概括、归纳，还不可能穷尽党性教育和党性修养的内容。

党性是党的先进性的体现和具体化。它的根本要求应当是始终走在时代前列，推动社会历史前进，谋求社会的公正、公平、正义，以实现广大人民群众的根本利益为己任。

在新的历史条件下，对共产党员、领导干部的党性教育应当立足于时代特点、党所处的历史方位和党面临的形势任务，按照党的先进性的要求来进行。

（一）马克思主义理论教育

中国共产党是靠马克思主义起家的。马克思主义传入中国并与工人运动相结合，才产生了中国共产党；马克思主义与中国革命、建设和改革实际相结合，才使中国革命、建设和改革事业不断取得成功。正是我们党用马克思主义特别是中国化的马克思主义理论教育全党，才培育了一代又一代的共产党人和领导骨干。

共产党作为工人阶级的先锋队，是以马克思主义为自己的理论基础和行动指南的。共产党员作为工人阶级的有共产主义觉悟的先锋战士，必须努力学习和掌握马克思主义科学理论，用马克思主义理论武装头脑。这是保持党的先进性的基本条件，是加强党性教育的首要任务。

1. 马克思主义理论武装是工人阶级政党生存、发展、成熟的基本条件

马克思主义是马克思、恩格斯创立的反映人类历史发展规律的科学体系。它产生于19世纪40年代，是马克思、恩格斯在深入研究当时自然科学发展的最新成果、总结欧洲工人运动的经验，以及批判地吸收人类优秀思想文化的基础上产生的。它包括哲学、政治经济学、科学社会主义三个相互联系的组成部分，构成了严谨完整的科学体系。马克思主义是工人阶级及其政党的科学世界观，是工人阶级根本利益的科学表现；它为工人阶级政党领导工人运动和变革社会的革命斗争，为工人阶级政党在改造客观世界的同时改造主观世界，提供了强大的思想武器。

马克思主义是工人阶级政党的生命。没有马克思主义，就不会有工人阶级政党。列宁指出，无产阶级政党是工人运动和科学社会主义相结合的产物。就是说，共产党的产生和生存必须具备两个必要的条件：一是工人阶级队伍的壮大和工人运动的发展，这是它的阶级基础。共产党作为工人阶级先进政党，是建立在当代最先进、最富有革命性的工人阶

级的阶级基础上的。失去了这个阶级基础，党就失去了根本立足点。二是科学社会主义的产生和它在工人运动中的广泛深入的传播，这是它的思想理论基础。共产党的组织和一切活动是以马克思主义为理论基础的，自发的工人运动不可能产生科学社会主义意识，只有向工人“灌输”科学社会主义理论，并使这个理论与工人运动相结合，无产者才能提高自己的觉悟程度和组织程度，从而形成为一个阶级的整体，由自发的阶级转变为自觉的阶级，才能认识到自己的历史地位和历史作用，才能形成自觉的阶级政党。所以，用马克思主义理论武装党，是党的先进性的根本体现，是党产生、发展和成熟的前提和基本条件。没有革命理论，就不会有坚强的社会主义政党，就不会有无产阶级政党自身。

马克思主义理论武装是党的团结统一和实现党的科学领导的根本保证。马克思主义理论是人类社会历史发展和革命运动发展客观规律的反映，是党的活动的行动指南。只有在这个理论的旗帜下，才能使工人阶级和广大人民群众团结起来，统一思想、统一认识、统一行动，使他们从这个理论中吸取力量、信念和必胜的信心；党才能运用这个理论来确定自己的奋斗目标、纲领路线、政策策略和活动方式，从而保证党的领导建立在科学的基础上。所以，马克思主义是党团结统一的理论基础，是党坚持正确的方向、按社会和革命发展的客观规律来指导自己的行动、实现党的科学领导的基本条件。

马克思主义理论武装是党性教育的首要任务。马克思主义是无产阶级的科学理论，是无产阶级党性最高而集中的体现。对党员进行马克思主义理论教育，主要是要求党员掌握马克思主义的世界观和方法论，从马克思主义理论中吸取智慧和力量，坚持理论和实践相结合的原则，运用马克思主义的立场、观点、方法去观察人类历史发展的命运，去认识世界和改造世界，这是共产党员特别是领导干部增强党性的核心问题。

2. 马克思主义是发展的科学，它随着时代和实践的发展而不断丰富和完善

列宁在帝国主义和无产阶级革命的时代，坚持把马克思主义理论同俄国革命具体实践结合起来，在领导俄国社会主义革命和建设新型无产阶级政党的实践中丰富和发展了马克思主义。中国共产党从诞生之日起就把马克思主义确立为自己的指导思想，并在长期奋斗中坚持把马克思的基本理论同中国具体实际相结合。我们党在推进马克思主义中国化的

历史进程中产生了两大理论成果：一大理论成果是毛泽东思想，另一大理论成果是中国特色社会主义理论体系。以毛泽东为代表的中国共产党人，在半殖民地半封建社会的历史条件下，把马克思主义的普遍真理同中国革命的具体实践相结合，创造性地运用马克思主义，系统地回答了中国如何实现新民主主义革命和社会主义革命的问题，并对建设什么样的社会主义、怎样建设社会主义进行了艰辛探索，以独创性的理论丰富和发展了马克思列宁主义。中国特色社会主义理论体系是包括邓小平理论、“三个代表”重要思想以及科学发展观等重大战略思想在内的科学理论体系，它系统回答了在中国这样一个拥有十几亿人口的发展中大国建设什么样的社会主义、怎样建设社会主义，建设什么样的党、怎样建设党，实现什么样的发展、怎样发展等一系列重大问题，是对毛泽东思想的继承和发展。马克思列宁主义、毛泽东思想、中国特色社会主义理论体系，既是一脉相承的，又是不断与时俱进的。贯穿其中的一条红线，就是马克思主义的世界观和方法论。

3. 当前党性教育的首要任务是用中国特色社会主义理论体系武装全党

中国特色社会主义理论体系是马克思主义在中国发展的最新成果，为我们党认识世界和改造世界提供了新的强大思想武器。在新的历史条件下，坚持用中国特色社会主义理论体系武装全党，高举中国特色社会主义旗帜，坚持中国特色社会主义道路，践行中国特色社会主义制度，是对共产党员特别是领导干部加强党性教育的主要内容。

重视思想理论建设，加强对党员特别是领导干部的马克思主义理论教育，充分发挥党的思想政治优势，是我们党的优良传统，也是我们党永远立于不败之地的根本保证。毛泽东在抗日战争时期曾指出：“我们的任务，是领导一个几万万人口的大民族，进行空前的伟大的斗争。所以，普遍地深入地研究马克思列宁主义的理论的任务，对于我们，是一个亟待解决并须着重地致力才能解决的大问题。……如果我们党有一百个至二百个系统地而不是零碎地、实际地而不是空洞地学会了马克思列宁主义的同志，就会大大地提高我们党的战斗力量，并加速我们战胜日本帝国主义的工作。”① 在民主革命阶段，我们党正是运用马克思主义

① 《毛泽东选集》第2卷，人民出版社1991年版，第533页。

的宇宙观作为观察国家命运的工具，作为认识世界和改造世界的工具，并成功地把马克思列宁主义同中国革命实际结合起来，才赢得了革命的胜利。今天，要建设中国特色的社会主义，就必须以与时代特征和中国社会主义建设相结合的理论——中国特色社会主义理论体系武装全党。用这个理论武装全党，就要求共产党员特别是领导干部完整系统地掌握这个理论的科学内容，学会分析和解决问题的马克思主义立场、观点和方法，牢固树立马克思主义世界观、人生观、价值观，使这个理论成为我们坚持理想信念的强大精神支柱，成为我们的行动指南和行为准则，成为加强党性锻炼、改造世界观的锐利武器。

（二）理想信念教育

共产主义的理想是对人类社会发展规律性的认识，是共产党人终身追求的最高目标。共产主义是一个长期的发展过程，实现共产主义必须经过各个历史发展阶段才能最终完成。因此当代中国共产党人既要树立共产主义的最高理想，坚定不移地为共产主义事业而奋斗，又要脚踏实地地为建设中国特色社会主义和全面建设小康社会而奋斗。中国共产党党章要求党的干部必须“具有共产主义远大理想和中国特色社会主义坚定信念”，坚持最低纲领和最高纲领的统一。这是每个共产党员崇高的价值取向，也是党性教育的基本内容。

1. 党的最低纲领和最高纲领的统一

任何政党都有自己的纲领。党的纲领规定了一个党的奋斗目标和实现这个目标的行动路线。党的纲领是一个政党公开树立起来的旗帜。人们以党的纲领来判定党的运动水平和发展方向，从而了解党、认识党，决定对党的态度。工人阶级政党正是用这面旗帜，统一全党的思想和行动，把全党团结到一个共同的理想目标上来，并吸引群众，组成为实现党的纲领目标的革命和建设大军。

中国共产党在领导革命、建设和改革的各个历史阶段中，既有每个阶段的基本纲领即最低纲领，也有确立长远目标的最高纲领。我们是最低纲领和最高纲领的统一论者。马克思、恩格斯在《共产党宣言》中既提出了共产党人的共产主义最终目标，又提出了无产阶级夺取政权以后的任务。中国共产党成立以后，就把共产主义的目标写在自己的旗帜上，同时也提出党在各个发展阶段上的具体目标。毛泽东分析了旧中国半殖民地半封建社会的性质和特点，具体地分析并区分了中国共产党的最低纲领和最高纲领。他指出，党在民主革命阶段的最低纲领是实行资产阶级民主革命，即新民主主义革命；最高纲领是实现社会主义和共产主义。他还论证了新民主主义革命和社会主义革命的辩证关系。他说：新民主主义和社会主义，是中国共产党领导的中国革命的有机构成的两个部分，两者既有区别，又有联系。新民主主义革命是第一步，是社会主义革命的必要准备；社会主义革命是第二步，是新民主主义革命的必然趋势。因此，必须把党的最低纲领和最高纲领统一起来，完成现阶段的目标和任务，是实现共产主义的必经阶段和步骤；而共产主义理想又指导着共产党人更好地实现当前的目标和任务。他还说："现在的努力是朝着将来的大目标的，失掉这个大目标，就不是共产党员了。然而放松今日的努力，也就不是共产党员。"① 既要坚持共产主义远大理想，又要脚踏实地地为实现党在现阶段的基本纲领而不懈努力，扎扎实实做好现阶段的每一项工作。这就是共产党员党性在党的纲领上的具体体现。如果忘记远大理想而只顾眼前，就会失去前进方向；离开现实工作而空谈远大理想，就会脱离实际。

2. 社会主义制度的发展和完善是一个长期的历史过程

实现共产主义的远大理想，要求共产党人既要深刻认识它的历史必然性和客观规律性，坚持理想、信念不动摇；又要看到它的长期性和曲折性，坚定不移地为实现各阶段的目标而奋斗。

马克思主义创始人运用辩证唯物主义和历史唯物主义的原理，揭示了人类社会历史发展的普遍规律，分析了资本主义制度本身无法克服的固有矛盾，指出社会主义社会必然代替资本主义社会，最后必然发展为共产主义社会。

历史唯物主义告诉我们，生产力与生产关系、经济基础与上层建筑之间的矛盾，是人类社会的基本矛盾。人类社会从原始社会、奴隶社会、封建社会、资本主义社会到社会主义社会、共产主义社会的依次更替，都是这个基本矛盾运动的必然结果，是人类社会符合规律的发展。在资本主义社会，这一基本矛盾表现为生产的社会化和生产资料的私人占有之间的矛盾。一方面，受剩余价值规律的驱使，资本家拼命扩大生

① 《毛泽东选集》第1卷，人民出版社1991年版，第276页。

产，提高劳动生产率，客观上促进了生产力的发展，使生产越来越社会化；另一方面，由于生产资料的私人占有，社会生产处于无政府状态，必然导致经济的、社会的危机，社会生产力遭到破坏。这种生产力与生产关系的深刻矛盾，是资本主义制度的本质属性，其本身是无法克服的。因此，唯有代表先进生产力发展要求的无产阶级起来斗争，推翻资本主义制度，摧毁其存在的基础——私有制，才能消除资本主义的固有矛盾，促进经济的发展和社会进步。这就是说，资本主义之所以必然灭亡，一方面，是由它自身不可克服的基本矛盾所决定的；另一方面，是因为它制造了自己的掘墓人——强大的无产阶级。无产阶级在自己的政党领导下组织起来，通过各国人民自愿选择的、适合本国特点的道路，实现社会主义和共产主义。共产党人要坚持理想、信念，首要的和根本的是要认识和懂得这个规律，要坚信和坚持这个规律。共产党人的一切活动都必须遵循这个规律，按照这个规律指出的方向和目标去奋斗。

当然，马克思、恩格斯是从社会发展普遍规律的角度，来阐述资本主义灭亡和共产主义胜利的必然性的。至于说这种必然性在各个不同时代和不同国家以什么样的条件和方式体现出来，则需要进行具体的分析，必须把科学社会主义的基本原理同一定的时代和各个国家的实际情况结合起来。比如，马克思、恩格斯在自己生活的时代，根据欧洲一些国家资本主义发展的情况，得出结论：无产阶级革命只有在几个发达资本主义国家同时进行才能取得胜利。列宁则根据资本主义发展到帝国主义阶段的客观事实，揭示了资本主义国家经济政治发展不平衡的规律，得出了社会主义有可能在一国首先取得胜利的结论。马克思、恩格斯和列宁的结论在当时都是正确的。但如果列宁固守马克思、恩格斯的结论，就没有俄国十月革命的胜利。因此，相信社会主义代替资本主义的必然性，并不等于照抄照搬他们的个别结论；而照抄照搬他们的个别结论在实践中行不通，并不等于他们揭示的社会历史发展规律不科学。我们只有深刻认识马克思主义的基本原理，才能正确地把握社会历史发展的客观规律，增强社会主义必胜的信心。

建设社会主义、实现共产主义的目标和任务是十分宏伟和艰巨的；同时，从总体来说，当今社会主义的社会生产力和综合国力还比较低，社会主义在经济、军事、科技实力方面同资本主义比较还有差距，总的态势是社会主义与资本主义相比较还处于弱势。这决定了社会主义制度的发展、完善是一个长期的历史过程。因此，社会主义在发展中出现曲折和反复是不可避免的。这些曲折和反复表明，社会主义事业不仅是一项崇高的事业，同时又是一项长期的、艰巨复杂的事业。看不到这个客观事实，就会认为社会主义代替资本主义既然是客观规律，那么社会主义就会自然而然地到来。这种观点是不对的。这样就会在挫折和曲折面前缺乏思想准备，惊慌失措，无所适从；或者悲观失望、失去信心，丧失前进的动力。所以，用辩证唯物主义的观点，正确认识和对待社会主义发展中的长期性和曲折性，同样是坚持理想和信念所必须的。

为什么社会主义的发展是长期的和曲折的呢？

第一，共产主义社会，将是物质财富极大丰富，人民精神境界极大提高，每个人自由而全面发展的社会。实现这样的一个社会必然是一个漫长的历史发展过程。尤其在我国，我们还处于社会主义的初级阶段，社会生产力发展水平还比较低，科学文化水平还不高，面临着物质文明、政治文明和精神文明建设的繁重任务，要实现如马克思所预见的未来社会——在这里每个人的自由发展是一切人的自由发展的条件，将要经过几代、十几代乃至几十代人的共同努力。

第二，新的社会制度代替旧的社会制度势必是一个艰巨的、复杂的、曲折的过程。新的社会制度只有在不断发展中才能不断自我完善。在这个过程中，就不可避免地有试验、有探索。既然是试验和探索，就有可能失败。没有经过任何挫折和失败而达到目的的实践几乎是没有的。人类社会制度的每一次变革，每一个新生的社会制度代替旧的社会制度，都要经历一个长期的发展过程。

第三，资本主义与社会主义力量的对比是一个长期的彼此消长的过程，但社会主义必将战胜资本主义。资本主义的统治已有300多年的历史，它有雄厚的经济实力，有一套强大的国家机器和成熟的统治经验，还有一套资本主义的思想体系和无孔不入的宣传舆论工具。社会主义制度只有90多年的历史，尽管社会主义在政治上有极大的优势，但科技文化和生产力的水平、经济实力和综合国力以及管理的经验和管理的能力，都有一个发展和成熟的过程。就这些方面说，社会主义在与资本主义力量的比较中还处于弱势。所以，同资本主义在经济上、政治上、思想上的斗争将是长期的、曲折的。同时，还要看到，我国是经历几千年封建专政统治的国家，封建制度、封建残余思想对我们的影响也是深远的、长期的。

第四，共产党作为社会主义事业的领导者主观上也会犯错误。党对社会主义革命、建设和改革的规律性的认识有个探索的过程，是一个实践、认识、再实践、再认识的过程。在这个过程中，主观和客观相脱离、理论和实际相脱节的情况是经常会发生的，特别是要实现把马克思主义的基本原理与本国的实际情况结合起来，更是一个十分艰巨的任务。如果主观和客观不统一，理论和实际不结合，就会犯错误，党的路线、方针、政策就会出现失误，社会主义事业就会遭到挫折。

3. 在共产主义理想的指导下为实现现阶段的任务而努力

共产主义事业是漫长的、需要几代人甚至几十代人前后相继的奋斗才能实现的事业。但每个共产党员的生命又是短暂的，不可能经历共产主义伟大事业的全过程。共产党员为共产主义的远大目标而奋斗，只能为实现共产主义过程中某一个阶段的历史任务而奋斗。在我国，老一辈共产党人卓越地完成了新民主主义革命和建立社会主义制度的任务，把我国社会向着共产主义的目标推进了一步。他们为共产主义事业作出了奉献，贡献出了自己的毕生精力。所以，每个共产党员为共产主义理想而奋斗，都是具体的、实在的，而不是抽象的、空洞的。在当时，如果空喊共产主义，而对新民主主义革命要完成的任务不忠诚、不积极，不付出艰巨的努力去做好自己承担的每一项工作，那就丝毫不能把社会向前推进一步。正如毛泽东在《论联合政府》的报告中所说：对于任何一个共产党人及其同情者，如果不为民主革命的任务而奋斗，“如果看不起这个资产阶级民主革命而对它稍许放松，稍许怠工，稍许表现不忠诚、不热情，不准备付出自己的鲜血和生命，而空谈什么社会主义和共产主义，那就是有意无意地、或多或少地背叛了社会主义和共产主义，就不是一个自觉的和忠诚的共产主义者”①。

当代中国共产党人的历史责任，就是坚持党的基本路线，沿着中国特色社会主义道路，自力更生，艰苦创业，把我国建设成为富强、民主、文明的社会主义现代化国家，在 21 世纪头 20 年全面建设小康社会。这也就是我们党在现阶段的任务和奋斗目标。共产党员为坚持党的基本路线和把我国建设成为富强、民主、文明的社会主义现代化国家，促进物质文明、政治文明和精神文明协调发展，也就是为共产主义的目

① 《毛泽东选集》第 3 卷，人民出版社 1991 年版，第 1059—1060 页。

标而奋斗，为人民群众的根本利益而奋斗。因此，每个共产党员要坚定不移地贯彻党的基本路线，为建设中国特色社会主义和全面建设小康社会作出自己的贡献；要以高度的责任感和使命感，全身心地投入社会主义现代化建设事业；要发扬艰苦奋斗、勤俭建国、勤俭办一切事业的精神；要坚持以经济建设为中心，尽职尽力地把自己承担的工作做好；要讲政治、讲学习、讲正气，既要坚持正确的政治方向，又要勇于创新、开拓前进；要求真务实，发扬一切从实际出发，讲实话、办实事、求实效的实事求是精神，反对急于求成，脱离实际，办那些当前办不到的事情，或把将来的目标作为现行的政策去推行；要学理论、学科学文化知识、学经营管理知识，增长才干，提高执政能力和领导水平。

（三）党的基本路线、基本纲领教育

毛泽东在《关于纠正党内的错误思想》一文中指出："红军第四军的共产党内存在着各种非无产阶级思想，这对于执行党的正确路线，妨碍极大"①，缺乏对党员作正确路线的教育，是不正确思想存在和发展的主要原因。加强党性教育、增强党性从来不是孤立进行的。党要领导群众为实现党的基本路线、基本纲领而奋斗，同时，又要在贯彻执行党的基本路线、基本纲领中把党锻炼得更加坚强。能不能坚持和全面正确地贯彻执行党的基本路线和基本纲领，是坚持党性原则最根本的一条，也是对党员干部党性的集中检验。因为党的路线和纲领是党在一定历史阶段的奋斗目标和行动纲领，是全党、全国人民思想上、政治上、行动上一致的共同基础，是各项工作前进的指针。同时，它还是广大人民群众的意志和根本利益的科学体现，为实现党的路线和纲领而奋斗，也就是为实现人民的根本利益而奋斗。党的十一届三中全会以来，我们党逐步形成和确立了党在社会主义初级阶段的基本路线和有中国特色社会主义经济、政治、文化、社会建设的纲领。这一基本路线和基本纲领，成为建设中国特色社会主义的行动指南，已经深入人心。从现在的情况看，坚持和贯彻党的基本路线和基本纲领，不是仅仅停留在认识上对不对、要不要的问题，而是在贯彻执行党的基本路线和基本纲领的实践中所遇到的各种新问题、新矛盾如何正确有效地加以解决的问题。这就要

① 《毛泽东选集》第1卷，人民出版社1991年版，第85页。

求我们运用马克思主义的立场、观点、方法去观察和分析问题，善于把党的路线和纲领同本地区、本单位的工作实际结合起来，根据各地实际，一个一个地分析解决所遇到的新矛盾、新问题。只有这样，才能把党的基本路线和基本纲领落到实处，也才能真正坚持党的路线和纲领。

在贯彻执行党的基本路线和基本纲领的过程中，当前我们需要着重把握和解决哪些主要问题呢?

1. 在改革发展中，如何运用辩证唯物主义观点，处理好在贯彻执行基本路线中的各种关系和矛盾，坚持两手抓的方针

就是说，要正确认识和处理好一个中心、两个基本点的关系，改革、发展和稳定的关系，物质文明建设、政治文明建设、精神文明建设和社会建设协调发展的关系，社会主义民主政治建设和法制建设的关系，以及新形势下出现的新的社会矛盾特别是各种利益关系的矛盾，等等。只有根据实际情况正确地处理好这些关系和矛盾，使我国的经济和社会协调一致地、有序地发展，党的基本路线和基本纲领才能真正落到实处。

2. 社会主义初级阶段理论是制定党的基本路线和基本纲领的理论基础

正确理解我国处在社会主义初级阶段这个科学判断，对于坚持和贯彻基本路线具有重大的意义。我们应当把“社会主义”和“初级阶段”统一起来，作为我国的现实国情全面认识和把握，不能因坚持社会主义而忘记“初级阶段”，也不能因为正视“初级阶段”而背离社会主义。只有从社会主义初级阶段的基本国情出发，对建设有中国特色社会主义的经济、政治、文化等方面的基本特点在理论上实践上有统一的认识和准确的把握，才能切实增强坚持党的基本路线和基本纲领不动摇的坚定性和自觉性，才能全面、正确、积极地理解和执行党的现行政策和党中央的一系列重大决策。

3. 坚持以公有制为主体、多种所有制经济共同发展的基本经济制度，是社会主义的本质和基本原则在当代中国的坚持和体现，也是在经济体制上的一个新突破

坚持这个基本经济制度，就要在实践中坚定不移地坚持公有制的主体地位，并且探索公有制的实现形式。这是我国的社会主义制度所要求的。同时，也要坚定不移地促进多种所有制经济共同发展，鼓励、引导

非公有制经济健康发展，这是从我国处在社会主义初级阶段的实际出发的。必须把两个“坚定不移”从思想到行动统一起来，才能实现党的基本路线和基本纲领，才能更好地促进生产力的解放和发展，不断提高人民生活水平，最终实现共同富裕。

4. 发展社会主义民主政治，是我们党始终不渝的奋斗目标，也是党的基本路线和基本纲领的重要内容之一

要进一步扩大社会主义民主，健全社会主义法制，依法治国，建设社会主义法治国家，必须坚定不移地推进政治体制改革。但是，我们的政治体制改革必须从中国的实际出发，绝不能照搬西方的多党制，不能搞三权分立、两院制那一套东西。推进社会主义民主政治建设，党的领导是关键，发扬民主是基础，依法办事是保证，社会政治稳定是前提，必须辩证地处理这些关系，绝不能把它们割裂开来、对立起来。

总之，只有正确地认识和处理好在建设和改革中所面临的各种新情况、新问题，才能坚持和执行党的基本路线和基本纲领，才能推动生产力的发展和社会的全面进步。

（四）“立党为公、执政为民”教育

立党为公、执政为民，是我们党的宗旨的体现，“为公”、“为民”是立党、执政的根本出发点和落脚点。是不是坚持立党为公、执政为民是区分唯物史观和唯心史观的分水岭，是判断马克思主义政党的试金石，是党性教育着力要解决的问题。每个共产党员都要把人民放在心中最高位置。

1. 全心全意为人民服务是党的根本宗旨

中国共产党从马克思主义唯物史观出发，确认人民群众是历史的创造者，党是人民在特定历史阶段实现特定历史任务的工具。党除了工人阶级和广大人民群众的利益外，没有自己特殊的利益。全心全意为中国人民谋利益，是我们党的立党之本和唯一宗旨。毛泽东指出：我们所做的一切，都是为人民服务的。“全心全意地为人民服务，一刻也不脱离群众；一切从人民的利益出发，而不是从个人或小集团的利益出发；向人民负责和向党的领导机关负责的一致性；这些就是我们的出发点。”①

① 《毛泽东选集》第3卷，人民出版社1991年版，第1094—1095页。

邓小平也指出："中国共产党党员的含意或任务，如果用概括的语言来说，只有两句话：全心全意为人民服务，一切以人民利益作为一个党员的最高准绳。他的目的是要实现社会主义、共产主义。"① 我们党80多年来的一切奋斗，它的全部理论、全部实践，归结起来一句话，就是全心全意为人民服务。我们党的活动所遵循的马克思主义理论，说到底就是为争取人类的解放和广大人民根本利益而奋斗的理论。我们为实现党的最高理想和各个历史阶段的任务奋斗，其目的也是为人民的长远利益和阶段性的利益而奋斗。我们的纲领、路线和政策都是人民的意志和利益的反映。中国共产党之所以能够得到群众的信任和支持，之所以成为一个伟大的马克思主义政党，根本的原因在于我们党深深地扎根于群众之中，始终代表最广大人民群众的根本利益，坚持不懈地为人民的利益而奋斗。在战争年代，我们坚持了立党为公的宗旨，保持了党和人民群众的鱼水关系，从而赢得了新民主主义革命的胜利。在执政条件下，我们通过执政来代表人民行使国家权力，体现党的宗旨。执政为民，既反映了党的价值取向和目标，也体现了国家权力的行使者是不是能够确保代表权力主体的意志和根本利益的问题。所以，能不能始终坚持立党为公、执政为民，关系到国家权力是不是真正代表人民，关系到党和国家的前途命运问题。

党的理论路线和方针政策以及全部工作，只有顺民意、谋民利、得民心，才能得到人民群众的支持和拥护，才能永远立于不败之地。我们一定要把人民的根本利益实现好、维护好和发展好。

坚持立党为公、执政为民，关键在于落实。第一，坚持立党为公、执政为民，必须落实到党和国家制定和实施方针政策的工作中去。第二，坚持立党为公、执政为民，必须落实到领导干部的思想和行动中去。第三，坚持立党为公、执政为民，必须落实到关心群众生产生活的工作中去。不能把立党为公、执政为民停留在口头上，而必须围绕人民群众最现实、最关心、最直接的利益来落实，要把经济、社会发展的长远战略目标和提高人民生活水平的阶段性任务统一起来，把实现人民的长远利益和当前利益结合起来，把根本利益和具体利益结合起来。凡涉及群众的切身利益和实际困难的事情，都要竭尽全力去办。对群众生产

① 《邓小平文选》第1卷，人民出版社1994年版，第257页。

生活面临的困难和问题，特别是下岗职工、农村贫困人口和城市贫困居民等困难群众遇到的实际问题，一定要带着深厚的感情帮助解决，切实把中央为他们脱贫解困的各项政策措施落到实处。

2. 必须保持党和人民群众的密切联系

人民群众是我们党赖以生存、发展和巩固的深厚基础，是我们党的力量之源、执政之基、胜利之本。保持党与人民群众的血肉联系，是保持党的先进性的基本要求，也是巩固党的执政地位、实现党的历史使命的必要条件。江泽民在庆祝中国共产党成立80周年大会上的讲话中指出："始终保持同人民群众的血肉联系，是我们党战胜各种困难和风险、不断取得事业成功的根本保证。在任何时候任何情况下，与人民群众同呼吸共命运的立场不能变，全心全意为人民服务的宗旨不能忘，坚信群众是真正英雄的历史唯物主义观点不能丢。"① 党的十五届六中全会《中共中央关于加强和改进党的作风建设的决定》进一步指出："马克思主义执政党的最大危险，就是脱离群众。人民群众是我们党的力量源泉和胜利之本。失去了人民群众的拥护和支持，党的事业和一切工作就无从谈起。"②

在革命战争年代，我们党的正确的理论、路线和模范的行动，实践了为人民服务的宗旨，给人民争得了切实的政治、经济、文化利益，因而得到了广大群众的信任、拥护和支持，建立了党与人民群众的血肉联系。"和人民群众密切联系在一起"成为我们党的优良传统之一。在执政党条件下，党的地位、任务和环境发生了根本的变化。使脱离群众的危险性增加了。邓小平在党的八大《关于修改党章的报告》中指出："执政党的地位，很容易使我们同志沾染上官僚主义的习气。脱离实际和脱离群众的危险，对于党的组织和党员来说，不是比过去减少而是比过去增加了。而脱离实际和脱离群众的结果，必然发展主观主义，即教条主义和经验主义的错误，这种错误在我们党内也不是比前几年减少而是比前几年增加了。"③ 在这里，邓小平不仅指出了执政党脱离实际、

① 江泽民：《在庆祝中国共产党成立八十周年大会上的讲话》，人民出版社2001年版，第11页。

② 《中共中央关于加强和改进党的作风建设的决定》，人民出版社2001年版，第6页。

③ 《邓小平文选》第1卷，人民出版社1994年版，第214页。

脱离群众的可能性和危险性，而且还指出了脱离实际、脱离群众与党的作风状况是紧密地关联着的。也就是说，党风问题说到底是一个党与群众的关系问题。

历史和现实表明，一个政权也好，一个政党也好，其前途和命运最终取决于人心向背，不能赢得最广大群众的支持，就必然垮台。马克思主义执政党如果脱离群众，不代表群众的利益，得不到群众的信任和拥护，党执政的根基就会动摇，执政地位就会丧失，社会主义国家就会改变颜色，历史就会大倒退。苏联解体、东欧剧变尽管有许多因素，但这些因素归结起来，集中到一点，就是这些社会主义国家的执政党丧失了民心，失去了群众的信任和支持。

中国共产党的执政经验表明，在执政的条件下，党与群众的关系同取得政权前相比较，将面临着许多新情况新问题，党脱离群众的危险性增加了，执政时间越长，越容易产生脱离群众的倾向。

3. 必须把人民群众的利益实现好、维护好、发展好

是否得到群众的信任、拥护和支持，是衡量我们党制定和执行各项方针、政策是否正确的根本标准，也是衡量党的建设和党的领导是否成功的根本尺度。实践表明，最大多数人的利益对于一个社会主义国家的执政党来说是最要紧和最具有决定性的因素，无论现在还是将来，都必须首先考虑并满足最大多数人的利益要求，这关系着党的执政全局。

坚持立党为公、执政为民，把群众的利益实现好、维护好、发展好，最根本的是把发展作为执政兴国的第一要务，始终不渝地坚持以经济建设为中心，大力发展生产力，不断提高人民群众的收入水平和生活质量。执政为民要落实到发展经济、增加群众收入、提高人民群众的生活水平上。同时，为群众谋利益，一定要着眼于满足最大多数人们的具体利益，特别是工人、农民的切实利益。当前，党和国家要采取切实有效的措施，帮助下岗职工、失业人员、城市贫困人口、贫困地区群众、受灾地区群众等困难群体，把他们的工作和生活切实安排好。

坚持立党为公、执政为民，实现好、维护好和发展好群众利益，还必须从政治上进一步发展民主，加强政治文明建设，领导和支持人民当家作主，保障人民群众的政治利益，使群众享有广泛自由和权利。为此，一方面，必须积极而稳妥地发展基层民主，拓宽和疏通民主渠道，使群众有知情权、参与权、选举权、监督权；另一方面，要改进党的领

导方式和执政方式，充分发挥以人民代表大会制度为基础的国家政权体系的作用，理顺党组织与国家政权、人民团体和其他社会组织之间的关系，推进社会主义民主和法制建设。

坚持立党为公、执政为民，实现好、维护好和发展好群众利益，要坚持“两手抓”，实现精神文明、政治文明和物质文明协调发展。物质文明建设与政治文明建设和精神文明建设是相互配合、相互促进的。政治文明、精神文明和物质文明统一于建设中国特色社会主义的目标。因此，政治文明建设、精神文明建设与物质文明建设都是社会主义现代化的题中应有之义。实现社会主义现代化，不仅要推进经济、科技的发展，而且全社会的民主政治、道德水准、文化水平、党风民风都要有相应的改善和提升，人民群众的精神文化生活也必将逐步得到丰富和发展。

（五）党章、党规党法和国家法律的教育

党章是党内的根本大法，其他党规党法是党章的补充、延伸和具体化。党章和党规党法不仅规定了党的性质、纲领、指导思想、组织原则和党在一定阶段的任务、路线及与之相适应的建党原则，而且还规定了各级党组织的职责、任务和党员、干部的标准和基本条件，以及党员的权利和义务，等等，所有这些都是党性的内容。党员和党员领导干部是不是按党章和党规党法办事，是党性强不强的集中体现。国家的法律法规是党的主张和人民意志的体现，是国家和社会生活的行为规范。遵守法律法规，严格依法办事就是按党和人民的意志办事，这同样是党性的体现。所以，共产党员和党员干部要牢固树立制度和法律意识，坚决纠正轻视制度和法律、不严格按制度和法律办事的思想和行为。

四、领导干部加强党性锻炼的关键在于提高自觉性

领导干部的党性锻炼，离不开党组织和群众的监督、帮助。但外因是通过内因起作用的。因此，领导干部的党性锻炼，必须有高度的自觉性和持之以恒的精神。

（一）党性锻炼是建立在高度自觉的基础上的

党性锻炼是自我教育、自我约束、自我改造的过程，是自觉的行

动。外部力量，比如组织的帮助和群众的监督是有必要的，也是增强党性的重要因素。但要使这种帮助和监督转化为内在的动力，也必须建立在自觉的基础上。为什么党性锻炼要强调自觉？这是因为：(1）党性锻炼是解决人们的世界观和思想意识方面的问题。而思想问题，世界观的改造，不仅需要学习，提高认识和外界的帮助，更主要的是靠自觉努力，靠调动和激发人们内在的积极因素。(2）党性锻炼是人的本质改造，是同自己身上的非无产阶级思想不断“搏斗”的艰苦过程。如果没有高度的自觉性和坚强的毅力，一遇到困难和挫折就会放松对自己的要求，甚至消极沉沦。(3）党性锻炼对共产党员来说是长期的、终身的事情，既不能一蹴而就，也不可能一劳永逸。只凭一时的冲动，而无高度的自觉性和坚忍不拔的精神，是达不到目的的。只有有了高度的自觉性，才能严于解剖自己，客观地评价自己，调节和引导自己的行动，正确地认识和及时克服自己行为中的盲目性和被动性，主动约束和控制自己的不符合党和人民利益的言论、行动，坚持正确的方向，在党的原则立场上勇往直前。实践证明，有无高度自觉的自我修养意识，对一个共产党员的成长起着决定性的作用。在现实生活中，经常会看到这样的情况：在同一历史阶段和大体相同的环境中，有的党员进步很快，有的党员则进步较慢，甚至有的原来是先进者而后来却变成落伍者；同时参加工作、经历大体也相同，也有先进和后进之分。这里的原因就在于党员主观努力的程度不同。

我们这里强调的党员在自觉基础上的自我修养，同所谓唯心主义的“闭门修养”根本不同。我们要求党员的党性锻炼和修养，必须在革命和建设实践中，在贯彻执行党的路线和政策中，在学习马列主义、毛泽东思想、邓小平理论和实践“三个代表”重要思想中，在处理各种矛盾和利益关系中自觉地增强党性，而不是脱离实际、脱离革命理论指导的“闭门思过”。

(二）党性锻炼必须持之以恒

毛泽东曾经说过，一个人做点好事并不难，难的是一辈子为人民做好事。要一辈子为人民做好事，就要一辈子加强党性锻炼和修养。坚持党性锻炼并持之以恒，实际上是党性锻炼自觉性的集中体现。没有持之以恒的精神，就谈不上自觉。共产党员的党性锻炼怎么才能做到坚持不懈、持之以恒呢？首先，从思想上要牢固确立活到老、改造到老的决心。共产党人肩负着改造客观世界和主观世界的双重任务。人类改造客观世界的实践活动是一个长期的、无止境的过程，人类自身的改造伴随着客观世界的改造也要经过漫长的历史过程。共产党员只有在改造客观世界的同时，不断地自觉地改造自己的主观世界，才能完成当前的任务和实现自己的伟大历史使命，才能在各种复杂的情况下，千锤百炼、自强不息，永葆工人阶级先锋队的政治本色。正如周恩来所说的："每个党员从加入共产党起，就应该有这么一个认识，准备改造思想，一直改造到老。"① 这既是革命的需要，又是共产党员不断完善和净化自己的需要，也是名副其实的共产党员成长的规律。其次，要在任何情况下严格按党性原则办事，自觉加强党性锻炼。共产党员在革命的征途中，会遇到各种各样的情况和问题。比如，在工作上，有顺利和困难的时候，有工作环境比较艰苦和条件比较好的时候；在利益上，个人利益与党和人民利益有一致和不一致的时候；在对自己的使用上，有重要和不重要的时候；在成长的道路上，有顺境和逆境，甚至受到不公正待遇的时候；在年龄上，有青年、中年和老年的时候，等等。所有这些，只有严格要求自己，不断加强党性锻炼，才能站在党和人民的立场上，正确地面对和处理。而上述这些问题和其他问题，是会经常不断地遇到的，这就要求党员长期地进行党性锻炼，生命不息，改造不止。绝不能一曝十寒，半途而废。

五、党性教育的途径和方法

明确了党性教育的主要内容和重点，还需要有正确的途径和方法，党性教育才能真正收到实效。

（一）寓党性教育于马克思主义理论学习之中

马克思主义理论的科学性和无产阶级党性是完全一致的。马克思主义理论本身就包涵着党性。只有掌握马克思主义世界观，才能科学地认识世界，能动地改造世界，才能正确地制定和贯彻党的纲领、方针，卓

① 《周恩来选集》下卷，人民出版社 1984 年版，第 425 页。

有成效地为人民服务。坚强的党性不是自发形成的，而是在马克思主义理论指导下，在改革社会的实践中，逐步形成的。要对党员、党员干部有效地加强马克思主义理论教育，一是各级党组织要不断提高党员、党员干部学习马克思主义理论的自觉性，只有自觉才能学进去，才能有成效。二是要贯彻整风的精神，要求党员坚持理论联系实际，学以致用，把理论学习与增强党性有机地结合起来，与自己的实际工作有机地结合起来。三是要求党员与时俱进，推进理论创新，用发展了的马克思主义指导新的实际。这样才能使党员、党员干部提高马克思主义理论素养和增强党性修养，不断获得进步。

除了推动党员、党员干部学习马克思主义理论外，还应要求他们学习现代科学文化知识。现代科学文化知识是对人类、社会和自然界规律性的认识，用现代科学文化知识武装自己，有助于为无产阶级世界观的形成奠定基础。

（二）引导党员在实践中增强党性

要使党员成为具有坚强党性的共产党员、党员干部，除了用马克思主义和现代科学文化知识武装党员的头脑外，还必须引导党员在社会实践中经风雨、见世面，在实践中经受锻炼和考验。

实践，是在人的意识支配下的自觉地、有目的地改造现实的活动，具有重大的现实性。它首先表现为知与行的统一、理论和实际的结合，要求把党性和党性原则付诸行动。一个人的党性状况如何，不仅仅在于他理论掌握的多少，嘴上说得怎样，更重要的是在于他实际上做得怎样。离开实践谈党性，只能是一句空话。正如毛泽东所说，没有科学的态度，即没有马克思列宁主义的武装和实践相统一的态度，就叫作没有党性，或叫党性不完全。实践是丰富多彩、纷繁复杂的，只有通过社会实践的锻炼，才能使党员增强分析鉴别是非的能力，从而在复杂的环境下，坚持正确的政治方向，增强抵御各种错误倾向和不正之风的能力。在新的历史时期，我们面临着错综复杂的国际国内局面，许多现实中面临的新情况、新问题，需要在实践中认真思考、科学判断，通过不断的实践和认识，才能得出正确的结论。实践的艰巨性和曲折性还能锻炼人们的意志和品格。历史证明，共产党员、党员干部是在实践这个大课堂中锻炼成长的。实践可以长知识、增才干，实践能铸就人们坚定的立场、坚强的意志和战胜困难的勇气。可见，实践是共产党员、党员干部增强党性的重要途径。今天，有大批年轻干部提拔到各级领导岗位上来，要提倡他们在经济、政治、社会生活和工作实践中加强党性锻炼，自觉地到群众中去，到基层去，到实践中去。

（三）使党员在严格的党内生活中增强党性

共产党员、党员领导干部的成长，除了自觉的党性修养外，还需要有严格的党内生活锻炼，接受党组织的教育、帮助和监督。要使党员在党内生活中加强党性修养，就要教育党员积极主动地参加党内生活，自觉地把自己置身于党组织的监督之下。每个党员既要受到党组织和其他党员的监督、帮助，又要帮助、监督别人。实践证明，党员的积极参与，是党内生活有效开展、充满生机的前提条件；党员也只有参与党内生活，才能得到党组织和其他党员的监督、帮助。根据我们党的建设的经验，党员参与党内生活的主要方式有：（1）积极参与管理党内事务。党员是党的主体，党章赋予党员管理党内事务的权利。积极参与管理党内事务，党员的权利意识、义务意识可以得到强化，党性锻炼将会更加自觉和强化。（2）自觉参加党的组织生活，接受党组织的教育、帮助和监督。参加党的组织生活，开展正确的思想斗争，积极有效地开展批评与自我批评，既可以增强党的观念，提高思想政治水平，又可以在党组织和同志的帮助下更好地认识和纠正自己的缺点错误，以求得不断进步。（3）主动向党组织汇报思想、工作、学习情况，接受党组织的指导和帮助。向党组织汇报情况要讲真话，讲实话，实事求是，不隐瞒情况，不弄虚作假。这本身就是党性的一种表现，同时党组织只有了解了真实情况，才能有针对性地对党员进行教育、帮助。

（四）要求党员搞好党性分析

实践证明，党校倡导学员进行党性分析，效果是好的。党性分析是学员进行自我教育的一种形式，就是要求党员在学习马克思主义理论和党的路线、方针政策的基础上，结合自己的思想、工作实际，找出自己在思想上、工作中存在的主要问题，运用马克思主义的立场、观点、方法，从党性和党的原则的高度，分析原因，解剖自己，提高认识，找出解决问题的办法。党性分析的过程，既是进一步提高马克思主义理论水平的过程，又是提高觉悟、增强党性、解决问题的过程。

（五）加强对党员的党性教育，各级党组织要高度重视，切实负起责任来，把它作为党要管党、从严治党的一项重要任务

党组织对党员的教育要经常提出要求，采取措施，作出具体安排，并且要严格教育、管理和监督。

巩固执政基础：一个关系执政党命运的重大课题

（2008年1月）

执政基础问题，是关系马克思主义政党前途命运的重大课题。马克思主义政党取得政权以后，为了推进经济社会全面发展，实现执政使命，巩固执政地位，必须加强党的执政基础建设，巩固和增强党的执政基础。基础不牢，地动山摇。苏联、东欧工人阶级政党丧失执政地位的一条根本教训，就在于党的执政基础全面动摇直至瓦解，党脱离了群众，丧失了民心。当今中国，正处在一个伟大的社会变革时期，伴随着改革开放和发展社会主义市场经济体制的不断深入，特别是我国进入改革发展的关键时期，经济体制深刻变革，社会结构深刻变动，利益格局深刻调整，思想观念深刻变化。所有这些新的变化，使执政的中国共产党对人民群众的影响力、吸引力和凝聚力面临新的考验，使党的执政基础出现了新的矛盾和问题。我们党深刻分析了当前我国社会阶层构成发生的新变化，明确提出了巩固和扩大党的执政基础的历史任务。深入进行党的执政基础研究，针对在社会转型期党的执政基础面临的新情况新问题，全面推进党的执政基础建设，以增强党的阶级基础、扩大党的群众基础，为巩固执政地位、实现党的执政使命提供理论支撑；为构建社会主义和谐社会，全面建设小康社会奠定坚实的群众基础，是执政党建设的一个重大课题。

一、什么是党的执政基础

正确界定党的执政基础的科学内涵，是研究党的执政基础问题的前提。而界定党的执政基础，首先需要对“执政”的内涵和结构进行科学的分析。

“执政”，从最一般的意义上讲，就是指执政主体执掌国家政权的过程和状态。与这一根本特点相联系，执政的内涵大致可以包含以下几个方面：一是指执政主体掌握国家政权的事实和状态。二是指执政主体维护和巩固执掌国家政权的地位所展开的实践活动。三是指执政主体围绕完成执掌国家政权所担负的历史使命所展开的实践活动。这些方面的含义中，执政主体掌握国家政权的事实和状态显然是执政所具有的根本特点，构成了执政与非执政的根本区别，对于理解和把握执政具有根本性意义。执政所包含的其他方面的含义都是这个特点的延伸和展开的。比如，执政主体维护和巩固其执政地位，是其执掌国家政权的题中应有之义，执政党执掌国家政权的过程，也就是维护和巩固其执政地位的过程。再比如，执政主体围绕完成执政使命所开展的一切实践活动，也必须是这个党在处于执掌国家政权的存在和发展状态下进行的。如果一个党离开了执掌国家政权，也就谈不上开展执政活动了。因此，执政主体掌握国家政权的事实和状态，这一含义在执政的所有含义中带有根本性意义，科学地揭示了执政的根本特征。

“基础”，按照《辞海》中的解释有三项：一是指建筑物的根基。二是指事物发展的根本或起点。三是特指社会发展到一定阶段上的生产关系的总和，即“经济基础”。具体到我们所讲的执政的“基础”的含义，无疑是指事物生存和发展的根本或起点。换句话说，也就是事物生存和发展所依赖的根本条件。

按照上述理解，所谓执政基础，就是执政主体掌握国家政权所依赖的根本条件。这种根本条件自然也是执政主体开展维护和巩固执政地位的活动、执政主体围绕完成执政使命开展的一切实践活动所依赖的根本条件。

一个执政主体要执掌国家政权并顺利开展执政活动，大致需要以下几个方面的条件：群众的支持和拥护，经济发展等物质因素的支撑，意识形态的辩护，政治制度的支撑，以及执政主体自身的良好形象，等等。这里的问题是，什么是执政的根本条件？所谓执政的根本条件，指的是执政主体在执政的过程中对开展执政活动带有根源性的和起决定意义的条件。在执政活动赖以展开的所有条件之中，它是最主要的部分，其他条件都服从和服务于它的存在。按照这一标准，执政基础，说到底就是人民群众的拥护和支持。历史唯物论认为，人民群众是社会物质财富和精神财富的创造者，是社会变革的决定力量。历史反复表明，对于一个政权来说，人心向背从来就是决定其兴衰成败的根本性因素。一个政权得到人民群众的支持，必然生机勃勃；反之，必然走向衰落。在执政主体执掌国家政权的过程中，尽管影响执政主体存亡的因素有很多，但毫无疑问，在所有条件之中，具有决定意义的根本条件，无疑是人民群众的支持和拥护。这是因为，与人民群众的拥护和支持相比，尽管其他的条件对于执政也十分重要，但不能不居于相对次要的位置。比如，经济发展是人类社会发展进步的基础，对于任何一个执政主体来说，是否推动经济和社会的不断发展，事关执政是否具有坚实的物质基础，当然是完成党的执政使命、巩固党的执政地位的基本条件。但是，发展经济本身并不是目的，而是满足人民群众不断增长的物质生活需要。比如，政治制度的建立对于一个政权的建立和巩固具有重大意义，对于任何一个执政主体来说，是否建立一个适合时代和本国特点的政治制度，事关执政是否具有坚实的政治基础，当然也是完成党的执政使命、巩固党的执政地位的基本条件。但是，建立一个好的政治制度的基本前提必须保证人民的政治权利，即保证人民群众在政治上当家作主。再比如，意识形态的辩护对于一个政权的建立和巩固也具有重要影响，对于任何一个执政主体来说，是否形成一套强有力的意识形态，事关执政是否具有坚实的思想基础，当然也是完成党的执政使命、巩固党的执政地位的基本条件。但是，一套有利于巩固执政地位的意识形态，必然是对人民有说服力和凝聚力的意识形态，它对于执政的作用最终要从人民群众对它的态度来检验。因此，执政的所有重要条件，最终都要落脚到是不是得到了人民群众的拥护和支持来衡量和检验。正是从这个意义上说，人民群众的拥护和支持是决定一个执政主体能否执政的根本性条件。党的执政基础是不是巩固，归根到底要看是不是得到广大群众的认可和支持。群众的信任和支持的程度正是衡量党的执政基础巩固与否的最终尺度。我们党作为执政党，最重要的是必须首先考虑并满足最大多数人的利益要求，取得最大多数人的认同和支持，这始终关系党的执政的全局，关系国家经济和社会发展的全局，关系党和国家的命运。

基于上述分析，我们认为，执政党的执政基础，就是执政的社会依靠力量。共产党的执政基础是指执政党实现执政使命、巩固执政地位所赖以依靠和依托的社会力量。我们认为，党的执政基础就是指的群众基础（包括阶级基础）。与前述其他方面基础相比，群众基础（包括阶级基础）不能不是党执政的最根本、最核心、最具有决定意义的基础，是执政党赖以生存、发展的依靠和依托力量。在战争年代，毛泽东说过："真正的铜墙铁壁是什么？是群众，是千百万真心实意地拥护革命的群众。……在革命政府的周围团结起千百万群众来，发展我们的革命战争，我们就能消灭一切反革命，我们就能夺取全中国。"[①] 2003 年 7 月，胡锦涛也深刻指出："我们说，始终做到'三个代表'，是我们党的立党之本、执政之基、力量之源。这里的'本'、'基'、'源'，说到底就是人民群众的支持和拥护。……人心向背，是决定一个政党、一个政权盛衰的根本因素。"[②] 执政党只有始终代表人民的利益，始终得到群众的拥护和支持，才能经受各种风险和考验，永远立于不败之地。因此，执政基础问题本质上就是群众基础问题，是党和国家政权的依托力量问题。巩固党的执政基础，实质就是党通过不懈地努力，全面加强党的执政基础建设，不断赢得最广大人民群众的认同、支持和拥护。在新的历史条件下，我们反复强调增强党的阶级基础、扩大党的群众基础，正是从加强和巩固党的执政基础的意义上说的。

在明确了什么是党的执政基础之后，还要进一步明确党的执政基础与党的执政基础建设的关系。从上述分析可以看出，执政基础说的是党和国家政权赖以依托的社会力量问题，而党执政的物质基础、政治基础和思想基础、党自身的组织基础，说的是执政党要取得群众的信任和支持、巩固执政的群众基础所必须具备的基本条件和保证的问题，属于执

① 《毛泽东选集》第 1 卷，人民出版社 1991 年版，第 139 页。

② 《十六大以来重要文献选编》（上），中央文献出版社 2004 年版，第 370 页。

政基础建设的内容和范畴。所以，执政基础的含义和执政基础建设的任务是有区别的。党的执政基础指的是一种社会力量，而不是凝聚这种社会力量的政治、经济、文化条件。同时，这两者又是相互联系的，执政党要巩固执政的群众基础，必须有执政绩效，以获得群众的认可。为此，就必须致力于经济建设、思想理论建设、民主政治建设、文化建设、和谐社会建设，以及执政党的自身建设等等。因此，党的执政基础的巩固不能孤立地进行，需要同经济建设、思想理论建设、政治建设、文化建设、社会建设联系起来，同党的自身建设联系起来。这就是说，执政基础和执政基础建设的方方面面又是紧密联系的。因为人民群众既是物质文明、政治文明、精神文明的创造者，又应该是这些方面建设的成果的享受者，这两者是互动的关系。巩固和发展党执政的群众基础，必须以马克思主义为指导，加强思想理论建设，为最广大人民群众的改造世界实践活动提供正确的导向；必须加强经济文化建设，使人民群众的物质文化生活水平不断得到提高；必须加强民主法制建设，使人民群众真正成为国家和社会的主人；必须加强社会主义和谐社会建设，使人民群众共享改革开放和现代化建设的成果。否则，经济就不能发展，社会就不能进步，党就会从根本上脱离群众、丧失民心，乃至危及党的执政地位。因此，要顺民意、谋民利、得民心，就要致力于思想理论上的与时俱进，致力于先进生产力的发展，致力于先进文化的发展，致力于推进社会主义民主，致力于构建社会主义和谐社会。这些都是巩固党的执政基础不可或缺的条件。

此外，巩固党的执政基础还要进一步明确党的执政基础与党的自身建设的关系。巩固党的执政基础，除了党对其所依靠的社会力量坚持正确的理念和采取正确的政策之外，党自身的形象问题也是巩固党的执政基础的关键因素。可以说，加强执政基础建设关键在党。我们党作为执政党，党的自身状况如何，党的组织制度状况如何，党的领导状况如何，决定着党能不能得到群众的认同和保持与群众的密切关系，决定着能不能正确地制定和执行党的纲领、路线、方针和政策，推进经济发展和社会进步，以实现群众的根本利益。因此，加强党的自身建设，保持党的先进性，增强党的创造力、凝聚力和战斗力，提高党的执政能力和领导水平，增强拒腐防变和抵御风险的能力，是巩固党的执政基础的根本保证。

二、新世纪新阶段为什么强调巩固党的执政基础

新世纪新阶段，不断巩固党的执政基础，是巩固党的执政地位的内在要求，是实现党的执政使命、适应时代发展的迫切需要。它关系我们党的前途命运、关系中国特色社会主义事业的兴衰成败。

（一）巩固党的执政基础是巩固党的执政地位的内在要求

中国共产党成立 80 多年来，历经革命、建设和改革，已经从领导人民为夺取全国政权而奋斗的党，成为领导人民掌握全国政权并长期执政的党。党的执政地位不是与生俱来的，归根到底，它是靠党深深地扎根于中国各族人民之中，依靠广大人民群众的拥护和支持，经过几十年艰苦卓绝的革命斗争而取得的。党在执政以后，所处的地位、面临的环境和肩负的任务都发生了重大变化，党能否始终赢得人民群众的拥护和支持，党的执政地位能否不断得到巩固和加强，始终经受住一次次严峻的考验。毛泽东在党的七届二中全会上的报告指出："夺取全国胜利，这只是万里长征走完了第一步。""革命以后的路程更长，工作更伟大，更艰苦。"他强调："务必使同志们继续地保持谦虚、谨慎、不骄、不躁的作风，务必使同志们继续地保持艰苦奋斗的作风"。① 邓小平在党的八大修改党的章程的报告中也指出："执政党的地位，很容易使我们同志沾染上官僚主义的习气。脱离实际和脱离群众的危险，对于党的组织和党员来说，不是比过去减少而是比过去增加了。"② 执政党一旦脱离群众，失信于民，就会丧失执政地位，遭致人亡政息的危险。党要赢得最广大人民群众的拥护和支持、巩固自身的执政地位，关键取决于党必须能够领导和推动中国社会不断向前发展；必须能够不断协调好各种社会利益关系，包括处理好党自身与人民群众的关系；必须能够不断保持自身强大的吸引力、凝聚力和战斗力。总之，就是党必须能够根据时代条件的变化，始终代表和实现最广大人民群众的根本利益。由于时代在发展、社会在变化，因此，党要维护和巩固执政地位又决不是一劳永逸

---

① 《毛泽东选集》第 4 卷，人民出版社 1991 年版，第 1438—1439 页。

② 《邓小平文选》第 1 卷，人民出版社 1994 年版，第 214 页。

的，而是一个持续不断的变动过程。尤其在新世纪新阶段，我国进入改革发展的关键时期，面临复杂多变的国际环境和深刻变革的国内条件，如何赢得人民群众的拥护和支持、不断巩固党的执政基础，面临着严峻的挑战。因此，作为一个长期执政的党，巩固党的执政基础的任务，任何时候都不能放松。

（二）巩固党的执政基础是实现党的执政使命的必然选择

中国共产党的执政使命，从最终目标来说，就是团结带领人民实现共产主义的伟大理想；从现阶段来看，就是团结带领全国各族人民为建设中国特色社会主义事业而奋斗，实现全面建设小康社会的宏伟目标和中华民族的伟大复兴。完成这个历史和时代赋予我们党的伟大而庄严的执政使命，需要集中全国人民的智慧和力量。在我们党执政初期，毛泽东就明确指出："单有党还不行，党是一个核心，它必须要有群众。我们的各项具体工作，包括工业、农业、商业、文化教育等工作，百分之九十不是党员做的，而是非党员做的。所以，要好好团结群众，团结一切可以团结的人一道工作。"① 改革开放初期，邓小平也深刻指出："我们党提出的各项重大任务，没有一项不是依靠广大人民的艰苦努力来完成的。"② 在新的历史时期，我们党明确提出："发展必须相信和依靠人民，人民是推动历史前进的动力。"③ 完成党的执政使命之所以需要巩固党的执政基础，是因为，其一，人民群众是历史活动的主体。马克思主义认为，历史是无数个人活动所构成的群众活动的结果，群众活动赋予历史主体以整体性，个体的历史活动只有在群众的历史活动中才能形成和发展。以生产者为主体的人民群众是推动历史前进的动力。人民群众是一切生产力中最主要的因素，是社会生产方式的主体，因而也是社会历史的主体，是历史的创造者。正如毛泽东所指出："人民，只有人民，才是创造世界历史的动力。"④ 其二，共产党员比起人民群众永远是少数。中国共产党是中国工人阶级的先锋队，同时是中国人民和中华民族的先锋队。党永远只是人民的一小部分，如果离开了广大的人民群

① 《毛泽东文集》第 7 卷，人民出版社 1999 年版，第 88 页。
② 《邓小平文选》第 3 卷，人民出版社 1993 年版，第 4 页。
③ 《中国共产党第十六次全国代表大会文件汇编》，人民出版社 2002 年版，第 14 页。
④ 《毛泽东选集》第 3 卷，人民出版社 1991 年版，第 1031 页。

众，党的事业就会落空，而且变得毫无意义。毛泽东指出："事业是多数人做的，少数人的作用是有限的。应当承认少数人的作用，就是领导者、干部的作用，但是，没有什么了不起的作用，有了不起的作用的还是群众。"[①] 执政党只有紧紧依靠最广大人民群众，才能发挥自己的作用，完成自己的执政使命。正因为如此，在新的历史时期，党只有坚定地相信和依靠群众，最广泛最充分地调动一切积极因素，最大限度地团结各种社会力量，不断增强阶级基础和扩大群众基础，调动广大人民群众的积极性、创造性和主动性，才能形成浩浩荡荡的建设中国特色社会主义事业的大军，才能推进物质文明、政治文明、精神文明和和谐社会建设，把我国建设成为富强民主文明和谐的社会主义现代化国家。

（三）巩固党的执政基础是适应时代变化的迫切需要

党的十一届三中全会以来，特别是进入新世纪新阶段，我国的经济体制、社会结构、利益格局、思想观念发生了深刻变化。这种空前的社会变革，给我国发展进步带来巨大活力，也必然带来这样那样的矛盾和问题。表现在党的执政基础方面的变化是：其一，伴随着我国的所有制结构、分配方式和产业结构的大规模变革和调整，我国突破了"两个阶级一个阶层"的社会结构，形成了多元化的社会阶级阶层结构，除了原来的工人阶级、农民阶级、知识分子阶层之外，产生了个体工商户、私营企业主、民营科技企业的创业人员和管理人员、受聘于外资企业的中方管理人员和技术人员、中介机构的从业人员和自由职业者等新的社会阶层。同时，工人阶级、农民阶级自身的状况也发生了很大的变化。社会结构和利益格局的调整，利益主体的增多，利益需求的多样化，必然导致社会利益关系更趋复杂，特别是受经济文化发展水平等多方面的制约，不同阶层、不同群体的利益要求难以得到完全满足，统筹协调各方面利益关系的难度进一步加大。其二，我国正处于改革的攻坚阶段和发展的关键时期。国际经验表明，在人均国内生产总值突破 1000 美元之后，经济社会发展就进入了一个重要关口。这一阶段，既是实现经济腾飞、加快推进现代化的"黄金发展期"，也是利益格局加快调整、社会

---

① 《毛泽东文集》第 6 卷，人民出版社 1999 年版，第 401—402 页。

矛盾急剧增多的“矛盾凸显期”。目前，我国人均国内生产总值已经突破2000美元，正在向人均3000美元的目标跨越，我国经济社会发展已经呈现出上述这一明显的阶段性特征。从近年来引发群体性事件的具体原因来看，绝大多数属于经济利益问题。据统计，2006年上半年发生的群体性事件中，18.88%是因工资福利等基本生活费问题引发的，15%是因征地拆迁及补偿费等引发的，7.66%是因企业改组改制兼并破产等问题引发的，5.96%因民间纠纷引发，4.82%因争夺矿产、森林、水利、草场、土地引发，2.32%因集资、股票问题引发。可见经济利益矛盾已经成为当前我国社会矛盾的主要方面[①]。妥善处理这类新的社会矛盾，是巩固党的执政基础的重要课题。其三，我们党所处的历史方位和所面临的社会环境发生了重大变化。从政党的社会功能看，一个政党由革命党上升为执政党，标志着这个政党在国家政治社会生活中的地位和作用发生了根本性的转变。革命党的主要任务是利用社会矛盾，动员组织社会力量，夺取国家政权。而作为执政党，必须有效整合社会力量，统筹协调社会利益关系，妥善处理各种社会矛盾特别是干群之间的矛盾，维护社会公平正义，推动经济社会全面发展，巩固党的执政地位。

（四）巩固党的执政基础是汲取世界上一些执政党兴衰成败的经验教训得出的必然结论

20世纪80年代末90年代初以来，世界上一些长期执政的大党老党相继丧失政权。1989年，东欧各社会主义国家的共产党在短时间内相继丧失了执政地位。1991年，具有93年历史、执政长达74年之久、世界上第一个社会主义国家的执政党——苏联共产党被反对派赶下了政治舞台。在发展中国家，一些长期执政的大党，如印度尼西亚专业集团、墨西哥革命制度党、印度国大党等，也分别在连续执政32年、71年和45年后纷纷下台。这些政党丧失政权的原因是多方面的。有的是因为没有能够顺应时代潮流和国内外环境的变化，所制定的纲领、路线、方针、政策，或者是超越现阶段的实际，或者是落后于时代的要

① 白景富：《统筹协调各方面利益关系　妥善处理社会矛盾》，《〈中共中央关于构建社会主义和谐社会若干重大问题的决定〉辅导读本》，人民出版社2006年版，第290页。

求，结果使党心涣散、民心涣散，最终被人民所抛弃；有的是因为脱离本国国情，盲目移植外国模式，照搬外国经验，人民群众对外来模式的不满情绪不断积累，离心倾向不断加剧，一旦遇到国内外风云变幻，执政党便成为众矢之的；有的是因为长期以来实行错误的经济发展战略，造成老百姓的生活长期得不到明显的改善，对现行社会制度和执政党产生悲观失望情绪，使执政党逐渐丧失了群众基础；有的是因为虽然促进了经济发展，但是没有能够处理好经济增长与社会公平的关系，导致社会分配不公，贫富悬殊加剧，两极分化严重，造成人民的不满和反对，导致最终垮台；有的是因为官僚主义极其严重，贪污腐败泛滥成灾，败坏了执政党的形象，一步步将民心丧失殆尽；有的是因为在社会阶级阶层结构发生重大变化时，没有及时调整政策，以巩固其原有的阶级基础和群众基础，拓展新的阶级基础和群众基础，结果使执政基础受到严重削弱。这些政党丧失执政地位的具体原因虽然多种多样，但最终导致了一个共同的结果，就是失去了最广大人民群众的支持、认同，失掉了其赖以执政的阶级基础和群众基础。这些政党兴衰沉浮的经验教训是极其深刻的，不能不引起我们高度警惕和深刻反思。从这些政党丧失执政地位的深刻教训中，使我们更加深刻地领会“水能载舟，亦能覆舟”这条永恒的真理。人民群众是最“有情”的，谁能代表和实现他们的根本利益，他们就拥护和支持谁夺取和执掌国家政权；人民群众又是最“无情”的，谁损害甚至剥夺他们的根本利益，他们就会抛弃谁、反对谁，谁就必然要丧失国家政权。从这些政党丧失执政地位的深刻教训中，还使我们更加深刻地认识到，夺取政权不易，执掌好政权尤其是长期执掌好政权更难，弄得不好，丧失政权可能就在顷刻之间。因此，对今天的中国共产党人来说，一定要高度重视、毫不懈怠地巩固党的执政基础，始终坚持立党为公、执政为民，永远保持党同人民群众的血肉联系。这是在深刻总结汲取世界上一些执政党兴衰成败的经验教训的基础上，所得出的一条必然结论。

三、中国共产党巩固执政基础的历史经验

巩固党的执政基础，必须注意从历史的经验中汲取营养。中国共产党近 60 年的执政史，也是不断地探索巩固和拓展党的执政基础、团结

凝聚广大人民群众的历史。党的执政过程，是与巩固党的执政基础的过程有机地联系在一起的。

执政初期，我们党紧紧把握时代发展的大趋势和中国人民的意愿，成功地实行了对生产资料私有制的社会主义改造，确立了以公有制为基础、人民当家作主的社会主义制度，实现了几千年来中国社会制度的根本性变革，得到了最大多数中国人民的衷心拥护。“拥护共产党，跟共产党走”，成为全国人民的心声。之后，我们党顺应人民的意愿，领导和团结人民开展了大规模的社会主义建设，探索适合中国国情的社会主义建设新道路，在一穷二白的基础上建立了独立的比较完整的工业体系和国民经济体系，人民群众的物质文化生活逐步得到提高，从而为中国社会主义制度和中国共产党执政地位的巩固，奠定了坚实的基础。20世纪50年代后期，特别是十年“文化大革命”中，由于我们党的路线、政策的失误，尽管人民群众的利益受到了损害，但党在人民群众中依然享有崇高的威望，人民群众依然对党对社会主义充满信心。进入改革开放和现代化建设的新时期，我们党充分反映人民的意愿，及时实现了工作重点的战略转移，坚持以经济建设为中心，走出了一条中国特色社会主义建设道路，加快建设富强民主文明的社会主义现代化国家，我国的综合国力和人民的生活水平上了一个大台阶，人民群众对党和社会主义的信心进一步增强。进入新世纪新阶段，根据发展变化了的社会实际，我们党贯彻落实科学发展观，进一步作出了构建社会主义和谐社会、建设社会主义新农村等一系列战略部署，实现、维护和发展最广大人民群众的切身利益，为在新的历史条件下发挥最广大人民群众的积极性和创造性，巩固党的执政基础奠定了坚实的政策基础。

我们党在执政以来的近60年历史中，创造和积累了巩固党的执政基础的宝贵经验。这些经验主要是：

（一）巩固党的执政基础，必须坚持党的正确的理论和路线方针政策，既要保证它的继承性和连续性，又要根据时代和国内外环境的变化不断地创新和发展

执政党实行什么样的理论和路线方针政策，是关乎执政党带领人民群众举什么旗、走什么路的根本问题，是关乎广大人民群众切身利益的根本问题，是关乎执政党生存和发展的根本问题。因此，党要巩固执政基础，就必须顺应时代发展的潮流和人民群众的意愿，坚持马克思主义与本国实际相结合，与时俱进地提出、贯彻正确的理论和路线方针政策。在新民主主义革命时期，我们党实现了马克思主义中国化的第一次历史性飞跃，形成了毛泽东思想。执政后，我们党又开创性地进行了社会主义革命和社会主义建设，丰富和发展了毛泽东思想。在这一理论的指导下，我国的社会主义革命和建设取得了巨大成就，人民群众的根本利益得到了一定的实现和保证。进入改革开放新时期，我们党开创了中国特色社会主义道路，形成了邓小平理论，实现了马克思主义中国化的第二次历史性飞跃。在这一理论的指导下，我国走上了一条强国富民的道路。党的十三届四中全会以来，我们党创造性地形成了“三个代表”重要思想。在这一理论的指导下，进一步开创了中国特色社会主义事业的新局面，人民群众的根本利益得到了进一步实现和保证。党的十六大以来，我们党创造性地提出了科学发展观、构建社会主义和谐社会等一系列重大战略思想。在这些重大战略思想的指导下，我国经济社会发展开始步入全面、协调、可持续发展的科学轨道，我们党进一步代表、实现和维护了广大人民群众的根本利益。毛泽东思想、邓小平理论、“三个代表”重要思想以及科学发展观等马克思主义在中国发展的理论成果，都是党和人民实践经验的总结和集体智慧的结晶，是最广大人民群众根本利益的深刻反映和体现。在这些正确理论的指导下，我们党制定了一系列符合中国实际、反映人民意愿的路线方针政策，如在新中国成立后制定了过渡时期的总路线，在改革开放时期先后提出了“一个中心、两个基本点”的社会主义初级阶段的基本路线、建立社会主义市场经济体制的重大理论、构建社会主义和谐社会等重大战略思想，等等。我们党近 60 年的执政历史充分表明，只有坚持党的正确的理论和路线方针政策，既保证它的继承性和连续性，同时又根据时代和国内外环境的变化不断地创新和发展，我们党才能找到实现最广大中国人民根本利益的正确道路和科学方法，才能不断得到广大人民群众的拥护和支持，党的执政基础才能坚如磐石。

（二）巩固党的执政基础，必须坚持以经济建设为中心、不断促进先进生产力的发展，既要重视经济的发展，又要重视社会的公平、公正

物质需要是人们最基本的生活需要，物质利益是人民群众最基本的利益，而我国又是一个人口多、底子薄、自然资源相对短缺的国家，实现和满足人民日益增长的物质文化需要的任务十分艰巨。同时还要看到，人民不仅“患寡”，而且“患不均”。经济得不到发展、人民生活水平得不到提高，就会影响党的执政地位。即使经济发展了，但社会出现不公平、不公正，也会影响党的执政地位。因此，党要巩固执政基础，就必须坚持以经济建设为中心、不断促进先进生产力的发展，并且在发展经济的同时，高度重视社会公平、公正。我们党执政以来，在处理发展经济和实现社会的公平公正的关系上，尽管在认识上和实践中有一个过程，但总体上说，是在不断地提高认识，不断地在实践中加以矫正和调整。建国以后，我们党领导了大规模的土地改革运动，使深受剥削压迫的中国农民获得了土地等基本生产资料，极大地解放了农村生产力。党还于短短3年内，胜利地完成了恢复国民经济的艰巨任务，工农业产值和主要产品的产量均超过建国前最高水平，人民生活得到初步改善，人民群众衷心拥护中国共产党的领导。之后，又实行了社会主义改造和大规模的社会主义建设，生产力得到进一步发展，人民生活水平有新的提高。“文化大革命”十年中经济建设受到严重冲击，但我们党实现人民群众根本利益的愿望并没有动摇。党的十一届三中全会以后，我们党果断作出了把工作重点转移到社会主义现代化建设上来的重大决策，确立了“以经济建设为中心”的党在社会主义初级阶段的基本路线，并深刻认识到，社会主义的本质是解放生产力，发展生产力，消灭剥削，消除两极分化，最终达到共同富裕。在新世纪之初，我们党强调发展是党执政兴国的第一要务，提出了全面建设小康社会的宏伟目标，并采取措施完善收入分配、社会保障等方面的制度。进入新世纪新阶段，我们党又强调马克思主义政党必须高度重视解放和发展社会生产力，必须在发展的基础上保证人民群众共享改革发展的成果，并作出了构建社会主义和谐社会的重大战略部署。实行改革开放以来的近30年，我国的综合国力和人民生活水平得到了极大提高。从1978年到2005年，我国的国内生产总值从1473亿美元增长到22257亿美元，跃居世界第4位；人均GDP从379元人民币增长到约14000元人民币（约合1700美元）；农村贫困人口由2.5亿人（占总人口的33%）减少到约2300万人（占总人口的1.7%）。总的来看，广大人民群众从发展中得到了实惠，从根本上认同、支持中国共产党的执政和领导。我们党近60年的执政历史充分表明，只有坚持以经济建设为中心、大力发展社会生产力，并且尽力让人民共享发展的成果，维护社会公平、公正，党才能赢得人民群众的信任和拥护，党的执政基础才能不断得到巩固。

（三）巩固党的执政基础，必须推进社会主义民主政治建设，领导和支持人民当家作主，确保人民群众在社会生活中的主人翁地位

发展社会主义民主政治，是我们党始终不渝的奋斗目标。社会主义民主的本质，就是人民当家作主。共产党执政，就是领导和支持人民掌握管理国家的权力，实行民主选举、民主决策、民主管理和民主监督，保证人民依法享有广泛的权利和自由，尊重和保障人权。党要巩固执政基础，必须加强社会主义民主政治建设，保障人民群众当家作主的权利。如果社会主义民主政治得不到加强，人民群众当家作主的地位和权利得不到充分保障，群众就很难信任和拥护我们党，党的执政地位就不可能巩固。我们党在执政以后，以毛泽东为核心的第一代中央领导集体高度重视推进人民民主，保障人民群众的主人翁地位。工人阶级领导的、以工农联盟为基础的人民民主专政，人民代表大会制度、共产党领导的多党合作和政治协商制度以及民族区域自治制度等民主政治制度，都是在这一历史时期确立起来的。毛泽东深刻指出："没有民主，意见不是从群众中来，就不可能制定出好的路线、方针、政策和办法。"① "没有广泛的人民民主，无产阶级专政不能巩固，政权会不稳。"② 进入改革开放新时期，我国的社会主义民主政治建设大大地向前推进了。邓小平指出："党的工作的核心，是支持和领导人民当家作主。整个国家是这样，各级党的组织也是这样。"③ 江泽民说："党对国家政治生活的领导，最本质的内容就是组织和支持人民当家作主。"④ 胡锦涛也指出："中国共产党执政，就是领导、支持、保证人民当家作主，带领全国各族人民实现国家富强、民族振兴、社会和谐、人民幸福。"⑤ 我们党在实际工作中，坚持党的领导、人民当家作主和依法治国的有机统一，健全民主制度，丰富民主形式，从各个层次扩大公民有序的政治参与，保

---

① 《毛泽东文集》第8卷，人民出版社1999年版，第294页。

② 《毛泽东文集》第8卷，人民出版社1999年版，第298页。

③ 《邓小平思想年谱（1975—1997）》，中央文献出版社1998年版，第173页。

④ 《江泽民文选》第1卷，人民出版社2006年版，第112页。

⑤ 《十六大以来重要文献选编》（中），中央文献出版社2006年版，第594页。

障人民依法管理国家事务、管理经济和文化事业、管理社会事务；推进了决策科学化、民主化，深化政务公开，依法保障公民的知情权、参与权、表达权、监督权；扩大了基层民主，完善厂务公开、村务公开等办事公开制度，完善基层民主管理制度，发挥社会自治功能，保证人民依法直接行使民主权利。我们党近60年的执政历史充分表明，只有推进社会主义民主政治建设，巩固人民当家作主的政治地位，保障人民群众享有广泛的民主权利，人民群众才会信任、拥护党，党的执政基础才能得到进一步巩固和增强。

（四）巩固党的执政基础，必须高度重视党的群众工作，察民意、解民忧、惜民力、聚民心，深深扎根于人民之中

做好群众工作，保持党同人民群众的血肉联系，对于巩固党执政的群众基础，具有决定性的意义。对执政党来说，能否得到群众的认同、支持，其中一个重要因素就在于执政党是否重视和善于做群众工作，是否善于组织群众、宣传群众、教育群众、服务群众。只有群众工作真正做好了，党对人民群众的影响力、感召力和凝聚力就会进一步增强，党的执政基础就能得到进一步巩固。因此，党要巩固执政基础，就必须高度重视、积极主动地做好群众工作，在体察民意、排解民忧、珍惜民力中凝聚民心。以毛泽东为核心的第一代中央领导集体历来重视做好党的群众工作，在党执政以后更是如此。早在党执政之前，毛泽东曾有这样一段名言："我们共产党人好比种子，人民好比土地。我们到了一个地方，就要同那里的人民结合起来，在人民中间生根、开花。我们的同志不论到什么地方，都要把和群众的关系搞好，要关心群众，帮助他们解决困难。团结广大人民，团结得越多越好。"① 在党执政后的20世纪50年代，他又指出："党群关系好比鱼水关系。如果党群关系搞不好，社会主义制度就不可能建成；社会主义制度建成了，也不可能巩固。"②在改革开放的新时期，虽然形势和任务都发生了重大变化，但我们党重视做好群众工作的优势和传统不但没有丢，而且得到了进一步发扬光大。正如邓小平所说："党的领导机关除了掌握方针政策和决定重要干

① 《毛泽东选集》第4卷，人民出版社1991年版，第1162页。

② 《建国以来毛泽东文稿》第6册，中央文献出版社1992年版，第547页。

部的使用以外，要腾出主要的时间和精力来做思想政治工作，做人的工作，做群众工作。”① 江泽民指出：“加强和改进新形势下党的群众工作，对于巩固党的执政基础具有决定性的意义。我们党的最大政治优势是善于组织群众、宣传群众、联系群众，党执政后的最大危险是脱离群众。”② 胡锦涛也指出：“密切联系群众，善于做群众工作，是我们党的优良传统，也是我们党的政治优势。提高做群众工作的能力和水平，是加强党的执政能力建设的重要内容。”③ 并强调要“做到权为民所用，情为民所系，利为民所谋”。④ 执政几十年来，我们党对于群众工作不仅在思想上高度重视，而且躬行实践。从老一辈革命家到现任党的领导人，都努力深入到基层和群众当中，倾听群众呼声，了解群众疾苦，想方设法为群众排忧解难，赢得了群众的信任，增强和巩固了党的执政基础。我们党近 60 年的执政历史充分表明，只有深深地扎根于人民群众之中，保持党同人民群众的血肉关系、鱼水关系、种子与土地的关系，切实把群众工作做好，才能赢得人心，凝聚力量，巩固党的执政基础。

（五）巩固党的执政基础，必须大力加强党的基层组织建设

党的基层组织是党在社会基层组织中的战斗堡垒，是党联系群众的桥梁和纽带，是党的全部工作和战斗力的基础，也是巩固党的执政地位的重要基础。党要巩固执政基础，就必须大力加强党的基层组织建设。早在井冈山斗争时期，毛泽东就提出了“支部建在连上”的原则，他说：“红军所以艰难奋战而不溃散，‘支部建在连上’是一个重要原因。”⑤ 高度重视基层组织建设是中国共产党自身建设的一大特色。在执政以后，我们党始终重视党的基层组织建设，1951 年召开的第一次全国组织工作会议专门作出了整顿基层组织的决议。1956 年 9 月，邓小平在党的八大《关于修改党的章程的报告》中强调：“党的基层组织是党联系广大群众的基本纽带，经常检查和改进基层组织的工作，是党

① 《邓小平文选》第 2 卷，人民出版社 1994 年版，第 365 页。

② 《十五大以来重要文献选编》（下），中央文献出版社 2003 年版，第 2417—2418 页。

③ 《十六大以来重要文献选编》(中)，中央文献出版社 2006 年版，第 314 页。

④ 《十六大以来重要文献选编》(上)，中央文献出版社 2004 年版，第 84 页。

⑤ 《毛泽东选集》第 1 卷，人民出版社 1991 年版，第 65—66 页。

的领导机关的重要政治任务。"[①] 进入改革开放新时期，党的十二大、十三大、十四大对党的基层组织的设置、基本任务以及有关各类党的基层组织的地位、作用等，相继作出了新的规定。党的十四大进一步指出："党的基层组织是党在社会基层组织中的战斗堡垒，是党的全部工作和战斗力的基础。"江泽民指出："我们早就提出了要防止出现基础不牢、地动山摇的情况。加强党的基层组织建设的工作，必须坚持不懈地抓下去，一刻也不能放松。"[②] 胡锦涛也指出："党的基层组织是党的全部工作和战斗力的基础，也是党执政的组织基础。……切实做到哪里有群众哪里就有党的工作，哪里有党员哪里就有党的组织，哪里有党的组织哪里就有健全的组织生活和坚强的战斗力。"[③] 近些年来，我们党采取了一系列加强党的基层组织建设的措施。通过深化"三级联创"活动，围绕建设社会主义新农村，加强了农村基层党组织建设。根据各自特点，进一步加强了国有企业、城市社区、机关和学校、科研院所、文化团体等单位中的党建工作。特别是加大了在新经济组织和新社会组织中建立党组织的工作力度，不断扩大党的工作的社会覆盖面。在加强党的基层组织建设的同时，党和国家还相应加强了基层政权和城乡基层自治组织的建设。今天，我们党之所以能够成为这样一个拥有350多万个基层组织、7000多万名党员、在13亿人口的大国中长期执政的大党，是与我们党长期以来高度重视党的基层组织建设分不开的。我们党近60年的执政历史充分表明，只有大力加强党的基层组织建设，始终把基层组织的战斗堡垒作用发挥好，党的执政基础才能不断得以巩固和增强。

四、构建社会主义和谐社会是巩固党的执政基础的必然要求

我们党为适应执政环境变化的形势下不断巩固与扩大党的执政基础的要求，为适应在对外开放和发展社会主义市场经济条件下最广泛最充分地调动一切积极因素的要求，于党的十六大首次提出"社会更加和

① 《邓小平文选》第1卷，人民出版社1994年版，第253页。

② 《江泽民文选》第3卷，人民出版社2006年版，第18页。

③ 《十六大以来重要文献选编》(中)，中央文献出版社2006年版，第321页。

谐”这一全面建设小康社会的目标，并于党的十六届六中全会明确作出了构建社会主义和谐社会若干重大问题的决定。构建社会主义和谐社会适应了我国改革发展进入关键时期的客观要求，体现了广大人民群众的根本利益和共同愿望，也是巩固党的执政基础的题中应有之义。

在 21 世纪头 20 年，全面建设惠及十几亿人口的更高水平的小康社会；到 21 世纪中叶基本实现现代化，把我国建成富强民主文明的社会主义国家，这是我们党的共同理想。实现共产主义，这是我们党的最高理想。而带领全国人民实现共同理想和最高理想，就是我们党执政的历史任务。在党的领导下，我国人民的生活已经总体上达到了小康水平，现在正在向经济更加发展、民主更加健全、科教更加进步、文化更加繁荣、社会更加和谐、人民生活更加殷实的全面小康社会迈进，中华民族的伟大复兴已经展现出灿烂的前景。因此，构建社会主义和谐社会，既是我们党带领人民全面建设小康社会、实现工业化和现代化并最终实现共产主义的必由之路，也是我们党把最广大人民群众的积极性创造性调动起来，共同为完成党的执政目标和执政任务而奋斗的现实要求。

在新的历史时期，我国已经进入改革发展的关键阶段，空前深刻的社会变革，给我国发展进步带来巨大活力，也必然带来这样那样的矛盾和问题，这给我们党在新的历史时期最广泛最充分地调动一切积极因素增加了前所未有的难度。我国经济社会发展所呈现出的这一明显阶段性特征，要求我们党必须通过构建社会主义和谐社会来统筹协调各方面利益关系，妥善处理各种社会矛盾，最大限度地增加和谐因素，最大限度地减少不和谐因素。

构建社会主义和谐社会，是我国社会结构和利益格局发生重大变化条件下进行社会整合的必然要求。随着改革开放的深入和社会主义市场经济的发展，随着我国工业化、城镇化、市场化、国际化进程的加快，我国社会结构发生了剧烈变动，利益格局发生了深刻变化。应该说，这是社会进步的重要体现。但是，社会结构和利益格局的调整，又不可避免地带来利益矛盾的增多和社会冲突的加剧。从当前的情况看，利益矛盾和利益冲突已经成为引发社会矛盾的主要方面，已经成为影响社会和谐稳定的重要因素。我们必须积极适应我国社会结构和利益格局的深刻变化，更加重视统筹协调各方面利益关系，妥善处理各种社会矛盾。

构建社会主义和谐社会是我国改革和发展处于关键时期进行社会整

合的必然选择。如前所述，我国经济社会发展已经呈现出经济腾飞、矛盾增多的阶段性特征。同时，随着改革的深入，利益格局的调整进入了更深层次，过去一项改革措施的出台会使绝大多数人受益，而现在一项改革措施的推出，已经不可能保证每个社会成员同时同等受益，再加上历史上积累的矛盾和问题与改革发展中新出现的矛盾和问题相互交织在一起，进一步加大了统筹兼顾各方面利益关系的难度。要有效解决当前经济社会发展中深层次矛盾和问题，必须深化改革、加快发展，而进一步深化改革、加快发展又必然会带来利益关系更深层次的调整，这就要求我们必须切实增强改革决策的科学性，提高改革措施的协调性，统筹协调各方面利益关系，妥善处理各种社会矛盾。

构建社会主义和谐社会，是我们对巩固党的执政基础问题认识的重大发展，应当把构建社会主义和谐社会贯穿于整个党的执政基础之中。党的十六届六中全会指出，我们所要构建的社会主义和谐社会，是在中国特色社会主义道路上，中国共产党领导全体人民共同建设、共同享有的和谐社会，应该是民主法治、公平正义、诚信友爱、充满活力、安定有序、人与自然和谐相处的社会。构建社会主义和谐社会需要遵循六个方面的重要原则：一是必须坚持以人为本。二是必须坚持科学发展。三是必须坚持改革开放。四是必须坚持民主法治。五是必须正确处理改革发展和稳定的关系。六是必须坚持在党的领导下全社会共同建设。这些原则对新时期巩固党的执政基础提出了新的更高的要求。具体说来需要解决好以下几个方面的问题：

第一，推动科学发展。必须充分认识，没有生产力的不断发展，就不能巩固党的执政基础。但是，在生产力不断发展，物质财富不断增加的情况下，巩固党的执政基础还有其他方面的制约因素和条件。就发展而言，还要看其为谁发展、如何发展、发展的成果能否给全体人民所共享。如果发展是畸形的、不可持续的，发展本身也就处于一种不和谐状态。如果增加的财富不能在全体人民中进行公正合理的分配，而是向少数人集中，必然会增加种种社会矛盾和问题，社会就不可能进入和谐状态，党的执政基础就仍然存在很大的问题。世界上一些国家曾有过经济快速发展，但没有处理好效率和公平的关系，社会照样动荡不安。我国在经济快速发展中也积累了一些矛盾和问题，对此必须有忧患意识，尽早引起高度警觉。对于我们党来说，巩固党的执政基础，必须在经济社会发展方面肩负起两方面的重任：一是要有高度的责任感和紧迫感，把发展作为解决中国一切问题的关键，扭住经济建设这个中心不动摇，为和谐社会的构建和社会全面进步、人的全面发展夯实物质基础。二是要全面落实以人为本，坚持全面、协调、可持续的科学发展观，统筹好多方面的关系，解决好发展中出现的矛盾和问题，推动经济社会更好地发展。

第二，整合不同群体。改革开放以来，随着社会阶层的分化，新的社会阶层的产生，不同利益主体因占有社会资源的不同和利益的差别，相互之间难免会产生各种矛盾甚至冲突。这种矛盾和冲突如不能得到有效化解，势必会影响社会的和谐与稳定，进而影响党的执政使命的顺利完成。因此，我们党一方面，要努力营造良好的制度环境，打破影响正当竞争和合理流动的制度性障碍，保证社会阶层之间的相互开放和平等进入，特别是为社会位置较低的弱势群体成员向更高位置的流动提供平等的机会，促进社会阶层分化的趋势朝着有利于现代化建设的方向发展；另一方面，又必须最大限度地整合不同的利益主体，满足他们合理的利益诉求，合理地调节利益差别，有效地化解矛盾和冲突，真正做到既充分发挥包括知识分子在内的工人阶级、广大农民推动经济发展根本力量的作用，又鼓励和支持其他社会阶层人员为经济社会发展积极贡献力量。一方面，要充分保护发达地区、优势产业和先富群体的发展活力；另一方面，又高度重视和关心欠发达地区、比较困难的行业和群众，激发各个社会阶层、各行各业的创造活力，让一切劳动、知识、技术、管理和资本的活力竞相迸发，让一切创造社会财富的源泉充分涌流。这是执政党在巩固党的执政基础的过程中必须解决的新的重大课题。

第三，化解社会矛盾。当前我国社会内部的矛盾主要是人民内部的矛盾，而且比较集中地表现为由利益关系引发的矛盾，带有社会变革和转型时期的明显特征。一般说来，人民内部矛盾是人民利益根本一致基础上的矛盾，是非对抗性质的矛盾。但任其积累和发展对人民群众积极性、创造性的发挥，对和谐相处局面的形成，对社会的稳定同样会有损害甚至破坏作用。这必须引起我们的高度重视。正确处理人民内部矛盾，我们党已经积累了较为丰富的经验。毛泽东早在20世纪50年代就提出：“凡属于思想性质的问题，凡属于人民内部的争论问题，只能用民主的方法去解决，只能用讨论的方法、批评的方法、说服教育的方法去解决，而不能用强制的、压服的方法去解决。”[①] 新的历史时期，着眼于构建社会主义和谐社会，我们党特别强调健全正确处理人民内部矛盾的工作机制，综合运用政策、法律、经济、行政等手段和教育、协商、疏导等方法，依法及时合理地处理群众反映的问题。其中，强调的正确处理人民内部矛盾的手段和方法既有继承，也有创新，特别是政策和经济手段的提出，显然是针对当前利益矛盾较为突出的新情况，反映了新的中央领导集体坚持把最广大人民的根本利益作为制定政策、开展工作的出发点和落脚点，采用政策调节和经济杠杆来化解利益矛盾、正确反映和兼顾不同方面群众利益的解决人民内部矛盾的新思路。

第四，树立良好形象。我们党是执政党，负有动员和组织人民依法管理国家和社会事务的重任，是中国社会主义现代化建设的领导核心。如果执政党同人民群众的关系不和谐，其他的和谐也就无从谈起。因此，在构建社会主义和谐社会的历史条件下，巩固党的执政基础，首要的是要始终保持党同人民群众的血肉联系。能否始终保持党同人民群众的血肉联系，关键在于通过党自身的建设，树立执政党的良好形象。党的自身建设是一项系统工程，包含着思想建设、组织建设、作风建设、制度建设等多方面内容，但核心的问题是能否真正贯彻执行立党为公、执政为民的执政理念。我们党长期执政的历史表明，我们党始终保持先进性，始终坚持全心全意为人民服务的宗旨，党的绝大多数成员经受住了各种风险和考验，保持了党的优良传统，党同人民群众的关系总体上是和谐的。但在长期执政、改革开放和社会主义市场经济条件下，权力的变异、金钱的诱惑、腐朽思想的侵蚀也在毒害一些党员干部，党内的消极腐败现象滋长和蔓延的势头，在一些地方、部门和单位甚至相当严重。一些党员干部利用手中掌握的权力和公共资源攫取社会财富以中饱私囊，这是最大的社会不公，最容易造成公众的不满和社会的激愤。虽然消极腐败现象仍是局部和少数人的行为，但对执政党的形象、对党的执政基础、对社会的和谐以及党同人民群众的血肉联系的损害是十分严重的，如果惩治和遏制不力，甚至可能引发社会动荡。坚决惩治腐败，始终保持党同人民群众的血肉联系，是巩固党的执政基础的重要一环。

---

① 《毛泽东文集》第7卷，人民出版社1999年版，第209页。

领导干部要树立正确的政绩观

（2008 年 6 月）

党的十七大在规定领导干部必备的基本条件中指出：各级领导干部要“树立正确政绩观，做出经得起实践、人民、历史检验的实绩”。这是贯彻落实科学发展观的要求，也是针对一些领导干部对政绩缺乏全面、准确的认识而提出来的，体现了新的发展时期党对领导干部提出了更严格的要求。

一、政绩观决定政绩

政绩，是对领导班子和领导干部工作实绩总的看法和评价，是考察、评判干部德才的综合标准。为政者无不追求取得好的政绩，以推动事业发展，使人民满意，领导满意。问题是要追求什么样的政绩？是推动经济、政治、文化、社会全面发展的政绩，还是单纯追求经济指标，忽视政治、文化、社会协调发展的政绩；是着眼于持续、长远发展的政绩，还是只追求眼前的、短期的发展目标，以消耗和破坏资源和环境为代价的政绩；是坚持以人为本，真正符合人民根本利益，给人民带来实惠的政绩，还是为了追求个人的名誉、地位、升迁而实施的那些损害人民利益的“政绩工程”。这是两种完全不同的政绩观。前者是利国利民的政绩观，它经得起实践、人民和历史的检验。后者则不是科学的、不符合人民根本利益的政绩观，它经不起实践、人民和历史的检验。需要指出的是，我们对政绩的认识也有一个过程，应当历史地看问题。在改革开放之初，当时社会生产力低，经济不发达，着重突出经济发展是无可厚非的，因为人的生存首先要解决温饱问题，毫无疑问要把经济建设放在中心位置。随着经济的发展，环境问题、资源问题、民生问题等等，才逐步地显现出来，也才使我们逐步认识到要科学发展、和谐发展，要树立正确的政绩观。所以，对我们的领导干部来说，树立正确的政绩观是个实践、认识的过程，由片面的认识到全面的认识的过程。至于从个人利益出发去追求“政绩”是个别的。

二、树立正确的政绩观必须贯彻落实科学发展观

领导干部要树立正确的政绩观，必须全面贯彻落实科学发展观。科学发展观，就是马克思主义的政绩观。按照科学发展观指导经济社会全面发展，就是树立正确的政绩观。胡锦涛在十七大报告中指出：科学发展观，第一要义是发展，核心是以人为本，基本要求是全面协调可持续，根本方法是统筹兼顾。这四条既是正确政绩观的核心内容，又是正确政绩观的评价标准。抓住了这四条就抓住了正确政绩观的根本；落实了这四条，就落实了正确的政绩观。

第一，正确的政绩观要落实在发展上。发展是党执政兴国的第一要务。不发展什么事业也谈不上。因此，要牢牢扭住经济建设不动摇，坚持聚精会神搞建设，一心一意谋发展，不断解放和发展社会生产力。只有发展才能全面建设小康社会，加快推进社会主义现代化，构建社会主义和谐社会。只有发展，人民得到了实惠，才能真心实意地支持、拥护党；才能增强国力，提升国际地位。领导干部要出政绩，那就要把精力放在发展上，忠诚地、积极地谋求发展，把自己所领导的地区、部门、单位建设好、发展好。

第二，坚持以人为本是正确政绩观的核心。为人民带来福祉就是政绩；带来的福祉越多政绩就越大。不能给人民带来利益的事情，不管你多么努力、多么辛苦，都是无效的，白费劲，更算不上政绩。我们党的

一切奋斗和工作都是为了造福人民，在任何时候都要把人民的根本利益实现好、维护好、发展好，真正做到发展为了人民，发展依靠人民、发展成果由人民共享。

第三，正确的政绩观必须坚持全面协调可持续发展。我们的发展是全面的、协调的、可持续地发展，要按照中国特色社会主义事业总体布局的要求，全面推进经济建设、政治建设、文化建设、社会建设，促进现代化建设各个环节、各个方面相互协调，促进生产关系与生产力、上层建筑与经济基础相协调，要走生产发展、生活富裕、生态良好的文明发展道路。要节约资源、保护环境；要注重民生，使人民在良好的生态环境中生产生活。只有坚持这样的发展观、政绩观，才能推进经济社会全面发展。

第四，正确的政绩观必须坚持统筹兼顾，科学地处理好经济社会发展中的各种重大关系。比如，要统筹城乡发展、区域发展、经济社会发展、人与自然和谐发展、国内发展和对外开放，统筹中央和地方关系，统筹个人利益和集体利益、局部利益和整体利益、当前利益和长远利益的关系，统筹国内国际两个大局，善于从国际形势发展变化中把握发展机遇、应对风险挑战，营造良好的发展环境。统筹兼顾，就是要分析和抓住经济社会发展中的各种重大矛盾，既要抓住全局，又要协调各方，既要突出重点，又要全面推进，从而使社会主义现代化建设又好又快、和谐发展。

三、坚持正确的政绩观必须弘扬求真务实的作风

政绩是实实在在的利国利民的工作实绩。当前影响落实正确政绩观的突出问题，是作风不实，形式主义、弄虚作假的风气滋长、蔓延。针对这种不良风气，十七大要求“以求真务实作风推进各项工作，多干打基础、利长远的事”。“反对形式主义、官僚主义，反对弄虚作假。倡导勤俭节约、勤俭办一切事业，反对奢侈浪费。”领导干部要从讲党性讲政治的高度继承发扬党的优良传统，要讲真话，讲实话，不讲假话、空话；要办实事、求实效，不做表面文章，不搞“形象工程”、“政绩工程”；要联系群众、调查研究，倾听群众呼声，真情关心群众疾苦，做到权为民所用、情为民所系、利为民所谋，反对脱离群众、脱离实践，

漠视群众的呼声和疾苦；要千方百计地节约资源，节约行政成本、保护环境，反对大手大脚、铺张浪费。只有弘扬实事求是、求真务实的作风，才能真正落实正确政绩观，所以，政绩观的问题，说到底是世界观的问题，是坚持党的性质和宗旨的问题。

此外，考察、评价政绩，还要根据不同情况、区别对待。比如，就经济社会发展来说，东部、沿海地区，中部地区，西部地区，由于基础不同、条件不同，发展就不能一个要求、一个水平、一个标准。还有领导班子集体与领导干部个人的政绩也应加以区别。

总之，各级领导干部，要树立正确的政绩观，必须全面把握科学发展观的科学内涵和精神实质，牢固树立贯彻发展科学发展观的自觉性和坚定性，弘扬实事求是、求真务实的作风，着力改变不适应不符合科学发展观的思想观念，在十七大精神指引下，毫不动摇地坚持“一个中心、两个基本点”的基本路线，继续解放思想，深化改革，积极构建社会主义和谐社会，加强党的执政能力建设和先进性建设，为建设中国特色社会主义伟大事业建功立业。

科学化就是要自觉地认识和运用规律

（2009 年 11 月）

党的十七届四中全会《关于加强和改进新形势下党的建设若干重大问题的决定》，提出了“提高党的建设科学化水平”的任务。这是执政和改革开放条件下对党的建设提出了新的更高更严格的要求。

一、如何认识党的建设科学化

要提高党的建设科学化，首先要弄清楚什么是科学化，为什么要提出科学化，现在提出科学化和我们已有党建理论成果是什么关系等等。

什么是科学化？科学的就是符合规律的，就是要认识规律、运用规律、遵循规律，按规律办事。“化”就是全面地、系统地、贯穿始终地、并且可以践行的理论、原则和制度，而不是局部的、零碎的、无序的东西。毛泽东在《反对党八股》中指出：所谓“化者，彻头彻尾彻里彻外之谓也”①。既要科学，又要化，这是何等高的要求！所以，科学化是

① 《毛泽东选集》第 3 卷，人民出版社 1991 年版，第 841 页。

一项繁重的任务，需要我们作出艰苦的努力。那么，如何认识党的建设科学化？

第一，现在提出党的建设科学化的问题，不是说过去我们党的建设没有按规律办事，更不是要否定在党的建设中已有的理论成果和成功经验。我们党成立近90年来，特别是执政60年来，在党领导革命、建设、改革的长期实践中，对于建设什么样的党、怎样建设党这个重大课题进行了不断地有成效地探索，取得了规律性的认识，丰富和发展了马克思主义党的学说。党的十七届四中全会决定总结的马克思主义执政党加强自身建设的六条基本经验，既体现了中国共产党自身建设的基本原理，又借鉴了世界上一些执政党兴衰成败的经验教训。它分别阐明了党的指导思想和党的思想理论建设、党的领导作用和党的建设伟大工程同党领导的伟大事业相结合、党的建设特别是执政党建设的主线和根本任务、党的宗旨和执政理念、对党的建设和党的事业应有的精神状态和态度、共产党作为工人阶级先进政党对自身的严格要求等。这六条基本经验，集中了我们党在全国执政后加强自身建设的丰富实践，凝聚了几代中国共产党人的心血，是对我们党的建设的规律性的认识，为以创新精神推进党的建设新的伟大工程指明了方向。正如《决定》指出，它“体现和深化了对共产党执政规律、社会主义建设规律、人类社会发展规律的认识，必须倍加重视、倍加珍惜，必须作为加强和改进新形势下党的建设的重要指导原则长期坚持，并在实践中不断丰富发展”。所以，党的建设科学化，必须认真总结、梳理我们在长期建党实践中已经形成并且行之有效的理论成果和基本经验，并使之制度化、规范化，便于运用，便于指导新的实践，这是提高党的建设科学化水平的前提和基础。离开已有的理论成果和成功经验去谈科学化是不实际的。

第二，积极探索新形势下执政党面临的新情况新问题，在新的理论创新和实践创新中进一步提高党的建设科学化水平。对于已经取得的理论成果和实践成果固然需要坚持并进一步完善和丰富。但是任何事物都是发展变化的，党的建设同经济社会建设一样，都是随着时代的变化和形势的发展，不断创新、不断发展、不断前进的。今天，世情、国情、党情都发生了深刻的变化。我国正处于社会转型期，经济体制处于深刻的改革之中，社会结构处于深刻的变动之中，利益格局处于深刻的调整之中，人们的思想观念处于深刻的变化之中。摆在我们面前的新矛盾新问题层出不穷。世界局势也正处于一个大发展大变革大调整时期，世界多极化，经济全球化深入发展，科技进步日新月异，国际金融危机影响深远，世界经济格局、国际力量对比、全球思想文化交流等等都呈现新的情况新的特点。从党的状况看，我们党作为领导中国特色社会主义伟大事业的执政党，尽管总体上是胜任的，但也存在不少不适应新形势新任务的要求，不符合党的性质、宗旨和党的领导地位的问题。这种国际、国内、党内的深刻变化，使党面临着执政考验、改革开放考验、市场经济考验、外部环境考验，给党的建设提出了新的要求，不仅决定了加强和改进党的建设和党的领导的重要性和紧迫性，而且对党的建设提出了新的更高的要求，要求我们在新的实践中增强认识、运用和遵循规律的自觉性。在科学理论指导下勇于变革、勇于创新、破解和回答党的建设和党的领导面临的热点、难点和重点问题，更加自觉地以科学的理论指导党的建设，以科学的制度保障党的建设，以科学的方法推进党的建设，继续推进党的建设新的伟大工程。

第三，党的建设科学化是个过程，是对党的建设提出的一个总要求、总方向。四中全会决定是讲“提高”党的建设科学化水平，这就说明这是一个不断探索、不断推进、不断完善的过程，而不是一蹴而就的。因为客观事物是不断发展的，对客观规律的认识也必然是一个不断深化的过程；因此，那种想在短期内就急于要建立一个完整的科学化体系的想法是不切实际的。正确的态度应是总结过去，探索现在和未来。对已有的理论成果和成功经验要总结、梳理、提升，以取得规律性的认识，对当前面临的新情况新问题要研究、要探索、要试验、要创新，特别是要善于总结基层的实践创新和新鲜经验。在这个基础上理论工作者和实践工作者相结合，进行理论提升和制度、方法创新。

二、如何提高党的建设科学化

党的建设科学化是一个全方位的系统工程，而且是一个长期的实践、探索过程。它既有理论层面的科学化，又有制度、机制层面的科学化；既有实体性制度的科学化，又有程序性制度的科学化，既有方针原则方面的科学化，又有可操作的方式方法方面的科学化。也就是党的建设的理论、制度和方法都要适应时代需要，符合客观实际，遵循它固有的客观规律。概括地说，提高党的建设科学化水平主要从三方面努力：

第一，以坚持科学理论指导党的建设。正确的理论是客观规律的反映，科学理论指导是提高党的建设科学化水平的关键。马克思列宁主义、毛泽东思想、中国特色社会主义理论体系（邓小平理论、“三个代表”重要思想以及科学发展观），为我们适应新形势新任务要求推进党的建设提供了强有力的理论指导。只有在这个理论指导下，才能使党的建设始终沿着正确的方向推进并保持党的先进性和领导作用，才能适应时代要求和党的建设面临的新问题，勇于开拓、不断创新，提高党的建设科学化水平。马克思主义党的学说是马克思主义理论体系中的重要组成部分。坚持以科学理论指导党的建设，特别需要学习、运用马克思主义党的学说，努力把握和运用马克思主义执政党建设的客观规律。比如，关于党的先进性和党的领导作用、执政能力的理论，关于党的建设的指导思想和建党目标的理论，关于党的自身建设的理论，关于党内民主和民主集中制的理论，关于制度建设的理论，关于党风、廉政建设和反腐败的理论，关于党和国家、社会关系的理论，等等。提高党的建设科学化水平的过程，也一定是提高马克思主义党的学说水平的过程。

第二，以科学制度保障党的建设。制度建设贯穿于党的建设各个方面。它既是党的建设的重要组成部分，又是党的建设的重要保证。制度化、规范化是党的建设科学化的题中应有之义，无序的东西决不是科学的东西。充分认识、高度重视制度建设在党的建设中的重要地位，是改革开放以来党的建设的一个重要特色。1980 年 8 月 18 日，邓小平在《党和国家领导制度的改革》一文中指出：“领导制度、组织制度问题更带有根本性、全局性、稳定性和长期性。”“我们过去发生的各种错误，固然与某些领导人的思想、作风有关，但是组织制度、工作制度方面的问题更重要。这些方面的制度好可以使坏人无法任意横行，制度不好可以使好人无法充分做好事，甚至会走向反面。”[①] 他还说过，国要有国法，党要有党规党法。新时期以来，我们在党内制度建设方面取得了历史性的进步。制度建设包括制度的制定、解释、贯彻落实和监督检查等一个完整系统。首先，必须根据党内生活的实际和党的建设的需要，建章立制。这个制度必须是严密的、科学的、可操作性的，还要与其他制

---

① 《邓小平文选》第 2 卷，人民出版社 1994 年版，第 333 页。

度相衔接、相配套，而不是孤立的、相互矛盾的。同时，既要有实体性制度，又要有程序性制度，既要规定应该怎么办，又要规定违反了怎么办，以实现党内生活制度化、规范化。其次，要加强对制度的宣传解释工作。有了制度要使人们知道、熟悉，以便自觉执行。现在对已有的制度、党内法规宣传不够，解释不够。人们对制度不知道、不熟悉，自然难以执行。再次，最关键的是要贯彻落实。制度最好，如不执行、不落实等于是废纸。现在我们制定、颁布的规章制度已经不少了。但问题是落实不够。由于不知道，不熟悉而没有执行，固然不对；如果明知党和国家有制度规定，该怎么做，不该怎么做也很明确，而不去执行，反而违反，这就是意识问题，党性问题了。要执行落实制度，一靠教育，二靠监督检查，三靠有强制性的约束力，保证制度的严肃性，切实解决好不执行怎么办的问题。

第三，以科学的方法推进党的建设。方法是实现目标的桥梁和工具。科学的方法是提高党的建设科学化的重要手段。我们党历来重视工作方法，并积累了许多富有成效的工作方式方法。比如，群众路线、调查研究、典型试点、以点带面等等。在提高党的建设科学化水平中，既要坚持和继承我们党长期形成的成功方法，又要积极探索和运用新方法，比如信息网络技术、现代管理学、组织学、心理学等现代科学方法，并且还可以借鉴外国党对我们有用的方法。